经典传家

经典回到生活　阅读从心开始

经典传家

『经典传家』丛书遴选了清代《四库全书》的精华，而且每一种书在注释、译文、解读等方面做了大量的、扎实的工作。

——傅璇琮

国学就是中国人的学问。『经典传家』是一套非常适合大众阅读的国学经典丛书。国学的传承和发展迫切需要好的大众读本。

——毛佩琦

《四库全书》浩如烟海，真正的必读经典就这百余部。

——任德山

国学是相互通融的，切忌断章或是割裂。今人只有从《周易》等原始经典入手，才能真正找到进入国学的门径。

——刘君祖

经典传家系列丛书

图解
孔子家语 颜氏家训

王肃　颜之推　编著

崇贤书院　释译

黄山书社

《孔子家语·颜氏家训》阅读指南

标注读音，扫清障碍

将文中的生僻字和古今异读字一一标注读音，并反复标注，力求读者阅读无障碍。

原文全译、通俗易懂

浅显流畅的译文传达经典韵味，让读者更好地体会书中内涵。

选字注音

- 将原文的生辟字、多音字随文标注读音。
- 拼音反复标注，切实扫除阅读障碍。

注 释

- 对文章的生辟字词详尽解注，使读者顺畅阅读。
- 将文中的典故进行解释，拓宽读者的知识面。

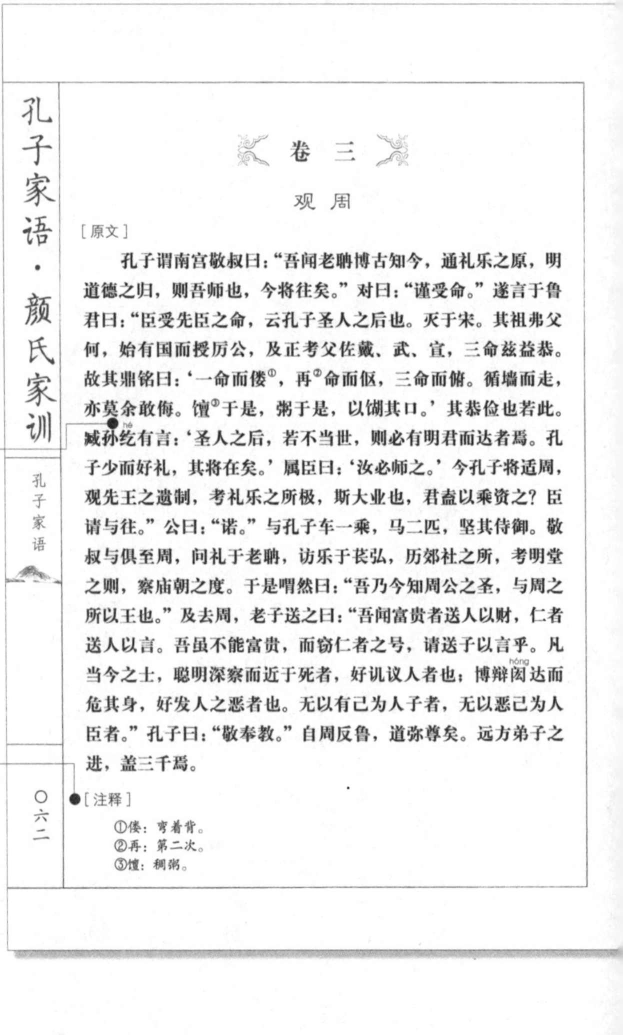

孔子家语·颜氏家训

孔子家语

卷 三

观 周

[原文]

孔子谓南宫敬叔曰：“吾闻老聃博古知今，通礼乐之原，明道德之归，则吾师也，今将往矣。”对曰：“谨受命。”遂言于鲁君曰：“臣受先臣之命，云孔子圣人之后也。灭于宋。其祖弗父何，始有国而授厉公，及正考父佐戴、武、宣，三命兹益恭。故其鼎铭曰：‘一命而偻①，再②命而伛，三命而俯。循墙而走，亦莫余敢侮。馇③于是，粥于是，以餬其口。’其恭俭也若此。臧孙纥(hé)有言：‘圣人之后，若不当世，则必有明君而达者焉。孔子少而好礼，其将在矣。’属臣曰：‘汝必师之。’今孔子将适周，观先王之遗制，考礼乐之所极，斯大业也，君盍以乘资之？臣请与往。”公曰：“诺。”与孔子车一乘，马二匹，竖其侍御。敬叔与俱至周，问礼于老聃，访乐于苌弘，历郊社之所，考明堂之则，察庙朝之度。于是喟然曰：“吾乃今知周公之圣，与周之所以王也。”及去周，老子送之曰：“吾闻富贵者送人以财，仁者送人以言。吾虽不能富贵，而窃仁者之号，请送子以言乎。凡当今之士，聪明深察而近于死者，好讥议人者也；博辩闳(hóng)达而危其身，好发人之恶者也。无以有己为人子者，无以恶己为人臣者。”孔子曰：“敬奉教。”自周反鲁，道弥尊矣。远方弟子之进，盖三千焉。

[注释]

①偻：弯着背。
②再：第二次。
③馇：稠粥。

〇六二

《孔子家语·颜氏家训》阅读指南

精选版画，意境再现

精选一百多幅历代刊行的古版画作为插图，以图释文，图文并茂。

注解详细，准确权威

对文中的生僻字词、典故等详加解释，使读者更好地理解原文。

[译文]

孔子对南宫敬叔说："我听说老聃博古通今，知道礼乐的由来，知道道德的归属。那么他就是我的老师啊！现在我就要去拜访他。"南宫敬叔回答说："我听从你的命令。"于是南宫敬叔对鲁国君主说："我死去的父亲嘱咐说，孔子是圣人的后代，他的先祖在宋国消亡。他的祖上弗父何开始拥有宋国，但是把国家让给了弟弟厉公，等到正考父辅佐戴公、武公、宣公的时候，受到国君三次的任命，他一次比一次谦恭。所以正考父的家庙的鼎上刻着这样的铭文：'第一次受命的时候，弯着背。第二次受命的时候，弯着身子。第三次受命的时候俯下身躯，沿着墙壁而走，也没有人欺侮他。他在这个鼎里煮粥吃饭。'他就是这样恭敬节俭。臧孙纥说：'圣人的后代，如果当世不能成为君主的话，必然遇到贤明的君主从而扬名显身。孔子少年的时候就喜好礼，难道应验在他身上吗？'死去的父亲又嘱咐我说：'你一定要拜他为师。'现在孔子要到周国去观看先王遗留的制度，考察礼乐所达到的程度，这是大事业。您为什么不给他车马资助他呢？我请求您允许我跟他一起前往。"鲁君说："去吧。"鲁君给了孔子一辆车，两匹马，并且增强了保护他的力量。南宫敬叔和孔子一起到了周国，向老聃问礼，向苌弘请教音乐，游遍举行郊祀和社祭的地方，考察明堂的规定，考察庙堂的制度。之后孔子感叹地说："我现在才知道周公圣明以及周朝所以称王的原因了。"离开周国的时候，老子送行，他说："我听说富有的人送人财物，有仁德的人送给人至理名言。我虽然不算富裕，但是侥幸被人冠以仁人的称号，我送给你几句话吧。现在的士人，他们是聪明善于观察的人，但是他们都是在死亡边缘的人，因为他们喜欢讥讽议论别人；知识广博喜欢辩论的人危害自身，因为他们喜欢揭发别人的缺点；为人子女，不要光考虑自己，为人臣子，不要让自己厌倦。"孔子说："我恭敬地接受您的教导。"从周国回到鲁国之后，孔子的道更加让人敬重了。远方来投奔的弟子，有三千人那么多。

[原文]

孔子观乎明堂，睹四门墉[①]有尧舜之容，桀纣之象，而各有善恶之状，兴废之诫焉。又有周公相成王，抱之负[②]斧扆[③]，南面以朝诸侯之图焉。孔子徘徊而望之，谓从者曰："此周之所以盛也。

观周明堂

孔子观看周太庙，四门高墙上面画有尧舜和桀纣的画像，又有周公抱着成王接受诸侯朝见的图画。孔子对随从的人说："这就是周朝所以兴盛的原因啊！"

原文全译

- 译文配合原文，通俗易懂。
- 使读者更好地体味传统文化精髓。

版画插图

- 精选一百余图幅古代版画作为插图，图文并茂。
- 所选版画插图均为历代名家绘制，图片清晰，生动优美。
- 图文相对，帮助读者更好地理解原文。

插图说明

- 说明图片内容，加深理解。
- 延伸原文阅读，给读者想象空间。

总序

国学是什么？简单说，就是中国人之所以成为中国人的学问。因此，国学不仅包括数千年积累流传下来的经典，比如"四书五经"、《老子》《庄子》《孙子》《史记》《汉书》、唐诗、宋词，也包含研究中国人思维方式、生活方式、行为方式乃至娱乐方式的各种学问。广言之，国学研究的对象不仅包括文献，也包括实物；不仅包括物质文化遗产，也包括非物质文化遗产，如我国各民族的建筑、服饰、饮食、音乐、绘画、医药、戏曲等等。

国学是不断丰富、不断发展的学问。上面说的从"四书五经"到唐诗、宋词就是一个不断丰富发展的过程。近代以来，国学的研究范围还在不断地扩大，比如敦煌学、甲骨学，是随着有关文物的出土而兴起的；比如红学，是随着文学理论和学术风气的发展变化而兴起和发展的。随着时间的推移和学术的进步，必将有更多的学问被纳入国学研究的范围。

数千年来，中国人做学问形成了自己独特的理论和方法，比如思想理论、史学理论、文学理论，以及训诂学、考据学、音韵学等等。但这些理论和方法并不是一成不变的。比如，在史学研究领域，由于地下文物的出土，王国维等人提出了以地下文物与传世文献相补充互证的"二重证据法"。近代以来，西风劲吹。国人主动借鉴西方学术研究的理论和方法，研究中国学问。王国维借鉴尼采的哲学理论研究中国的文学戏剧，胡适以杜威的实验主义研究中国的"国故"。国学从来没有拒绝外国学问的融合，佛教传入中国后，经过改造，形成了中国独特的佛学、因明学；自明朝末年西学传入中国后，中国的天文学、数学等就已经融入了西学的因素。马克思主义传入中国后，不少人用马克思主义理论研究中国历史文化，它们自然也成为了国学的一部分。因此，国学又是开放的、随时代而进步的。那么，当今我们研究、振兴国学，不允许也不应该倒退，不允许也不应该僵化。

然而，国学又是与西学明显区分的。国学是西学的对应物，是与西学完全不同的学术体系。在近代，西学挟坚船利炮强势进入中国之后，中国人还视自我，对于中国固有之学问的称呼出现了中学、国故学、国粹、国学这样的名称。面对“帝国主义”的强大，中国人自愧不如，一方面拼命地学习、引进西学，另一方面拼命地贬低、抛弃国学。虽然也有一些人，如张之洞为保护中华文化之根本，提出“中学为体，西学为用”，如胡适，提出“整理国故”，以“再造文明”“建立民族自信心”，但其声音终被时代所淹没。国学一再被严重曲解和轻视，造成了中国历史文化的大断裂。也许，这一历史过程是必然的。但回顾过去，中国在走向独立富强的过程中，国学所付出的代价实在太大、太惨重了。

新中国成立后，饱受屈辱的中国人从此站立了起来，民族自信心大大加强，但没有能够及时认识到国学在新时代的重要性，甚至仅存的一点点国学遗产也进一步成为被抛弃的对象。改革开放三十年之后，走向富强的国人终于幡然醒悟，保护和振兴国学逐渐成为全民的共识。一个强大的自立于世界民族之林的国家，必然要有与之相匹配的伟大的民族文化。中国人，从领导者、学术界到普通百姓，都在重新发现国学的现代价值。同时，在走向全球化的进程中，东西方各国也把目光投向了中国。中国学问，中国的一切都在被重新评价。中国不仅为了自身的建设和发展需要从传统文化中汲取智慧，而且也面临着以优秀的中华文化向全人类贡献智慧的责任和挑战。

那么，这套经典传家丛书的编纂就是可喜的，编纂者的初衷和努力就是可敬的。希望这套丛书能发挥点滴作用，如同涓涓细水与千百万有志者的努力一道汇成大潮，去迎接中华民族的伟大复兴！

是为序。

毛佩琦

二〇一五年五月

前言

自古以来的有识之士都十分看重家教，“家道正而天下定”的思想得到普遍认同。古人说“齐家治国平天下”，先有“齐家”，然后才能“治国平天下”，即“欲治其国者先齐其家”。

那么，我们应该如何“齐家”？古人对于“家教”有各种著述，其中《孔子家语》《颜氏家训》和《朱子家训》最为人所称道。《孔子家语》是三国时期王肃假托孔子二十二世孙孔猛所传家书而作。《孔子家语》记载了孔子的政治活动和教学活动，集中了孔子生平最丰富的事迹资料。南北朝颜之推所著《颜氏家训》被誉为“家教规范”，是一部系统完整的家庭教育教科书，作者在立身、治家、处事、为学等方面有不少真知灼见。《朱子家训》也称《朱子治家格言》，为明末清初学者朱用纯所作。该书以修身、齐家为宗旨，集中了儒家做人处世的方法，篇幅短小却脍炙人口，问世以来流传很广，是家喻户晓的教子经典。

《孔子家语》《颜氏家训》《朱子家训》教育子孙后代要品行端正、苦学成才、学以致用、勤俭持家等，有许多积极的见解。其中的一些话语，如今已成为汉语中的常用语，为百姓所乐道。如“见利不亏其义，见死不更其守”（《孔子家语·儒行解》），“良药苦口而利于病，忠言逆耳而利于行”（《孔子家语·六本》），“一粥一饭，当思来之不易；半丝半缕，恒念物力维艰”（《朱子家训》），“积财千万，不如薄技在身”（《颜氏家训·勉学》）。

正因为如此，清代王钺就曾推荐《颜氏家训》，他说：“篇篇药石，言言龟鉴，凡为人子弟者，当家置一册，奉为明训，不独颜氏。”在此，我们也给读者推荐编选的这本《孔子家语·颜氏家训》。本次出版家藏四库“化读本”《孔子家语·颜氏家训》，不仅仅是对先贤经典的简单注释，而是家藏四库编委会经过十年调研、磨砺和升级，针对今人阅读古籍所遇到困难特别设计的一种注释方式，其中包括题解、评注、图示、图注等板块，希望可以帮助读者更好地学习先贤的经典，汲取古人的智慧，使国学真正进入生活。

因为我们的努力，使得这本书具有不少特色和优势。为了读者能更明白地阅读经典，理解传统文化中的精髓，我们对原文添加了权威的注释，书中的疑难字、词，以及典故与历史人物，都有准确的注释。另外，所有原文均有译文，译文与原文相对应，译文明白流畅，方便读者理解原文。本书还将生僻字、多音字都标注拼音，对于重复出现的字词，也反复标注拼音。精选历代刊行的古版画作为插图也是本书一大特色。这些插图清晰生动，赏心悦目，延伸了阅读视野，让阅读真正成为一种艺术享受。在版本的选择上，我们呈现给读者的这本书以权威版本为底本，并加以精良的审校，力求更好地展现中华传统文化的经典之作。

崇賢書院

目 录

孔子家语

卷第四

卷第五

卷第六

卷第七

附 录

朱子家训

孔子家语

卷 一

相 鲁

[原文]

孔子初仕，为中都宰，制①为养生送死之节。长幼异食，强弱异任，男女别涂，路无拾遗，器不雕伪。为四寸之棺，五寸之椁（guǒ）②。因③丘陵为坟，不封，不树。行之一年，而西方之诸侯则焉。

定公谓孔子曰："学子此法以治鲁国，何如？"孔子对曰："虽天下可乎，何但鲁国而已哉？"

于是二年，定公以为司空。乃别五土之性，而物各得其所生之宜，咸④得厥所。先时，季氏葬昭公于墓道之南，孔子沟⑤而合诸墓焉。谓季桓子曰："贬君以彰己罪，非礼也，今合之，所以揜⑥夫子之不臣⑦。"

由司空为鲁大司寇，设法而不用，无奸民。

[注释]

①制：制定。

②椁：古代的棺材有内外两层，外面的一层叫椁，里面的一层叫棺。

③因：凭借。

④咸：都。

⑤沟：挖沟。

⑥揜：掩盖。

⑦不臣：不守臣子之道。

化行中都

孔子做中都宰，制定了养生送死的制度，按长幼分配食物，依强弱分配工作。实行了一年，各国诸侯都效法了。

[译文]

孔子刚开始做官的时候，担任中都邑的长官，制定出了让百姓生有所养、死得安葬的制度。根据年龄的长幼提供不同的食物，根据能力的强弱分配不同的任务，男子和女子在道路上行走时各走一边，遗失在路上的东西不会被人捡走，所用的器物也不加以雕琢文饰。棺的厚度是四寸，椁的厚度是五寸。依傍丘陵兴建坟墓，不兴建高大的坟墓，不在坟墓周围种植树木。这样的制度实行了一年，西方各诸侯国都纷纷效仿。

定公对孔子说："学习您这套治政方法用来治理鲁国，您觉得怎么样？"孔子回答说："即便是用来治理天下也是可以的，岂止只能治理好鲁国呢？"

就这样施行了两年之后，定公任命孔子担任司空。孔子于是根据土地的不同性质将其分为山林、川泽、丘陵、高地、沼泽五种类型，各种作物都种植在适宜的土壤里，都得到了很好的生长。以前，季子将昭公葬在鲁国王陵墓道的南面，孔子就派人在中间挖沟，将昭王的陵墓与先王的陵墓连在了一起，并告诉季桓子说："你的父亲以此来贬损君主，却也因此彰显了自己的罪行，这是不符合礼的，现在将其合在一起，是为了掩盖令尊不守人臣之道的罪名。"

后来，孔子又从司空升任鲁国的大司寇，虽然也设立了法律法规，却没有派上用场，因为社会上已经没有奸诈顽劣的刁民了。

[原文]

定公与齐侯会[1]于夹谷，孔子摄相[2]事，曰："臣闻有文事者，必有武备。有武事者，必有文备。古者诸侯并出疆，必具官以从，请具左右司马。"定公从之。

至会所，为坛位，土阶三等，以遇礼相见，揖让而登。献酢（zuò）[3]既毕，齐使莱人以兵鼓噪，劫[4]定公。孔子历阶[5]而进，以[6]公退，曰："士，以兵之。吾两君为好，裔夷之俘敢以兵乱之！非齐君所以命诸侯也！裔不谋夏，夷不乱华，俘不干[7]盟，兵不偪[8]好，于神为不祥，于德为愆义，于人为失礼。君必

夹谷会齐

鲁定公十年，齐鲁相会于夹谷。齐国先后演奏四方之乐和宫中之乐，都不合礼的规定。孔子先以国君相会不能用夷狄之乐为由，迫使景公撤走乐舞，后又以匹夫惑乱诸侯为由，迫使景公处罚乐人，取得了外交胜利。

不然。”齐侯心怍[9]，麾(huī)[10]而避之。

[注释]

①会：会盟。
②相：司仪、赞礼之人。
③献酢：主客之间互相献酒。
④劫：威胁。
⑤历阶：一步一个台阶地快走，古代的礼制规定要双脚登同一个台阶慢行。
⑥以：保护。
⑦干：干扰。
⑧偪：威胁。
⑨怍：惭愧。
⑩麾：指挥。

[译文]

定公和齐侯在夹谷举行盟会，孔子当时担任司仪，向定公说道：“我听说举行和平盟会这样的事，一定要有武力作后盾，进行军事活动时，也一定要有和平外交的准备。古代的诸侯离开自己疆域，必须配备应有的文武官员随从，请您带上左右司马。”定公听从了孔子的话。

到了盟会的场所，举行盟会仪式的高台已经筑好了，并设好了位次，台上设了三个台阶。双方以会遇之礼相见，谦让着登上了高台，然后互相献酒，献酒完毕以后，齐国派了莱人的军队敲击战鼓，以威胁定公。孔子马上一步一个台阶地快步登上台阶，保护定公退避，并下令：“鲁国的兵士们，你们快去攻打莱人。我们两国的国君在这里举行友好会盟，如果让那些裔夷的俘虏拿着武器扰乱，就一定不是齐君和天下诸侯的邦交之道。远方的异国不能够图谋我华夏，蛮夷之人不能够扰乱我中华，俘虏不能够干扰我们的盟会，兵甲不能够威胁盟友，否则的话，对于神灵来说就是不敬，在道义上也是行不通的，在礼节上更是不符合礼的。齐侯肯定不会这么做。”齐侯听了以后心中很惭愧，就指挥那些莱人退下。

[原文]

有顷[1]，齐奏宫中之乐，俳优侏儒戏于前。孔子趋[2]进，历阶而上，不尽一等[3]，曰：“匹夫荧侮诸侯者，罪应诛，请右司马速刑焉。”于是斩侏儒，手足异处。齐侯惧，有惭色。将盟，齐人加载[4]书曰：“齐师[5]出境[6]，而不以兵车三百乘从我者，有如此盟。”孔子使兹无还对曰：“而[7]不返我汶阳之田，吾以供

命[8]者，亦如之。”齐侯将设享礼，孔子谓梁丘据曰：“齐鲁之故[9]，吾子何不闻焉？事既成矣，而又享之，是勤[10]执事。且牺象[11]不出门，嘉乐不野合[12]。享而既具[13]，是弃礼；若其不具，是用秕（bǐ）稗也。用秕稗君辱，弃礼名恶，子盍图之？夫享，所以昭德也。不昭，不如其已。”乃不果享。齐侯归，责其群臣曰：“鲁以君子道辅其君，而子独以夷狄道教寡人，使得罪。”于是，乃归所侵鲁之四邑及汶阳之田。

归田谢过

夹谷相会后，齐景公认为在外交上失礼，采纳臣子的建议，将过去侵占鲁国之田归还给鲁国，以表示悔过。

[注释]

①有顷：一会儿。

②趋：快走。

③不尽一等：没有登上最后一级台阶，这是符合礼制的。

④载：记载。

⑤师：军队。

⑥出境：指出境攻打他国。

⑦而：通“尔”，你。

⑧供命：派军队任凭齐国调遣。

⑨故：原有的传统礼节。

⑩勤：麻烦，劳烦。

⑪牺象：装饰有鸟羽或象骨的酒器。

⑫野合：在野外演奏。

⑬具：具备，齐全。

[译文]

过了一会儿，齐国奏起了宫廷的舞乐，唱歌的俳优和侏儒小丑在鲁君面前表演歌舞杂技、调笑嬉戏。孔子快步走向前，站在第二个台阶上说：“卑贱的人竟敢调戏诸侯，应当诛杀，请右司马赶快对他们施刑。”于是那些侏儒被斩杀，手足都被斩断。齐侯看了以后很恐惧，面有惭色。正要盟誓的时候，齐国在盟书上记载道：“以后齐国的军队出兵征战的时候，如果鲁国不派遣三百辆兵车跟从出征的话，就要按照盟约的规定予以惩罚。”孔子就派兹无还回应道：“如果齐国不归还我们鲁国汶河以北的领地，却让鲁国派兵跟从的话，齐国也要按照盟约的规定被处以严惩。”齐侯准备设宴款待定公（以示炫耀），孔子就对齐国的大夫梁丘据说道：“齐国和鲁国的传统礼节，难道你不知道吗？会盟既然已经完成，再设宴款待的话，就只是白白劳烦你们的群臣而已。况且牺象这样的酒器不应当带出宫门，雅乐也不应当在野外演奏。如果设了宴并且所有东西都齐备的话，那就相当于违背了礼仪。如果宴会上的东西都很简陋的话，那就等于是舍弃了五谷而用那些秕稗，而秕稗则有辱于君主的尊贵。违背礼仪又会背上不好的名声，你们这么做是图什么呢？而设宴是为了显示君主的功德的，如果不能够显示功德的话，还不如没有更好。”于是齐国就没能设宴。齐侯回去以后，责备群臣说：“鲁国的君子是用道义来辅助君主的，你们却单单用夷狄的行为来误导我，使我招致这么多的羞辱。”于是就把所侵占的四座城邑以及汶阳的土地都归还给了鲁国。

［原文］

孔子言于定公曰：“家不藏甲①，邑无百雉(zhì)②之城，古之制也。今三家过制，请皆损③之。”乃使季氏宰仲由隳(huī)④三都。叔孙辄不得意于季氏，因费宰公山弗扰率费人以袭鲁。孔子以⑤公与季孙、叔孙、孟孙入于费氏之宫，登武子之台。费人攻之，及台侧，孔子命申句须、乐颀勒⑥士众下伐之，费人北⑦。遂隳三都之城。强公室，弱私家，尊君卑臣，政化大行。

［注释］

①甲：兵器。

②雉：古代用来计算城墙面积的计量单位，长三丈高一丈为一雉。

③损：削弱。

④隳：毁坏。

⑤以：保护。

⑥勒：指挥。

⑦北：败北。

礼堕三都

孔子对鲁定公说：“臣不能藏有兵器，大夫不能有百雉的城墙。今天季孙氏、孟孙氏、叔孙氏的都城都超过了礼的规定，请拆除违制的部分。”定公很赞成，下令拆除了违制城墙。

［译文］

孔子对定公说道：“卿大夫的家中不能私自藏有武器，封邑中不能建造规模超过百雉的都城，这都是古代的礼制。如今有三家大夫违背了礼制，请您削减他们的势力。”于是定公就派季氏家臣仲由拆除了那三家大夫的城池。叔孙辄因为得不到季氏的器重，就联合了费城的长官公山弗扰率领费人一同袭击鲁国都城曲阜。孔子保护着定公和季孙氏、叔孙氏、孟孙氏三位大夫躲进季氏的住宅，登上了武子台。费人攻打武子台，攻打到台的一侧时，孔子便命令申句须、乐颀两位大夫带领士卒前去抵御，费人被击退。于是三座都邑的城池终于被拆除。国君的势力得以增强，大夫的势力被削弱，国君地位更加尊崇，臣子的地位有所下降，政治教化措施得到施行。

始诛

[原文]

孔子为鲁司寇，摄①行相事，有喜色。仲由问曰："由闻君子祸至不惧，福至不喜，今夫子得位而喜，何也？"孔子曰："然，有是言也。不曰'乐以贵下人'乎？"于是朝政②，七日而诛乱政大夫少正卯，戮之于两观③之下，尸④于朝三日。

[注释]

①摄：代理。
②朝政：执掌朝政。
③两观：宫殿门外的两座高台。
④尸：暴尸。

[译文]

孔子担任鲁国司寇，并且代理宰相的职务，脸上表现出高兴的神色。仲由问孔子道："我听说品德高尚的人，灾难来了不会畏惧，幸运的事来了也不感到欣喜，但是先生您得到高位却如此高兴，这是为什么呢？"孔子回答道："是的，是有这种说法。但不是还有'以显贵而谦让待人为乐事'的说法吗？"接下来，孔子上朝执政，仅仅过了七天就诛杀了扰乱朝政的大夫少正卯，将他在宫殿门外的两座高台之下杀死，并且将尸体挂在朝廷上示众三天。

诛少正卯

孔子五十三岁，由大司寇摄行相事，第七天，就在两观台下诛杀了乱政大夫少正卯。

［原文］

子贡进曰："夫少正卯，鲁之闻人[①]也。今夫子为政，而始诛之，或者为失乎？"孔子曰："居，吾语汝以其故。天下有大恶者五，而窃盗不与[②]焉。一曰心逆而险[③]，二曰行僻而坚[④]，三曰言伪而辩[⑤]，四曰记丑[⑥]而博，五曰顺非而泽[⑦]。此五者，有一于人，则不免君子之诛，而少正卯皆兼有之。其居处足以撮徒成党，其谈说足以饰褒莹众，其强御足以反是独立[⑧]，此乃人之奸雄者也，不可以不除。夫殷汤诛尹谐、文王诛潘正、周公诛管蔡、太公诛华士、管仲诛付乙、子产诛史何，是此七子，皆异世而同诛者，以七子异世而同恶，故不可赦也。诗云：'忧心悄悄，愠于群小。'小人成群，斯足忧矣。"

［注释］

①闻人：有名望的人。
②不与：不在其中。
③险：险恶。
④坚：固执。
⑤辩：善辩。
⑥丑：怪异的事。
⑦泽：理直气壮。
⑧反是独立：反对正道而自成一家。

［译文］

子贡向孔子进谏说："少正卯是鲁国有名望的人物，如今您当政之始，就马上杀他，可能有些失策吧？"孔子回答道："你坐下来，我来告诉你为什么要这样做。天下间有五种恶行最大，连盗贼这一类的行为都不在其中。第一种就是通达了世事却又用心险恶，第二种是行为怪癖并且固执，第三种是总说假话但又善于诡辩，第四种是掌握了太多怪异的事情，第五种是反对礼法却又理直气壮。这五种恶行，只要有人犯了其中的一项，就免不了受到道德高尚的人的诛杀，况且少正卯五种恶行都具备啊。他身处高位可以结党营私，他的言论也足以伪饰自己迷惑众人并得到声望，他积蓄的强大力量足以违背礼制自成异端，他可真称得上是奸雄啊！不能不除啊！商汤杀掉尹谐、文王杀掉潘正、周公杀掉管叔和蔡叔、姜太公杀掉华士、管仲杀掉付乙、子产杀掉史何，这七个人生于不同时代，但被杀原因相同。这七个人虽然所处时代不同，但是他们的罪行都是相同的，因此不能够放掉他们。《诗经》上说：‘忧心如焚，被恶势力所憎恨。’小人成群出现，这就很值得我们担忧了。”

［原文］

孔子为鲁大司寇，有父子讼[1]者，夫子同狴(bì)[2]执[3]之。三月不别[4]。其父请止，夫子赦之焉。季孙闻之不悦，曰：“司寇欺余，曩(nǎng)[5]告余曰：‘国家必先以孝。’余今戮一不孝以教民孝，不亦可乎？而又赦，何哉？”

赦父子讼

孔子当司寇时，有父子打官司，孔子将他们关在牢房里，三个月都不处理。父亲请求撤销诉讼，孔子赦免了他们。孔子认为用孝道教育人民才符合礼的规定。

［注释］

①讼：打官司。
②同狴：同一个牢房。
③执：监禁，关押。
④别：判决。
⑤曩：以前。

［译文］

孔子在担任鲁国大司寇的时候，有一对父子来打官司，孔子将他们关押在同一个牢房里。过了三个月，仍然没有判决。父亲主动提出撤回诉讼，孔子就将他们放了。季孙氏知道这件事后很不高兴，说道：“司寇欺骗了我。以前他曾经告诫过我，治理国家的时候一定要先实行孝道。如今我杀掉一个不孝之人，用以教导我的子民实行孝道，难道不是可行的吗？但又赦免了他，这是什么原因呢？”

［原文］

冉有以告孔子，子喟然叹曰：“呜呼！上失其道[1]而杀其下，非理也。不教以孝而听[2]其狱[3]，是杀不辜。三军大败，不可斩也。狱犴不治，不可刑也。何者？上教之不行，罪不在民故也。夫慢[4]令谨诛，贼也。征敛无时，暴也。不试责成，虐也。政无此三者，然后刑可即也。《书》云：‘义刑义杀，勿庸

以即汝心，惟曰未有慎事。’言必教[5]而后刑[6]也，既陈道德以先服之。而犹不可，尚[7]贤以劝之；又不可，即废之；又不可，而后以威惮之。若是[8]三年，而百姓正矣。其有邪民不从化者，然后待之以刑，则民咸知罪矣。《诗》云：‘天子是毗(pí)，俾民不迷。’是以威厉而不试[9]，刑错[10]而不用。今世则不然，乱其教，繁其刑，使民迷惑而陷焉。又从而制之，故刑弥繁而盗不胜[11]也。夫三尺之限，空车不能登者，何哉？峻故也。百仞之山，重载[12]陟(zhì)[13]焉，何哉？陵迟故也。今世俗之陵迟久矣，虽有刑法，民能勿逾乎？”

[注释]

①道：通“导”，教导，教化。
②听：断决。
③狱：案件。
④慢：松弛。
⑤教：教化。
⑥刑：刑罚。
⑦尚：表彰，推崇。
⑧若是：如此，这样。
⑨试：用。
⑩错：搁置不用。
⑪不胜：不可胜数。
⑫重载：载重的车子。
⑬陟：登上。

[译文]

冉有将季孙氏的话讲给孔子听，孔子听后叹息道：“唉！身居高位的人没有履行自己教导百姓的职责，反而滥杀百姓，这样的做法违背常理。如果身居高位的人不用孝道教化百姓，却又去随意判决官司，这样做就是滥杀无辜。三军遭遇大败，不能乱杀士兵；违法犯罪案件不断出现，但不能靠严酷的刑罚来制止，这是什么原因呢？统治者不能教化百姓，罪责不在百姓身上。如果法令松弛，对人的惩罚却很严厉，这就是残害生灵；随便横征暴敛，就是残暴的表现；不教化百姓却要求百姓遵守礼法，这就是暴虐的表现。只有在施政的时候不再有这三种弊病，才可以使用刑罚。《书》上说：‘刑罚讲究恰如其分，不能随心所欲，始终要慎重，让百姓心悦诚服。’必须教化为先刑罚为后。如果陈说了道义，百姓还不信服，那就对贤德的人加以表彰，以此鼓励其他的人从善，如果还是不行的话，就放弃种种说教，如果这些都不行的话，那就用法令的威力震慑他们，让他们害怕。如此这样施政三年，老百姓的行为就能够规矩了。至于那些顽冥不化之徒，就可以对其使用刑罚了。这样一来，百姓也就知道他们的罪过都是在哪里了。《诗经》中说：‘辅佐天子，使百姓不迷惑。’能做到这些的话，也就用不着威慑，刑法也可以搁置不用了。但是如今社会却不是这样，教化紊乱，刑罚繁多，很多百姓都感到迷惑，仿佛掉进了陷阱，紧跟着官吏又用刑罚去制裁他们。因此，刑罚越多，盗贼就越来越猖狂。三尺高的阻碍，即便是空车也很难登上去，为什么呢？这是因为太过陡峭。百仞的高山，载着很重东西的车子也能够登上，什么原因呢？这是由于山虽高但坡缓，车子慢慢就可以上去。如今社会道德已经败坏很久了，即使有了刑法，百姓能做到不触犯吗？”

王言解

[原文]

孔子闲居，曾参侍。孔子曰：“参乎，今之君子，唯士与大夫之言可闻也。至于君子之言者，希①也。於乎！吾以王言之，其不出户牖(yǒu)②而化天下。”

[注释]

①希：同“稀”，稀少。
②牖：窗户。

[译文]

孔子空闲在家，曾参侍坐。孔子说：“曾参啊，现在身居高位的人之中，只能听到士和大夫那些治国理政的言论，国君如何治理国家的言论是几乎听不到的。唉！我若将治国的道理讲给国君听，他们足不出户就可以教化天下了。”

[原文]

曾子起，下席而对曰：“敢问何谓王之言？”孔子不应，曾子曰：“侍夫子之闲也，难对，是以敢问。”孔子又不应。曾子肃然而惧，抠衣①而退，负席②而立。

[注释]

①抠衣：提起衣服。
②负席：负，背靠着。席，应为“序”，东西墙为序。

[译文]

曾子站起来，离开坐席问：“请问什么是国君治国的道理呢？”孔子没有回答。曾子说：“看到老师有空闲，所以遇到难以回答的问题，就请教了。”孔子还是没有回答。曾子肃然生畏，提起衣服前襟有礼貌地退下去了，背靠着墙站立在旁边。

[原文]

有顷[①]，孔子叹息，顾[②]谓曾子曰：“参，汝可语明王之道与？”曾子曰：“非敢以为足也，请因[③]所闻而学焉。”子曰：“居，吾语汝。夫道者，所以明德也。德者，所以尊道也。是以非德道不尊，非道德不明。虽[④]有国之良马，不以其道服乘之，不可以道[⑤]里。虽有博地众民，不以其道治之，不可以致霸王。是故，昔者明王内修七教，外行三至。七教修，然后可以守；三至行，然后可以征。明王之道，其守也，则必折冲[⑥]千里之外；其征也，则必还师衽(rèn)席之上。故曰内修七教而上不劳，外行三至而财不费。此之谓明王之道也。”

[注释]

①有顷：一会儿。
②顾：回头。
③因：通过。
④虽：即使。
⑤道：行驶。
⑥折冲：打败敌人。冲，兵车。

[译文]

一会儿，孔子发出一声叹息。回头对曾子说：“曾参，可以和你谈论古代明君治国之道吗？”曾参说：“我不敢认为自己所掌握的知识已经完备了，我请求通过听老师的讲解来学习。”孔子说：“你坐下，我告诉你。道是用来表明德行的，德行是用来尊崇道义的。所以缺少了德行，道义就不会被尊崇；缺少了道义，德行就不能彰显。即使拥有全国最好的马，如果不按照一定的方法来驯服骑乘它，那么它就不会在道路上行进。即使有广博的土地、众多的国民，如果不用一定的方法治理，那么就不能取得霸王的事业。因此，过去贤明的君主在国内实行'七教'，在国外实行'三至'。'七教'实行得好，那么守国应该没有问题了；'三至'实行了，就可以征讨其他国家了。贤明君主治理国家的方法是：保卫本国，一定要在千里之外打败敌人；征讨他国，就一定胜利归来。因此，在国内实行'七教'，在位者可以不必劳苦；在国外实行'三至'，就不会在外交上浪费财物。这就是贤明君主的做法。"

［原文］

曾子曰："不劳不费之谓明王，可得闻乎？"孔子曰："昔者帝舜左禹而右皋陶(gāo yáo)，不下席而天下治。夫如此，何①上之劳乎？政之不平②，君之患③也；令之不行④，臣之罪也。若乃⑤十一而税⑥，用民之力，岁不过三日。入山泽以其时。而无征，关讥⑦市廛(chán)⑧皆不收赋，此则生财之路，而明王节之，何财之费乎？"

［注释］

①何：什么。
②平：太平。
③患：忧虑，担心。
④行：实行。
⑤若乃：如果。
⑥十一而税：征收十分之一的税收。
⑦讥：查看，检查。
⑧廛：集市中堆积、储藏货物的房子。引申为市场。

［译文］

曾参说："不劳苦、不破费就可以称为贤明的君主了吗？老师可以讲给我听吗？"孔子说："以前，舜帝的左右有禹和皋陶辅佐，不用离开坐席，天下就被治理得井井有条了。像这样，君主有什么劳苦的呢？国家政局不安，是君主所担忧的；政令不能有效实行，是臣下的罪过。如果只向百姓征收十分之一的税收，每年百姓劳役的时间不超过三天，按照一定的时令让百姓入山打猎、入湖打鱼而不滥征捐税，关卡市场检查也不滥收税赋。这些都是国家生财之道，贤明的君主会控制使用这些手段，又怎么会浪费民力财力呢？"

［原文］

先圣小像

前为孔子，后为颜回，是晋代顾恺之绘。相传在孔子像中是最真实的。

曾子曰："敢问①何谓②七教？"孔子曰："上敬老则下益③孝，上尊齿④则下益悌(tì)⑤，上乐施则下益宽，上亲贤则下择友，上好德则下不隐⑥，上恶贪则下耻争，上廉让则下耻节，此之谓七教。七教者，治民之本也。政教定，则本正也。凡上者，民之表⑦也，表正则何物不正？是故，人君先立⑧仁于己，然后大夫忠而士信⑨，民敦⑩俗璞⑪，男悫(què)⑫而女贞。六者，教之致⑬也。布⑭诸天下四方而不怨，纳诸寻常之室而不塞。等⑮之以礼，立之以义，行之以顺，则民之弃恶如汤之灌雪焉。"

［注释］

①敢问：请问。
②谓：叫作。
③益：更加。
④齿：代指年长的人。
⑤悌：尊敬兄长。
⑥隐：归隐。
⑦表：表率。
⑧立：树立。
⑨信：诚信。
⑩敦：敦厚。
⑪璞：淳朴。
⑫悫：诚实，谨慎。
⑬致：结果。
⑭布：布施，推广。
⑮等：划分等级。

［译文］

曾参说："请问什么是'七教'呢？"孔子说："在上位的人尊敬老人，

那么百姓就更加讲孝道；在上位的人遵从长幼次序，那么百姓就更加尊敬兄长；在上位的人乐善好施，那么百姓就更加宽容待人；在上位的人亲近贤人，那么百姓就会选择良友；在上位的人亲近有德行的人，那么百姓就不会归隐山林了；在上位的人厌恶贪婪，那么百姓就会把争利当成耻辱；在上位的人廉洁谦让，那么百姓就会以不讲气节德操为耻。这就叫作‘七教’。七教是治理人民的基本原则。政教安定了，那么就把握住治理国家的根本了。在上位的人是下民的表率，表率正，那么还有什么不正呢？因此，君主首先用‘仁’的标准要求自己，这样大夫就会忠于职守而士就会诚信，民心敦厚、民风淳朴，男子诚实谨慎而女子忠贞。这六个方面是教化达到的效果，把它应用到四方之政，没有人埋怨，把它贯彻到一般百姓家里也不会觉得行不通。用礼仪划分等级，用道义立身，遵守礼、义来做事，那么百姓抛弃恶念，就像用热水灌洗积雪一样简单了。”

［原文］

曾子曰：“道则至[1]矣，弟子不足以明之。”孔子曰：“参以为姑止[2]乎？又有焉。昔者明王之治民也，法必裂地以封之，分属以理之，然后贤民无所隐[3]，暴民无所伏[4]。使有司[5]日省[6]而时[7]考之，进用[8]贤良，退贬不肖[9]，然则贤者悦而不肖者惧。哀鳏(guān)寡[10]，养孤独，恤[11]贫穷，诱[12]孝悌，选才能。此七者修，则四海之内无刑民矣。上之亲下也，如手足之于腹心。下之亲上也，如幼子之于慈母矣。上下相亲如此，故令则从[13]，施[14]则行，民怀其德，近者悦服，远者来附，政之致也。夫布[15]指知寸，布手知尺，舒肘知寻[16]，斯[17]不远之则也。周制，三百步为里，千步为井，三井而埒，埒三而矩，五十里而都，封百里而有国，乃为福积资求焉，恤行者有亡。是以蛮夷诸夏，虽衣冠不同，言语不合，莫不来宾。故曰无市而民不乏，无刑而民不乱。田猎罩弋[18]，非以盈[19]宫室也。征敛[20]百姓，非以盈府库也。惨怛(dá)[21]以补不足，礼节以损有余，多信而寡貌。其礼可守，其言可覆[22]，其迹可履。如饥而食，如渴而饮。民之信之，如寒暑之必验。故视远若迩[23]，非道迩也，见明德也。是故兵革不动

而威，用利不施而亲，万民怀其惠，此之谓明王之守，折冲[24]千里之外者也。”

［注释］

①至：达到极点，很好。
②姑止：仅仅这些。
③隐：埋没。
④伏：隐藏。
⑤有司：官员。
⑥省：省察。
⑦时：按照一定的时间。
⑧进用：推荐。
⑨不肖：不称职，没有能力的。
⑩鳏寡：老年丧妻称为鳏，老年丧夫称为寡。
⑪恤：怜恤，体恤。
⑫诱：教导。
⑬从：服从。
⑭施：措施。
⑮布：伸开，伸展。
⑯寻：度量单位，两臂伸开为一寻。
⑰斯：这。
⑱弋：以绳系箭而射。
⑲盈：充盈，填满。
⑳征敛：征收赋税。
㉑惨怛：悲惨的事情。
㉒覆：实现，兑现。
㉓迩：近。
㉔折冲：打败敌人。冲，兵车。

［译文］

曾参说：“这种治国之道是非常好的，只是我还不是很明白。”孔子说：“你以为就止于这些吗？还有呢。以前贤明的君主治理人民，制定法令，把土地分封下去，派官吏去管理。这样，贤良的人就不会被埋没，残暴的小人没有藏身之处。派主管官员经常去考察民情，举荐贤才，罢免不称职的官员，这样以后贤良的人就会感到愉快，而不称职的官吏就会有所畏惧。同情鳏夫寡妻，养活老年无所养之人和孤儿，怜恤穷苦的人，教导人们孝敬父母尊敬兄长，选拔有才能的人。做到了这七点，那么四海之内，就没有人受刑罚了。在上位的人亲近百姓，像手脚爱护自己的胸腹一样。百姓亲近在上位的人，就像幼童依恋慈爱的母亲一样。上下之间相亲相爱，百姓就会遵从法令，法令就能有效执行。百姓感激君主的恩德，身边的人都欢心服从，远方的人就会来投奔，这是政令达到的效果。伸开手指就会知道寸有多长，伸开手掌就知道尺有多长，伸开胳膊就知道寻有多长。这就是身边的准则。周代的制度是以三百步为一里，一千步见方为一井，三井为一埒，三埒为一矩，五十里的地方可以建大城市，分封一百里的地方可以建立一个诸侯国，这些都是为了谋求幸福，积累生活所需的物品，让在路上奔波的行人有安居的住所。因此，远方的小国和华夏大国虽然穿戴不同，说话也不一样，但是小国没有不来朝服的。所以说，即使没有市场，但是百姓却不缺乏生活物资。即使没有刑罚，百姓也不会作乱。打猎并不是为了充盈宫室；向百姓征收赋税并不是为了充实府库。遇到天灾人祸就会用国库的粮食补给缺少粮食的百姓，用礼来节制奢侈浪费，多多地树立诚信而少用文饰，国家的礼法可以得到遵守，君主的言论可以实现，他的行径可以让人遵从。这样以后，就像饿了就要吃饭，渴了就要喝水，百姓信任君主，就像寒暑随四季变化一样。所以说百姓觉得君主就在身边，不是因为离君主道路近，而是四海之内都散布了他圣明的教化。因此，不用发动军事就能树立威信，不用利诱就能让百姓亲近，并且百姓都会感激君主的恩惠。这就是贤明君主守国的方法，能在千里之外打败敌人。”

［原文］

曾子曰：“敢问何谓三至？”孔子曰：“至礼不让[①]而天下治，至赏不费[②]而天下士悦，至乐无声而天下民和。明王笃行[③]三至，故天下之君可得而知，天下之士可得而臣，天下之民可得而用。”曾子曰：“敢问此义何谓？”孔子曰：“古者明王必尽知天下良士之名，既知其名，又知其实，又知其数[④]，及其所在焉。然后因[⑤]天下之爵以尊之，此之谓至礼不让而天下治。因天下之禄以富天下之士，此之谓至赏不费而天下之士悦。如此，则天下之民名誉兴焉，此之谓至乐无声而天下之民和。故曰：‘所谓天下之至仁者，能合天下之至亲也。所谓天下之至知者，能用天下之至和者也。所谓天下之至明者，能举天下之至贤者也。’此三者咸[⑥]通，然后可以征。是故仁者莫大乎爱人，智者莫大乎知贤，贤政者莫大乎官能[⑦]。有土之君，修此三者，则四海之内供命[⑧]而已矣。夫明王之所征，必道之所废者也，是故诛其君而改其

政，吊其民而不夺其财。故明王之政，犹时雨[9]之降，降至则民悦矣。是故行施弥[10]博，得亲弥众。此之谓还师衽(rèn)席[11]之上。”

［注释］

①让：谦让。
②费：破费财物。
③笃行：忠实地执行。
④数：定数，命运。
⑤因：通过。
⑥咸：都。
⑦官能：任用有贤能的人。
⑧供命：听从命令。
⑨时雨：及时雨。
⑩弥：更加。
⑪衽席：朝堂举办宴席的时候所设的座位。

［译文］

曾参说：“请问什么叫作三至呢？”孔子说：“最好的礼仪是不必互相谦让而天下就能治理好的，最高的赏赐是不用破费财物而天下的士人就会喜悦的，最好的音乐是没有声音而能使百姓和睦相处的。贤明的君主忠诚地实行三至，所以天下其他的君主，都可以了解；天下的士人，都可以当作臣子；天下的百姓，都可以役使。”曾参说：“请问是什么意思呢？”孔子说：“古代贤明的君主，一定知道天下所有贤良人才的名字，既知道他们的名字，还知道他们实际的才能，还知道他们的命运，以及他们所在的地方。等到一定的时候，通过适当的爵位让他们得到尊贵的地位，这就叫作最好的礼仪是不必互相谦让而天下就能治理好的。用天下的利禄来让天下的士人富足，这就叫作最高的赏赐是不用破费财物而天下的士人就会喜悦的。这样以后，天下的百姓就会讲究名誉，这就叫作最好的音乐是没有声音而使百姓和睦相处的。所以说：‘通常所说的天下最仁爱的人，能够团结天下最亲近的人；天下最明智的人，能够任用天下使百姓和睦的人；天下最贤明的人，能够举荐天下最有贤能的人。’这三个方面都做到了，就可以征讨其他国家了。因此，仁爱的人最重要的是能够爱人，有智慧的人最重要的是能够知道贤人，贤明的执政者最重要的是能够让贤人做合适的官职。有领土的君主，如果可以实行这三个方面，那么天下的人，就都会听从君主的吩咐。贤明的君主征讨的国家，必定是政教缺失的地方，因此，要诛灭那里的国君、改变那里的政教、安慰那里的人民而不夺取他们的财物。所以贤明君主的政令，就像及时的降雨，一旦降落百姓就会很高兴。因此，政策施行得更为广博，亲近的百姓更为众多，这就叫作轻松胜利地征讨他国。”

大婚解

[原文]

孔子侍坐于哀公。公问曰："敢问人道孰为大？"孔子愀(qiǎo)然作色[①]而对曰："君之及此言也，百姓之惠也，固臣敢无辞[②]而对。人道，政为大。夫政者，正也。君为正，则百姓从而正矣。君之所为，百姓之所从。君不为正，百姓何所从乎！"公曰："敢问为政如之何？"孔子对曰："夫妇别、男女亲、君臣信，三者正，则庶物[③]从之。"公曰："寡人[④]虽无能也，愿知所以行三者之道，可得闻乎？"孔子对曰："古之政，爱人为大。所以治爱人，礼为大。所以治礼，敬为大。敬之至矣，大婚[⑤]为大。大婚至矣，冕[⑥]而亲迎。亲迎者，敬之也。是故君子兴敬为亲，舍敬则是遗亲也。弗亲弗敬，弗尊也。爱与敬，其政之本与[⑦]？"

[注释]

①愀然作色：脸色变得严肃的样子。
②无辞：不推辞。
③庶物：一般的事物。
④寡人：君主、诸侯、大夫的自称。
⑤大婚：帝王的婚姻。
⑥冕：帽子，这里用作动词，戴着礼帽。
⑦与：通"欤"，句末语气词。

[译文]

孔子陪伴鲁哀公坐着。鲁哀公问道："请问人道中最重要的是什么呢？"孔子严肃地回答说："您能问到这个问题，那就是对百姓很大的恩惠了，所以我不敢不回答。人道中最重要的是政治。所谓政，就是正。君主如果做得正，百姓就会随之做得正。君主的所作所为是百姓要仿效着做的。君主如果做得不正的话，百姓又向他学什么呢？"鲁哀公说："那么请问怎样治理政事呢？"孔子回答说："夫妇有别，男女要讲亲信，君臣相互信任，这三点做到了，其他的事情就都能做好了。"鲁哀公说："我虽然没有才能，但是我想要知道实行这三点的方法。可以听听吗？"孔子回答说："古代的政治，最重要的是爱人。爱人最重要的是制定礼仪。制定礼仪最重要的有敬畏之心。有敬畏之心，最重要的君主诸侯的婚姻。结婚的时候，君主要穿礼服戴礼帽亲自迎接。亲自迎娶，是最为尊敬的做法。因此，君子提倡用尊敬来求亲，舍弃尊敬就是不想求亲。不亲近不敬畏，就是不尊敬。爱和尊敬，大概是为政最根本的吧？”

[原文]

公曰：“寡人愿有言也。然冕而亲迎，不已重乎？”孔子愀(qiǎo)然作色而对曰：“合二姓之好①，以继②先圣之后，以为天下宗庙社稷之主，君何谓已重焉？”公曰：“寡人实固③，不固安得④闻此言乎！寡人欲问，不能为辞⑤，请少进。”孔子曰：“天地不合，万物不生。大婚，万世之嗣也，君何谓已重焉？”孔子遂⑥言曰：“内以治宗庙之礼，足以配天地之神；出以治直言之礼，以立上下之敬。物耻则足以振之，国耻则足以兴之，故为政先乎礼，礼其政之本与。”孔子遂言曰：“昔三代⑦明王，必敬妻子⑧也，盖有道焉。妻也者，亲之主也，子也者，亲之后也，敢不敬与？是故，君子无不敬，敬也者，敬身为大。身也者，亲之支也，敢不敬与？不敬其身，是伤其亲；伤其亲，是伤其本也。伤其本，则支从之而亡。三者，百姓之象⑨也。身以及身，子以及子，妃以及妃，君以修此三者，则大化忾(kài)⑩乎天下矣，昔太王之道也，如此，国家顺矣。”

[注释]

①合二姓之好：把两种血统融合起来，指成为姻亲。

②继：延续。

③固：鄙陋。

④安得：怎么能够。

⑤不能为辞：不考虑措辞。

⑥遂：于是。

⑦三代：指夏、商、周三代。

⑧妻子：妻子和儿女。

钧天降圣

相传，孔子诞生时，母亲颜氏在房中听到天上传来音乐声和“天感生圣子，降以和乐”的话。

⑨象：表率。
⑩忾：通行。

［译文］

鲁哀公说："我还有一句话问您，君主诸侯穿着礼服亲自迎娶，是不是太隆重了？"孔子严肃地回答道："促成两家的美好姻缘，以便延续祖宗的后嗣，以担当天下宗庙社稷的大任，您怎么能说太隆重了呢？"鲁哀公说："我实在是浅陋。如果不是浅陋的话，又怎么能听到夫子这样的言论呢？我只是想要发问，没有考虑措辞，请夫子给我讲解一下吧。"孔子说："天地之气如果不能很好地交合，那么万物就不能生长。君主诸侯的婚姻，是延续子嗣万代的，您怎么能说太隆重了呢？"孔子接着说："夫妇对内主持宗庙礼仪，那就足以和天地之神相配。对外遵从正言教化的礼仪，树立上下相敬的风气。那么假使人们做出耻辱的事情，那也是可以补救的。国家如果招致耻辱，也是可以再度兴盛的。因此，要治理政事必须以礼为先。礼是政事的根本。"孔子又说："以前夏商周三代的贤明君主，必定尊敬妻子和儿女，这是有道理的。妻子，是侍奉宗祧的主体，儿子是延续后代的，能不尊敬吗？因此，君子没有不尊敬妻子儿女的。要做到尊敬，最重要的是尊敬自身。因为自己是承上启下的关键，能不尊敬自己吗？如果不尊敬自己，就是伤了亲人的伦常。伤害了伦常，就伤了宗族的根本。伤了宗族的根本，那么本支就会随之消亡。这三点是百姓的表率。爱护尊敬自己从而尊敬他人，爱护尊敬自己的儿女从而尊敬他人的儿女，爱护尊敬自己的妃子从而尊敬他人的妃子。君主做到了这三点，就可以把他的仁德推广到天下了。以前太王的治国之道就是这样的，他把国家治理得很好。"

［原文］

公曰："敢问何谓敬身？"孔子对曰："君子过言①则民作辞，过行②则民作则。言不过辞，动不过则，百姓恭敬以从命。若是，则可谓能敬其身，敬其身则能成其亲矣。"公曰："何谓成其亲？"孔子对曰："君子者也，人之成名也，百姓与名，谓之君子，则是成其亲为君而为其子也。"孔子遂言曰："爱政而不能爱人，则不能成其身。不能成其身，则不能安其土。不能安其土，则不能乐天。不能乐天，则不能成身。"公曰："敢问何能成身？"孔子对曰："夫其行己不过乎物，谓之成身。不过

乎物，合天道也。”公曰：“君子何贵乎天道也？”孔子曰：“贵其不已[③]也。如日月东西相从而不已也，是天道也。不闭而能久，是天道也。无为而物成，是天道也。已成而明之，是天道也。”公曰：“寡人且愚冥，幸烦子之于心。”孔子蹴(cù)然[④]避席而对曰：“仁人不过乎物，孝子不过乎亲。是故，仁人之事亲也，如事天，事天如事亲。此谓孝子成身。”公曰：“寡人既闻如此言，无如后罪何？”孔子对曰：“君之及此言，是臣之福也。”

［注释］

①过言：言语过失。
②过行：行为过失。
③已：停止。
④蹴然：不安的样子。

［译文］

鲁哀公说：“请问怎样才算是尊敬自己呢？”孔子回答说：“君主的言论有过失的话，百姓之间就会兴起言辞虚浮的作风；君主做事有过失，那么百姓也会这样。君主言语行为没有过失，那么百姓就会恭敬地听从君主的政令。像这样就可以说是尊敬自己了，然后就能使他的亲人成为有名望的人了。”鲁哀公说：“那么什么叫作使他的亲人成为有名望的人呢？”孔子回答说：“君子是有名望的人。百姓把他叫作君子，就是把他的亲人当作有名望的人，而他是有名望的人的儿子。”孔子接着说：“关注政事却不能爱护百姓，就不能保护自身。不能保护自身就不能使他的领土安定，免不了流亡在外，没有安定的居处，就不能无忧无虑了。”鲁哀公说：“请问怎样才能成就自己呢？”孔子回答说：“一个人的行为能不越过界限，就叫作成就自己。不越过界限是与天道相合的。”鲁哀公说：“君子为什么要这么看重天道呢？”孔子说：“看重天道是因为运行永不停息。比如日月从东向西相继运行而不停止，这就是天道。运行无阻而能长久，这就是天道。什么也不做，但是各种事物都能自然生成，这就是天道。成就了自己而功业也得到显扬，这就是天道。”鲁哀公说：“我非常愚钝，有劳先生费心了。”孔子恭敬地离开坐席回答说：“仁人做事不越过界限，孝子最重要的是侍奉亲人，因此，仁人侍奉亲人就像侍奉天地一样，侍奉天地像侍奉亲人一样，这就是孝子做到了自己该做的。”鲁哀公说：“我已经听了这样宏大的言论，不知道我以后犯了过错怎么办呢？”孔子回答说：“您能够说出这些话，就是臣下的福分了。”

儒行解

[原文]

孔子在卫，冉求[1]言于季孙[2]曰：“国有圣人而不能用，欲以求治，是犹却步而欲求及前人，不可得已。今孔子在卫，卫将用之。己有才而以资邻国，难以言智也，请以重币迎之。”季孙以告哀公，公从之。孔子既至，舍哀公馆焉。公自阼阶，孔子宾阶，升堂立侍。公曰：“夫子之服，其儒服与？”孔子对曰：“丘少居鲁，衣逢掖(yè)[3]之衣。长居宋，冠章甫[4]之冠。丘闻之，君子之学也博，其服以乡。丘未知其为儒服也。”公曰：“敢问儒行？”孔子曰：“略言之则不能终其物，悉数之则留仆[5]未可以对。”

[注释]

①冉求：孔子的学生，名求，字子有。

②季孙：鲁国的大夫，在鲁国专权。

③逢掖：宽袖的衣服，古代儒者穿的衣服。

④章甫：礼帽。

⑤留仆：使太仆长时间的侍奉，比喻时间之长。仆，太仆，国君身边的侍御者。

儒服儒行

鲁哀公问孔子穿的是不是儒服，孔子说君子靠的是自己的博学，服装只是入乡随俗，所以不知道是不是儒服。鲁哀公又问儒行，孔子详细介绍了儒者自立、近情、刚毅等十几种操行。

[译文]

孔子在卫国，冉求对季孙氏说：“现在国家有贤人却不重用，这样的话想要把国家治理好，就像停下脚步却想要赶上前面的人一样，是做不到的。现在，孔子在卫国，卫国将要重用他。自己国家的人才却要让给邻国，很难说您是有智谋的，我请求您用丰厚的聘礼迎接孔子回来。”季孙把这话告诉了鲁哀公，鲁哀公听从了冉求的建议。孔子回来之后，居住在鲁哀公招待客人的馆舍。鲁哀公在大堂东面的台阶上迎接孔子，孔子在西侧台阶上晋见哀公，到大堂里面，孔子侍立一边。鲁哀公问道：“先生穿的衣服是儒服吗？”孔子回答说：“我年少的时候住在鲁国，穿着宽袖的衣服。长大后居住在宋国，就戴着殷朝曾流行的黑色的礼帽。我听说，君子学问广博，服装是入乡随俗的。我不知道这是不是儒服。”鲁哀公说：“请问什么是儒者的行为？”孔子说：“简单地说就不能说完整，详细地说则很长时间也说不完。”

[原文]

哀公命席，孔子侍坐，曰：“儒有席上之珍[1]以待聘[2]，夙夜强学以待问，怀忠信以待举，力行以待取，其自立有如此者。儒有衣冠中，动作慎。其大让如慢，小让如伪。大则如威，小则如愧。难进而易退，粥粥[3]若无能也。其容貌有如此者。儒有居处齐难。其起坐恭敬，言必诚信，行必忠正，道涂不争险易之利，冬夏不争阴阳之和。爱其死以有待也，养其身以有为也。其备预有如此者。儒有不宝金玉，而忠信以为宝。不祈土地，而仁义以为土地。不求多积，而多文以为富。难得而易禄也，易禄而难畜也。非时不见，不亦难得乎？非义不合，不亦难畜乎？先劳而后禄，不亦易禄乎？其近人情有如此者。儒有委之以财货而不贪，淹之以乐好而不淫。劫之以众而不惧，阻之以兵而不慑；见利不亏其义，见死不更其守；往者不悔，来者不豫；过言不再，流言不极；不断其威，不习其谋。其特立有如此者。儒有可亲而不可劫，可近而不可迫，可杀而不可辱；其居处不过，其饮食不溽(rù)[4]；其过失可微辩而不可面数也。其刚毅有如此者。儒有忠信以为甲胄[5]，礼义以为干橹(lǔ)[6]；戴仁而行，抱义而处；虽有暴政，不更其所。其自立有如此者。儒有一亩之宫，环堵之室。荜(bì)门[7]圭窬(yú)[8]，蓬户瓮牖(yǒu)，易衣而出，并日而食。上答之，不敢以疑；上不答之，不敢以谄。其为士有如此者。儒有今人以居，古人以稽。今世行之，后世以为楷。若不

逢世，上所不受，下所不推；诡谄之民，有比党而危之，身可危也，其志不可夺也。虽危起居，犹竟信其志，乃不忘百姓之病也。其忧思有如此者。儒有博学而不穷，笃行而不倦。幽居而不淫，上通而不困。礼必以和，优游以法，慕贤而容众，毁方而瓦合，其宽裕有如此者。儒有内称不避亲，外举不避怨。程功积事，不求厚禄，推贤达能，不望其报。君得其志，民赖其德，苟利国家，不求富贵。其举贤援能有如此者。儒有澡身浴德，陈言而伏，静言而正之，而上下不知也。默而翘[9]之，又不急为也。不临深而为高，不加少而为多。世治不轻，世乱不沮。同己不与，异己不非。其特立独行有如此者。儒有上不臣天子，下不事诸侯，慎静尚宽，底厉[10]廉隅（yú），强毅以与人，博学以知服。虽以分国，视之如锱铢（zī zhū）[11]，弗肯臣仕。其规为有如此者。儒有合志同方，营道同术，并立则乐，相下不厌，久别则闻流言不信，义同而进，不同而退。其交有如此者。夫温良者，仁之本也；慎敬者，仁之地也；宽裕者，仁之作也；逊接者，仁之能也；礼节者，仁之貌也；言谈者，仁之文也；歌乐者，仁之和也；分散者，仁之施也。儒皆兼此而有之，犹且不敢言仁也。其尊让有如此者。儒有不陨获[12]于贫贱，不充诎（qū）[13]于富贵，不溷（hùn）君主，不累长上，不闵有司，故曰儒。今人之名儒也妄，常以儒相诟疾。”哀公既得闻此言也，言加信，行加敬。曰：“终殁吾世，弗敢复以儒为戏矣。”

[注释]

①席上之珍：比喻人具有美好的德行才能，就像席上珍贵的菜肴一样。
②聘：任用。
③粥粥：软弱的样子。
④溽：油腻。
⑤甲胄：盔甲。

⑥干橹：盾牌。
⑦荜门：荆条编织的门。
⑧圭窬：门旁边像圭形的小窗户。
⑨翘：观望等待。
⑩底厉：锻炼。
⑪锱铢：锱、铢，都是古代很小的重量单位。
⑫陨获：堕落。
⑬充诎：洋洋自得。

[译文]

鲁哀公命人摆设坐席，孔子在旁侍坐，说：“儒者就像宴席上的珍品一样等待君主任用，早晚勤奋学习等待别人来问，内怀忠信等待别人举荐，努力做事等待别人录用，他们是这样立身行事的。儒者穿着适宜，行为谨慎。做大事推让，让人觉得很傲慢，做小事也推让，让人觉得很虚伪。做大事谨慎小心，好像心里十分害怕，做小事也从不轻慢，好像内心很愧疚。让他们前进很难，退步却很容易，让人觉得他们特别无能。他们的外表就是这样的。儒者的日常生活也让一般人难以企及。他们坐立总是毕恭毕敬，说话讲究诚信，做事必定正直不屈，走路时不和别人争着走省力易行的小路，冬天不和人抢暖的地方，夏天不和人抢阴凉的地方。珍惜生命以图成就大事，保养身体以待有所作为。儒者就是这样准备的。儒者不以金玉为宝，而把忠信当作最好的宝贝。不抢占土地，却把仁义当作土地。不追求多多积蓄财富，而把积累知识当作财富。这种人十分难得却很容易供养，容易供养却难以据为己有。不到适当的时候不轻易出仕，这不叫难得吗？不符合义的行为不做，这难道不叫难以据为己有吗？首先劳作然后获得报酬，这不叫容易供养吗？他们就是这样处理人情世故的。儒者不贪图别人送的财物，不会沉迷于玩乐爱好。被众人威逼却不害怕，用武器来恐吓他，他也不畏惧；见利却不忘义，面临死亡也不改变操守；已经过去的事情就不再后悔，对于将来的事情也不预先打算；说过的错话不再重复，不追究流言；时刻保持自身的威严，不研究计谋。他们就是这样傲然独立于世上的。对于儒者，可以跟他亲昵却不可以胁迫，可以亲近却不可以威逼，可以杀害却不能够侮辱；他们起居不奢侈，他们的饮食不油腻；对于他们的过错，可以含蓄地提醒却不可以当面指责。他们就是这样的刚毅。儒者把忠信诚实当作自己的盔甲，把礼义作为自己的盾牌；按照仁来行事，怀抱着义来居处；即使赶上暴虐的政治，也不改变操守。他们就是这样自立的。儒者的居室只有长宽各十步大，房屋只有四面墙壁。正门是荆竹编成的，旁边是窄小的侧门，用蓬草塞着门，用破瓮做的窗户，出门一定换上干净的衣服，两天吃一天的粮食。上级采纳他的建议，他不怀疑自己的才识；上级不采纳他的建议，他也不会谄媚求进。他就是这样的读书人。儒者能和现在的人相处，与古代的人相合。他的所作所为，能成为后世的楷模。如果生不逢时，国君不能任用，大臣也不举荐，卑鄙小人结党营私设计陷害他，虽然身处险境，但是仍然不改变志向。虽然处于危难之中，仍然始终坚定信念，不忘百姓的苦难。儒者就是这样忧国忧民的。儒者十分博学但是仍不放弃学习，做事情能够始终坚持不懈。独居却不放纵自己，通达不固执。遵循以和为贵的原则，悠然自得而又有节制，尊慕贤人而又包容众人，像陶瓦一样方圆都可，儒者就是这样的宽容。儒者称赞别人，对内不因是亲人而有所避讳，对外举荐贤人也不因为有怨仇而不举。凡事量力而行而不贪求高官厚禄，推举贤能不图回报。君主得到他的辅助，百姓仰赖他的德行，对国家做了有利的事情却不贪求富贵。儒者就是这样推举帮助贤能的人的。儒者清洁身体，沐浴德行，提出自己的建议而静静地等待采纳，心平气和，严守正道，但是君主却不知道。安静地等待着观望着，又不急于有所作为。不和地位低下的相比就可以知道他的高明，不必和少的相比就可以知道他的丰富。世道清明的时候不会看不起自己，世道混乱的时候也不沮丧。不与志向相同的人结党，也不谈论与自己意见不同的人的是非。儒者就是这样傲然屹立在世上的。儒者有时候不会让自己成为君主的臣子，也不事奉诸侯，谨慎安静而崇尚宽容，时刻严格要求自己、锻炼自己，品行廉洁，为人刚强坚毅，他的渊博让人信服。即使君主分封土地给他，他也觉得不值一提，不肯臣服。儒者就是这样要求自己的。儒者结交和自己志趣相同、道路一致的人，他们共同钻研道德学术，彼此有建树就会很开心，彼此不得志也不会相互厌弃，即使分别很久了，听到有关对方的流言也不会相信，志向相同就增进友谊，不同就分道扬镳。他们就是这样结交朋友的。温良是仁的根本，谨慎恭敬是仁的基础，宽容是实行仁义的做法，谦逊是仁义的作用，礼节是仁义的表现，言语谈话是仁义的修饰，歌舞是仁义和睦的表现，分散给众人是仁义实施的表现。这些方面儒者都具备，但是他们仍不敢称自己为仁。儒者就是这样的谦让。儒者不因为身处贫贱而自暴自弃，也不因为身处富贵而洋洋自得，不蒙骗君主，不连累长辈，不干涉官员的执政，因此被称为‘儒’。现在人们所称的儒其实不是真正的儒者，所以他们经常为别人所轻视，让别人称为‘儒’来讥刺他们。”鲁哀公听了孔子的这番话后，对孔子的言语更加信任，对孔子的行为更加敬重。并说：“一直到我死去的那天，都不敢再戏弄儒者了。”

问礼

[原文]

哀公问于孔子曰：“大礼[①]何如？子之言礼，何其尊也？”孔子对曰：“丘也鄙人，不足以知大礼也。”公曰：“吾子[②]言焉。”孔子曰：“丘闻之，民之所以生者，礼为大。非礼则无以节事天地之神焉，非礼则无以辨君臣上下长幼之位焉，非礼则无以别

男女父子兄弟婚姻亲族疏数[3]之交焉。是故君子此之为尊敬，然后以其所能教顺百姓，不废其会节。既有成事，而后治其文章黼（fǔ）黻（fú）[4]，以别尊卑上下之等。其顺之也，而后言其丧祭之纪，宗庙之序，品其牺牲，设其豕腊，修其岁时，以敬其祭祀，别其亲疏，序其昭穆[5]，而后宗族会宴。即安其居，以缀恩义。卑其宫室，节其服御，车不雕玑（jī），器不彫镂，食不二味，心不淫志，以与万民同利。古之明王行礼也如此。”

［注释］

①大礼：隆重的礼仪。
②吾子：对人的敬称。
③疏数：疏远和亲密。数，亲密的意思。
④黼黻：古代礼服上所绣的花纹。
⑤昭穆：古代宗法制度，宗庙中排列次序的时候，始祖居于正中，然后父子兄弟按照顺序排列，左昭右穆。

太庙问礼

孔子曾经在鲁太庙帮助祭祀，每件事都要问。有人说，谁说邹人的后代知道礼仪呢？到太庙里什么都问。孔子听了说：“这才是知礼呀！”

［译文］

鲁哀公问孔子说：“大礼是什么样子的呢？先生为何把礼说得那么重要呢？”孔子回答说：“我是一个鄙陋的人，不足以知道大礼。”鲁哀公说：“您说一下吧。”孔子说：“我听说民众之所以生存，是因为他们把礼看成是最重要的。没有礼节就不能侍奉天地之神，没有礼就不能区分上下长幼的次序，没有礼就没法区别男女、父子、兄弟、夫妻、亲戚的亲疏远近。因此，君主十分重视礼，用他所了解的礼来教化百姓，使礼节不至于被搞乱，而使人们做事都合乎礼节规范。等到礼的教化收到成效之后，就文饰器物和礼服，用来区别尊卑上下。这样以后，就开始制定丧礼祭祀的制度、宗庙的礼节、祭品的等级，布置好祭祀的干肉，制定一年的节气，举行严肃的祭祀，区别血缘关系的亲疏，排列昭穆的顺序，然后宴会亲友。这样百姓才能安居乐业，才会使恩义连绵不断。房屋宫室不要建得奢侈豪华，衣服车马也要有一定的节制，车子不雕饰，用具不雕镂，饮食要节俭，不过分淫乐以致迷失了意志，以便和民众共同分享利益。古代贤明的君主就是这样履行礼仪规范的。”

[原文]

公曰：“今之君子，胡[1]莫[2]之行也？”孔子对曰：“今之君子，好利无厌[3]，淫行[4]不倦，荒怠慢游[5]，固民是尽，以遂其心，以怨其政，以忤[6]其众，以伐[7]有道。求得当欲，不以其所；虐杀刑诛，不以其治。夫昔之用民者由前，今之用民者由后。是[8]即[9]今之君子莫能为礼也。”

[注释]

①胡：为什么。
②莫：不。
③厌：满足。
④淫行：行为放纵。
⑤荒怠慢游：放荡懒散并且态度傲慢。
⑥忤：违背。
⑦伐：侵犯。
⑧是：这。
⑨即：是。

[译文]

鲁哀公说：“如今在位的人，怎么不这样做呢？”孔子回答说：“如今的君主，贪得无厌，行为过分而不加以节制，政事荒废而且态度傲慢，一味勒索民财，以满足自己个人的欲望，使他的政治招致怨恨，违背民众的意志，损害道德。不择手段来满足他的欲望；残酷地虐待、杀戮人民，不设法使国家得到治理。以前的君主用前面提到的方法来治理人民，而如今的君主用后面说的方法治理人民。这就是现在的君主不能修明礼教的原因。”

五仪解

[原文]

哀公问于孔子曰：“寡人欲论鲁国之士，与之为治，敢问如何取之？”孔子对曰：“生今之世，志古之道；居今之俗，服古之服。舍此而为非者，不亦鲜乎？”曰：“然则[1]章甫、絇履，绅带、缙[2]笏(hù)者，皆贤人也？”孔子曰：“不必然[3]也。丘之所言，非此之谓也。夫端衣玄裳，冕而乘轩者，则志不在于食荤；斩衰[4]菅

菲，杖而歠⑤粥者，则志不在于酒肉。生今之世，志古之道；居今之俗，服古之服，谓此类也。”

二龙五老

孔子诞生那天，据传有两条龙绕护他家，有五位神仙降到他家院子里。

［注释］

①然则：既然这样，那么。

②缙：通“搢”，插。

③然：这样。

④斩衰：亦作“斩缞”。旧时五种丧服中最重的一种。用粗麻布制成，不缝边。服制三年。子及未嫁女为父母，媳为公婆，承重孙为祖父母，妻妾为夫，均服斩衰。先秦诸侯为天子、臣为君亦服斩衰。

⑤歠：喝。

［译文］

鲁哀公问孔子说：“我想要讨论一下鲁国的有识之士，想要跟他们一起治理国家，请问怎样选取人才呢？”孔子回答说：“生活在当今的时代，却有志于古代的道；生活于现在的风俗之中，却要穿着古代的服饰。有这样的行为而为非作歹的人，不是很稀奇吗？”鲁哀公说：“既然这样，那么戴着殷代的帽子，穿着鞋头上有装饰的鞋子，系着大带子并把笏板插在带子里的人，都是贤人了吗？”孔子说：“不是这样的。我所说的，不是这个意思。那些穿着礼服，戴着礼帽乘着大车的，他们的志向不在鲜美的食物上；穿着斩衰丧服，穿着草鞋，拿着丧棒喝着粥的人，他们的志向不在于酒肉。生在当今之世，却有志于古代的道，生活于现在的风俗之中，却要穿着古代的服饰的人，都是这一类人。”

［原文］

公曰：“善哉①！尽此而已乎？”孔子曰：“人有五仪②，有庸人、有士人、有君子、有贤人、有圣人。审③此五者，则治道毕④矣。”

［注释］

①善哉：太好了。

②五仪：五种。

③审：考察。

④毕：完成。

［译文］

鲁哀公说："很好，就这些吗？"孔子说："人有五种：庸人、士人、君子、贤人、圣人。仔细观察审视这五种人，那么就可以找到所有治世的方法了。"

［原文］

公曰："敢问何如斯[①]可谓之庸人？"孔子曰："所谓庸人者，心不存慎终之规[②]，口不吐训格之言，不择贤以托其身，不力行以自定。见小暗大，而不知所务；从物如流，不知其所执。此则庸人也。"

［注释］

①何如斯：怎么样。
②规：规划。

［译文］

鲁哀公说："请问什么样的人被称为庸人呢？"孔子说："庸人就是那些心里没有谨慎的计划，说出的话没有道理，不选择贤人作为自己的依靠，不努力行事使自己有安定的生活的人。他们往往只看见小事，却不能谋虑深远，不知道自己该做些什么；随波逐流，不知道追求什么。这种人就叫作庸人。"

［原文］

公曰："何谓士人？"孔子曰："所谓士人者，心有所定，计有所守，虽不能尽道术之本，必有率[①]也；虽不能备[②]百善之美，必有处也。是故知不务多，必审其所知；言不务多，必审其所谓；行不务多，必审其所由。智既知之，言既道之，行既由之，则若性命之形骸之不可易也。富贵不足以益，贫贱不足以损。此则士人也。"

［注释］

①率：遵循。
②备：具备。

［译文］

鲁哀公说："什么叫作士人呢？"孔子说："所谓士人，是指心中有一定原则，有一定计划，虽然不能掌握道的本质，但是一定有所遵循；虽然不能具备所有的美德，但是必有自己的处事方法。因此，他们的知识不求多，但是一定仔细审视他们所学的东西是否有道理；言论不求多，但是一定要看他们说的是什么；走的路不求多，但是必定要弄清楚所走的道路是否正确。所学的知识既然都明白了，所说的话也都有所依据，走的道路遵循一定的原则，就像有生命的形体不可改变一样。身处富贵之中不会有什么增益，身处贫贱之中也不会减损自己的操守。这就是士人。”

［原文］

公曰：“何谓君子？”孔子曰：“所谓君子者，言必忠信而心不怨，仁义在身而色无伐①，思虑通明而辞不专②；笃行信道，自强不息，油然③若将可越而终不可及者。此则君子也。”

［注释］

①伐：夸耀。
②专：专横。
③油然：容易的样子。

［译文］

鲁哀公说：“什么叫君子呢？”孔子说：“所谓的君子，言语忠诚可信，心中无所怨悔，虽然自己具备仁义的德行却不夸耀，思想开明而言语不专横；忠诚地履行道义，自强不息，超然的样子让人以为可以超越而终究不能赶上，这就是君子。”

［原文］

公曰：“何谓贤人？”孔子曰：“所谓贤人者，德不逾①闲，行中②规绳；言足以法于天下而不伤于身，道足以化于百姓而不伤于本；富则天下无宛③财，施则天下不病贫。此则贤者也。”

［注释］

①逾：超越。
②中：符合。
③宛：同“怨”，怨恨。

［译文］

鲁哀公说：“什么叫作贤人呢？”孔子说：“所谓的贤人，他们的品行不逾越常规，行为有所规范；他们的言论足以让天下人效法而不会招来灾祸，思想可以教化百姓而不会损害百姓的本性；即使富贵天下也没有人嫉妒怨恨他，他施舍，天下就没有贫穷困苦的人。这就是贤人。”

［原文］

公曰：“何谓圣人？”孔子曰：“所谓圣者，德合于天地，变通无方，穷①万事之终始，协②庶品③之自然，敷其大道而遂成情性。明并日月，化行若神，下民不知其德，睹者不识其邻。此谓圣人也。”

［注释］

①穷：推究，探源。
②协：调和。
③庶品：万物。

［译文］

鲁哀公说：“什么叫作圣人呢？”孔子说：“所谓的圣人，他们的德行符合天地之道，行为处事灵活多变，能探究万物的来龙去脉，调和世间万物的自然法则，推广他的大道，使百姓情志畅达。和日月同辉，像神明一样教化万民，民众不知道他的德行，看到他的人也不知道他就在自己身边。这就是圣人。”

［原文］

公曰：“善哉！非子之贤，则寡人不得闻此言也。虽然，寡人生于深宫之内，长于妇人之手，未尝知哀，未尝知忧，未尝知劳，未尝知惧，未尝知危，恐不足以行五仪之教。若何？”孔子对曰：“如君之言，已知之矣。则丘亦无所闻焉。”公曰：“非吾子①，寡人无以启其心，吾子言也。”孔子曰：“君子入庙，如右，登自阼阶②，仰视榱桷（cuī jué）③，俯察机筵④，其器皆存，而不睹其人。君以此思哀，则哀可知矣。昧爽⑤夙兴，正其衣冠，平旦视朝，虑其危难，一物失理，乱亡之端。君以此思忧，则忧可知矣。日出听政，至于中冥，诸侯子孙，往来为宾，行礼揖让，慎其威仪。君以此思劳，则劳亦可知矣。缅然长思，出于四门，周章远望，睹亡国之墟，必将有数焉。君以此思惧，则惧可知

矣。夫君者，舟也；庶人者，水也。水所以载舟，亦所以覆舟。君以此思危，则危可知矣。君既明此五者，又少留意于五仪之事，则于政治，何有失矣。”

［注释］

①吾子：对人的敬称，您。
②阼阶：东边的阶梯。
③榱桷：房屋的椽子。
④机筵：案几和坐席。
⑤昧爽：天刚亮的样子。

［译文］

鲁哀公说：“太好了！没有先生您这样的贤才，我就不能听到这些言论了。即使这样，我生长在深宫之中，由妇人一手带大，并不知道什么是哀思、忧愁、劳苦、畏惧、危险，因此，恐怕不知道怎样对百姓进行五种等级的教化。那怎么办呢？”孔子回答说：“我从您的话中听出，您已经明白其中的道理了。我对此也没什么好说的了。”鲁哀公说：“不是您的话，我的心智就不会得到启发，请您讲一下吧。”孔子说：“君主到庙中祭祀，劝祖神享用祭品，从东阶进入堂内，仰望房椽，俯视案几和坐席。祖先用过的器具还都在，但是人已经不在了。您这样体验哀思，就可以知道什么叫作哀思了。天刚亮就早早起来，穿戴好，天亮的时候上朝听政，思考忧虑国家的危难，一件事情处理不好，就有可能成为国家混乱甚至灭亡的导火索。您通过这种方式体验担忧，就知道什么叫作忧愁了。从日出的时候开始听取朝政，直到天黑的时候回寝宫休息。诸侯国的子孙到来的时候，以礼相待，揖让如宾。时刻谨慎自己的威严仪态。您通过这种方式体验劳苦，那么就可以知道什么是劳苦了。思考现在和未来，走出都城，四处游览，察看已经灭亡国家的废墟，由此想到国家的命运是已经注定了的。您通过这种方式体验畏惧，那么就可以知道什么是畏惧了。把君主比作船的话，百姓就是水。水是用来承载船的，但是也可以翻船。您通过这种方式体验危难，那么就知道什么是危难了。您能明了这五点，并且稍微留意五仪方面的事情，那么治理政治又有什么失误呢？”

［原文］

哀公问于孔子曰：“请问取人之法？”孔子对曰：“事任于官，无取捷捷①，无取钳钳②，无取哼哼③。捷捷，贪也；钳钳，乱也；哼哼，诞也。故弓调而后求劲焉，马服而后求良焉，士

必悫[4]而后求智能者焉，不悫而多能，譬之豺狼不可迩[5]。”

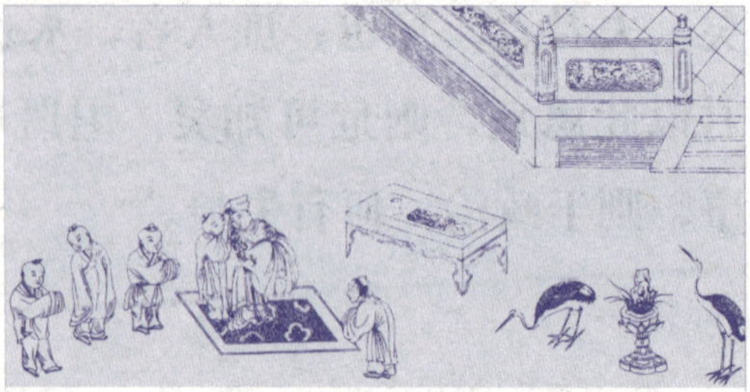

俎豆礼容

孔子五六岁时，和儿童做游戏，摆上俎豆等礼器，演习礼仪。众儿童仿效他，也揖让有礼。

［注释］

①捷捷：贪婪的样子。

②钳钳：胡乱应对，言语不谨慎的样子。

③啍啍：多言的样子。

④悫：诚实，谨慎。

⑤迩：近。

［译文］

鲁哀公问孔子说：“请问怎样用人呢？”孔子回答说：“任用官员分管事物，不要选择那些贪婪的人，也不要选择那些言语不谨慎的人，不要选择那些阴险的人。捷捷就是贪婪，钳钳就是胡乱应对，啍啍就是阴险欺诈。因此，只有把弓调制好了才能有更强劲的力量，马匹必须训练好了才能算作好马，选择官员，必须要求他们首先诚恳忠实，然后再看他们是否足智多谋。如果仅仅有聪明才智，但是不忠厚诚恳，这种人就应该像逃避豺狼一样远离他们。”

［原文］

哀公问于孔子曰：“寡人欲吾国小而能守，大则攻，其道如何？”孔子对曰：“使君朝廷有礼，上下相亲，天下百姓皆君之民，将谁攻之？苟违此道，民畔如归[1]，皆君之仇也，将与谁守？”公曰：“善哉！”于是废山泽之禁，弛关市之税，以惠百姓。

［注释］

①归：回家。

［译文］

鲁哀公问孔子说：“我想要我的国家小的话能够守住本国，大的话就能攻打其他国家，怎样才能做到呢？”孔子回答说：“这就需要你在朝廷之上讲究礼制，君臣上下相亲敬，那么天下的百姓都是您的子民，谁还会攻打您的国家呢？如果违背了这种做法，那么百姓背叛您就像是盼望回家那样急切，他们都会成为您的敌人，那么您还指望和谁一起守卫国家呢？”鲁哀公说：“很好！”于是他废除了山林、湖泊这些地方的禁令，放宽了关卡和市场的税收，以便让百姓得到好处。

卷二

致思

[原文]

孔子北游于农山，子路、子贡、颜渊侍侧。孔子四望，喟(kuì)然[1]而叹曰："于斯致思，无所不至矣。二三子各言尔志，吾将择焉。"子路进曰："由[2]愿得白羽[3]若月，赤羽若日，钟鼓之音上震于天，旍旗缤纷下蟠于地。由当一队而敌之，必也攘地千里，搴旗执聝[4]，唯由能之，使二子者从我焉。"

农山言志

孔子游于农山，让弟子们谈自己的志向。子路志在开扩疆土，孔子说是勇敢。子贡志在游说，孔子说是雄辩。颜渊志在推行儒家教化，孔子特别赞赏颜渊，认为他不伤害人民，不多说话。

夫子曰："勇哉！"子贡复进曰："赐[5]愿使齐、楚合战于漭漾之野，两垒相望，尘埃相接，挺刃交兵。赐着缟衣白冠，陈说其间，推论利害，释国之患。唯赐能之，使夫二子者从我焉。"夫子曰："辩哉！"颜回退而不对。孔子曰："回，来，汝奚独无愿乎？"颜回对曰："文武之事，则二子者既言之矣，回何云焉？"孔子曰："虽然，各言尔志也，小子言之。"对曰："回闻薰莸(yóu)[6]不同器而藏，尧[7]桀[8]不共国而治，以其类异也。回愿得明王圣主辅相之，敷其五教，导之以礼乐，使民城郭不修，沟池不越，铸剑戟以为农器，放牛马于原薮(sǒu)[9]，室家无离旷之思，千岁无战斗之患。则由无所施其勇，而赐无所用其辩矣。"夫子凛然曰："美哉！德也。"子路抗手[10]而对曰："夫子何选焉？"孔子曰：

受饩分惠

孔子把季桓子赠送的粮食，分给了贫苦的弟子，子贡认为孔子把粮食转送别人违背了季孙的心意。孔子说："我接受粮食，是因为季桓子的恩惠和宠耀，使季孙惠及我一人，怎比得上惠及几百人呢？"

"不伤财，不害民，不繁词，则颜氏之子有矣。"

［注释］

①喟然：感叹、叹息的样子。

②由：子路名由。

③羽：旗帜。

④馘：割下的敌人的左耳。

⑤赐：子贡名赐。

⑥薰莸：薰，一种香草。莸，一种臭草。

⑦尧：古代的贤君。

⑧桀：夏代最后一个君主，是个暴君。

⑨原薮：平原。

⑩抗手：拱手。

［译文］

孔子向北游览农山，子路、子贡、颜渊在旁边陪着他。孔子四处张望，然后深深地感叹说："在这儿凝神思虑，没有什么是想不通的。你们都谈一下你们的志向吧，我好做出选择。"子路走上前说："我想要得到像月亮一样洁白的将帅令旗，像太阳一样的红色战旗，钟鼓的声音响彻云霄，战旗飘飞，像地上盘旋的飞龙一样。这种情况下，我带领一队人马来抵抗敌人，一定可以夺取上千里的土地。夺取敌人的战旗，割下的敌人的左耳，这些只有我能做到。让他们两个人跟着我吧。"孔子说："子路真是勇敢。"子贡上前一步说："当齐楚两国在广阔的野外交战的时候，两军针锋相对，战场扬起的灰尘连成一片，士兵们短兵相接。这时候，我穿着白色的衣服，戴着白色的帽子，在两军之间进行劝说，陈述各种利弊，然后排除两国的忧患。这种事只有我可以做到，让他们两个人跟着我吧。"孔子说："子贡真有辩才。"颜回不说话。孔子说："颜回，你过来，只有你没有什么志愿吗？"颜回回答说："文武二事，他们两个人都已经说过了，我还能说什么呢？"孔子说："即使这样，也是各自说各自的志愿，你说吧。"颜渊回答说："我听说薰草和莸草不能放在一个容器中，尧和桀不能共同治理一个国家，因为他们不是同类的。我希望辅佐贤明的君主圣王，推广他们的五教，用礼乐来引导人民，使百姓不加固城墙，不越过护城河，把剑、戟这些兵器熔铸成农具使用，在平原上放牧。家家都没有离别相思之苦，千年没有战争的忧患。那么子路就没办法施展他的勇猛，子贡也没法施展他的辩才了。"孔子神情肃穆地说："太好了。颜回真是有德行的人。"子路拱手说："老师会选择谁呢？”孔子说：“不破费财物，不伤害百姓，不费太多的口舌，颜回做到了啊！”

[原文]

鲁有俭啬者，瓦鬲(lì)[1]煮食，食之，自谓其美，盛之土型之器以进孔子。孔子受之，欢然而悦，如受大牢[2]之馈。子路曰：“瓦甂[3]，陋器也，煮食，薄膳也，夫子何喜之如此乎？”子曰：“夫好谏者思其君，食美者念其亲。吾非以馔具之为厚，以其食厚而我思焉。”

[注释]

①瓦鬲：用粗陶瓷做成的锅。
②大牢：即太牢，古代牛、羊、猪都具备的祭祀食物。
③瓦甂：小瓦盆。

[译文]

鲁国有一个非常吝啬的人，他吃用瓦鬲煮成的饭，自认为很好吃。于是他把食物装进小瓦盆，进献给孔子。孔子接受了，非常高兴，就像接受了太牢这样的馈赠一样。子路说：“瓦盆是很简陋的容器，它煮出来的食物没有什么味道，您为什么这样喜欢呢？”孔子说：“喜爱劝谏的人处处为君主着想，得到美食的人总会想到亲人。我没有考虑食物、食器的好坏，我只是考虑到他吃好东西的时候想到了我。”

[原文]

孔子之楚，而有渔者而献鱼焉，孔子不受。渔者曰：“天暑市远，无所鬻(yù)也，思虑弃之粪壤，不如献之君子，故敢以进焉。”于是夫子再拜受之，使弟子扫地，将以享祭。门人曰：“彼将弃之，而夫子以祭之，何也？”孔子曰：“吾闻诸惜其腐饐[1]，而

受鱼致祭

孔子到楚国去，渔人献鱼，孔子不接受，渔人说：“天气炎热，很快就得扔掉，不如送给君子。”孔子收下后去祭祀。

欲以务施者，仁人之偶也。恶有受仁人之馈而无祭者乎？”

［注释］

①腐馁：变质的食物。馁，熟食。

［译文］

孔子到楚国去，有个打渔的人，给孔子送来了鱼，孔子不接受。打渔的人说：“天热市场又远，我不能卖出去，想着与其扔到粪土里，还不如送给您呢，所以我才敢来献给您。”于是孔子拜过渔人之后接受了，并且让弟子把地打扫干净准备祭祀。弟子说：“渔人将要把鱼丢掉，而您却要用它祭祀，为什么呢？”孔子说：“我听说因为爱惜食物将要变质而想要把它们赠给别人的人，是和仁人一样的人。哪有接受了仁人的馈赠而不祭祀的呢？”

［原文］

季羔[1]为卫之士师[2]，刖(yuè)[3]人之足。俄而[4]，卫有蒯聩(kuǎi kuì)之乱，季羔逃之，走郭门，刖者守门焉。谓季羔曰：“彼有缺。”季羔曰：“君子不逾。”又曰：“彼有窦[5]。”季羔曰：“君子不隧。”又曰：“于此有室。”季羔乃入焉。既而[6]追者罢，季羔将去，谓刖者：“吾不能亏主之法而亲刖子之足矣，今吾在难，此正子之报怨之时，而逃我者三，何故哉？”刖者曰：“断足固我之罪，无可奈何。曩(nǎng)者君治臣以法，令先人后臣，欲臣之免也，臣知。狱决罪定，临当论刑，君愀(qiǎo)然不乐。见君颜色，臣又知之。君岂私臣哉？天生君子，其道固然，此臣之所以脱君也。”孔子闻之，曰：“善哉为吏！其用法一也。思仁恕则树德，加严暴则树怨。公以行之，其子羔乎。”

子羔任恕

子羔在卫国做官，曾依法判处罪人刖刑。内乱时，那人守城门，却放了他。孔子听后说，执行法律想着仁恕，就留下恩德。

［注释］

①季羔：孔子的弟子，也称子羔。

②士师：官名，专管断狱判刑。
③刖：砍脚的刑罚。
④俄而：不久。
⑤窦：洞。
⑥既而：一会儿。

[译文]

季羔在卫国做士师，按刑罚砍掉了别人的脚。不久卫国就出现了蒯聩引起的动乱，季羔逃走了，逃到城门的时候，正好遇到被他砍脚的人守门。这个人对季羔说："那边有一个缺口。"季羔说："君子是不会跳墙的。"这个人又说："那边有一个洞。"季羔说："君子是不钻洞的。"这个人又说："这儿有一间房子。"季羔于是进去了。一会儿追兵赶到了，季羔要离开，对被砍掉脚的守门人说："我因为不能损害国君的法令而砍了你的脚，现在我遇难了，这是你报仇的时候，但是你却给了我三次逃跑的机会，为什么呢？"被砍脚的人说："被砍脚本来就是罪有应得，我是没有办法的。以前你按照国家的法令惩罚我，先处罚别人然后才轮到我，是想要我免于刑罚，这我是知道的。等到我的判决已经确定，就在行刑的时候，您的脸上露出不高兴的神色。看见了你的神色，我知道了您心里的想法。你哪里是偏爱我？这是君子本来就有的德行，这就是我放你的原因。"孔子听说之后说："季羔做官做得真好！他坚持法的一贯原则，心怀仁义宽恕之心就会树立恩德，用刑严酷就会与人结怨。季羔是公正的执法啊！"

[原文]

孔子曰："季孙之赐我粟①千钟②也，而交益亲。自南宫敬叔之乘我车也，而道加行。故道虽贵，必有时而后重，有势而后行。微夫二子之贶(kuàng)③财，则丘之道殆将废矣。"

[注释]

①粟：小米。
②钟：古代的容量单位。
③贶：赠。

[译文]

孔子说："季孙赐给我一千钟小米之后，与我交往的人就更加亲近了。自从南宫敬叔坐了我的车子之后，我的主张就更容易施行了。所以我的主张虽然是很好的，必定要等到一定的时候才会被人看重，借助一定的势力然后才能施行。如果没有他们两个人的恩赐，那么我的学说就会被废弃了。"

[原文]

孔子曰："王者有似乎春秋，文王以王季为父，以太任为母，以太姒(sì)为妃，以武王、周公为子，以太颠、闳(hóng)夭为臣，其本①美矣。武王正其身以正其国，正其国以正天下。伐②无道，刑有罪，一动而天下正，其事成矣。春秋致其时而万物皆及，王者致其道而万民皆治。周公载己行化而天下顺之，其诚至矣。"

[注释]

①本：本质。
②伐：讨伐。

[译文]

孔子说："当君主的人就像是植物春长秋收一样。文王的父亲是王季，母亲是太任，妻子是太姒，又有儿子武王、周公，太颠、闳夭是他的大臣，他的根基本来就是很好的。武王以身作则，用正道治理国家，从而使天下都走上正道。诛伐无道昏君，处罚有罪的人，他行动起来天下就得到了治理，他的王业也就完成了。万物随着季节的变换而生长，君主致力于治国之法，人民就可以治理得很好。周公用自己的仁德教化天下，而天下的百姓归顺他，这是因为他的诚心达到了极点啊。"

[原文]

曾子曰："入是国也，言信于群臣，而留可也；见忠于卿大夫，则仕可也；泽施于百姓，则富可也。"孔子曰："参之言此，可谓善安身矣。"子路为蒲宰，为水备，与其民修沟渎(dú)。以①民之劳烦苦也，人与之一箪(dān)食一壶浆。孔子闻之，使子贡止之。子路忿不悦，往见孔子，曰："由也以暴雨将至，恐有水灾，故与民修沟洫(xù)以备之，而民多匮饿者，是以②箪食壶浆而与之。夫子使赐止之，是夫子止由之行仁也。夫子以仁教而禁其行，由不受也。"孔子曰："汝以民为饿也，何不白③于君，发④仓廪(lǐn)以赈之？而私以尔食馈⑤之，是汝明⑥君之无惠而见己之德美矣。汝速已则可，不则汝之见罪必矣。"

[注释]

①以：因为。
②是以：因此。
③白：告诉。
④发：打开。
⑤馈：馈赠。
⑥明：动词，表明。

[译文]

曾子说："到一个国家，如果自己的言论被群臣接受的话，那么就可以留下来了。如果得到卿大夫的信任，那么就可以做官了。如果施恩于百姓，那么就可以在那里发家致富了。"孔子说："曾参能说出这样的话，可以说是懂得安身立命的道理。"子路在蒲地做县令，为防御水灾做准备，与百姓一起修筑沟渠。因为百姓非常辛苦，就发给他们一人一箪食物一瓢水。孔子听说了，让子贡去阻止子路。子路非常不高兴，来见孔子，说："我认为暴雨将要来临，恐怕发生水灾，因此和百姓一起修筑沟渠以作防备。百姓很多人都又累又饿，因此我给他们一人一箪食物一瓢水。老师让子贡制止我，是老师阻止了我施行仁道啊。您教给我仁道却阻止我实行仁政，我不接受。"孔子说："你认为百姓饿了，为什么不告诉君主呢？让他打开府库救济百姓。你把你的粮食赠给百姓，是表明君主没有德行恩惠而彰显自己的德行啊。你快快停下来吧，不然就一定会招致罪责的。"

[原文]

子路问于孔子曰："管仲之为人何如？"子曰："仁也。"子路曰："昔管仲说襄公，公不受，是不辩也；欲立公子纠而不能，是不智也；家残于齐而无忧色，是不慈也；桎梏(zhì gù)[①]而居槛车，无惭心，是无丑也；事所射之君，是不贞也；召忽[②]死之，管仲不死，是不忠也。仁人之道，固若是乎？"孔子曰："管仲说襄公，襄公不受，公之闇也；欲立子纠而不能，不遇时也；家残于齐而无忧色，是知权[③]命也；桎梏而无惭心，自裁审也；事所射之君，通于变也；不死子纠，量轻重也。夫子纠未成君，管仲未成臣。管仲才度义，管仲不死束缚而立功名，未可非也。召忽虽死，过与取仁，未足多[④]也。"

[注释]

①桎梏：枷锁。
②召忽：曾经辅佐公子纠。
③权：变通。
④多：称赞。

[译文]

子路问孔子说："管仲的为人怎样？"孔子说："他是个仁人。"子路说："以前管仲劝说齐襄公，襄公没有接纳他的劝说，这是他没有口才；他想要立公子纠为国君，但是没有成功，这是他缺少智慧；他的家在齐国遭到摧残，但是他没有流露出哀伤，证明他不是慈爱的人；戴着枷锁坐在囚车里，但是没有羞惭之心，说明他没有耻辱之心；侍奉自己用箭射过的君主，是不忠贞的表现；公子纠失败了，召忽为公子纠所死，但是管仲却不死，这是不忠诚。仁人做事，难道就是这样吗？"孔子说："管仲劝说襄公，襄公没有采纳，是因为襄公很愚昧昏庸；管仲要立公子纠为王，但是没有成功，是没有合适的机遇；他的家在齐国遭到摧残，但是没有流露出忧伤，是知道审时度命；身披枷锁没有羞耻之心，是懂得裁断审判；侍奉自己用箭射过的君主，是知道变通；不为公子纠献身，是知道判断轻重。公子纠不能成为君主，管仲不能成为大臣而有所作为，管仲的才能超出他的德行，他不因为囚禁而死，却想要建立功名，这是无可厚非的。召忽虽然为公子纠献身了，是为了取得仁的名声，但是做得有点过分了，他是不值得称赞的。"

[原文]

孔子适齐，中路闻哭者之声，其音甚哀。孔子谓其仆[①]曰："此哭哀则哀矣，然非丧者之哀矣。"驱而前，少进，见有异人焉，拥镰带素，哭者不哀。孔子下车，追而问曰："子何人也？"对曰："吾丘吾子也。"曰："子今非丧之所，奚哭之悲也？"丘吾子曰："吾有三失，晚而自觉，悔之何及。"曰："三失可得闻乎？愿子告吾，无隐也。"丘吾子曰："吾少时好学，周遍天下，后还，丧吾亲，是一失也；长事齐君，君骄奢失士，臣节不遂，是二失也；吾平生厚交，而今皆离绝，是三失也。夫树欲静而风不停，子欲养而亲不待。往而不来者，年也；不可再见者，亲也，请从此辞。"遂投水而死。孔子曰："小子识[②]之，斯足为

戒矣。”自是弟子辞归养亲者十有三。

[注释]

①仆：驾车的人。
②识：记住。

[译文]

孔子到齐国去，路上听到哭声，哭声特别哀痛。孔子对为他驾车的弟子说：“这哭声虽然很哀痛，但是绝不是因为遭遇丧事而哭。”他们驾车前行，没走多远，就看到一个很特别的人。手里拿着镰刀，带着绳索，哭得很伤心但是不哀伤。孔子下车，追上此人问道：“您是谁啊？”他回到道：“我是丘吾子。”孔子说：“现在您不是在举办丧事的地方，为什么哭得这么悲伤呢？”丘吾子说：“我有三个过失，晚年的时候才发现，但是后悔已经来不及了。”孔子说：“能说一下是哪三个过失吗？希望你毫无保留地告诉我。”丘吾子说：“我少年的时候，非常爱学习，周游天下，后来回家了，父母都已经去世了，这是第一个过失；长大了侍奉齐国君主，君主骄傲奢侈，失去人心，我不能保全节操，这是第二个过失；我生平喜好交朋友，但是现在都断绝了往来，这是第三个过失。树想要停下来但是风却不停止，做子女的想要孝顺父母但是父母都已经不在了。逝去就不再回来的是岁月；不能再见到的是亲人。我要从此辞去人世。”接着他跳水死去了。孔子说：“你们要记住了，这是足以警惕的。”从此以后，回去奉养父母的弟子有十三个。

[原文]

孔子谓伯鱼[①]曰：“鲤乎，吾闻可以与人终日不倦者，其唯学焉。其容体不足观也，其勇力不足惮也，其先祖不足称也，其族姓不足道也。终而有大名以显闻四方，流声后裔者，岂非学之效也？故君子不可以不学，其容不可以不饬，不饬无类[②]，无类失亲，失亲不忠，不忠失礼，失礼不立。夫远而有光者，饬也；近而愈明者，学也。譬之污池，水潦（liáo）[③]注焉，雚苇生焉，虽或以观之，孰知其源乎？”

[注释]

①伯鱼：孔子的儿子孔鲤，字伯鱼。
②无类：不礼貌。
③水潦：雨水。

过庭诗礼

孔子站在庭中，孔鲤恭敬地走过，孔子教育他不学《诗》就不能应酬，不学《礼》就不能立身。

[译文]

孔子对伯鱼说："孔鲤，我听说可以跟人谈论一整天而不知道疲倦的，大概只有学问吧。一个人的容貌体型是不足以观赏的，一个人的勇猛是不足以让人害怕的，祖先不值得称赞，姓氏是不值得谈论的。最终可以使自己成名、扬名于四方、名垂后世的，难道不是只有通过学习才能做到的吗？因此，君子不能不学习。一个人不可以不修饰容貌，不修饰容貌就是不礼貌，不礼貌别人就不会亲近他，没人亲近就没有人对他忠诚，没有忠诚就会丧失礼，丧失礼就不能立身。远远看起来就有光彩的，是修饰的功效；近处看而更加耀眼的，是学习的成果。譬如污水池，雨水注入其中，里面长满了芦苇，即使偶尔有人观看，又有谁知道它的源头在哪儿呢？"

[原文]

子路见于孔子曰："负重涉远，不择地而休，家贫亲老，不择禄而仕。昔者由也事二亲之时，常食藜藿(lí huò)之实，为亲负米百里之外。亲殁(mò)之后，南游于楚，从车百乘，积粟万钟，累茵①而坐，列鼎而食。愿欲食藜藿，为亲负米，不可复得也。枯鱼衔索，几何不蠹(dù)②？二亲之寿，忽若过隙。"孔子曰："由也事亲，可谓生事尽力，死事尽思者也。"

[注释]

①累茵：多重的坐垫。
②蠹：被蠹虫吃掉。

[译文]

子路见孔子说："背着很重的东西走很远的路，累的时候不选择地方休息。家庭贫穷父母年老的话，就会不计较利禄的多少而做官。以前我在家侍奉父母的时候，经常吃草木的果实，到百里之外把米背回家侍奉父母。父母死去之后，我跟着您到南方的楚国，跟随的车子有一百多辆，存储了一万多钟的粮食，坐在多重坐垫之上，饭食非常丰富。现在想要再吃草木的果实，为亲人到很远的地方背米，是不能够的。绳索上穿着的干鱼，很少有不被蠹虫吃掉的。父母的寿命，就像白驹过隙一样很快就到了。”孔子说：“子路奉养父母，可以说是父母生时尽心尽力，父母死后极尽哀思了。”

［原文］

孔子之[①]郯(tán)，遭程子于涂[②]，倾盖[③]而语终日，甚相亲。顾[④]谓子路曰：“取束帛以赠先生。”子路屑然对曰：“由闻之，士不中间见，女嫁无媒，君子不以交，礼也。”有间，又顾谓子路。子路又对如初。孔子曰：“由，诗不云乎：‘有美一人，清扬宛兮，邂逅相遇，适我愿兮。’今程子，天下贤士也，于斯不赠，则终身弗能见也，小子行之。”

［注释］

①之：动词，到……去。
②涂：通“途”，路途。
③倾盖：车上的伞盖靠在一起。
④顾：回头。

［译文］

孔子到郯国去，在路上遇见了程子，孔子的车子和程子的车子并在一起，他俩谈话谈了整整一天，非常亲密。孔子回头对子路说：“取一束帛给先生。”子路很不屑地回答道：“我听说读书人如果不通过人介绍就见面，女子不经过媒妁之言就嫁人，君子是不和这样的人交往的。这是礼所规定的。”过了一会儿，孔子又回头对子路说一样的话，子路又用刚才的话回复孔子。孔子说：“仲由，《诗经》不是说：‘有一个美人，眉清目秀，偶然遇到，正是我所向往的人吗？’如今程子，正是天下的贤良之人，不赠送东西给这样的人，那么终生都不能再见面了，你把东西送给他吧。”

［原文］

孔子自卫反鲁，息驾于河梁[①]而观焉。有悬水[②]三十仞，圜(huán)流九十里，鱼鳖不能导，鼋鼍(yuán tuó)不能居。有一丈夫方将厉[③]之，孔子使人并涯止之曰：“此悬水三十仞，圜流九十里，鱼鳖鼋鼍不能居也，意者[④]难可济也。”丈夫不以措意，遂渡而出。孔子问之，曰：“子巧乎？有道术乎？所以能入而出者，何也？”丈夫对曰：

“始吾之入也，先以忠信，及吾之出也，又从以忠信，忠信措吾躯于波流，而吾不敢以用私，所以能入而复出也。”孔子谓弟子曰：“二三子识之，水且犹可以忠信成身亲之，而况于人乎！”

忠信济水

孔子停车观水，有一个人游水过河。孔子对弟子们说，你们要记住，心怀忠信，河水都能渡过，何况人事呢？

［注释］

①梁：桥。
②悬水：瀑布。
③厉：渡水。
④意者：意料，推想。

［译文］

孔子从卫国返回鲁国，在桥边停下车子休息，观看风景。有一个瀑布有三十仞高，下面回旋的水流有九十里长，鱼鳖不能通过，鼋鼍不能在此居住。有一个男子正要从此游过。孔子让人到岸边劝阻说：“这个瀑布有三十仞高，下面回旋的水流有九十里长，鱼鳖不能通过，鼋鼍不能在此居住，估计人们很难渡过。”男子不以为意，接着渡水到了对岸。孔子问他说：“你难道有什么道术吗，究竟是怎样从这里通过的呢？”男子回答说：“开始我进入水中的时候，怀着忠信之心，等到我从水中出来的时候，还是怀着忠信之心。忠信让我的身躯置于波涛汹涌的河水中，我不敢有一丝杂念，因此我可以进去并且重新出来。”孔子对弟子说：“你们要记住了，水流还亲近那些心怀忠信的人呢，何况人类呢？”

［原文］

孔子将行，雨而无盖。门人曰：“商[1]也有之。”孔子曰：“商之为人也，甚吝于财。吾闻与人交，推其长者，违其短者，故能久也。”楚王渡江，江中有物，大如斗，圆而赤，直触王舟，舟。人取之，王大怪之，遍问群臣，莫之能识。王使[2]使聘于鲁，问于孔子。子曰：“此所谓萍实者也。可剖而食也，吉祥也，唯霸者为能获焉。”使者反，王遂食之，大美。久之，使来，以告鲁大夫。大夫因子游问曰：“夫子何以知其然乎？”曰：“吾昔之[3]郑，过乎陈之野，闻童谣曰：‘楚王渡江得萍实，大如斗，赤如

日，剖而食之甜如蜜。’此是楚王之应也。吾是以知之。”

[注释]

①商：孔子的弟子子夏，姓卜名商，字子夏。

②使：动词，派出使者。

③之：到……去。

萍实通谣

楚昭王渡江，见到一个很大的红色东西，感到很奇怪，派人去问孔子。孔子说："这是萍实，可以吃，只有成就霸业的人才能得到。"

[译文]

孔子将要外出，天下着雨，但是却没有挡雨的东西。弟子说："子夏有雨伞。"孔子说："子夏这个人，太吝啬财物。我听说和人交往，要擅于欣赏他的长处，避开他的短处，这样才能长久地交往下去。"楚王将要渡过长江，江中有个像斗一样大的东西，圆圆的，红色的，一头撞在了楚王的船上。船夫把它取过来，楚王看了非常吃惊，问遍了群臣，也没有认识的。楚王派人出使鲁国，问孔子认不认识这个东西。孔子说："这是所谓的萍的果实，可以剖开吃。这是一种吉祥物，只有诸侯间的盟主才能得到。"使者返回，将孔子的话告诉楚王，楚王就吃了它，它的味道非常鲜美。很久之后楚国的使者把这件事告诉鲁国的大夫，大夫通过子游问孔子说："您怎么知道这个东西呢？"孔子说："我以前到郑国去，路过陈国的郊野，听到童子唱道：'楚王渡江的时候将得到萍的果实，像斗一样大，像太阳一样红，剖开食用像蜜一样甘甜。'这正好应验在楚王身上，所以我知道。"

[原文]

子贡问于孔子曰："死者有知乎？将无知乎？"子曰："吾欲言死之有知，将恐孝子顺孙妨生以送死；吾欲言死之无知，将恐不孝之子弃其亲而不葬。赐①不欲知死者有知与无知，非今之急，后自知之。"

[注释]

①赐：孔子的弟子。名端木赐，字子贡。

[译文]

子贡问孔子说："死去的人有意识吗？还是没有意识呢？"孔子说："我如

果说死者有知觉意识的话，担心世上孝子贤孙因为葬送死者而妨害了自己的生活；我如果说死者没有意识的话，就担心世上不孝的子孙抛弃自己的亲人而不入葬。子贡你还是不要知道死者有没有意识了，现在并不急于知道，以后你自然会明白的。”

［原文］

子贡问治民于孔子。子曰：“懔懔[1]焉若持腐索之扞马[2]。”子贡曰：“何其畏也？”孔子曰：“夫通达[3]御皆人也，以道导之，则吾畜也；不以道导之，则吾仇也。如之何其无畏也？”

［注释］

①懔懔（lǐn lǐn）：紧张恐惧的样子。
②扞马：驾马。
③通达：交通畅达的地方。

［译文］

子贡向孔子请教治理人民的方法。孔子说：“像用腐朽的绳索驾马一样恐惧紧张。”子贡说：“为什么要这样敬畏呢？”孔子说：“在交通发达的地方驾驭奔马，虽然到处都是人，但是用正确的方法引导马匹，那就像我养育的马一样听话；不用正确的方法引导它，它就像我的仇人。怎么能不敬畏呢？”

［原文］

鲁国之法，赎人臣妾于诸侯者，皆取金于府。子贡赎之，辞而不取金。孔子闻之曰：“赐失之矣。夫圣人之举事[1]也，可以移风易俗，而教导可以施[2]之于百姓，非独适身之行也。今鲁国富者寡而贫者众，赎人受金则为不廉，则何以相赎乎？自今以后，鲁人不复赎人于诸侯。”

［注释］

①举事：做事情。
②施：施行，推广。

［译文］

鲁国的法律规定：向诸侯赎回臣妾的人，都从国库中拿钱。子贡赎回了臣妾没有从国库拿钱。孔子听说了就说：“赐做错了。圣人的为人行事，是会移风易俗的，他的教导可以推广到百姓之中，不只是适用于他一人而已。如今鲁国富人少而穷人多，赎回臣妾接受国家的钱就是不廉洁，那么人们又拿什么还要去赎人呢？从今以后，鲁国人就不会从诸侯那里赎回臣妾了。”

[原文]

子路治蒲，请见于孔子，曰：“由愿受教于夫子。”子曰：“蒲其何如？”对曰：“邑多壮士，又难治也。”子曰：“然，吾语尔，恭而敬，可以摄①勇；宽而正，可以怀②强；爱而恕，可以容困；温而断，可以抑奸。如此而加之，则正不难矣。”

[注释]

①摄：通“慑”，震慑，使人害怕。

②怀：安抚。

[译文]

子路治理蒲地，请求拜见孔子说：“我希望得到老师的指教。”孔子说：“蒲地怎样呢？”子路回答说：“蒲邑有很多勇猛的人士，很难治理。”孔子说：“这样的话，我告诉你。态度谦恭，尊敬他人，就可以震慑住勇猛的人了；政治宽松公正，就可以安抚强人；爱护宽恕别人，就可以容纳困窘的人；政治温和但果断就可以抑制坏人。这样治理人民，那么就不难于治理好蒲地了。”

三恕

[原文]

孔子曰：“君子有三恕：有君不能事，有臣而求其使①，非恕也；有亲不能孝，有子而求其报，非恕也；有兄不能敬，有弟而求其顺，非恕也。士能明于三恕之本，则可谓端身矣。”孔子曰：“君子有三思，不可不察也。少而不学，长无能也；老而不教，死莫之思也；有而不施，穷莫之救也。故君子少思其长则务学，老思其死则务教，有思其穷则务施。”

[注释]

①求其使：让他做事情。

[译文]

孔子说："君子需明白'三恕'：有国君但不去侍奉的，豢养家臣是要求他为你做事，这不是恕；有父母而不奉养，养育孩子是为了让他们报答，这不是恕；有兄长却不尊敬，要求弟弟对自己顺从，这不是恕。读书人能明白这'三恕'的本质，就可以端正行为了。"孔子说："君子有'三思'，不可以不审察。少年的时候不学习，长大了没有养活自身的能力；年纪大了，不教导子孙，死了之后没有人思念；富有却不施舍穷人，不救助穷人。因此，君子小的时候考虑到以后的事情就努力学习了，老的时候想到死后的事情就会教导子孙了，富有的时候想到有朝一日也许会贫穷就知道施舍穷人了。"

[原文]

伯常骞(qiān)问于孔子曰："骞固周国之贱吏也，不自以不肖，将北面以事君子，敢问正道宜行，不容于世，隐道宜行，然亦不忍。今欲身亦不穷，道亦不隐，为之有道乎？"孔子曰："善哉！子之问也。自丘之闻，未有若吾子所问辩且说也。丘尝闻君子之言道矣，听者无察，则道不入，奇伟不稽[①]，则道不信。又尝闻君子之言事矣，制无度量，则事不成，其政晓察，则民不保。又尝闻君子之言志矣，刚折者不终，径易者则数[②]伤，浩倨(jù)[③]者则不亲，就利者则无不弊。又尝闻养世之君子矣，从轻勿为先，从重勿为后，见像[④]而勿强，陈道而勿佛[⑤]。此四者，丘之所闻也。"

[注释]

①稽：考核，核查。
②数：屡次，多次。
③浩倨：傲慢无礼。
④像：法令。
⑤佛：违背。

[译文]

伯常骞问孔子说："我本来是周国的一名低贱的小吏，不认为自己没有能力，想要向您学习。请问想要按照'道'来处世，但是不被世人容纳。想要违背'道'来处世，自己又于心不忍。我现在想要做到既要自己不穷困，也要彰显德行，有办法可以做到吗？"孔子说："你问得很好。我听到的言论中，还没有像你的问题这样论证巧妙又有说服力的。我曾经听过君子谈论'道'时说，听众如果不知道‘道’，那么‘道’就不能被接受。如果把‘道’解释得奇特怪异无法查核，那么人们就不会相信‘道’。又听君子谈论‘事’的时候说，制度没有一定的规范，那么事情是做不成的。政治太清楚明白，百姓就不能安定。又听到君子谈论志向的时候说，刚强的人不会得到好下场，平易近人的人就容易被伤害，傲慢无礼的人没有人亲近，贪求利益的人没有不失败的。又听说那些善于处世的君子，他们干轻闲的活的时候不和人争抢，干重活的时候不会躲在后面，碰到法令的时候不会强力违背，自己宣扬‘道’并且不会违背。这四个方面，是我所听说的。”

[原文]

孔子观于鲁桓公之庙，有欹(qī)器①焉。夫子问于守庙者曰：“此谓何器？”对曰：“此盖为宥②坐之器。”孔子曰：“吾闻宥坐之器，虚则欹，中则正，满则覆。明君以为至诫，故常置之于坐侧。”顾谓弟子曰：“试注水焉。”乃注之水，中则正，满则覆。夫子喟然叹曰：“呜呼！夫物恶有满而不覆哉？”子路进曰：“敢问持满有道乎？”子曰：“聪明睿智，守之以愚；功被天下，守之以让；勇力振世，守之以怯；富有四海，守之以谦。此所谓损之又损之之道也。”

[注释]

①欹器：倾斜的礼器。

②宥：通“右”，右边。

[译文]

孔子参观鲁桓公的庙堂，看到了一个倾斜的礼器。孔子问守庙的人：“这是什么器物呢？”守庙的人回答说：“这大概是桓公放在座位右边的欹器。”孔子说：“我曾经听说国君在座位右边的欹器，里面什么也没有的话就会倾斜，里面盛放的水正好的话就会端正，太满的话就会倾倒。贤明的君主把这个当作对自己的警戒，因此常常放在座位的旁边。”孔子回头对

观器论道

孔子在鲁桓公庙内见到欹器说：“欹器空着的时候是斜的，装一半水就会端正，水太满就会倾倒。”子路问保持满而不覆的办法，孔子说：“把水舀出来减少一些就可以了。”

弟子说："试着往里面倒些水。"弟子倒水，正好的时候，容器立起来了，再满的时候就倒下了。孔子深深地感慨说："唉！哪有什么东西太满的话不倾倒的呢？"子路上前说："请问怎样才能保持最满呢？"孔子说："有聪明睿智的才能，却表现得愚钝；功盖天下，却表现得很谦让；勇猛无比，却表现得很怯懦；非常富有，却表现得很谦卑。这就是后退一步再后退一步的谦虚退让的方法。"

[原文]

孔子观于东流之水。子贡问曰："君子所见大水必观焉，何也？"孔子对曰："以其不息，且遍与诸生而不为也。夫水似乎德，其流也，则卑下倨①拘必修其理，此似义；浩浩乎无屈尽之期，此似道；流行赴百仞之嵠而不惧，此似勇；至量必平之，此似法；盛而不求概②，此似正；绰约③微达，此似察；发源必东，此似志；以出以入，万物就以化洁，此似善化也。水之德有若此，是故君子见必观焉。"

在川观水

孔子在河边看水，子贡问："君子为什么见到水就一定要看呢？"孔子回答说："河水长流不息，好像道的流传一样，所以君子见水必观。"

[注释]

①倨：高。

②概：古代用容器量东西的时候用来刮平里面所盛东西的木片。

③绰约：柔软的样子。

[译文]

孔子看着向东流去的河水。子贡问道："君子每逢遇到大水，就会驻足观看，这是为什么呢？"孔子回答说："因为它永不停息，并且滋养万物却不居功。水就像道德一样，在高低曲直的地上流动遵从一定的道理，这就像义一样；浩浩荡荡没有尽头，这也像道一样；流下百仞之高的山谷也无所畏惧，这就比如人的勇敢；用水衡量别的东西必定公平，这就像法令一样；在容器中装满水却不用概来抹平，这就像公正的人一样；虽然柔软但是无处不到，这像明察的人一样；一定是发源于东方，这就像人的意志一样；把东西放入水中，万物就得到了净化，这就像是善于教化的人一样。水有这样的德行，所以君子见了水，总要观看的。"

［原文］

子贡观于鲁庙之北堂，出而问于孔子曰："向[①]也赐观于太庙之堂，未既辍，还[②]瞻北盖[③]，皆断焉。彼将有说耶？匠过之也。"孔子曰："太庙之堂，官致良工之匠，匠致良材，尽其功巧，盖贵久矣，尚有说也。"

［注释］

①向：以前。
②还：回头，回来。
③盖：门。

［译文］

子贡参观鲁庙的北堂，出来之后问孔子说："以前我观看太庙的殿堂，还没看完，回头看见北门，发现是用一块块断的木板拼接起来的。这有什么说法吗？还是出于工匠的过失呢？"孔子说："建造太庙的殿堂的时候，选择的都是最好的工匠和最好的材料，工匠极尽巧力，大概长期以来都很重视这件事。因此，这扇门用木板拼接恐怕有特定的理由。"

［原文］

孔子曰："吾有所耻，有所鄙，有所殆。夫幼而不能强学，老而无以教，吾耻之；去[①]其乡事君而达，卒[②]遇故人，曾无旧言，吾鄙之；与小人处而不能亲贤，吾殆之。"

［注释］

①去：离开。
②卒：通"猝"，突然。

［译文］

孔子说："我有所羞耻，有所鄙视，有所担忧。幼小的时候不努力学习，老的时候不教导子孙，我为这种人感到羞耻；离开家乡侍奉君主从而发达了，突然遇到故人，没有忆旧的话，这种人我鄙视他；有些人和小人混在一起而不愿亲近贤能的人，我为这些人感到担忧。"

［原文］

子路见于[①]孔子。孔子曰："智者若何[②]？仁者若何？"子路

对曰：“智者使人知己，仁者使人爱己。”子曰：“可谓士矣。”子路出，子贡入，问亦如之。子贡对曰：“智者知人，仁者爱人。”子曰：“可谓士矣。”子贡出，颜回入，问亦如之。对曰：“智者自知，仁者自爱。”子曰：“可谓士君子矣。”

[注释]

①见于：被召见。
②若何：怎么样。

[译文]

子路被孔子召见。孔子说：“有智慧的人怎样啊？仁德的人又怎样啊？”子路回答说：“有智慧的人使别人知道自己，仁德的人使别人爱自己。”孔子说：“可以称为士了。”子路出去之后，子贡被召见。孔子也问他这个问题。子贡回答说：“有智慧的人知道别人，仁德的人爱护别人。”孔子说：“可以称为士了。”子贡出去之后，颜回被召见。孔子又问他这个问题。颜回回答说：“有智慧的人知道自己，仁德的人爱惜自己。”孔子说：“可以称为士中的君子了。”

好生

[原文]

鲁哀公问于孔子曰：“昔者舜冠何冠乎？”孔子不对。公曰：“寡人有问于子而子无言，何也？”对曰：“以①君之问不先其大者，故方思所以为对。”公曰：“其大何乎？”孔子曰：“舜之为君也，其政好生而恶杀，其任授贤而替②不肖，德若天地而静虚，化若四时而变物。是以四海承风，畅于异类③，凤翔麟至，鸟兽驯德。无他也，好生故也。君舍此道而冠冕是问，是以缓对。”

[注释]

①以：因为。
②替：废除。
③异类：四方的少数民族。

[译文]

鲁哀公问孔子说：“以前舜戴什么样的帽子呢？”孔子没有回答。鲁哀公说："我问你话你却不回答，是因为什么呢？"孔子回答说："因为你问的问题不是大问题，所以刚才我在思考怎么回答呢。"鲁哀公说："什么算是大问题呢？"孔子说："舜当君主的时候，他实行的政治是爱惜生灵而厌恶残杀的。任用贤能的人而废除不称职的人。他的德行像天地一样虚静无为，教化百姓像四季生养万物一样无声无息。因此，四海之内都接受了他的教化，甚至扩大到了其他的民族。凤凰盘旋麒麟来到，鸟兽都被他的仁德所感化。没有其他的原因，都是因为他爱惜生灵的原因。您不问这些，却问他戴的帽子，因此，我才迟迟回答。"

［原文］

孔子读史，至楚复陈，喟然叹曰："贤哉楚王！轻千乘之国，而重一言之信，匪①申叔②之信，不能达其义，匪庄王之贤，不能受其训。"

［注释］

①匪：通"非"。
②申叔：申叔时。

［译文］

孔子读史书，读到楚国恢复陈国的时候，深深地感叹说："楚王真是贤明啊！不看重拥有一千辆战车的陈国，却重视一句话的诚信，如果不是申叔时的忠信，就不能把道理讲明白。如果不是楚庄王这样贤明的人，也不会接受这样的劝告的。"

［原文］

孔子常自筮(shì)其卦，得贲(bì)焉，愀(qiǎo)然①有不平之状。子张②进曰："师闻卜者得贲卦，吉也，而夫子之色有不平，何也？"孔子对曰："以其离耶！在《周易》，山下有火谓之贲，非正色之卦也。夫质也，黑白宜正焉，今得贲，非吾兆也。吾闻丹漆不文，白玉不雕，何也？质有余，不受饰故也。"孔子曰："吾于甘棠，见宗庙之敬甚矣，思其人必爱其树，尊其人必敬其位，道也。"

［注释］

①愀然：忧心的表情。
②子张：孔子的弟子颛孙师，字子张。

[译文]

孔子常常自己卜卦，得到了个“贲”卦，脸上露出不平静的表情。子张上前说：“我听说占卜的人如果得到贲卦的话，就是吉祥的征兆。但是老师为什么会有忧虑的表情呢？”孔子回答说：“因为卦象中有一半是离象吧。《周易》中记载，山下有火就是贲卦，这不是颜色纯正的好卦象。从本质上来说黑就是黑，白就是白，这才叫颜色纯正。如今得到贲卦，不是我理想的吉兆。我听说红色的漆器就不用纹饰了，白玉用不着雕饰，为什么呢？因为它们的本质就非常好了，不用再修饰了。”孔子说：“我看到一棵甘棠树，因为它长在宗庙之内而尊敬它，思念某个人就必然尊敬他种的树木，尊敬他就必定尊敬他的神位，这是常理。”

[原文]

曾子曰：“狎①甚则相简②，庄甚则不亲，是故君子之狎足以交欢，其庄足以成礼。”孔子闻斯言也，曰：“二三子志之，孰谓参也不知礼乎！”

[注释]

①狎：亲密。
②简：怠慢。

[译文]

曾子说：“太亲近的话就会互相怠慢，太庄重的话就不亲近，因此，君子的亲近程度足以让别人乐于和他交往，他们的庄重又足以让人保持对他的礼貌。”孔子听说了之后说道：“弟子们记住吧，谁说曾参不懂得礼呢！”

[原文]

哀公问曰：“绅委①章甫②，有益于仁乎？”孔子作色而对曰：“君胡然焉，衰麻苴(jū)杖者，志不存乎乐，非耳弗闻，服使然也；黼(fǔ)黻(fú)衮(gǔn)冕(miǎn)者，容不袭慢，非性矜庄，服使然也；介胄执戈者，无退懦之气，非体纯猛，服使然也。且臣闻之，好肆③不守折，而长者不为市。窃夫其有益与无益，君子所以知。”孔子谓子路曰：“见长者而不尽其辞，虽有风雨，吾不能入其门矣。故君子以其所能敬人，小人反是。”

［注释］

①委：周代的一种黑色帽子。
②章甫：一种礼帽。
③肆：店铺。

［译文］

鲁哀公问道："腰上系着大带子，戴着礼帽，这对于增加一个人的仁德有作用吗？"孔子脸色大变回答道："您怎么能这样说呢？穿着孝衣拿着丧棒的人，他们的意志不在音乐上，不是听不到，而是因为身上的妆饰让他们这样的。穿着礼服的人，容貌不能轻慢不敬，不是他们本性矜持庄重，是他们的服饰让他们这样的；穿着盔甲拿着兵器的人，不会怯懦退缩，不是他们本身勇敢无比，是服饰让他们这样的。并且我听说，喜欢做生意的人不能保持廉洁，因此，德高望重的人不做生意。思量什么是有益的什么是无益的，这就是君子有智慧的原因。"孔子对子路说："看到德高望重的人而不尽力称颂，即使遇到风雨，我也不能到他家里避雨去了。因此，君子用自己所能做到的去尊敬人，小人就不能。"

［原文］

孔子谓子路曰："君子以心导耳目，立义以为勇；小人以耳目导心，不愻[1]以为勇。故曰：退之而不怨，先之斯可从已。"

［注释］

①愻：驯服。

［译文］

孔子对子路说："君子用心来引导耳朵和眼睛，把树立道义作为勇敢；小人则用耳朵和眼睛引导内心，把不顺从当作勇敢。所以说别人轻视自己不要怨恨他，别人重视自己，就可以跟着他学习了。"

［原文］

孔子曰："君子三患[1]：未之闻，患不得闻；既得闻之，患弗[2]得学；既得学之，患弗能行。有其德而无其言，君子耻之；有其言而无其行，君子耻之；既得之而又失之，君子耻

之；地有余，民不足，君子耻之；众寡均[3]而人功倍己焉，君子耻之。”

[注释]

①患：担忧。
②弗：不能。
③众寡均：一样多少。

[译文]

孔子说：“君子有三患：没有听说的道理担心不能听到；听到之后，担心自己学不会；学会之后，担心自己不能付诸行动。有仁德但是不说仁德的话语，君子是以此为耻的；有了仁德的言论但是没有仁德的行为，君子以此为耻；得到仁德之后，又失去了，君子以此为耻；土地宽广，但是百姓却不多，君子以此为耻；和别人一样努力，但是别人的功效却是自己的几倍，君子以此为耻。”

[原文]

鲁人有独处室者，邻之厘妇[1]亦独处一室。夜暴风雨至，厘妇室坏，趋而托焉。鲁人闭户而不纳，厘妇自牖(yǒu)与之言：“何不仁而不纳我乎？”鲁人曰：“吾闻男女不六十不同居，今子幼吾亦幼，是以不敢纳尔也。”妇人曰：“子何不如柳下惠然？妪[2]不建门[3]之女，国人不称其乱。”鲁人曰：“柳下惠则可，吾固不可。吾将以吾之不可，学柳下惠之可。”孔子闻之曰：“善哉！欲学柳下惠者，未有似于此者。期于至善而不袭其为，可谓智乎！”

[注释]

①厘妇：寡妇。
②妪：老妇人。
③不建门：应该是“不逮门”，即无家可归的意思。

[译文]

鲁国有个人独自在家，邻居家里有一个寡妇，也是一人独自在家。有一天夜里，暴风雨突然降临了，寡妇的房子坏了，急忙跑到邻居家里寄身。这个鲁人关着大门不让她进来。寡妇透过窗户对他说：“你怎么这么不仁道，不让我进来？”鲁人说：“我听说男人和女人不到六十就不在一间屋子里居住，现在你还年轻我也年轻，因此不敢让你进门。”寡妇说：“你为什么不学习柳下惠呢？他把无家可归的女子看作老妇人收留了，国人没有说他乱了礼法的。”鲁人说：“柳下惠可以这样做，但是我却不能。我用我不能做到的，学习柳下惠可以做到的。”孔子听说之后说：“太好了！学柳下惠的人没有像鲁人这样的。希望达到最好的境界而不沿袭柳下惠的行为，可以说是非常有智慧的。”

卷三

观周

［原文］

孔子谓南宫敬叔曰：“吾闻老聃博古知今，通礼乐之原，明道德之归，则吾师也，今将往矣。”对曰：“谨受命。”遂言于鲁君曰：“臣受先臣之命，云孔子圣人之后也。灭于宋。其祖弗父何，始有国而授厉公，及正考父佐戴、武、宣，三命兹益恭。故其鼎铭曰：‘一命而偻[①]，再[②]命而伛，三命而俯。循墙而走，亦莫余敢侮。饘[③]于是，粥于是，以餬其口。’其恭俭也若此。臧孙纥（hé）有言：‘圣人之后，若不当世，则必有明君而达者焉。孔子少而好礼，其将在矣。’属臣曰：‘汝必师之。’今孔子将适周，观先王之遗制，考礼乐之所极，斯大业也，君盍以乘资之？臣请与往。”公曰：“诺。”与孔子车一乘，马二匹，竖其侍御。敬叔与俱至周，问礼于老聃，访乐于苌弘，历郊社之所，考明堂之则，察庙朝之度。于是喟然曰：“吾乃今知周公之圣，与周之所以王也。”及去周，老子送之曰：“吾闻富贵者送人以财，仁者送人以言。吾虽不能富贵，而窃仁者之号，请送子以言乎。凡当今之士，聪明深察而近于死者，好讥议人者也；博辩闳（hóng）达而危其身，好发人之恶者也。无以有己为人子者，无以恶己为人臣者。”孔子曰：“敬奉教。”自周反鲁，道弥尊矣。远方弟子之进，盖三千焉。

［注释］

①偻：弯着背。
②再：第二次。
③饘：稠粥。

［译文］

孔子对南宫敬叔说："我听说老聃博古通今，知道礼乐的由来，知道道德的归属。那么他就是我的老师啊！现在我就要去拜访他。"南宫敬叔回答说："我听从你的命令。"于是南宫敬叔对鲁国君主说："我死去的父亲嘱咐说，孔子是圣人的后代，他的先祖在宋国消亡。他的祖上弗父何开始拥有宋国，但是把国家让给了弟弟厉公，等到正考父辅佐戴公、武公、宣公的时候，受到国君三次的任命，他一次比一次谦恭。所以正考父的家庙的鼎上刻着这样的铭文：'第一次受命的时候，弯着背。第二次受命的时候，弯着身子。第三次受命的时候俯下身躯，沿着墙壁而走，也没有人欺侮他。他在这个鼎里煮粥吃饭。'他就是这样恭敬节俭。臧孙纥说：'圣人的后代，如果当世不能成为君主的话，必然遇到贤明的君主从而扬名显身。孔子少年的时候就喜好礼，难道应验在他身上吗？'死去的父亲又嘱咐我说：'你一定要拜他为师。'现在孔子要到周国去观看先王遗留的制度，考察礼乐所达到的程度，这是大事业。您为什么不给他车马资助他呢？我请求您允许我跟他一起前往。"鲁君说："去吧。"鲁君给了孔子一辆车，两匹马，并且增强了保护他的力量。南宫敬叔和孔子一起到了周国，向老聃问礼，向苌弘请教音乐，游遍举行郊祀和社祭的地方，考察明堂的规定，考察庙堂的制度。之后孔子感叹地说："我现在才知道周公圣明以及周朝所以称王的原因了。"离开周国的时候，老子送行，他说："我听说富有的人送人财物，有仁德的人送给人至理名言。我虽然不算富裕，但是侥幸被人冠以仁人的称号，我送给你几句话吧。现在的士人，他们是聪明善于观察的人，但是他们都是在死亡边缘的人，因为他们喜欢讥讽议论别人；知识广博喜欢辩论的人危害自身，因为他们喜欢揭发别人的缺点；为人子女，不要光考虑自己，为人臣子，不要让自己厌倦。"孔子说："我恭敬地接受您的教导。"从周国回到鲁国之后，孔子的道更加让人敬重了。远方来投奔的弟子，有三千人那么多。

［原文］

孔子观乎明堂，睹四门墉[①]有尧舜之容，桀纣之象，而各有善恶之状，兴废之诫焉。又有周公相成王，抱之负[②]斧扆[③]，南面以朝诸侯之图焉。孔子徘徊而望之，谓从者曰："此周之所以盛也。

观周明堂

孔子观看周太庙，四门高墙上面画有尧舜和桀纣的画像，又有周公抱着成王接受诸侯朝见的图画。孔子对随从的人说："这就是周朝所以兴盛的原因啊！"

夫明镜所以察形，往古者所以知今，人主不务袭迹于其所以安存，而忽怠所以危亡，是犹未有以异于却走而欲求及前人也，岂不惑哉？”

［注释］

①墉：墙壁。
②负：背对着。
③斧扆：古代帝王朝堂所用的像屏风一样的器具，上面画着斧头。

［译文］

孔子参观明堂，看到四面的墙壁上有尧舜和桀纣的画像，并且都有好与坏的评语，作为国家兴盛和衰败的借鉴。又看到周公辅佐成王，周公抱着成王背对着斧扆面向南方接受诸侯朝拜的图像。孔子来回观看，对跟从的人说：“这是周朝兴盛的原因啊。明亮的镜子是用来观察形貌的，审察以前的事情可以知道现在的事情，国君如果不遵从让国家安定的道路，反而让国家走向危亡，这就像停下脚步的人仍然要跟上前面的人一样。能不疑惑吗？”

［原文］

孔子观周，遂入太祖后稷之庙。庙堂右阶之前有金人焉，三缄其口，而铭其背曰：“古之慎言人也，戒之哉。无多言，多言多败。无多事，多事多患。安乐必戒，无所行悔。勿谓何伤，其祸将长。勿谓何害，其祸将大。勿谓不闻，神将伺人。焰焰[①]不灭，炎炎若何？涓涓[②]不壅(yōng)，终为江河。绵绵[③]不绝，或成网罗。毫末不札，将寻[④]斧柯。诚[⑤]能慎之，福之根也。口是何伤？祸之门也。强梁者不得其死，好胜者必遇其敌。盗憎主人，民怨其上，君子知天下之不可上也，故下之。知众人之不可先也，故后之。温恭慎德，使人慕之。执雌持下，人莫逾之。人皆趋彼，我独守此。人皆或之，我独不徙。内藏我智，不示人技，我虽尊高，人弗我害。谁能于此？江海虽左[⑥]，长于百川，以其卑也。天道无亲，而能下人，戒之哉！”孔子既读斯文也，顾谓弟子曰：“小人识之，此言实而中，情而信。《诗》曰：‘战

战兢兢，如临深渊，如履薄冰。’行身如此，岂以口过患哉？”

[注释]

①焰焰：火苗初起的样子。
②涓涓：水流很小的样子。
③绵绵：细长的样子。
④寻：不久。
⑤诚：如果。
⑥左：卑下。

金人铭背

孔子入后稷庙，见台阶前有铜人，封着嘴，背部铭文写着："这是古代说话谨慎的人，别多说话，多说话就要出错，是惹祸之门。"孔子回头对弟子们说："这些话实在中肯，如果照此实行，就不会因口舌惹祸了。"

[译文]

孔子在周国观看，进入太祖后稷的宗庙。庙堂右边的台阶前有铜铸的人像，嘴巴被封了三层，铜人的背上刻着："这是古代言语谨慎的人。警戒啊！不要多说话，多说话就多招致失败。不要多惹是生非，多事就会招致更多的祸患。处于安乐的生活之中一定要警戒，不要做让人后悔的事情。不要说没有什么妨害，因为灾祸会很长久。不要说有什么害处呢，祸患会很大。不要认为别人听不到，神灵在看着每一个人。火焰小的时候不扑灭的话，那么等到火势大的时候该怎么办呢？水流小的时候如果不堵住的话，它终究会成为江河。细长的丝线如果不斩断的话，它终究会成为罗网。树苗微小的时候如果不拔掉的话，不久就会长成斧头柄那么粗的。如果能谨慎的话，那将会是祈福的根本。嘴巴能招致什么伤害呢？它是祸患进入的大门。强横霸道的人不得好死，喜欢争强好胜的人必定会遇到敌手。盗贼憎恶所偷盗的主人，人民怨恨他们的统治者，君子知道天下不能治理好，所以就隐居起来。君子知道众人不能超越，于是甘愿落在后面。温和恭敬谨慎有德行的人，让人敬慕。甘心居于下位，就没有人能够超越他了。人们都到别处去了，我独自守在这里。人们都变化无方，我独自守住自己的操守。把我的智慧掩藏起来，不把技能展示给别人，我即使尊贵，也没有人加害于我。谁能做到这些呢？江海虽然卑下，却比百川要广大，正是因为它的低下。上天不亲近谁，却能让人处于它的下面。谨慎啊！"孔子读完这些话之后，回头对弟子说："你们记住这些话吧，这些话实在却很中肯，真实可信。《诗经》说：'保持小心谨慎，就像面临着深水，走在薄冰上面一样。'像这样立身行事，难道还担心说错话招来祸患吗？"

[原文]

孔子见老聃而问焉，曰："甚矣，道之于今难行也。吾比

执道，而今委质[①]以求当世之君而弗受也。道于今难行也。”老子曰：“夫说者流[②]于辩，听者乱于辞，如此二者，则道不可以忘也。”

[注释]

①委质：献礼物。
②流：沉溺。

[译文]

孔子见老子问道：“现在实行道真的是太难了。我实行道，我把治理国家的好方法献给国君而没有人采纳，现在实行道真是太难了。”老子说：“那些说话的人喜欢用华丽的语言，而听众容易被这些话语迷惑。知道这两点，你所传的道就不会被人忘记了。”

弟子行

[原文]

卫将军文子问于子贡曰：“吾闻孔子之施教也，先之以诗书，而道[①]之以孝悌，说之以仁义，观之以礼乐，然后成之以文德。盖入室升堂者，七十有余人，其孰为贤？”子贡对以不知。

[注释]

①道：引导。

[译文]

卫将军文子问子贡说：“我听说孔子教育学生，首先教授诗书，而后用孝悌来引导学生，用仁义来劝说学生，让学生观看礼乐，然后用文学和德行来教育，使他们成为品德高尚的人。大概学问进入高深境界的有七十多个人，谁是最贤能的呢？”子贡回答说不知道。

[原文]

文子曰：“以吾子[①]常与学，贤者也，不知何谓？”子贡对曰：“贤人无妄，知贤即难，故君子之言曰：‘智莫难于知人。’是以难对也。”

［注释］

①吾子：对人的敬称，您。

［译文］

文子说："就凭你经常和他们一起学习，你也是贤人，怎么会不知道呢？"子贡回答说："贤人是不轻举妄动的，知道谁是贤能的很难，所以君子说：'最难的是了解别人。'因此，您的问题很难回答。"

［原文］

文子曰："若夫知贤，莫[①]不难，今吾子亲游[②]焉，是以敢问。"子贡曰："夫子之门人，盖有三千就焉，赐有逮及焉，未逮及焉，故不得遍知以告也。"

［注释］

①莫：没有。
②游：游学。

［译文］

文子说："知道谁贤能有困难，现在您亲自跟从孔子学习，因此，我才冒昧问您。"子贡说："先生的弟子大概有三千人，其中有我知道的，也有我不知道的，因此不能了解所有人，所以不能告诉你谁是最贤能的。"

子贡

孔子的弟子子贡善于雄辩，是圣门言语科的优异者。

［原文］

文子曰："吾子所及者，请问其行。"子贡对曰："夫能夙兴夜寐，讽诵崇礼，行不贰过，称言不苟[①]，是颜回之行也。孔子说之以《诗》曰：'媚兹一人，应侯慎德，永言孝思，孝思唯则。'

［注释］

①苟：苟且，随便。

［译文］

文子说："就谈一下您所接触的人的德行

吧。”子贡回答说：“能起早贪黑，背诵经书，崇尚礼仪，同一个错误不犯两次的、不随便说话的人是颜回。孔子用《诗经》中的话来称颂他说：‘服事君主，应该谨慎地修养德行，永远讲究孝道，遵守孝道的规定。’

［原文］

“若逢有德之君，世受显命，不失厥[①]名，以御[②]于天子，则王者之相也。在贫如客，使其臣如借。不迁怒，不深怨，不录旧罪，是冉雍之行也。孔子论其材曰：‘有土之君子也，有众使也，有刑用也，然后称怒焉。’孔子告之以《诗》曰：‘靡[③]不有初，鲜克[④]有终。’匹夫不怒，唯以亡其身。

［注释］

①厥：其，他的。
②御：辅助。
③靡：没有。
④克：能够。

［译文］

“如果遇到有德行的君主，就会接受君主的任命，不会失去他美好的名声，辅佐天子，他是帮助君主的人。处于贫困之中像客人一样拘谨庄重，役使他的下属像借用来的一样小心谨慎。不迁怒别人，不深深怨恨谁，不计较别人以前的过失，这是冉雍的为人。孔子评价他的才能说：‘拥有土地的君子，有老百姓可以役使，有刑罚施用，然后才可以迁怒于人。’孔子用《诗经》中的话告诉冉雍说：‘什么都有开始，但是很少有人可以坚持到最后。’一般人不会发怒，因为发怒会伤害身体。

［原文］

“不畏强御，不侮矜寡[①]，其言循性，其都[②]以富，材任治戎，是仲由之行也。孔子和之以文，说之以《诗》曰：‘受小拱大拱，而为下国骏庞，荷天子之龙，不戁不悚（sǒng），敷奏其勇。’强乎武哉，文不胜其质。

［注释］

①矜寡：即鳏寡，老年丧妻和丧夫的人。
②都：美。

［译文］

“不畏惧强暴的人，不欺负无依无靠的人，说话发自本性，容貌堂堂，才能治理一个国家的军队，这是子路的才能。孔子用文辞赞美他，用《诗经》中的话评论他说：‘接受小拱大拱的朝拜，是国家的俊才，带领天子的军队，不畏惧惊怕，施展他的勇猛。’武力强盛，文饰掩盖不住他的质朴。

［原文］

“恭老恤幼，不忘宾旅，好学博艺①，省物而勤也，是冉求之行也。孔子因而语之曰：‘好学则智，恤孤则惠，恭则近礼，勤则有继。尧舜笃恭以王天下。’其称之也，曰：‘宜为国老。’

［注释］

①博艺：多才多艺。

［译文］

“尊敬长辈怜爱幼小，心里惦记在旅途之中的人。热爱学习，多才多艺，刻苦体察万物，这是冉求的德行。孔子告诉他说：‘爱好学习就会有智慧，体恤孤寡的人就是仁爱，恭敬别人就接近礼仪的要求，勤奋刻苦就会不断有收获。尧、舜因为忠诚、恭敬而称王天下。’老师称赞冉求说：‘他可以成为国家的大夫。’

［原文］

“齐庄而能肃，志通而好礼，傧相①两君之事，笃雅有节，是公西赤之行也。子曰：‘礼经三百，可勉能也，威仪三千，则难也。’公西赤问曰：‘何谓也？’子曰：‘貌以傧礼，礼以傧辞，是谓难焉。’众人闻之，以为成也。孔子语人曰：‘当宾客之事，则达矣。’谓门人曰：‘二三子之欲学宾客之礼者，其于赤也，满而不盈，实而如虚，过之如不及，先王难之。’

［注释］

①傧相：古代替主人接待宾客、主持赞礼的人，这里用作动词。

［译文］

“整齐庄重而肃穆，志向通达而且喜好礼仪，负责两个国君之间傧相的事情，忠诚典雅并且有所节制，这是公西赤的德行。孔子说：‘三百篇礼经可以通过努力学会，但是众多威严的仪式要想学会就很困难了。’公西赤问道：‘这是为什么呢？’孔子说：‘做傧相要根据不同人的外表来行礼，根据不同的礼节来说话，因此做到是很困难的。’众人听到之后，都认为公西赤可以做傧相了。孔子告诉别人说：‘对于做傧相来说，公西赤是可以做到了。’孔子对弟子说：‘你们想要学习做傧相的礼仪，那就向公西赤学习吧。他知识充足但不骄傲，为人充实却像虚空的一样，想超过他，实际上不能超越他。以前的君主都认为这是很困难的。’

［原文］

“独居思仁，公言仁义，其于《诗》也，则一日三覆‘白圭(guī)之玷’①，是宫绍之行也。孔子信其能仁，以为异士。

［注释］

①白圭之玷：《诗经·大雅·抑》：“白圭之玷，尚可磨也；斯言之玷，不可为也。”意思是白玉上面的污点可以磨掉，但是说出的话却不能更改。

［译文］

“一个人独处的时候仍然思考仁义，在众人面前公然宣讲仁义。用《诗经》上的话说，就是‘一日三覆，白圭之玷’。这是宫绍的德行。孔子相信他能做到仁义，认为他是个不平常的人。

［原文］

“自见孔子，出入于户，未尝越礼。往来过之，足不履影。启蛰(zhé)①不杀，方长不折。执亲之丧，未尝见齿。是高柴之行也。孔子曰：‘柴于亲丧，则难能也；启蛰不杀，则顺人道，方长不折，则恕仁也。成汤恭而以恕，是以日跻。’凡此诸子，赐之所亲睹者也，吾子有命而讯赐，固不足以知贤。”

［注释］

①启蛰：指动物冬眠之后，春天出来活动。

［译文］

“自从拜见了孔子，出入孔子的家门，没有做过违背礼仪的事情，不会踩到来往的人们的影子。春天不杀害经过冬眠的动物，不攀折刚刚长出的枝条。为父母守丧的时候，没有见他笑过。这是高柴的德行。孔子说：‘高柴为父母守丧，是一般人很难做到的。春天不杀生，是遵循人伦道德。不攀折刚长出的枝条，是爱护植物和仁德的表现。成汤态度恭敬并且对人宽容，所以他的德行一天比一天深厚。’以上的这些人，是我亲眼看到的。您要求我回答，我就简单说一下。我本来是不够资格谈论他们是否贤能的。”

[原文]

文子曰：“吾闻之也，国有道则贤人兴[1]焉，中人用焉，乃百姓归之。若吾子之论，既富茂矣，壹诸侯之相也。抑世未有明君，所以不遇也。”

[注释]

①兴：出现。

[译文]

文子说：“我听说，国家如果太平的话就会出现有贤能的人，即使任用他们之中一般的人，百姓也会归附的。像您谈论的这些人，都是才能非常好的人，都可以辅助诸侯了。或许是因为没有明君，所以他们没有做官。”

[原文]

子贡既与卫将军文子言，适[1]鲁，见孔子曰：“卫将军文子问二三子之于赐，不壹而三焉，赐也辞不获命，以所见者对矣。未知中否，请以告。”孔子曰：“言之乎。”

[注释]

①适：到，去。

[译文]

子贡和文子谈论过贤人之后，到了鲁国，拜见孔子说：“卫国的将军文子问我关于老师的弟子是否贤能，再三请求，我推辞不掉，因此就回答了他。不知道是否符合他们的实际情况，所以告诉老师。”孔子说：“说说看。”

[原文]

子贡以其辞状告孔子。子闻而笑曰：“赐，汝次[1]焉人矣。”子贡对曰：“赐也何敢知人，此以赐之所睹也。”孔子曰：“然。吾亦语汝耳之所未闻，目之所未见者，岂思之所不至，智之所未及哉。”子贡曰：“赐愿得闻之。”

[注释]

①次：排列次序。

[译文]

子贡把之前和文子的谈话告诉了孔子。孔子听后笑着说："赐，你为他们排列了次序。"子贡回答说："我哪里了解他们呢，我只是根据我所看到的说说而已。"孔子说："是这样的。我也告诉你没有听到过的，没有看到过的事情，难道是考虑不到、凭借智慧也不能了解的吗？"子贡说："我愿意聆听教诲。"

[原文]

孔子曰："不克①不忌，不念旧怨，盖伯夷叔齐之行也；思天而敬人，服义而行信，孝于父母，恭于兄弟，从善而教不道，盖赵文子之行也；其事君也，不敢爱其死，然亦不敢忘其身，谋其身不遗其友，君陈则进而用之，不陈则行而退。盖随武子之行也。

[注释]

①克：好胜。

[译文]

孔子说："不争强好胜也不嫉妒别人，不追究以前的恩怨，这大概是伯夷和叔齐的德行。思考上天的准则而尊敬别人，按照道义做忠信的事情，孝顺父母，尊敬兄弟，向好人学习，教育不道德的人，这大概是赵文子的德行。侍奉君主，不吝于献出自己的生命，但是同时不会忘记保护自己，为自己谋福利的同时不会忘记朋友，君主能够听从建议而出仕，致力于政治，君主如果不听从建议就隐居在家。这大概是随武子的德行。

[原文]

"其为人之渊源也，多闻而难诞，内植足以没其世。国家有道，其言足以治；无道，其默足以生，盖铜鞮伯华之行也；外宽而内正，自拯于隐括①之中，直己而不直人，汲汲于仁，以善自终，盖蘧(qú)伯玉之行也；孝恭慈仁，允德图义，约货去怨，轻财不匮，盖柳下惠之行也。

[注释]

①隐括：矫正木头弯曲的工具。

[译文]

“为人志虑渊深，见识广博不容易被人欺骗，内心理想可以永世不衰。国家清明的时候，他的言论可以治理好国家。国家混乱的时候，他保持沉默可以保全性命。这大概是铜鞮伯华的德行。对人宽容，内心正直，随时矫正自己的错误行为，用正直要求自己但不苛求别人。努力追求仁德，终身行善，这大概是蘧伯玉的德行。孝顺长辈，对人恭敬，对晚辈慈爱，施行仁德，修养品德，遵循仁义，节约财物，摒除怨恨，不重财也不缺乏必要的物资，这大概是柳下惠的德行吧。

入平仲学

孔子七岁时，到晏平仲办的学校学习。

[原文]

“其言曰：‘君虽不量于其身，臣不可以不忠于其君。’是故君择臣而任之，臣亦择君而事之，有道顺命，无道衡命，盖晏平仲之行也；蹈忠而行信，终日言不在尤[①]之内，国无道，处贱不闷，贫而能乐，盖老莱子之行也；易行以俟[②]天命，居下不援其上，其亲观于四方也，不忘其亲，不尽其乐，以不能则学，不为己终身之忧，盖介子山之行也。”

[注释]

①尤：错误。

②俟：等待。

[译文]

“他说：‘君主虽然不考虑自己的行为，但是臣子不可以对君主不忠诚。’因此，君主选择臣子而给他职位，臣子也可以选择侍奉哪个君主，君主有德行就听从他的命令，君主错误的话就不听他的，这大概是晏子的德行吧。行为忠实诚信，整天说话也不会出错，国家混乱的话，他即使身处低贱的地位也不会闷闷不乐，贫穷却能保持快乐，这大概是老莱子的德行吧。改变自己以等待合适的时机，身处低贱的地位却不攀附高官。到四方游玩，不会忘记他的父母，不会玩得特别尽兴。认为自己不会的就要学习，把不学习当成终生的忧患。这大概是介子推的德行吧。”

[原文]

子贡曰："敢问夫子之所知者，盖尽于此而已乎？"孔子曰："何谓其然？亦略举耳目之所及而矣。昔晋平公问祁奚曰：'羊舌大夫，晋之良大夫也，其行如何？'祁奚辞以不知。公曰：'吾闻子少长乎其所，今子掩之，何也？'祁奚对曰：'其少也恭而顺，心有耻而不使其过宿；其为大夫，悉善而谦其端；其为舆尉[①]也，信而好直其功。至于其为容也，温良而好礼，博闻而时出其志。'公曰：'曩(nǎng)者[②]问子，子奚曰不知也？'祁奚曰：'每位改变，未知所止，是以不敢得知也。'此又羊舌大夫之行也。"子贡跪曰："请退而记之。"

[注释]

①舆尉：春秋时期的武官名，主持征役。
②曩者：刚才。

[译文]

子贡说："请问老师所知道的，就只有这些人吗？"孔子说："怎么能这样说呢？我只是大概说说人们一般能听到的这些人罢了。以前晋平公问祁奚说：'羊舌大夫是晋国的好大夫，他的德行怎样呢？'祁奚回答说不知道。晋平公说：'我听说你和他同乡，现在你推说不知道，为什么呢？'祁奚回答说：'他年少的时候对人恭敬顺从，心里觉得有过错不会留到第二天来改正；他做大夫时，尽其善心而始终谦恭；做舆尉的时候，诚信并且喜欢直接说出他的功绩。至于他的外表，温和而有礼，广泛听取别人的意见同时说出自己的见解。'晋平公说：'刚才问你的时候，你为什么说不知道呢？'祁奚说：'羊舌每更换一次职位，自己的行为就有所改变，我不知道他现在的行为究竟是怎样的，因此不敢说自己知道羊舌大夫的德行。'这是羊舌大夫的德行。"子贡向孔子行跪拜礼，说："请让我回去记下您的话。"

贤君

[原文]

哀公问于孔子曰："当今之君，孰为最贤？"孔子对曰："丘未之见也，抑有卫灵公乎？"公曰："吾闻其闺门之内无别，而

子次[1]之贤，何也？”孔子曰：“臣语其朝廷行事，不论其私家之际也。”公曰：“其事何如？”孔子对曰：“灵公之弟曰，灵公弟子渠牟，其智足以治千乘，其信足以守之。灵公爱而任之。又有士林国者，见贤必进之，而退与分其禄，是以灵公无游放之士。灵公贤而尊之。又有士曰庆足者，卫国有大事则必起而治之，国无事则退而容贤。灵公悦而敬之。又有大夫史鳝，以道去卫，而灵公郊舍三日，琴瑟不御，必待史鳝之人，而后敢入。臣以此取之，虽次之贤，不亦可乎。”

［注释］

①次：排列。

［译文］

鲁哀公问孔子说：“如今的君主，谁最贤明呢？”孔子回答说：“我没见过。如果有的话，是卫灵公吗？”鲁哀公说：“我听说他的家庭中姑嫂姐妹没有区别，但是你却把他放在贤明的位置上，这是为什么呢？”孔子说：“我是说他在朝廷上的行事方式，而不是说他在家里怎样处理事情的。”鲁哀公说：“他处理事情怎样呢？”孔子回答说：“卫灵公的弟弟说，卫灵公的弟子渠牟的智慧足以治理一个拥有一千辆战车的国家，他的诚信足以守卫国家。卫灵公爱惜他的才能就任用了他。还有一个叫林国的士人，见到贤能的人就一定会推荐，那人被罢官之后一定和他分享自己的俸禄，因此卫灵公的国家没有无职位的士人。卫灵公认为人有贤能的话就尊敬他。还有一个叫庆足的士人，卫国有大事的话他就一定会挺身而出平息祸乱，国家太平的时候就悠闲地待在家里。卫灵公很高兴，很尊敬他。还有一个叫史鳝的大夫，遵循道义离开卫国，卫灵公在郊外住了三天，不弹奏琴瑟，一定要等待史鳝回来，然后才回到自己的宫中。我赞赏他的这些方面，这样的话，即使把他放在贤明的位置，不也是可以的吗？”

灵公郊迎

孔子到了卫国，灵公很高兴，亲自到郊外去迎接，听说孔子在鲁国俸禄是六万石粟，也给孔子如数待遇。卫灵公接待孔子如此有礼貌，孔子认为在卫国有机会做官了。

［原文］

子贡问于孔子曰："今之人臣，孰为贤？"子曰："吾未识也，往者[①]齐有鲍叔，郑有子皮，则贤者矣。"子贡曰："齐无管仲，郑无子产？"子曰："赐，汝徒知其一，未知其二也。汝闻用力为贤乎？进贤为贤乎？"子贡曰："进贤贤哉。"子曰："然，吾闻鲍叔达[②]管仲，子皮达子产，未闻二子之达贤己之才者也。"

［注释］

①往者：以前。

②达：使……显达。

［译文］

子贡问孔子说："当今的臣子，谁是最贤能的呢？"孔子说："我不知道。以前齐国的鲍叔、郑国的子皮是贤能的人。"子贡说："齐国的管仲、郑国的子产不算是贤能的人吗？"孔子说："端木赐，你只知道一个方面，不知道其他方面。你说自己努力的人贤能呢？还是推荐贤能的人贤能呢？"子贡说："推荐贤能的人贤能。"孔子说："是这样的。我听说鲍叔的推荐使管仲显达，子皮的推荐使子产显达，没有听说管仲和子产推荐比自己贤能的人从而让他们显达的。"

［原文］

哀公问于孔子曰："寡人闻忘之甚[①]者，徙而忘其妻，有诸？"孔子对曰："此犹未甚者也。甚者乃忘其身。"公曰："可得而闻乎？"孔子曰："昔者夏桀，贵为天子，富有四海，忘其圣祖之道，坏其典法，废其世祀，荒于淫乐，耽湎于酒。佞臣谄谀，窥导其心，忠士折口，逃罪不言。天下诛桀，而有其国，此谓忘其身之甚矣。"

［注释］

①甚：厉害，严重。

［译文］

鲁哀公问孔子说："我听说非常健忘的人，转身回来就忘了自己的妻子的，有这样的事情吗？"孔子回答说："这还不算是健忘的人呢，最健忘的人会忘了他们自己是谁。”鲁哀公说：“可以讲给我听听吗？”孔子说：“以前夏桀，处于天子这样尊贵的地位，拥有全国的财富，但是却忘了他圣明的祖上治国的方法，败坏他们的法典制度，使他们世世代代的祖祭不能延续下去。整日荒淫取乐，沉湎于美酒之中。奸臣阿谀奉承，引导他的心智而使他走上荒淫的道路，忠诚的臣子不再进谏，逃避罪责不敢说话。以至于天下的人们共同讨伐诛灭了夏桀，占领了他的国家。这才是忘记自身很厉害的事啊。”

[原文]

颜渊将西游于宋，问于孔子曰：“何以为身？”子曰：“恭敬忠信而已矣。恭则远于患，敬则人爱之，忠则和于众，信则人任之。勤斯四者，可以政国，岂特一身者哉？故夫不比①于数(cù)②而比于疏，不亦远乎？不修其中而修外者，不亦反乎？虑不先定，临事而谋，不亦晚乎？”

[注释]

①比：亲近，紧挨。

②数：密集，此处有亲密之义。

[译文]

颜渊即将到西方的宋国游历，他问孔子说：“怎样才能立身呢？”孔子说：“态度恭敬、忠实诚信就可以了。谦恭就能远离祸患，尊敬别人，别人也会喜爱自己，对人忠诚就会和众人和睦相处，诚信的话也会取得别人的信任。努力做到这四点，就可以处理一个国家的政治事务了，何况是立身呢？因此，不亲近亲密的人却亲近疏远的人，不就远离了正道了吗？不修养德行，而修饰外表，不是违背了常理了吗？不事先考虑清楚，事到临头再做主张，不是太晚了吗？”

[原文]

孔子读《诗》，于《正月》六章，惕(tì)①焉如惧，曰：“彼不达之君子，岂不殆哉？从上依世则道废，违上离俗则身危。时不兴善，己独由之，则曰非妖即妄也。故贤也既不遇天，恐不终其命焉。桀杀龙逢，纣杀比干，皆类是也。《诗》曰：‘谓天盖高，不敢不局，谓地盖厚，不敢不蹐(jí)。’此言上下畏罪，无所自容也。”

［注释］

①惕：担心受怕的样子。

［译文］

孔子读到《诗经·正月》第六章的时候，非常担心害怕。他说："那些不得志的君子，不是很危险吗？顺从君主、随波逐流，自己尊奉的'道'就废除了；违背君主远离世俗，自身就危险了。时事不倡导善行，自己独自行善，那么世人就说自己不是反常就是不合法。因此，自己贤能却遇不到好的时机，恐怕不得善终。夏桀杀害了关龙逄，商纣杀害了比干，都是这种事情啊。《诗经》说：'谁说天很高，却不得不弯腰行走。谁说地很厚，却不敢不小心翼翼。'这话是说对上下都害怕得罪，没有自己的容身之处。"

［原文］

子路问于孔子曰："贤君治国，所先者何？"孔子曰："在于尊贤而贱不肖。"子路曰："由闻晋中行氏①尊贤而贱不肖矣，其亡何也？"孔子曰："中行氏尊贤而不能用，贱不肖而不能去。贤者知其不用而怨之，不肖者知其必己贱而仇之。怨仇并存于国，邻敌构兵于郊，中行氏虽欲无亡，岂可得乎？"

［注释］

①中行氏：即范宣子。中行为其官名。

［译文］

子路问孔子说："贤明的君主治理国家，首先做什么呢？"孔子说："他们尊敬贤能的人而看不起没有才能的人。"子路说："我听说晋国的中行氏尊重有贤能的人而看不起没有贤能的人，他为什么灭亡了呢？"孔子说："中行氏尊重有贤能的人但是却不能任用他们，看不起没有贤能的人却不能撤他们的职。有贤能的人知道他不能用自己而怨恨他，没有才能的人知道他一定看不起自己而仇视他。埋怨和仇恨都产生了，邻国就会在郊外组织军队准备进攻，中行氏虽然不想灭亡，怎么能行呢？"

［原文］

孔子闲处，喟然而叹曰："向使①铜鞮伯华无死，则天下其有定矣。"子路曰："由愿闻其人也。"子曰："其幼也敏而好学，其壮也有勇而不屈，其老也有道而能下人。有此三者，以定天

下也，何难乎哉！”子路曰：“幼而好学，壮而有勇，则可也。若夫有道下人，又谁下哉？”子曰：“由不知，吾闻以众攻寡，无不克也，以贵下贱，无不得也。昔者周公居冢宰之尊，制天下之政，而犹下白屋之士[2]，日见百七十人，斯岂以无道也？欲得士之用也，恶有道而无下天下君子哉？”

[注释]

①向使：假如，假使。

②白屋之士：指寒士。白屋，草屋。

[译文]

孔子闲居在家，深深地感叹说：“假使铜鞮伯华不死的话，那么天下大概可以安定了。”子路说：“我希望听您说说他。”孔子说：“他幼小的时候聪敏并且爱好学习，长大了勇敢不屈，年老的时候有道并且甘居人下。有这三种品质，安定天下又有什么难的呢？”子路说：“幼小的时候聪敏并且爱好学习，长大了勇敢不屈，是可以做到的。但是有道并且甘居人下，又有谁受得起呢？”孔子说：“仲由，你不知道，我听说凭借人数众多攻打人数少的，没有不成功的。身处尊贵的地位却能卑下待人，没有做不成的事情。以前周公身处冢宰这样的高位，控制着国家的政权，却仍然能自处于贫穷的读书人之下。一天接见一百七十个人，这样做算是没有道德吗？想要任用士人，怎么能有‘道’却不处于天下君子之下呢？”

[原文]

齐景公来适鲁，舍于公馆，使晏婴迎孔子，孔子至，景公问政焉。孔子答曰：“政在节财。”公悦，又问曰：“秦穆公国小处僻而霸，何也？”孔子曰：“其国虽小其志大，处虽僻而政其中，其举也果，其谋也和，法无私而令不愉。首拔五羖[1]，爵之大夫，与语三日而授之以政，此取之虽王可，其霸少矣。”景公曰：“善哉。”

论穆公霸

孔子说，秦国虽小，志向远大。地方偏僻，行为端正，又能重用五张羊皮赎回的百里奚，从此来看，称王也是可以的。

［注释］

①五羖：指百里奚。秦穆公用五张羊皮赎回了他，所以称为五羖大夫。

［译文］

齐景公来到鲁国，住在公馆里。让晏婴迎接孔子，孔子到了，齐景公向孔子询问政事。孔子回答说："治理政事在于节约财物。"齐景公很高兴，又问道："秦穆公的国家很小并且地方偏僻，但是可以称霸，为什么呢？"孔子说："他的国家虽然小，但是他的志向却很大，国家虽然偏僻，但是政策合理，他做事也果断，计谋也恰到好处，法令不偏政令不荒疏。选拔百里奚，让他做大夫，和他谈论了三天就把政治交给他，这样做的话就可以称王了，称霸还在其次。"齐景公说："很好。"

侍席鲁君

鲁哀公招待孔子，席间问孔子怎样治理国家。孔子回答说："最要紧的大事是使人民富足而长寿。少派劳役，减少税收，人民就富足；崇尚礼教，疏远罪疾，人民就长寿。"

［原文］

哀公问政于孔子。孔子对曰："政之急者，莫大乎使民富且寿也。"公曰："为之奈何？"孔子曰："省力役，薄赋敛，则民富矣；敦礼教，远罪疾，则民寿矣。"公曰："寡人欲行夫子之言，恐吾国贫矣。"孔子曰："《诗》云：'恺悌（kǎi tì）①君子，民之父母。'未有子富而父母贫者也。"

［注释］

①恺悌：平易近人的样子。

［译文］

鲁哀公向孔子请教治理国家的事。孔子回答说："国家的政事没有比使百姓富裕并且长寿更重要了。"鲁哀公说："怎样才能做到呢？"孔子说："减少劳役，减少赋税，那么百姓就富裕了；推行礼义教化，避免罪恶疾病，百姓就长寿了。"鲁哀公说："我想要按照您的话执行，又担心我的国家会贫穷。"孔子说："《诗经》说：'平易近人的君子，是百姓的父母。'没有子女富裕了而父母却贫穷的道理。"

[原文]

卫灵公问于孔子曰："有语[1]寡人：有国家者，计之于庙堂之上，则政治矣。何如？"孔子曰："其可也。爱人者则人爱之，恶人者则人恶之，知得之己者则知得之人。所谓不出环堵之室而知天下者，知反己[2]之谓也。"

[注释]

①语：告诉。

②反己：反思自己得到启发。

[译文]

卫灵公问孔子说："有人告诉我：拥有国家的人，在朝廷中讨论国家的计策，那么国家就可以治理好了。是这样吗？"孔子说："可以。喜爱别人的人，别人也喜爱他，厌恶别人的人，别人也厌恶他，知道从自己身上得到启发的就知道从别人身上得到启发。这就是人们所说的不出家门就知道天下的大事，说的就是知道从自己身上得到启发。"

[原文]

孔子见宋君，君问孔子曰："吾欲使长有国，而列都得之，吾欲使民无惑，吾欲使士竭力，吾欲使日月当时，吾欲使圣人自来，吾欲使官府治理，为之奈何？"孔子对曰："千乘之君，问丘者多矣，而未有若主君之问，问之悉也。然主君所欲者，尽可得也。丘闻之，邻国相亲，则长有国；君惠臣忠，则列都得之；不杀无辜，无释罪人，则民不惑；士益之禄，则皆竭力；尊天敬鬼，则日月当时；崇道贵德，则圣人自来；任能黜否，则官府治理。"宋君曰："善哉！岂不然乎！寡人不佞[1]，不足以致之也。"孔子曰："此事非难，唯欲行之云耳。"

[注释]

①不佞：即不才，没有才能。

[译文]

孔子拜见宋国君主，宋君问孔子说："我想长期拥有国家并且得到很多都城，我想要百姓不困惑，想使士人竭力为国效力，我想要使天地保佑，我想使圣贤的人自己到来，想使官府得到治理，怎样才能做到呢？”孔子回答说：“有一千辆战车的国家的君主，向我请教的人很多，但是没有人像您一样发问的。您问得太详细了。但是您想要得到的都可以得到。我听说，和邻国和睦，就可以长久地拥有国家政权了；国君实行恩惠，臣子忠诚，就可以得到很多都城了；不滥杀无辜，不释放有罪的人，百姓就不会困惑了；给士人增加俸禄，他们就会竭力为国了。尊敬天地敬畏鬼神，天地就会保佑了；尊崇道德，圣人就会到来了；任用有才能的人，废黜无能的人，官府就可以得到治理了。”宋君说：“太好了！难道不是这样吗？我没有才能，我做不到这些。”孔子说：“只要您想要做的话，这并不难做到。”

辩　政

［原文］

子贡问于孔子曰：“昔者齐君问政[①]于夫子，夫子曰政在节财[②]。鲁君问政于夫子，子曰政在谕[③]臣。叶公问政于夫子，夫子曰政在悦近而来远。三者之问一也，而夫子应之不同，然政在异端乎？”

［注释］

①政：治理国家。
②节财：节省财力。
③谕：了解。

［译文］

子贡问孔子说：“曾经齐君向您询问治国的道理，您说治国之道在于节省财力。鲁国国君问您怎样治国，您说治国重在了解大臣。叶国国君问您治国之道，您说治国重在使近邻高兴，使远客归顺。三个人问的是同一个问题，然而您的回答却不相同，那么治理国家有不同的方法吗？”

［原文］

孔子曰：“各因[①]其事也。齐君为国，奢乎台榭，淫于苑囿，五官伎乐，不解于时，一旦[②]而赐人以千乘之家者三，故曰政在节财。鲁君有臣三人，内比周以愚其君，外距[③]诸侯之宾以蔽其明，故曰政在谕臣。夫荆之地广而都狭，民有离心，莫[④]安其居，

故曰政在悦近而来远。此三者所以为政殊矣。”

［注释］

①因：依据。
②一旦：一个早晨。
③距：通“拒”，拒绝。
④莫：不，没有。

［译文］

孔子说：“是依据各国的现实情况来处理。齐国国君治理国家，大量修建亭台楼榭，过多地修建宫殿园林，宫女、歌舞艺人不分时间地作乐，一个早上就三次赐给他人拥有千辆马车的城市，因此，他治理国家重在节约财物。鲁国国王有三位大臣，在朝内结党营私，愚弄国君，对外拒绝接纳诸侯的宾客，蒙蔽君主的英明，因此，他治理国家重在了解大臣。楚国的土地非常广阔，国都却很狭小，百姓有背叛的想法，不安分地生活在那里，因此说，治国的重点在于使近邻的百姓满意，使远方的百姓归顺。这就是三个国君治理国家不同的原因。”

［原文］

齐有一足之鸟，飞集于宫朝，下止于殿前，舒翅而跳。齐侯大怪之，使使[①]聘鲁，问孔子。孔子曰：“此鸟名曰商羊，水祥[②]也。昔童儿有屈[③]其一脚，振讯两肩而跳且谣曰：‘天将大雨，商羊鼓舞。’今齐有之，其应至矣。急告民趋治沟渠，修堤防，将有大水为灾。”顷之，大霖雨，水溢泛诸国，伤害民人，唯齐有备，不败。景公曰：“圣人之言，信而征[④]矣。”

［注释］

①使使：派遣使者。第一个“使”是动词，派遣。第二个“使”是名词，使者。
②水祥：大水的征兆。祥，吉凶的征兆。
③屈：弯屈。
④征：应验。

［译文］

齐国有一种一只脚的鸟，飞聚在宫殿，然后飞落在大殿前面，舒展着翅膀蹦跳着。齐国的诸侯感到很奇怪，派遣使者到鲁国，向孔子咨询这件事。孔子说："这种鸟名字为商羊，是大水将要到来的征兆。以前有些孩子弯起一只脚，抖动两肩并且跳着唱起歌谣：'天将下大雨，商羊来跳舞。'现在齐国出现这种鸟，大雨也将要到来了。应当赶紧告诉民众，让他们快速修理沟渠，修筑防水的堤坝，大水就将要到来造成灾害。"很快天就下起了大雨，大水泛滥，淹没了很多国家，各国的百姓都深受其害，只有齐国提前做好了准备，没有受到破坏。齐景公说道："圣人说的话，真实并且灵验呀。"

商羊知雨

一只脚的鸟飞集齐国朝廷，展翅而跳。齐侯很奇怪，派人问孔子。孔子说，这种鸟叫商羊，是水的预兆。不久，天下大雨，洪水泛滥，各国受灾，只有齐国免遭损失。

[原文]

孔子谓宓子贱曰："子治单父，众悦，子何施而得之也？子语丘[①]所以为之者。"对曰："不齐[②]之治也，父恤其子，其子恤诸孤，而哀丧纪。"孔子曰："善！小节也，小民附矣，犹未足也。"曰："不齐所父事者三人，所兄事者五人，所友事者十一人。"孔子曰："父事三人，可以教孝矣；兄事五人，可以教悌[③]矣；友事十一人，可以举善矣。中节也，中人附矣，犹未足也。"

[注释]

①丘：孔子谦称。
②不齐：子贱谦称自己。
③悌：尊敬兄长。

[译文]

孔子对宓子贱说："你治理单父这个地方时，老百姓都很满意，你是怎样做到这些的呢？能告诉我你的方法吗？"子贱回答说："我治理单父时，让父亲体恤儿子，儿子同情所有的孤儿，并且为父亲的丧事而悲痛。"孔子说："好，小小的礼节使老百姓归附，但还不够。"子贱说："我以父亲的礼节侍奉的有三个人，以兄弟的礼节对待的有五个人，以朋友的礼节对待的有十一人。"孔子说："像对待父亲一样侍奉三人，能够教导百姓孝顺；像对待兄弟一样侍奉五人，能够教百姓尊敬兄长；像对待朋友一样侍奉十一人，可以教人友善。这些都符合礼节，具有中等才能和品德的人也来依附你，这还不够吧？"

［原文］

曰："此地民有贤[1]于不齐者五人，不齐事之而禀度焉，皆教不齐之道。"孔子叹曰："其大者乃于此乎有矣。昔尧舜听[2]天下，务求贤以自辅。夫贤者，百福之宗[3]也，神明之主也。惜乎不齐之以所治者小也。"

［注释］

①贤：贤明。
②听：治理国家。
③宗：根本。

［译文］

子贱说："这个地方百姓中有比我贤能的五个人，我侍奉他们，并从他们那里受教，他们都教给我道义。"孔子叹息说："那些治理天下的大道理就在这了。过去尧舜治理国家，必定会寻求有才能的人来辅助自己。贤能的人是幸福的源泉，是神明的主宰。可惜你治理的地方太小了。"

［原文］

子路治[1]蒲三年，孔子过之，入其境[2]，曰："善哉由也！恭敬以信矣。"入其邑[3]，曰："善哉由也！忠信而宽矣。"至廷[4]，曰："善哉由也！明察以断矣。"子贡执辔(pèi)而问曰："夫子未见由之政，而三称其善，其善可得闻乎？"孔子曰："吾见其政矣。入其境，田畴尽易[5]，草莱[6]甚辟[7]，沟洫(xù)[8]深治，此其恭敬以信，故其民尽力也；入其邑，墙屋完固，树木甚茂，此其忠信以宽，故其民不偷[9]也；至其庭，庭甚清闲，诸下用命[10]，此其言明察以断，故其政不扰也。以此观之，虽三称其善，庸尽其美乎！"

［注释］

①治：治理。
②境：边境。
③邑：城镇。
④廷：地方官理政的厅堂。
⑤易：整治。

过蒲赞政

子路为蒲宰，孔子到了蒲地，再三称赞，子贡很奇怪。孔子说，一入蒲地，田地沟渠治理得好，说明子路为政恭敬，讲信用，人民才这样尽力；进了城，房屋坚固，树木茂盛，说明子路忠恕待人，人民安居乐业。

⑥莱：杂草。
⑦辟：清除，清理。
⑧洫：田间的水渠。
⑨偷：苟且。
⑩用命：听从、执行命令。

[译文]

子路在蒲地治理了三年，孔子经过蒲地，进入其境内以后说道："仲由做得很好啊，恭敬并且讲信用。"进入到城邑以后说道："仲由做得很好啊，忠信并且宽厚。"到了官厅以后说道："仲由做得很好啊，明察并且果断。"子贡拉住马缰头问道："您还没有见到子路处理政事，却已经三次称赞了他，他的善政您能讲给我听一听吗？"孔子说道："我已经看到了他的为政了。进入蒲地境内，看到田地都被整治，杂草被清理，田间的沟渠也都挖得很深，这就是因为他恭敬诚信，所以老百姓全力以赴。进入到城邑，看到城中墙坚屋固，树木茂盛，这是因为他忠信宽厚，所以老百姓不苟且营生。到了官厅以后，看到厅堂清净闲适，手下人都听从他的命令，这是因为他英明果断，所以为政没有受到干扰。以此看来，即便是三次予以赞美，又哪里能说得尽他的优点呢？"

卷四

六本

［原文］

孔子曰：“行[1]己有六本焉，然后为君子也。立身有义[2]矣，而孝为本；丧纪有礼矣，而哀为本；战阵有列矣，而勇为本；治政有理矣，而农为本；居国有道矣，而嗣[3]为本；生财有时矣，而力为本。置本不固，无务农桑；亲戚不悦，无务外交；事不终始，无务多业；记闻而言，无务多说；比近不安，无务求远。是故反本修迩（ěr）[4]，君子之道也。”

［注释］

①行：立身行事。
②义：道义。
③嗣：子嗣，此指选定继位之君。
④迩：近。

［译文］

孔子说：“立身行事有六个根本点，做好了这六点之后就能成为君子了。立身要讲究道义，孝顺是根本；举办丧事要讲究礼仪，哀痛是根本；作战要讲究阵列，勇敢是根本；治国要有条理，农业是根本；拥有国家要讲道义，选定继承人是根本；发财要遵循时机，努力是根本。放弃根本而不巩固它，就没有必要致力于农桑了；不能使亲戚高兴，就没有必要致力于外交了；行事做不到有始有终，就没有必要做更多的事情了；道听途说的言论，就不要多说；近邻都不能安定，就不要让远方的人来归附。所以，返回事理的根本，从近处做起，这才是君子的做法。”

［原文］

孔子曰：“良药苦口而利于病，忠言逆耳而利于行。汤、武以谔谔（è）[1]而昌，桀、纣以唯唯[2]而亡。君无争臣，父无争子，兄无争弟，士无争友，无其过者，未之有也。故曰：‘君失之，臣

得之；父失之，子得之；兄失之，弟得之；己失之，友得之。’是以国无危亡之兆[3]，家无悖乱[4]之恶，父子兄弟无失，而交友无绝也。”

［注释］

①谔谔：正直之言。
②唯唯：随声附和的言语。
③兆：预兆，兆头。
④悖乱：违背常理。

［译文］

孔子说：“好药吃起来虽然苦涩但是有利于治疗疾病，衷心的话语听起来虽然不好听但是有利于立身行事。商汤和周武王因为能够听进直言劝谏而使国家繁荣昌盛，夏桀和商纣王因为只听别人的随声附和的话而导致国家灭亡。君主没有直言劝谏的大臣，父亲没有直言劝谏的儿子，兄长没有直言劝谏的弟弟，读书人没有直言劝谏的朋友，想要不犯错是不可能的。所以说：‘君主有过失，大臣就会发现；父亲有过失，儿子就会发现；兄长有过失，弟弟就会发现；自己有过失，朋友就会发现。’所以，国家就没有危险灭亡的征兆，家庭就没有犯上作乱，违背道德的恶行，兄弟父子之间不会失和，而朋友也不会跟你绝交。”

［原文］

孔子见齐景公，公悦焉，请置廪(lǐn)丘之邑以为养[1]。孔子辞而不受。入谓弟子曰：“吾闻君子当功受赏[2]，今吾言于齐君，君未之有行，而赐吾邑，其不知丘亦甚矣。”于是遂行。

孔子在齐，舍于外馆[3]，景公造[4]焉。宾主之辞既接，而左右白[5]曰：“周使适至，言先王庙灾。”景公覆问[6]：“灾何王之庙也。”孔子曰：“此必釐王之庙。”公曰：“何以知之？”孔子曰：“《诗》云：‘皇皇上天，其命不忒。’天之以善，必报其德，祸亦如之。夫釐王变[7]文、武之制，而作玄黄华丽之饰，宫室崇峻，舆马奢侈，而弗可振[8]也。故天殃所宜加其庙焉。以是占之为然。”公曰：“天何不殃其身，而加罚其庙也？”孔子曰：“盖以文、武故也。若殃其身，则文、武之嗣无乃殄[9]乎？故当殃其庙

以彰其过。”俄顷[10]，左右报曰：“所灾者，釐王庙也。”景公惊起，再拜曰：“善哉！圣人之智，过人远矣。”

[注释]

①养：奉养。
②当功受赏：即功成受赏。
③外馆：即旅馆。
④造：到，前往。
⑤白：报告。
⑥覆问：又问。覆通“复”。
⑦变：更改。
⑧振：同“赈”，挽救。
⑨殄：灭绝。
⑩俄顷：一会儿。

[译文]

孔子去拜见齐景公，齐景公很高兴，便请求将廪丘城封给孔子作为供养之地。孔子推辞而没有接受。进到屋中对弟子们说：“我听说君子是功成而受赏，现在我只是和齐君说了话，他并没有按照我的话去实施什么行动，就要将城邑赐赏给我，他这么做实在是太不了解我了。”于是就离开了。

孔子在齐国的时候，在旅馆中住宿。景公亲自前去拜访，宾主之间互相致辞问候以后，景公左右侍奉的人上报说：“周国的使者刚刚到来了，说先王的宗庙遭到了火灾。”景公听了以后问道：“是哪位先王的宗庙遭了火灾？”孔子回答说：“那必定是釐王的宗庙。”景公问道：“您是如何知道的呢？”孔子说：“《诗经》上说：‘伟大的上天啊，它所给予的不会有差错。’上天对那些行善的人，必定会以美德回报他。而灾祸也是一样的。釐王更改了文王和武王所制定的制度，并且制作各种色彩艳丽华美的饰品，宫殿的房屋也都建造得高大耸峻，车马用度十分奢侈，并且不可挽救。所以上天便降灾难到他的宗庙中，因此我如此预测。”景公说：“为什么天灾没有直接降临到他身上，却降临到他的宗庙中呢？”孔子说：“这大概是由于文王和武王的缘故吧。如果天灾降临其身，那文王和武王的后嗣不就又绝了吗？因此就降临到他的宗庙，以彰显他的过错。”过了一小会，左右侍奉的人就上报说：“受到火灾的是釐王的宗庙。”景公惊讶地站了起来，拜了两拜说道：“太好了，圣人的智慧就是远远地超出了常人啊。”

[原文]

子贡三年之丧毕，见于孔子。子曰：“与之琴，使之弦[1]。”侃侃而乐，作而曰：“先王制礼，弗敢过也。”子曰：“君子也。”

子贡曰："闵子哀未尽。夫子曰君子也。子夏哀已尽，又曰君子也。二者殊情而俱曰君子，赐也或敢问之。"孔子曰："闵子哀未忘，能断[②]之以礼；子夏哀已尽，能引[③]之及礼。虽均[④]之君子，不亦可乎。"

［注释］

①弦：弹奏。
②断：斩断。
③引：牵引，约束。
④均：比较。

［译文］

子贡服丧三年期满，回来拜见孔子。孔子说："将琴给他，让他弹奏。"子贡操起琴从容地弹奏，然后站起来说："先王所制定的礼仪，我不敢超过。"孔子说："你是君子啊。"子贡问道："以前闵子的哀痛没有散尽的时候，您说他是君子，现在子夏的哀痛已经消失了，您也称他为君子。这两种情况很不相同，您都称他们为君子，我想问您一下这其中的缘故。"孔子回答说："闵子的哀痛没有散尽，但是他却能用礼来斩断它。子夏虽然已经不再悲伤了，却能够在欢乐的时候用礼来加以约束。即便是将他们都和君子相比，又有什么不可以的呢？"

［原文］

孔子曰："无体[①]之礼，敬也；无服[②]之丧，哀也；无声之乐，欢也。不言而信，不动而威，不施而仁。志：夫钟[③]之音，怒而击之则武，忧而击之则悲。其志[④]变者，声亦随之。故志诚感之，通于金石[⑤]，而况人乎！"

［注释］

①体：形式。
②服：丧服。
③钟：古时的一种乐器。
④志：心志，心情。
⑤金石：乐器。

［译文］

孔子说："没有形式的礼仪，是恭敬的；不穿丧服的丧礼，是哀痛的；没有声音的音乐是快乐的。不用言语表达却能让人信服，不用行动却能让人感受到威严，不用施舍却能让人感受到仁爱。记住：编钟的声音，当你愤怒时敲击它，它就会发出猛烈的声音，忧伤时敲击它，就会发出悲伤的声音。敲打它的人心情变了，它的声音也就会随之而变。因此，心里有所感触，能和乐器相通，何况是人呢？”

［原文］

孔子见罗雀者所得皆黄口[①]小雀。夫子问之曰：“大雀独不得，何也？”罗者曰：“大雀善惊而难得，黄口贪食而易得。黄口从[②]大雀则不得，大雀从黄口亦不得。”孔子顾谓弟子曰：“善惊以远[③]害，利食而忘患，自其心矣，而以所从为祸福。故君子慎其所从，以长者之虑，则有全身之阶[④]，随小者之戆(gàng)[⑤]，而有危亡之败也。”

［注释］

①黄口：指幼鸟，幼鸟的嘴角总是呈黄色。
②从：跟从。
③远：远离。
④阶：凭借。
⑤戆：痴傻。

［译文］

孔子看到捕鸟的人所捕捉到的都是黄嘴的小鸟，就问道：“大雀独独捉不到，这是什么原因呢？”捉鸟的人回答说：“大雀容易警觉所以不容易捕捉到，小鸟贪吃食物所以就容易抓获。小鸟跟从着大雀的不容易被抓到，大雀跟着小鸟的也不容易被抓到。”孔子回过头对弟子们说道：“容易警觉就可以远离灾祸，贪吃食物就容易忘掉祸患，这是因为其不同的内心所导致的。并且因为他跟从的对象而决定祸福。因此，君子对待跟从他的人一定要谨慎。跟从年纪大的长者，就有了保全自身的凭借，跟从痴傻无知的小儿，就有危险败亡的祸患。”

山梁叹雉

孔子经过山梁，恰逢几只雌野鸡在那儿饮水啄食，于是感叹说：“山梁上的雌野鸡呀，得其时呀，得其时呀！”子路向它们拱拱手，它们就振一振翅膀飞走了。

[原文]

孔子读《易》[1]，至于“损”、“益”，喟[2]然而叹。子夏避[3]席问曰：“夫子何叹焉？”孔子曰：“夫自损者[4]必有益[5]之，自益者[6]必有决之，吾是以叹也。”子夏曰：“然则学者不可以益[7]乎？”子曰：“非道益之谓也，道弥[8]益而身弥损。夫学者损其自多，以虚受人，故能成其满博哉！天道成而必变，凡持满而能久者，未尝有也。”

读《易》有感

孔子说，学问越高越谦虚，如果谦虚就能接受别人的意见，所以才能不断进步。

[注释]

①《易》：《周易》。
②喟：叹息的样子。
③避：离开。
④自损者：谦虚的人。
⑤益：好处，利益。
⑥自益者：骄傲自满的人。
⑦益：增加，弥补。
⑧弥：越。

[译文]

孔子读到《周易》“损”“益”两卦时，不由自主地长声叹息。子夏离开座位问孔子：“先生为什么叹息呢？”孔子说：“谦虚的人必定会得到好处，骄傲自满的人必定会有损失，我是因此而叹息啊。”子夏说：“难道通过不断的学习不可以增长吗？”孔子说：“并不是说天道的增长。学问越增加，自身就应该越谦虚，谦虚的学者有很多，能够虚心接受别人，所以才能使自己知识丰富。天道形成后就必定会变化。凡是骄傲自满的人能够长久的，还从来没有过。”

[原文]

“故曰：自贤者，天下之善言不得闻于耳矣。昔尧治天下之位，犹允恭以持之，克让[1]以接下，是以千岁而益盛，迄今而逾彰[2]。夏桀、昆吾[3]，自满而极，亢意而不节，斩刈(yì)[4]黎民如草芥焉。天下讨之如诛匹夫，是以千载而恶著，迄今而不灭。观此，如行则让长，不疾先，如在舆[5]，遇三人则下之，遇二人则式之。调其盈虚，不令自满，所以能久也。”子夏曰：“商请志之，而终

身奉行焉。”

［注释］

①克让：谦让克己。
②彰：显露，彰显。
③昆吾：夏商之间部落名。
④斩刈：砍伐，斩杀。
⑤舆：车中装载东西的部分，后泛指车。

［译文］

“所以说：认为自己有才能的人，天下的良言他一句也没听到。过去尧治理天下时，能够公允谦恭待人，对待下人克己谦让，所以在千年以后更加兴盛，到现在更加彰显自己的美德。夏桀、昆吾，自满到了极致，随心所欲，毫无节制，斩杀百姓就像斩杀草芥一样。天下人讨伐他就像诛杀匹夫一样，所以千年之后他的罪恶更加显著，到现在还不能泯灭。由此看来，如果行事就要谦让长辈，不能抢先行事。比如，坐车时遇到车上有三个人，就主动下车，遇到车上有两个人，就扶着前边的横木站着，让另一个人坐。调节好充实和虚空，不要让自己骄傲自满。这样才能长久立于世。”子夏说：“我要记住这些话，并终身奉行。”

［原文］

子路问于孔子曰：“请释①古之道而行由之意，可乎？”子曰：“不可。昔东夷之子，慕诸夏②之礼，有女而寡，为内③私婿，终身不嫁。嫁则不嫁矣，亦有贞节之义也。苍梧娆娶妻而美，让与其兄。让则让矣，然非礼④之让矣。不慎其初，而悔其后，何嗟及矣。今汝欲舍古之道行子之意，庸知子意不以是为非，以非为是乎？后虽欲悔，难哉！”

［注释］

①释：放下。
②诸夏：即华夏。
③内：通“纳”，招纳。
④非礼：不符合礼仪。

［译文］

子路向孔子问道：“我请求放弃古代的道，而去实现我个人的主张，可以吗？”孔子说：“不可以。以前东方的少数民族中有一个羡慕华夏礼仪的人，他的女儿成了寡妇以后，原本要为女儿招一个女婿，女儿却很坚决地终身不再嫁人。原本是可以嫁人却不改嫁，这就也符合了贞节之义。苍梧有一个叫娆的人，他娶了一个貌美的妻子，就将妻子让给了自己的兄长，虽然这也是谦让，却不符合礼。刚开始的时候不谨慎，事后又后悔，嗟叹能有什么用呢？现在你想要舍弃古代的大道，而去施行你自己的意旨，哪里知道你的意旨不是以对为错、以错为对的呢？以后即便是后悔也没有用了。”

[原文]

曾子耘瓜[1]，误斩其根。曾皙怒，建[2]大杖以击其背。曾子仆地而不知人，久之。有顷，乃苏，欣然而起，进于曾皙曰：“向也参得罪于大人，大人用力教参，得无[3]疾乎？”退而就房，援琴而歌，欲令曾皙而闻之，知其体康也。孔子闻之而怒，告门弟子曰：“参来勿内。”曾参自以为无罪，使人请于孔子。

[注释]

①耘瓜：在瓜地里锄草。
②建：操起，拿起。
③得无：该不会。

[译文]

曾参在瓜地中锄草，不小心将瓜苗的根给铲断了。曾皙看到了以后大怒，操起大木棍就向他的后背打去。曾参倒地而人事不知。过了很久，才苏醒过来，很高兴地站立起来，走到曾皙面前说道：“刚才我得罪了父亲大人您，您用棍杖教育了我，您自己应该没受伤吧？”回去以后就进入到房间里，操起琴一边弹一边歌唱，想要曾皙听到，知道他的身体还好。孔子听到这件事以后很生气，告诉守门的弟子说：“曾参来了的话不要让他进来。”曾参认为自己没有过错，就让人向孔子请求拜见。

[原文]

子曰：“汝不闻乎，昔瞽（gǔ）瞍（sǒu）[1]有子曰舜，舜之事瞽瞍，欲使之，未尝不在于侧；索而杀之，未尝可得。小棰则待过[2]，大杖则逃走，故瞽瞍不犯不父之罪，而舜不失烝（zhēng）烝[3]之孝。今参事父，委身以待暴怒，殪（yì）[4]而不避，既身死而陷父于不义，其不孝

孰大焉？汝非天子之民也，杀天子之民，其罪奚若？”曾参闻之曰：“参罪大矣。”遂造孔子而谢过。

［注释］

①瞽瞍：原指瞎子，这里是舜的父亲的名字，瞽瞍对舜很不好，曾多次想要将舜害死。

②待过：挨打。

③烝烝：淳厚的样子。

④殪：即死。

［译文］

孔子说：“你没有听说过吗？以前瞽瞍有儿子名为舜，舜对于父亲的服侍是这样的：只要父亲有事情要找他，他没有不在身边的时候。但瞽瞍找舜想杀死他的时候，他就从来不会出现。瞽瞍用小棍子打他的时候，他就老实地挨打，当瞽瞍用大木棍打他的时候他就逃跑，因此瞽瞍没有犯下违反父道的罪过，舜也没有丧失自己的孝道。如今曾参在服侍父亲的时候，舍弃身体去等着父亲大怒，被打死了还不知道躲避，自己死了以后就会让父亲陷于不义的境地，还有比这样更为不孝吗？这样一来，你就不是天子的良民，而是杀害了天子的子民，你的罪过有谁比得上呢？”曾参听到了以后说道：“我的罪过很大啊。”于是就到孔子那里拜访并且谢罪。

［原文］

荆公子行年十五而摄[①]荆相事。孔子闻之，使人往观其为政焉。使者反[②]曰：“视其朝清净而少事，其堂上有五老焉，其廊下有二十壮士焉。”孔子曰：“合二十五人之智以治天下，其固[③]免矣，况荆乎？”

子夏问于孔子曰：“颜回之为人奚若？”子曰：“回之信[④]贤于丘。”曰：“子贡之为人奚若？”子曰：“赐之敏[⑤]贤于丘。”曰：“子路之为人奚若？”子曰：“由之勇贤于丘。”曰：“子张之为人奚若？”子曰：“师之庄贤于丘。”子夏避席[⑥]而问曰：“然则四子何为事先生？”子曰：“居，吾语汝。夫回能信而不能反[⑦]，赐能敏而不能诎(qū)，由能勇而不能怯，师能庄而不能同。兼四子者之有以易吾，弗与也。此其所以事吾而弗贰[⑧]也。”

四子侍坐

孔子让子路、曾皙、冉有、公西华谈谈自己的志向，子路、冉有、公西华以民富国强和做个司仪对答。唯有曾皙有沐浴春风游沂水的乐趣，孔子感叹地说：“我赞同曾皙的志向啊！”

［注释］

①摄：代理。
②反：通“返”。返回。
③固：原本。
④信：诚实，诚信。
⑤敏：聪敏。
⑥避席：离开席位，以示尊敬。
⑦反：即变通。
⑧贰：有二心，不忠。

［译文］

荆国的公子十五岁的时候就代理了荆国的宰相事务。孔子听说这件事以后，就派弟子到那里，察看他如何处理政事。使者回来以后对孔子说：“看他的朝堂清净并且很少有事，堂上坐有五位长者，屋廊下站有二十位壮士。”孔子说道：“联合这二十五个人的智慧来治理天下，原本就能够免于危难，何况只是治理荆国呢？”

子夏向孔子问道：“颜回的为人怎么样？”孔子回答说：“颜回的诚信要超过我。”子夏问道：“子贡的为人怎么样？”孔子说：“子贡的聪敏要超过我。”子夏又问：“子路的为人怎么样？”孔子回答：“子路的勇敢要超过我。”子夏又问：“子张的为人怎么样？”孔子回答说：“子张的庄重贤能要超过我。”子夏离开席位向孔子问道：“那么为什么这四个人都来服侍老师您呢？”孔子回答说：“坐下，我告诉你。颜回很诚信却不能灵活地变通，子贡生性聪敏却不能够适时地表现拙笨，子路很勇敢却不能委屈自己，子张很庄重却不能和众人相合。因此，将这四个人的所有长处加在一起和我交换，我也不会同意，这就是他们之所以侍奉我并且没有二心的原因。”

［原文］

孔子游于泰山，见荣声期行乎郕之野，鹿裘带索，瑟瑟[①]而歌。孔子问曰：“先生所以为乐者，何也？”期对曰：“吾乐甚多，而至者三。天生万物，唯人为贵，吾既得为人，是一乐也；男女之别，男尊女卑，故人以男为贵，吾既得为男，是二乐也；人生有不见日月[②]，不免襁褓(qiǎngbǎo)[③]者，吾既以行年九十五矣，是三乐也。贫者，士之常，死者，人之终。处常得终，当何忧哉？”

孔子曰："善哉！能自宽者也。"

［注释］

①瑟瑟：鼓瑟，前一瑟为动词。
②不见日月：指还没有生下来就死在腹中。
③襁褓：指年幼的婴儿。

［译文］

孔子在泰山上游览，看到了荣声期在郕国的郊外行走，只见他穿着鹿皮制的衣服，系着草绳做的腰带，鼓瑟唱歌。孔子向他问道："让您这么快乐的原因在于什么呢？"荣声期回答说："让我感到快乐原因有很多，最重要的有三点：天孕育万物，以人最为尊贵，我既然身为人，这是第一大快乐。男女有别，男子的身份尊贵，女子的身份卑贱，因此人们都以男子为贵，我既然身为男子，这是第二大快乐。人生中有胎死腹中以及幼年夭亡的，我却已经活到了九十五岁，这是第三大快乐。贫困是士人常处的境地，死亡是人的最终归宿。身处常境并得以享尽天年，还有什么值得担忧的呢？"孔子说："很好，荣声期是善于自我宽慰的人啊。"

［原文］

孔子曰："回有君子之道四焉，强[①]于行义、弱于受谏、怵(chù)[②]于待禄、慎于治身。史鳅有男子之道三焉，不仕而敬上、不祀而敬鬼、直己而曲人。"曾子侍，曰："参昔常闻夫子三言而未之能行也，夫子见人之一善而忘其百非[③]，是夫子之易事也；见人之有善若己有之，是夫子之不争也；闻善必躬行[④]之，然后导之，是夫子之能劳也。学夫子之三言而未能行，以自知终不及二子者也。"

［注释］

①强：尽力去做事情。
②怵：害怕。
③百非：很多缺点。
④躬行：亲自去做。

［译文］

孔子说："颜回身上有君子的四种美德：尽心尽力做仁义的事，善于听从别人的进谏，害怕接受俸禄，谨慎地修身养性。史鳝具有男子的三种美德：不做官的时候也能尊敬上级，不祭祀的时侯也能恭敬地对待鬼神，自身正直但也能委屈自己对待别人。”曾参站在孔子的旁边说：“我过去经常听您讲三句话，但是却没有能够依照这三句话来做事情。先生您发现别人的一点长处就忘了他所有的短处，所以您能够与人友好相处；发现别人的长处，就像是您自己拥有的一样，因而您不与人争强好胜；听说了别人的长处必定要身体力行去做，然后把它教给别人，因而您能够不辞辛苦。我学习了您的三句话但是没有去做，因此我知道自己最终不如颜回和史鳝的原因了。”

［原文］

孔子曰：“吾死之后，则商也日益[①]，赐也日损[②]。”曾子曰：“何谓也？”子曰：“商也好与贤己者处，赐也好说不若己者。不知其子视其父，不知其人视其友，不知其君视其所使，不知其地视其草木。故曰：与善人居[③]，如入芝兰之室，久而不闻其香，即与之化矣。与不善人居，如入鲍鱼之肆[④]，久而不闻其臭，亦与之化矣。丹之所藏者赤，漆之所藏者黑，是以君子必慎其所与处者焉。”

［注释］

①商：卜商，字子夏。益：增加，进步。
②赐：端木赐，字子贡。损：损失，减少，后退。
③居：居住，相处。
④肆：店铺。

［译文］

孔子说：“我死了以后，子夏能够逐渐进步，但是子贡会逐渐地后退。”曾子说：“您怎么这样说呢？”孔子说：“子夏喜欢与强过自己的人相处，子贡喜欢和不如自己的人相处。如果你不了解儿子，看他的父亲的表现就可以大致地推断出儿子是什么人了；不了解那个人可以观察他的朋友；不了解君主，可以看他使用的大臣；不了解那块土地，看它上面生长的草木。所以说，同好人相处，就像进入种满香草的房屋一样，时间长就不能闻到兰花的香味了，那是因为已经被同化了。同坏人相处，就像进入卖鲍鱼的店铺一样，时间长了就闻不到臭味了，也已经被同化了。丹砂所包含的是红色，漆所包含的是黑色，所以君子对和自己相处的朋友一定要小心谨慎。”

[原文]

曾子从孔子之齐，齐景公以下卿之礼聘曾子，曾子固辞。将行，晏子送之曰："吾闻之：君子遗人以财不若善言，今夫兰本三年，湛之以鹿酭[1]，既成，啖(dàn)[2]之，则易之匹马。非兰之本性也，所以湛者美矣，愿子详其所湛者。夫君子居必择处，游必择方，仕必择君。择君所以求仕，择方所以修道。迁风移俗者，嗜欲移性，可不慎乎。"孔子闻之曰："晏子之言，君子哉！依贤者固不困，依富者固不穷，马蚿斩足而复行，何也？以其辅之者众。"

[注释]

①鹿酭：用鹿肉熬成的汤。

②啖：吃。

[译文]

曾子跟着孔子到齐国，齐景公用对待下卿的礼遇聘请曾子，曾子态度很坚决地推辞掉了。曾参快要离开齐国的时候，晏婴给他送行，说："我听说，君子赠送别人钱财，还不如赠送别人好的建议。现在有一根生长了三年的兰草根，用鹿肉的汤浸泡它，泡好后吃它，味道十分鲜美，可以用来交换一匹马。这不是因为兰草本身就有鲜美的味道，而是用来浸泡它的鹿肉汤味道鲜美，所以希望你明白那是鹿肉汤的作用。君子居住的时候往往要挑选好的地方。出去游玩的时候也选择对的方向，做官一定要选择君主。选择君主的原因是寻求官职，选择方向的原因是修养道行。改变风气和风俗习惯的人，喜好改变本性，能够不谨慎吗？"孔子听到晏子这番话，说："晏子说的话，是君子的话啊。依傍富人，当然不会贫困。马蚿脚断了还能行走，为什么呢？因为它辅助的脚多。"

[原文]

孔子曰："与富贵而下人，何人不尊？以富贵而爱人，何人不亲？发言不逆[1]，可谓知言矣；言而众向[2]之，可谓知时矣。是故以富而能富人[3]者，欲贫不可得也；以贵而能贵人者，欲贱不可得也；以达而能达人者，欲穷不可得也。"

[注释]

①逆：违背道理。

②向：响应。

③富人：使人富。

[译文]

孔子说："自己身份富贵却能谦恭地对待别人，任何人都尊敬他；自己富贵却爱护别人，任何人都亲近他。讲话的时候不违背道理，可以称得上会讲话了。说出的话大家都认可，可以称得上懂得把握时机了。所以自己富足的时候也能让别人富足，想贫困都不可能；自己尊贵的时候也能让别人尊贵，想卑贱都不可能；自己通达却能使别人通达，想穷困都不可能。"

[原文]

孔子曰："中人[①]之情[②]也，有余则侈，不足则俭，无禁则淫，无度则逸，从欲则败。是故鞭朴之子，不从父之教，刑戮之民，不从君之令。此言疾之难忍，急之难行也。故君子不急断[③]，不急制[④]。使饮食有量，衣服有节，宫室有度，畜积有数，车器有限，所以防乱之原[⑤]也。夫度量不可不明，是中人所由[⑥]之令。"

[注释]

①中人：普通人。

②情：情形。

③断：决断。

④制：制定规则。

⑤原：根本方法。

⑥由：遵守。

[译文]

孔子说："普通人的情况大致一样：有多余的东西就奢侈浪费，不充足就会节俭，不禁止就行为过度，没有限度的时候就会放纵自己的行为，随心所欲就会失败。所以被鞭打的孩子不会听从父亲的教导，受到刑罚处罚的百姓不会听从君主的命令。这就是所谓动作太快就难以让人接受，命令下达太急就难以实行。所以君子不急于决断，不急于制定规则。饮食的时候要适量，着装的时候有节制，居室有限度，积蓄要有一定的数额，车辆和器具有限量，这些就是防止灾难的根本方法。法规禁令不能不明确，这是普通人遵守的教令。"

[原文]

孔子曰："巧[①]而好度必攻，勇而好问必胜；智而好谋必成。

以愚者反之。是以非其人，告之弗[②]听；非其地，树之弗生。得其人，如聚砂而雨之；非其人，如会聋而鼓之。夫处重[③]擅宠，专事妒贤，愚者之情也。位高则危，任重则崩，可立而待。”

［注释］

①巧：灵巧。
②弗：不。
③重：要位。

［译文］

孔子说：“灵巧而且喜欢思考的人一定可以攻坚，勇敢而且喜欢询问必定胜利，智慧而且喜欢谋划必定成功。笨人刚好相反。因此，不是他喜欢的人，告诉他也不听；不是合适的地，种上树也不长。得到称心如意的人，就像堆聚沙子，淋了雨也不会散；不是他称心如意的人，就像对待聋子，敲鼓也没用。身处要位而受专宠，专门干嫉贤妒能的事，这是笨人的实际做法。地位高贵就危险，任务繁重就要崩溃，可以立马见到这样的结果。”

［原文］

孔子曰：“舟非水不行[①]，水入舟则没；君非民不治，民犯上则倾[②]。是故君子不可不严[③]也，小人不可不整一也。”

［注释］

①行：行走。
②倾：使国家灭亡。
③严：严谨。

［译文］

孔子说：“船离开水的时候就不能前行，水进入船舱，船就会沉没。君主远离了百姓就治理不好国家，百姓犯上作乱的时候就会使国家灭亡。所以君子的思想不能不严谨，小人的思想不能不统一。”

［原文］

齐高庭问于孔子曰：“庭不旷山，不直地，衣穰(ráng)而提贽，精气以问事君子之道，愿夫子告之。”孔子曰：“贞以干[①]之，敬以辅之，施仁无倦，见君子则举[②]之，见小人则退[③]之。去汝恶心

而忠与之。效其行，修其礼，千里之外，亲如兄弟。行不效，礼不修，则对门不汝通矣。夫终日言，不遗己之忧；终日行，不遗己之患，唯智者能之。故自修者必恐惧以除患，恭敬以避难者也。终身为善，一言则败之，可不慎乎？”

［注释］

①干：帮助的意思。
②举：推举。
③退：罢免。

［译文］

齐高庭向孔子问道：“我翻越过高山，不远千里而来，身穿草编织成的衣服，拿着礼物，真心诚意地前来于此，向您询问侍奉君子的方法，希望您能够告诉我。”孔子回答说：“忠贞地帮助他，恭敬地辅助他，施行仁义的时候要不知疲倦，看到君子就要推举他，看到小人就要罢免他。去除不好的心思而将忠心贡献给他。效仿他的言行，学习他的礼仪，即便是相隔千里，也能够亲如兄弟。如果不效仿其言行，不学习其礼仪，那么即便是对门的人也不会和你有往来。整天都在说话，也不要遗忘自己的担忧；整天都在做事，也不要遗忘自己的忧虑，唯有聪慧的人才能够做到这些。因此，修养自身的人必定会心怀恐惧以消除祸患，恭敬节俭以避开灾难。一辈子都是在做好事，一句话却能够将他毁掉，因此说话能够不谨慎吗？”

辩 物

［原文］

季桓子穿①井，获如玉缶（fǒu），其中有羊焉，使使②问孔子曰：“吾穿井于费，而于井中得一狗，何也？”孔子曰：“丘之所闻者，羊也，丘闻之木石之怪夔（kuí）、蝄蜽③，水之怪龙、罔象④，土之怪羵羊⑤也。”

［注释］

①穿：打井，挖井。
②使使：派遣使者。
③夔：传说中的单足兽。蝄蜽：山中精怪。
④罔象：水怪的一种。

⑤羵羊：土怪。

[译文]

季桓子派人打井的时候，得到了一个质地如玉的器皿，里面有一只羊，就派遣使者前去向孔子询问，说："我在费地打井的时候，在井中得到了一只狗，这是什么原因呢？"孔子回答说："根据我所知道的，得到的应该是羊吧。我听说山林中的精怪有夔以及蝄蜽，水中的精怪有龙和罔象，土中的精怪则是羵羊。"

羵羊辨怪

鲁国季桓子打井时挖出怪物，硬得像岩石，有兽的形状。派人去问孔子，孔子说："万物各有各的精怪，土里的叫羵羊。这就是羵羊吧。"

[原文]

吴伐越，隳(huī)①会稽，获巨骨一节，专车②焉。吴子使来聘于鲁，且问之孔子，命使者曰："无以吾命也。"宾既将事，乃发币于大夫，及孔子，孔子爵之③。既彻④俎(zǔ)⑤而燕⑥客，执骨而问曰："敢问骨何如为大？"孔子曰："丘闻之昔禹致群臣于会稽之山，防风后至，禹杀而戮之，其骨专车焉。此为大矣。"客曰："敢问谁守为神？"孔子曰："山川之灵足以纪纲天下者，其守为神。诸侯社稷之守为公侯，山川之祀者为诸侯，皆属于王。"客曰："防风何守？"孔子曰："汪芒氏之君，守封嵎(yú)山者，为漆姓，在虞、夏、商为汪芒氏，于周为长瞿氏，今曰大人。"有客曰："人长之极几何？"孔子曰："焦侥(yáo)氏长三尺，短之至也，长者不过十，数之极也。"

[注释]

①隳：毁坏。
②专车：装了满满一车。
③爵之：倒酒给他喝。
④彻：同"撤"，撤走。
⑤俎：祭祀时用来盛祭品的器具。
⑥燕：同"宴"，宴饮。

[译文]

吴国攻伐越国的时候，毁坏了会稽山，得到了一节巨大的骨头，装了满满的一车。吴国的君主派人前往鲁国去问候鲁君，并向孔子询问这件事，吴王对使者说："（关于询问骨头这件事）不要说是我的命令。"使者问候完鲁君以后，就将所带的礼物送给鲁国的各位大夫。到了孔子跟前时，孔子给他倒了一杯酒。礼仪完毕以后，那些盛祭品的器具被撤去，开始了宴饮。使者便拿着骨头问孔子道："敢问您什么样的骨头才是大的呢？"孔子说："我听说，以前大禹在会稽山上召集群臣，防风氏来的最晚，大禹就杀了他，他的骨头有整整一车哪么大，那就是最大的了。"使者问道："敢问您守护的神灵是谁呢？"孔子说："山川的神灵是足够用来整治天下的，也就是守护神。诸侯当中只祭祀社稷的是公侯，祭祀山川的才是诸侯，他们都隶属于君主。"使者又问道："防风氏所守护的是哪里呢？"孔子说："防风氏是汪芒国的君主，守护的是嵎山，姓氏为漆。在虞、夏、商三朝时是汪芒氏，在周代是长瞿氏，现在则称为大人。"使者又问道："人的身体最高的有多高呢？"孔子说："焦侥氏的身体高三尺，是最矮的，最高的不超过十尺，这是极点了。"

[原文]

孔子在陈，陈惠公宾之于上馆[1]。时有隼(sǔn)集陈侯之庭而死，楛矢贯之石砮(nǔ)，其长尺有咫[2]。惠公使人持隼如孔子馆而问焉。孔子曰："隼之来远矣，此肃慎氏之矢。昔武王克商，通道于九夷百蛮，使各以其方贿[3]来贡，而无忘职业。于是肃慎氏贡楛矢石砮，其长尺有咫。先王欲昭其令[4]德之致远物也，以示后人，使永鉴焉，故铭其栝(guā)曰：'肃慎氏贡楛矢。'以分大姬[5]，配胡公而封诸陈。古者分同姓以珍玉，所以展[6]亲亲也；分异姓以远方之职贡，所以无忘服[7]也；故分陈以肃慎氏贡焉。君若使有司求诸故府，其可得也。"公使人求，得之金椟，如之。

[注释]

①上馆：上等旅馆。
②咫：长度单位，八寸为一咫。
③方贿：当地的特产。
④令：美好的。
⑤大姬：周武王的女儿。

⑥展：展示，表示。
⑦服：服从。

［译文］

孔子在陈国的时候，陈惠公将他安置在上等旅馆中。当时有一只隼栖息并死在陈惠公的庭院中，射死它的箭很特别，箭杆是用楛木制成的，箭头则是石头做的，长度有一尺八寸。陈惠公便派人拿着这只隼去孔子所住的旅馆中询问。孔子说：“这只隼是从很远的地方来的啊。这是肃慎氏的箭。以前周武王讨伐商纣的时候，打通了各个少数民族之间往来的道路，让他们各自进贡当地的特产，并且告诫他们不要忘记自己所从事的职业。于是肃慎氏就进贡了这支箭，它是楛木制成的箭杆，石头制成的箭头，长度有一尺八寸。周武王想要显示他的美德能使远方来进贡，以此来昭示后世人，并成为后人永远的借鉴，于是就在箭栝上刻上了‘肃慎氏贡楛矢’。并将箭赏赐给了自己的女儿大姬。后来大姬被许配给封地在陈的胡公（箭也随之到了陈）。古时候将珍宝美玉分给同姓之家，以表示彼此关系的亲密。将远方进贡的物品分给异姓之国，是要他们不要忘记服从。因此就将肃慎氏进贡的箭分给了陈国。如果您派人到府库中去查找的话，是能够找到的。”陈惠公就派人去府库中查找，找到一份写有金字的木箭，和孔子所说的相同。

楛矢贯隼

孔子到陈国，住在司城贞子家里。过了一年多，有只隼鸟飞到陈国朝廷中死去，是被一楛矢射中的。孔子说：“这是肃慎氏的箭，武王克商时曾给陈国。”果然在陈国府库中查到这种箭。

［原文］

郯(tán)子朝鲁，鲁人问曰：“少昊氏以鸟名官，何也？”对曰：“吾祖也，我知之。昔黄帝以云纪官，故为云师①而云名。炎帝以火，共工以水，少昊以龙，其义一也。我高祖少昊挚之立也，凤鸟适至，是以纪之于鸟，故为鸟师而鸟名。自颛顼(zhuān xū)氏以来，不能纪远，乃纪于近，为民师而命以民事，则不能故也。”孔子闻之，遂见郯子而学焉。既而告人曰：“吾闻之，天子失官②，学在四夷，犹信。”

［注释］

①师：长。

②官：官学。

［译文］

郯国的国君去朝拜鲁国，鲁人问道："少昊氏用鸟的名字来封官，是什么原因呢？"郯子回答说："少昊氏是我的祖先，我知道其中的原因。以前黄帝用云来任命官职，因此百官之长都用云来命名。炎帝是用火来命名官职，共工是用水来命名官职，少昊是用龙来命名官职，意义都是一样的。我的高祖少昊挚在继位时，正好有凤鸟飞过，因此便设立鸟的长官并以鸟来命名官职。自从颛顼氏以后，不能用原来的祥瑞来命名了，就用近处的事物来命名，因此就设立百姓的长官并用百姓的事物来命名，这是因为不能（用原来的方式命名）的缘故。"孔子听说了这件事以后，就马上去拜见郯子并向他学习。而后告诉别人说："我听说，天子的官学丧失了以后，学问就只能存在于诸侯的小国中了。这话是真实可信的。"

［原文］

邾(zhū)隐公朝于鲁，子贡观焉。邾子执玉高，其容仰，定公受玉卑，其容俯。子贡曰："以礼观之，二君者将有死亡焉。夫礼，生死存亡之体[1]。将左右周旋，进退俯仰，于是乎取之，朝祀丧戎，于是乎观之，今正月相朝，而皆不度[2]，心以亡矣。嘉事不体[3]，何以能久？高仰，骄；卑俯，替[4]。骄近乱，替近疾。若为主，其先亡乎？"夏五月，公薨(hōng)，又邾子出奔[5]。孔子曰："赐不幸而言中，是赐多言。"

［注释］

①体：根本。
②不度：不合礼法。
③嘉事：指朝礼。体：礼。
④替：衰落，衰弱。
⑤奔：逃。

［译文］

邾隐公到鲁国朝拜，子贡在一旁观看。邾隐公高高地拿着进献的玉站立着，仰着头，定公低着身子接受玉，低着头。子贡说："从礼节上来看，这两个君主大概是要死了。礼是生死存亡的根本，率领手下的人和他人打交道，进退俯仰都要取之于法度。朝拜祭祀以及殡葬征战都要从中看到礼节。如今是正月的互相朝拜，却都不符合法度，连礼节的核心都丧失了，朝礼也不符合礼，如何能够长久呢？头高仰显示骄傲；头低俯，显示衰落。骄傲就近于作乱，衰落就近于疾病。如果是作为君主的话，大概就是死亡的先兆了吧。”夏季的五月，定公死了，郏隐公也从鲁国逃走了。孔子说：“子贡说中了不幸的事，这是子贡多嘴。”

[原文]

孔子在陈，陈侯就之燕游[1]焉。行路之人云：“鲁司铎(duó)灾及宗庙。”以告孔子。子曰：“所及者，其桓、僖(xī)之庙。”陈侯曰：“何以知之？”子曰：“礼，祖有功而宗有德，故不毁其庙焉。今桓、僖之亲尽矣，又功德不足以存其庙，而鲁不毁，是以天灾加[2]之。”三日，鲁使至，问焉[3]，则桓、僖也。陈侯谓子贡曰：“吾乃今知圣人之可贵。”对曰：“君之知之可矣，未若专其道而行其化之善也。”

[注释]

①燕游：宴饮游玩。
②加：施加。
③焉：代词，代指之前所说的事。

[译文]

孔子在陈国，陈侯和他一起宴饮游玩。路上的行人说道：“鲁国司铎的火灾殃及了宗庙。”有人将这件事告诉了孔子，孔子说：“火灾所殃及的，大概是桓公和僖公的宗庙吧。”陈侯问道：“你是怎么知道的呢？”孔子说：“按照礼仪来说，祖宗有功德的话，宗庙就不会被毁坏。而今桓公和僖公历时久远，和后世的亲属关系已超过了五代，而他们自身的功德又不足以保全他们的宗庙。而鲁国没有毁掉它，因此上天就将火灾加于其上。”过了三天，鲁国的使者到来，问起这件事，果然火灾所殃及的就是桓公和僖公的宗庙。陈侯对子贡说：“我现在才知道圣人是多么的值得敬重。”子贡回答说：“您知道了圣人的可贵，不如专门采取其道并推行其教化的好处。”

[原文]

阳虎既奔齐，自齐奔晋，适[1]赵氏。孔子闻之，谓子路曰：“赵氏其世[2]有乱乎？”子路曰：“权不在焉，岂不为乱？”孔子曰：“非汝所知。夫阳虎亲[3]富而不亲仁，有宠于季孙，又将杀之，不克[4]而奔，求容[5]于齐。齐人囚之，乃亡归晋，是齐、鲁

二国，已去其疾。赵简子好利而多信[6]，必溺[7]其说而从其谋，祸败所终，非一世可知也。”

［注释］

①适：到。
②世：后世。
③亲：依附。
④克：成功。
⑤求容：博取欢心。
⑥多信：容易轻信。
⑦溺：迷惑。

［译文］

季孙氏的家臣阳虎逃到齐国以后，又从齐国逃到了晋国，到了赵简子之处。孔子听说这件事以后，对子路说：“赵简子的后代大概是要有动乱了。”子路说：“政权没有掌握在他们手中，怎能不动乱呢？”孔子说：“事情并不是你所知道的那样。阳虎依附富贵之人却不亲近于仁人，得到了季桓子的宠爱，却又想要谋害季桓子，没能成功就逃走了。想要去博取齐国的欢心，被齐人关了起来，他便又逃到晋国。这么一来，齐国和鲁国都已经去除了祸患。赵简子喜好小利并且容易轻信，一定会被他的言论所迷惑，仅听从他的阴谋，最后一定会招致祸败，这不是从一代就可以知道的。”

［原文］

季康子问于孔子曰：“今周十二月，夏之十月，而犹有螽(zhōng)[1]，何也？”孔子对曰：“丘闻之：火伏[2]而后蛰(zhé)者毕。今火犹西流，司历过[3]也。”季康子曰：“所失者几月也？”孔子曰：“于夏十月，火既没矣。今火见，再失闰也。”

［注释］

①螽：一种蝗虫，蚕食庄稼。
②火伏：心星潜伏。火，星宿名，又称大火，心星。
③过：过错。

［译文］

季康子向孔子问道：“现在是周历的十二月，夏历的十月，却还有螽存在，是什么缘故呢？”孔子对他说：“我听说，心星潜伏以后蛰虫就没有了。现在心星还在向西流动，这是司历官的过错。”季康子说：“是在哪一月错了呢？”孔子说："在夏历的十月，心星潜伏了以后，现在又见到了心星，又错在了闰月。"

[原文]

叔孙氏之车士曰子钼商，采薪[①]于大野，获麟焉。折其前左足，载以归。叔孙以为不祥，弃之于郭外。使人告孔子曰："有麇(jūn)而角者，何也？"孔子往观之，曰："麟也。胡为来哉？胡为来哉？"反袂(mèi)拭面，涕泣沾衿。叔孙闻之，然后取之。子贡问曰："夫子何泣尔？"孔子曰："麟之至，为明王也。出非其时而害[②]，吾是以伤焉。"

西狩获麟

鲁人在西郊打猎获得一只麒麟，孔子感念于此，停止了写《春秋》。孔子说，麒麟是仁义之兽，一出现就死了，道也要完了。

[注释]

①薪：木柴。
②害：遇害。

[译文]

叔孙氏的车夫名字叫钼商的，在野外打柴，捉到了一只麒麟，就将它前面的左脚折断，用车子将它带了回来。叔孙氏看到了以后，认为不祥，就让人将麒麟扔到了城外。并派人去问孔子说："形状像獐子却又有角，是什么呢？"孔子就前去观看，看了以后说道："这是麒麟啊，怎么出现的呢？怎么出现的呢？"他将衣袖翻过来用来擦脸上的泪水，泪水将衣袖都沾湿了。叔孙氏听到这件事后，就将麒麟又取了回来。子贡问孔子说："先生您为什么哭泣呢？"孔子回答说："麒麟的降临是圣明君主出现的征兆，然而现在它的出现却不是时候，反倒遇到了伤害，因此我很为之伤心。"

哀公问政

[原文]

哀公问政于孔子。孔子对曰："文、武[①]之政，布[②]在方策[③]，其人存则其政举[④]，其人亡则其政息。天道敏[⑤]生，人道敏政，地道敏树。夫政者，犹蒲卢[⑥]也，待化以成，故为政在于得人。

取人以身，修道以仁。仁者，人也，亲亲⑦为大⑧；义者，宜也，尊贤为大。亲亲之杀⑨，尊贤之等，礼所以生也。礼者，政之本也，是以君子不可以不修身。思修身，不可以不事亲；思事亲，不可以不知人；思知人，不可以不知天⑩。天下之达道⑪有五，其所以行之者三。曰：君臣也，父子也，夫妇也，昆弟也，朋友也，五者，天下之达道。智、仁、勇三者，天下之达德也。所以行之者，一⑫也。或生而知之，或学而知之，或困而知之，及其知之，一也。或安而行之，或利而行之，或勉强而行之，及其成功，一也。”公曰：“子之言美矣至矣，寡人实固⑬不足以成之也。”

［注释］

①文、武：周文王、周武王。
②布：记载。
③方策：方板和竹简。
④举：施行。
⑤敏：迅速。
⑥蒲卢：一种容易生长的野草。
⑦亲亲：爱自己的亲人。
⑧大：重要。
⑨杀：等差。
⑩天：天理。
⑪达道：天下所通行的道理。
⑫一：专一。
⑬固：原本。

［译文］

鲁哀公向孔子询问如何治国。孔子回答说：“周文王和周武王的治国之道，现在还记载在方板和竹简上。当他们在的时候，政策能得以实施，当他们不在了的时候，政策也就不被施行了。上天的大道就在于迅速地化生万物，人的道就在于勤于政事，地的道在于迅速地让植物生长。治理天下就像是蒲卢一样，需要得到雨水的滋润才能成长，因此治理国家就在于要得到民心。看一个人的贤和不肖要以他自身的修养为依据，修养自身要靠仁。仁，就是做人的道理，爱自己的亲人是最重要的。义就是应当做的事，尊敬贤能的人是最重要的。从近到远，由亲到疏有轻重次序地孝敬亲人，尊敬贤能，这是礼仪所产生的依据。礼是治理天下的根基，因此君子不可以不修养己身，想着要修养己身，就不可以不侍奉双亲，想着要侍奉双亲就不可以不了解他人，想着要了解而他人就不可以不懂得天理。天下通行的道理有五条，用来实现的方法有三种。这五条是君臣之道、父子之道、夫妇之道、兄弟之道、朋友之道。这五点是天下所通行的道理。智慧、仁义、勇敢是天下通行的道德，用以实现的方法就是专一。有的人是生下来就知道，有的人是通过学习才知道，有的人是经过艰难的探索才知道，而等到他们知道以后，就是一样的了。有的人是安心地去实行，有的人是顺利地得以施行，有的人是勉力而为得以施行，等到他们成功的时候就又都是一样的了。”鲁哀公说：“你说得很好，我实在是做不到啊！”

［原文］

孔子曰：“好学近乎智，力行近乎仁，知耻近乎勇。知斯三者，则知所以修身；知所以修身，则知所以治人；知所以治人，则能成天下国家者矣。”公曰：“政其尽此而已乎？”孔子曰：“凡为天下国家有九经①，曰修身也，尊贤也，亲亲也，敬大臣也，体群臣也，子庶民也，来百工也，柔②远人也，怀③诸侯也。夫修身则道立，尊贤则不惑，亲亲则诸父兄弟不怨，敬大臣则不眩④，体群臣则士之报礼重，子庶民则百姓劝⑤，来百工则财用足，柔远人则四方归之，怀诸侯则天下畏之。”

［注释］

①经：经久不变的常道。
②柔：笼络。
③怀：安抚。
④眩：迷惑不明。
⑤劝：勉力而为。

［译文］

孔子说：“喜欢学习就近似于有智慧，努力学习就近似于有仁义，知道羞耻就近似于有勇敢了。知道这三方面，就知道了修养身心的方法了。知道修养身心的方法，就知道治理民众的方法了，知道了治理民众的方法就能够完成治理天下的大业了。”鲁哀公说：“治理政事到了这个地步大概就可以了吧？”孔子说：“治理天下的方法有九种，即修养身心，尊敬贤能，侍奉双亲，尊敬大臣，体察群臣，爱护百姓，招徕各种手艺人，笼络远方的少数民族，安抚诸侯。修养身心就能够建立起道；尊敬贤能就不会有困惑；侍奉双亲就不会造成兄弟间的怨恨；敬重大臣就不会受到迷惑；体谅群臣，士子们的回报就会隆重；爱护百姓，百姓就会勉力而为；招徕各种手艺人，财用器物就会很充足；笼络远方的少数民族，四方之人就会前来归依。安抚诸侯，全天下人都会敬重他。”

[原文]

公曰：“为之奈何？”孔子曰：“斋[1]洁盛服，非礼不动，所以修身也；去谗远色，贱财而贵德，所以尊贤也；爵其能，重其禄，同其好恶，所以笃亲亲也；官盛[2]任使，所以敬大臣也；忠信重禄，所以劝士也；时使薄敛，所以子百姓也；日省[3]月考，既[4]廪(lǐn)称[5]事，所以来百工也；送往迎来，嘉善而矜[6]不能，所以绥远人也；继绝世，举废邦，治乱持危，朝聘以时，厚往而薄来，所以怀诸侯也。治天下国家有九经，其所以行之者一也。凡事豫[7]则立，不豫则废[8]。言前定则不跲[9]，事前定则不困，行前定则不疚，道前定则不穷。在下位不获于上，民弗可得而治矣；获于上有道，不信于友，不获于上矣；信于友有道，不顺于亲，不信于友矣；顺于亲有道，反诸身不诚，不顺于亲矣；诚身有道，不明于善，不诚于身矣。诚者，天之至道也；诚之者，人之道也。夫诚，弗勉而中，不思而得，从容中[10]道，圣人之所以定体也。诚之者，择善而固执之者也。”

哀公立庙

孔子逝世后，哀公设立了祭祀孔子的庙宇，并设置守庙户一百家。

[注释]

①斋：斋戒。
②官盛：官员众多。
③省：考察。
④既：同“饩”，馈赠。
⑤称：相称。
⑥矜：怜惜，怜悯。
⑦豫：同“预”，事先准备。
⑧废：失败。
⑨跲：跌倒。此指说话不顺畅。
⑩中：符合。

[译文]

鲁哀公问道：“该怎么做呢？”孔子说：“斋戒整洁以后，穿上正式的服装，不符合礼的就不去做，这是用来修身的方法；去除谗言远离美色，看轻钱财而珍视德行，这是用来尊贤的方法；根据他们的才能授予他们官爵，增加他们的俸禄，尊重他们的好恶，这是用来忠厚地对待父母的方法；分配给他们很多的官员供他们任用，这是用来敬重大臣的方法；给忠信的人以丰厚的俸禄，这是用来勉励士人的方法；在征收赋税的时候要减轻他们的负担，这是用来爱护百姓的方法；经常对他们进行考察，按照他们创造的成果给予相应的回报，这是用来招徕百工的方法；迎接前来的人，欢送离开的人，表彰那些有才能的人，怜悯那些没有才能的人，这是用来安抚远方的人的方法；赐给那些已经消亡的朝代的后人以封地，振兴那些荒废了的邦城，治理乱政扶持危政，朝拜拜访都有规定的日期，赐给诸侯的礼物要丰厚，接受的礼物要薄，这是用来安抚诸侯的方法。治理天下的方法有九种，用以实现的方法却是一样的。凡事预先做了准备的话，就能够做成，没有准备就会失败。言语事先准备好就不会有差错，事情事先准备好就不会陷入困境，行动事先确定好就不会造成痛苦，道义事先思量好就不会陷入不得志的境地。处在下位不被上面的人所知晓，就不能得到人民并治理他们；能被上面的人任用却不能被友人信任，就不是真正的被上面的人任用；能让友人信任却不顺从父母，就不算是被友人信任；顺从于父母自身却不忠诚，也就不能算是顺从父母；自身能够忠诚，却不懂得善行，就不算是自身忠诚。忠诚，是天下最大的道。人能够忠诚，就是人伦之道。而忠诚是不需要经过努力也不需要经过思考就可以达到的，忠诚的话就自然会符合于道义，这是由圣人自身所体现出来的。忠诚就是让人选择为善并且坚定地把握住。”

［原文］

公曰：“子之教寡人备[①]矣，敢问行之所始。”孔子曰：“立爱自亲始，教民睦也；立敬自长始，教民顺也。教之慈睦，而民贵有亲；教以敬，而民贵用命。民既孝于亲，又顺以听命，措诸天下无所不可。”公曰：“寡人既得闻此言也，惧不能果[②]行而获罪咎。”

［注释］

①备：完备，齐全。

②果：事情得以实现。

［译文］

鲁哀公说：“您教给我的已经很齐全了，敢问您该从哪里入手实行呢？”孔子说：“树立仁爱应当从爱自己的父母做起，这就能够教给人民和睦；树立恭敬应当从尊敬长者做起，这样可以教给人民顺从。教导人民和睦的话，人民就会乐意孝敬自己的父母以及亲人；教导人们恭敬的话，人民就会乐于听从命令。人民既懂得孝敬父母亲人，又乐于听从命令，用这种方法去治理天下，那就没有什么是不可以的了。”鲁哀公说：“我已经听到了这些话，却又担心自己做不到而犯错误。”

卷　五

颜　回

[原文]

鲁定公问于颜回曰："子亦闻东野毕之善御[①]乎？"对曰："善则善矣，虽然[②]，其马将必佚[③]。"定公色不悦，谓左右曰："君子固[④]有诬人也。"

[注释]

①善御：擅长驾驭。御通"驭"。
②虽然：即使这样，尽管如此。
③佚：丢失。
④固：原来。

[译文]

鲁定公向颜回问道："你是不是也听过东野毕擅长驾驭马车？"颜回回答道："他确实擅长驾驭马车，即使是这样，他的马还是会走丢。"鲁定公听了以后，脸上的神色显得不高兴，他对身边的人说："原来君子也会诬蔑别人啊。"

[原文]

颜回退，后三日，牧[①]来诉之曰："东野毕之马佚(yì)，两骖(cān)曳[②]两服入于厩。"公闻之，越[③]席而起，促[④]驾召颜回。

[注释]

①牧：养马的人。
②曳：带领。
③越：跳跃。
④促：督促。

[译文]

颜回走了。三天以后，饲养马的人过来告诉鲁定公说："东野毕的马丢失了，两匹骖马带着两匹服马回到马厩。"鲁定公听到以后，从席子上起来就让仆人驾车去请颜回回来。

[原文]

回至，公曰："前日寡人问吾子以东野毕之御，而子曰：'善则善矣，其马将佚（yì）。'不识吾子奚[①]以知之？"颜回对曰："以政[②]知之。昔者帝舜巧于使民，造父巧于使马。舜不穷其民力，造父不穷其马力，是以舜无佚民，造父无佚马。今东野毕之御也，升马执辔（pèi）[③]，衔体正矣；步骤驰骋[④]，朝礼毕矣；历险致远，马力尽矣，然而犹[⑤]乃求马不已。臣以此知之。"

[注释]

①奚：为何。
②政：政事。
③辔：拴马的缰绳。
④步骤驰骋：纵马狂奔。步，缓行。骤，急走。
⑤犹：还。

[译文]

颜回回来后，定公说："前些天我问您东野毕擅长驾驭马车的事情，您说：'他确实是擅长驾驭马车，但是他的马还是会走失。'我不知道您是怎么预料到的？"颜回回答说："我是从政治情况中知晓的。以前舜帝擅长于治理百姓，造父精通于使唤马匹。舜帝不让百姓的精力用光，造父也不让马匹的力气竭尽，所以舜帝没有丢失的子民，造父也没有走失的马匹。现在东野毕驾驭马车，上马车，手里拿着缰绳，摆正马嚼子，抽打着马快速地跑，置朝廷礼仪于不顾，历尽千辛万苦，纵马于峻险之地，马的精力都用尽了，但还是不让马休憩我是根据他的行为知道他的马会丢失掉的。"

[原文]

公曰："善！诚[①]若吾子之言也。吾子之言，其义大矣，愿少进[②]乎？"颜回曰："臣闻之，鸟穷则啄，兽穷则攫[③]，人穷则诈，马穷则佚。自古及今，未有穷其下而能无危[④]者也。"公悦，遂以告孔子。孔子对曰："夫其所以为颜回者，此之类[⑤]也，岂足多哉。"

[注释]

①诚：确实。
②少进：少，稍微。进，阐释，引申。

③攫：争夺。
④危：危险，祸害。
⑤类：相似，一样的事情。

［译文］

定公说："很好，真的像您说的一样。您的一番话语，意义深远，耐人寻味啊。您能不能更加精确地解释一下呢？"颜回答道："我听说小鸟饿了就会啄树木，野兽饿了就会争抢食物，人穷了就会欺诈，马累了就会跑散。从古到今，没有让下级贫困而自身没有危险的。"定公十分高兴，就把这番话告诉了孔子。孔子说："他之所以叫颜回，就是他经常有这样的表现，没有什么值得称赞的。"

［原文］

孔子在卫，昧旦①晨兴②，颜回侍侧③，闻哭者之声甚哀。子曰："回，汝知此何所哭乎？"对曰："回以此哭声非但为死者而已，又将有生离别者也。"子曰："何以知之？"对曰："回闻桓山之鸟，生四子焉，羽翼既成，将分于四海，其母悲鸣而送之，哀声有似于此，谓其往而不返也。回窃以音类④知之。"孔子使人问哭者，果曰："父死家贫，卖子以葬，与之长决⑤。"子曰："回也，善于识音矣。"

圣门四科

孔门弟子中，德行好的有颜渊、闵子骞、冉伯牛、冉仲弓；擅长言辞的有子我、子贡；擅长处理政务的有冉有、季路；熟悉古代文献的有子游、子夏。

［注释］

①昧旦：天还未完全亮。
②晨兴：大早上就起床。
③侍侧：在一旁侍奉。
④类：类似。
⑤长决：即"长诀"，永久地分开、诀别。

［译文］

孔子在卫国的时候，每天天还没有完全亮的时候就起床。有一天，孔子大清早起来，颜回在一旁侍奉，听到了一阵十分哀切的哭声，孔子问道："颜回，你知道这哭声是因何而起的吗？”颜回回答说：“我认为这哭声并非是因为死去的亲人，而是因为在世的人却要活生生地被分开。”孔子说：“你是从哪里知道的呢？”颜回回答说：“我听说桓山上有一种鸟，它生了四只小鸟，这四只小鸟羽翼长成以后，就要飞向四面八方。母鸟会悲哀地鸣叫着为它们送行，那种哀切之声和这哭声有些相似，都是所谓的一去不复返的意思。我是因为他们的哀切之声很相似而得知的。”孔子派人去询问痛哭的人，哭啼的人果然回答说：“我的父亲死了，家中又十分贫困，只好卖了儿子以埋葬父亲，现在正在和儿子诀别啊。”孔子说道：“颜回真的是善于识别声音啊。”

［原文］

颜回问于孔子曰：“成人之行①若何？”子曰：“达②于情性之理，通③于物类之变，知幽明之故，睹游气之原。若此可谓成人矣。既能成人，而又加之以仁义礼乐，成人之行也。若乃穷④神知礼，德之盛⑤也。”

［注释］

①成人：德才兼备之人。行：品行，品德。
②达：通达。
③通：知晓，了解
④穷：研究，更深层次的理解。
⑤盛：高大，崇高。

［译文］

颜回向孔子问道：“成人的智力品行是什么样的呢？”孔子说：“他们通达性情，知晓天地万物变化，知晓暗明的缘由，看得见浮游云气的本源。如果能做到这些就可以称得上是‘成人’。既然称得上‘成人’，又能知晓仁义道德，这就可以称得上是‘成人’品行的表现了，如果能够探究通晓万物变化和道理，那样的话他的德行就很高。”

［原文］

颜回问于孔子曰：“臧文仲、武仲孰贤？”孔子曰：“武仲贤哉。”颜回曰：“武仲世称圣人而身不免于罪，是智不足称①也；好言兵讨②，而挫锐于邾(zhū)，是智不足名③也。夫文仲其身虽殁(mò)④而言不朽，恶有未贤？”孔子曰：“身殁言立，所以为文仲也。然犹有不仁者三，不智者三，是则不及武仲也。”回曰：“可得闻

乎？”孔子曰：“下展禽⑤，置六关⑥，妾织蒲⑦，三不仁；设虚器⑧，纵逆祀⑨，祠海鸟⑩，三不智。武仲在齐，齐将有祸，不受其田，以避其难，是智之难也。夫臧文仲之智而不容于鲁，抑⑪有由焉。作而不顺，施而不恕也夫。《夏书》曰：‘念兹在兹，顺事恕施。’”

[注释]

①称：称赞，称道。
②兵讨：武力征讨。
③名：称道。
④殁：死。
⑤下展禽：使展禽在下位任职。下，使……下。展禽，即柳下惠。
⑥六关：第六道关卡。
⑦织蒲：编织蒲席。
⑧虚器：不属于自己地位应得的器物。
⑨逆祀：颠倒祭祀。
⑩祠海鸟：为海鸟设立祠堂。
⑪抑：大概。

[译文]

颜回向孔子问道："臧文仲和臧武仲这两个人谁更为贤能？"孔子回答说："武仲更为贤能。"颜回问道："武仲虽然被世人称之为圣人，自身却没能免受罪责，这是因为他的智慧不值得人称道。他喜欢以武力征讨，却在邾国受到了挫败，这是因为他的智慧不值得人称道。而文仲虽然死掉了，他的言论却流传不朽，怎么能说他不如武仲贤能呢？"孔子回答说："身死而言论得以流传，这正是文仲被称之为文仲的原因。但是他依然还有三件不仁德的事和三件不明智的事，这是他比不上武仲的地方。"颜回问道："我能够听一听是什么事吗？"孔子回答说："将贤能的柳下惠置于下位，设置不应当设立的第六道关卡，让自己的妻妾也去编织蒲席贩卖，这是三件不仁德之事。拥有不属于自己的器具，任由手下人颠倒祭祀的次序，为海鸟设立祠堂，这是三件不明智之事。武仲在齐国的时候，齐国将要面临祸事，武仲便不接受齐国封给他的田地，故此避免自己和齐国一同遭难。而文仲虽然很聪慧却不能容于鲁国，大概是有原因的吧。事情已经发生了却不顺应它的发展，事情已经施行了却不宽恕它。《夏书》上说过：'念着这个，一心在于这个，顺应事情的发展并宽恕它。'"

[原文]

颜回问于君子。孔子曰："爱近仁①，度近智②，为己不重，

为人不轻，君子也夫。”回曰：“敢问其次[3]。”子曰：“弗学[4]而行，弗思而得，小子勉[5]之。”

［注释］

①爱近仁：关心爱护他人达到仁爱的程度。
②度近智：事情先考虑再做，达到明智的程度。
③其次：即不如君子。
④弗学：不学习。弗：不，没有。
⑤勉：嘉勉，努力。

［译文］

颜回向孔子问什么样的人能够称得上君子。孔子说：“关心爱护他人达到仁爱的程度，做事前深思熟虑达到明智的程度，替自己考虑的远没有替别人考虑的多，这样的人就可以称得上君子。”颜回说：“冒昧地问一下如何叫不如君子呢？”孔子说：“没有学习就去做，没有思考就想获得，你好好努力吧！”

［原文］

仲孙何忌问于颜回曰：“仁者一言而必有益于仁智[1]，可得闻[2]乎？”回曰：“一言而有益于智，莫如预；一言而有益于仁，莫如恕[3]。夫知其所不可由[4]，斯[5]知所由矣。”

［注释］

①仁智：仁义道德和智慧。
②闻：解释，说清楚。
③恕：推己及人，为别人考虑。
④由：应该做的事情。
⑤斯：语气词，那样的话。

［译文］

仲孙何忌向颜回问道：“仁者说的每一个字都有利于仁德、智力，您能不能给我解释一下是什么原因？”颜回说：“说的每一个字都有利于智力，什么都不如‘预’字；说的每一个字都有利于仁义道德，什么都不如‘恕’字。那么，就知道什么不能做，什么事情可以做。”

［原文］

颜回问小人。孔子曰：“毁[1]人之善以为辩，狡讦[2]怀诈以为智，幸[3]人之有过，耻学而羞[4]不能，小人也。”

[注释]

①毁：诋毁，诽谤。
②狡讦：内心狡诈，邪恶。
③幸：庆幸。
④羞：认为是羞耻，瞧不起。

[译文]

颜回问孔子什么样的人是小人。孔子说："攻击别人的长处反而认为是会辩解，揭发别人的缺点反而认为是聪明，别人有过失的时候他幸灾乐祸，认为学习是可耻的，瞧不起没有才能的人，这样的人就是小人。"

[原文]

颜回问子路曰："力猛①于德而得其死者，鲜②矣，盍(hé)慎③诸焉。"孔子谓颜回曰："人莫不知此道之美，而莫之御④也，莫之为也，何居为⑤闻者，盍日思也夫？"

[注释]

①猛：胜过，超越。
②鲜：很少。
③慎：谨慎，小心。
④莫之御：指不能抵制的意思。
⑤何居为：为什么成为这样的人。

[译文]

颜回向子路问道："勇力胜过品德的人，死得真正有价值的很少，这些人为什么不知道谦虚谨慎的好处啊？"孔子对颜回说："人不是不知道谨慎为人的好处，而是控制不住自己，没有认真去这样做。为什么人往往都是空坐着去做一个只听不做的人呢？为什么每天不多点思考呢？"

[原文]

颜回问于孔子曰："小人之言有同乎？君子者不可不察①也。"孔子曰："君子以行言，小人以舌言，故君子为义之上相疾②也，退而相爱；小人于为乱③之上相爱也，退而相恶。"

[注释]

①察：明察。

步游洙泗

鲁城东北有洙水和泗水两条河，孔子办教育时，与弟子们漫步在河岸边。孔子走一步，颜子也走一步，孔子走得快一点，颜子也走得快一点。

②疾：痛恨，讨厌。
③乱：混乱。

[译文]

颜回问孔子说："与君子的话相比，小人的话是不是相同的呢？君子不能不有所察觉。"孔子说："君子是用自己的行动说话，小人只是在用自己的舌头说话。所以君子追求道义，痛恨有的人不努力，君子和人相处关系融洽；小人在制造混乱的问题上和别人意见相同，小人之间的相处是相互憎恨的。"

[原文]

颜回问朋友之际如何。孔子曰："君子之于朋友也，心必有非[①]焉，而弗能谓[②]吾不知。其仁人也，不忘久德[③]，不思久怨，仁矣夫。"

[注释]

①非：不对，不正确。
②谓：动词，说出来。
③久德：积累自己的仁德。

[译文]

颜回问孔子如何处理朋友之间的关系。孔子说："君子对待朋友，心中一定知道他有不对的地方，但是他不能说我不知道。仁德的人，不会忘记积累仁德，不会考虑别人对自己的怨恨，这样才能称得上仁德。"

[原文]

叔孙武叔见未仕[①]于颜回，回曰："宾[②]之。"武叔多称人之过而己评论之，颜回曰："固[③]子之来辱也，宜有得于[④]回焉，吾闻知诸孔子曰：'言人之恶，非所以美己；言人之枉[⑤]，非所以正己。'故君子攻其恶，无攻人恶。"

[注释]

①未仕：没有做官。

②宾：动词，用宾客的礼节。
③固：本来。
④有得于：从……中得到。
⑤枉：不正直。

[译文]

叔孙武叔在颜回那里遇见一个没有做官的人，颜回说："用宾客之礼对待他。"武叔喜欢探讨别人的过失并且做出评论，颜回说："本来，你想在这里羞辱他，您应该从我的行动中领悟到一些东西。我听先生说：'讨论别人的坏处，并不能使自己显得多么美好，说别人不正直，也并不能使自己的品德正直。'所以君子只批评自己的缺点，但不会攻击别人不正确的地方。"

[原文]

颜回谓子贡曰："吾闻诸夫子，身不用礼而望[1]礼于人，身不用德[2]而望德于人，乱[3]也。夫子之言，不可不思[4]也。"

[注释]

①望：指望，想让别人这样。
②德：品德，道德。
③乱：混乱。
④思：思考。

[译文]

颜回对子贡说："我曾经听过先生说，自己不在意礼仪但是想让别人讲究礼仪，自己不讲究仁德但是想让别人讲究仁德，如果是这样的话，社会的秩序就会混乱。先生说的话，我们不能不考虑啊！"

子路初见

[原文]

子路初见孔子，子曰："汝何好乐[1]？"对曰："好长剑。"孔子曰："吾非此之问也，徒谓以子之所能，而加之以学问，岂可及[2]乎？"子路曰："学岂益[3]也哉？"孔子曰："夫人君而无谏臣则失正，士而无教友则失听。御狂马不释策，操弓不反[4]檠(qíng)。木受绳则直[5]，人受谏则圣。受学重问，孰不顺[6]成？毁[7]仁恶[8]士，必近于刑。君子不可不学。"

[注释]

①好乐：喜欢的事，爱好。
②及：达到。
③益：益处。
④反：反拿。
⑤直：正直。
⑥顺：做成功，顺利。
⑦毁：诽谤，诋毁。
⑧恶：憎恨，怨恨。

[译文]

子路第一次见到孔子，孔子说："你的爱好是什么？"子路回答道："我很喜欢长剑。"孔子说："我指的不是这个，是依靠你的能力再加上你的学习，能达到什么样的程度？"子路说："难道学习真的有益处吗？"孔子说："贤明的君主如果没直谏的臣子就会有失正道，士人如果没有值得结交的良友就会犯错，驾驭狂乱的马不能没有鞭子，射箭的时候不能把檠拿反，木头用墨绳的时候就会很直，人听从了别人给他的建议就会圣明。热爱学习爱好提问，有什么事情不能做成？谤毁仁者憎怒士人就和犯刑罚差不多了。所以君子不能不学习。"

[原文]

子路曰："南山有竹，不柔①自直，斩而用之，达②于犀革。以此言之，何学之有？"孔子曰："栝(guā)而羽③之，镞(zú)而砺④之，其人之不亦深乎？"子路再拜曰："敬而受教。"

[注释]

①柔：矫正。
②达：穿过，穿透。
③羽：羽毛。
④砺：打磨得更加锋利。

[译文]

子路说："南山的竹子，不用矫正就很挺直，砍下来用来做箭杆，可以穿透犀牛的皮。如果这样说的话，怎么还用得着学习呢？"孔子说："箭尾再加上羽毛，把箭头再磨得更锋利些，那它不是可以射得更深吗？"子路向孔子拜了两拜说："我一定要接受您的教诲指导。"

[原文]

子路将行①，辞②于孔子。子曰："赠汝以车乎？赠汝以言

乎？”子路曰：“请以言。”孔子曰：“不强③不达，不劳无功④，不忠无亲，不信无复，不恭⑤失礼，慎⑥此五者而已。”

子路

仲由，字子路。他以政事见称，曾跟随孔子周游列国。

［注释］

①将行：将要出远门。
②辞：告辞。
③强：强大。
④功：成果，收获。
⑤恭：恭敬。
⑥慎：慎重。

［译文］

子路将要出远门，临走的时候向孔子辞行，孔子说：“你是要我赠送马车呢？还是要赠送忠告呢？”子路说：“请你送给我忠告。”孔子说：“如果不强大就达不到你想要的，不辛勤劳动就得不到收获的喜悦，不忠诚就没有人愿意成为你的朋友，不诚心的话就没有人愿意和你往来，不恭谨就会失去礼节，在这五个方面一定要慎重。”

［原文］

子路曰：“由请终身奉①之。敢问亲交取亲若何②？言寡③可行若何？长为善士而无犯若何？”孔子曰：“汝所问，苞在五者中矣。亲交取亲，其忠④也；言寡可行，其信⑤乎；长为善士而无犯⑥，其礼也。”

［注释］

①奉：记住，信奉。
②若何：怎么样？
③言寡：说很少的话。
④忠：忠心，忠诚。
⑤信：诚信。
⑥犯：违背。

［译文］

子路说：“我会永远记住的。请问怎么样才能让刚认识的人信任你呢？说很少的语言，怎么样才能够让别人和你保持良好的关系呢？怎么才能真正长久地做一个仁慈的人呢？”孔子说：“你刚才问的话，正是我刚才讲的五点啊，要想取得刚认识的朋友的信任就要对别人忠心，要想说很少的话就与人保持良好的关系就要诚信，言出必行，要想长久地做一个仁慈的人就要讲究礼节。”

［原文］

孔子为鲁司寇，见季康子①，康子不悦。孔子又见之。宰予进②曰：“昔予也常闻诸夫子曰：‘王公不我聘③则弗动④。’今夫子之于⑤司寇也日少，而屈节⑥数矣，不可以已乎？”

［注释］

①季康子：春秋时鲁国大夫。
②进：觐见，上前说话。
③聘：邀请。
④弗动：不会去行动。
⑤之于：当，担任。
⑥屈节：降低节气。

［译文］

孔子在任鲁国司寇的时候，前去拜见季康子，季康子很不高兴。孔子又一次拜见季康子。宰予对孔子说：“曾经我听先生说：‘如果君主大臣们不邀请我的话，我是不会主动前去拜见他们的。’但是现在先生担任司寇没有多久时间，就多次降下自己的节气，您能不能不再这么做了？”

［原文］

孔子曰：“然①，鲁国以②众相陵③，以兵相暴④之日久矣，而有司不治，则将乱也。其聘我者，孰大于是哉？”鲁人闻之曰：“圣人将治，何不先自远⑤刑罚。”自此之后，国无争者。孔子谓宰予曰：“违⑥山十里，蟪蛄(huì gū)之声，犹在于耳，故政事⑦莫如应⑧之。”

［注释］

①然：是，确实。
②以：凭借。
③相陵：相互欺骗。
④相暴：相互伤害。
⑤自远：自己远离。自觉不做违法的事情。

⑥违：隔着，距离。
⑦政事：治理国家大事。
⑧应：迎合，适应。

[译文]

孔子说："是的，我是说过，但是现在鲁国的百姓正处在相互欺诈中，互相用武力伤害对方，这样的情况已经很久了。如果当官的再不过问这件事的话，鲁国的社会治安就会混乱，他们没有邀请我，我就去拜见他们解决这件事，还有什么比这更重要的吗？"鲁国的百姓听说了这番言论后，说："圣明的人将要治理我们的国家了，我们为什么不主动去远离那些违法乱纪的事情呢？"从此以后，鲁国的百姓没有相互争吵的人了。孔子对宰予说："隔着山十里远，还是能听到蟪蛄的鸣声，所以治理政事一定要先听取意见，然后实行。"

[原文]

孔子兄子有孔篾者，与宓子贱偕仕①。孔子过孔篾而问之曰："自汝之仕，何得何亡②？"对曰："未有所得，而所亡者三：王事若龙，学焉③得习？是学不得明④也；俸禄少，饘粥不及亲戚，是以骨肉益疏⑤也；公事多急，不得吊死问疾，是朋友之道阙⑥也。其所亡者三，即谓此也。"

[注释]

①偕仕：一块做官。
②何得何亡：得到什么，失去什么。
③焉：怎么。
④明：明了，清楚。
⑤疏：生疏，疏远。
⑥阙：丢失，失去。

[译文]

孔子的兄长有个儿子叫孔篾，和宓子贱一块儿做官。孔子路过的时候去看他并且问他说："你当官，收获了什么？失去了什么？"孔篾说："我没有得到过什么，但是却失去了三样东西。官场上的事情像龙一样一件接一件，学过的知识怎么能有时间去温习？所以越学越不明了；朝廷给的俸禄少得可怜，粥饭不能接济亲戚，所以亲人们之间的关系越来越疏远；公事很多且大部分都很急迫，就没有时间吊问死者，慰问生病的朋友，所以朋友之间感情逐渐失去了。我所失去的东西就是这三样。"

[原文]

孔子不悦，往过①子贱，问如孔篾。对曰："自来仕者无所亡，其有所得者三：始诵②之，今得而行之，是学益③明也；俸禄所供，被及亲戚，是骨肉益亲也；虽有公事，而兼④以吊死问疾，是朋友笃⑤也。"孔子喟⑥然，谓子贱曰："君子哉！若人。鲁无君子者，则子贱焉取此？"

[注释]

①过：看望。
②诵：背诵。
③益：更加。
④兼：抽出时间。
⑤笃：感情深厚。
⑥喟：感慨。

[译文]

孔子听了这些话，很不高兴。接着孔子去看望宓子贱，问了和孔篾同样的问题。宓子贱说："自从我做官以来，没有失去过什么，但是却得到了三样东西。曾经学过的东西，如今得到了贯彻实行，所以学过的东西就更加深刻；俸禄的供给，送给亲戚，亲人们的感情更加亲近了；虽然公务繁忙，但仍能抽出时间去吊问死者，慰问病人，所以朋友之间的友谊更加深厚了。"孔子很感慨，对宓子贱说："你是一个君子啊！鲁国如果没有像你一样的君子，那么子贱是从什么地方学到这么优良的品质呢？"

[原文]

孔子侍坐于哀公。哀公赐之桃与黍焉，曰："请食。"孔子先食黍而后食桃，左右皆掩口而笑。公曰："黍者所以雪桃①，非为食之也。"孔子对曰："丘知之矣。然夫黍者，五谷之长，郊礼宗庙以为上盛。果属有六，而桃为下，祭祀不用，不登郊庙。丘闻之君子以贱雪贵，不闻以贵雪贱。今以五谷之长，雪果之下者，是从上雪下。臣以为妨于教，害于义，故不敢。"公曰："善哉。"

[注释]

①雪桃：擦拭桃子。

[译文]

贵黍贱桃

鲁哀公赐给孔子桃子和小米饭，孔子先吃米饭后吃桃子，旁边的人都掩口而笑。孔子认为小米为五谷之长，可供祭祀，而桃子为众菜之末，不能做祭品，所以先吃饭后吃桃。

孔子在哀公身旁陪坐，哀公将桃子和黍赐予孔子，然后说："请先生进食。"孔子先把黍吃掉了然后才去吃桃子，侍奉在左右的人都捂着嘴笑话他。哀公说道："黍是用来擦拭桃子，并不是用来吃的。"孔子回答说："我知道，但是黍是五谷中最为尊贵的，在郊外祭祀宗庙的时候它是最上等的祭品。而水果的种类有六种，桃子是最低下的，祭祀时也不会用它，它是不能摆在祭祀的宗庙中的。我听说君子都是用卑贱的东西去擦拭贵重的东西，没有听过用贵重的东西去擦拭卑贱的东西。如今却用五谷中最为尊贵的去擦拭水果中最为低下的，这就是以上等擦拭下等，我认为这是妨碍于礼义的，所以我不敢这么做。"哀公说道："你说得很对啊。"

[原文]

子贡曰："陈灵公宣①淫于朝，泄治正谏而杀之，是与比干谏而死同②，可谓仁乎？"子曰："比干于纣，亲③则诸父④，官则少师，忠报之心在于宗庙⑤而已，固必以死争之。冀⑥身死之后，纣将悔悟，其本志情在于仁者也；泄治之于灵公，位在大夫，无骨肉之亲，怀宠不去，仕于乱朝，以区区之一身，欲正⑦一国之淫昏，死而无益，可谓捐矣。《诗》云：'民之多辟⑧，无自立辟。'其泄治之谓乎？"

[注释]

①宣：宣扬。
②同：相同，一样。
③亲：亲戚。
④诸父：叔父。
⑤宗庙：先辈，祖先。
⑥冀：希望。
⑦正：纠正，改正。
⑧辟：邪僻。

［译文］

子贡说："陈灵公在朝堂上宣扬淫乱的事情，泄冶向他劝谏，但是灵公却杀死了他。这种做法和比干劝谏的行为是一样的，是不是称得上仁德呢？"孔子说："比干对于纣王来说，要是论亲的话是他的叔父，论官职的话是少师，他的行为是为了自己的先辈和国家大计，因此必定以死觐见，希望借自己的死能让纣王醒悟。他本来是为了仁义道德。泄冶对于陈灵公，论官职是大夫，没有亲戚之间的关系，受到了宠信没有离开自己的国度，在混乱不堪的朝廷里当官，想用自己的微薄之身纠正一个国家的淫乱和黑暗，死了也没有什么益处，只是白白丢掉小命。《诗经》上说：'邪僻的百姓很多，自己却不能生活在其中。'说的就是泄冶这样的人。"

［原文］

孔子相[①]鲁，齐人患其将霸，欲败其政，乃选好[②]女子八十人，衣以文饰[③]而舞容玑(jī)[④]，及文马四十驷，以遗[⑤]鲁君。陈[⑥]女乐，列文马于鲁城南高门外。季桓子微服[⑦]往观之再三，将受焉，告鲁君为周道[⑧]游观。观之终日，怠于政事。子路言于孔子曰："夫子可以行矣。"孔子曰："鲁今且郊[⑨]，若致膰[⑩]于大夫，是则未废其常，吾犹可以止也。"桓子既受女乐，君臣淫荒，三日不听国政，郊又不致膰俎(zǔ)。孔子遂行，宿于郭屯[⑪]。师已送，曰："夫子非罪[⑫]也。"孔子曰："吾歌可乎？"歌曰："彼妇人之口，可以出走，彼妇人之请，可以死败。优哉游哉，聊以卒岁。"

因膰去鲁

齐国听说孔子执政，害怕鲁国强盛，于是用黎弥的计策，选了女乐和好马送给鲁公。鲁公耽于女乐，怠于政事。孔子不忍心自己辞官而宣扬国君的过错，但是鲁君连祭祀的肉也没有按礼的规定分送大臣们，孔子只好辞官周游列国。

［注释］

①相：辅助。
②好：貌美。
③文饰：漂亮的装饰。
④容玑：齐国的舞曲名。
⑤遗：赠送。
⑥陈：陈列。
⑦微服：百姓的衣服。
⑧周道：大道，官道。

⑨郊：郊祀。
⑩致膰：送来膰肉。膰，祭祀用的烤肉。
⑪郭屯：城外的村庄。
⑫罪：过错。

［译文］

孔子在鲁国辅佐鲁王，齐国人害怕鲁国会成为霸主，想要败坏鲁国的政事，就挑选了八十名貌美的女子，让她们穿上漂亮的衣服精心修饰，并训练她们跳齐国的容玑舞，又挑选了一百六十匹精良的好马，用来送给鲁国的国君。在鲁国城南的大门外，那些女子排列着起舞，马匹也都陈列在那里。季桓子穿着平民的衣服前往那里再三观看，将要接受这些赠送，上报给鲁君，一起到官道上观赏游玩。就这样终日观赏，荒怠了政事。子路对孔子说："您应当离开这里了。"孔子说："鲁国现在就要举行郊祀了，如果鲁君能给大夫送去膰肉以便进行祭祀，那就还不算废掉常礼，那样的话我还可以留在这里。"桓子接受了女乐以后，君臣全都溺于淫乐之中，一连三天都不上朝听政，到了郊祀的时候又不给大夫送膰肉，于是孔子就离开了鲁国的都城，在城外的村庄中留宿。子路送走了孔子以后，说道："我的老师是没有过错的。"孔子说："我可以唱歌吗？"接着唱歌道："那些妇人的嘴可以让贤人出走，那些妇人的请求可以导致国家败亡。还是悠闲自得地生活吧，以此来度过我的余生。"

［原文］

澹台子羽有君子之容①，而行不胜②其貌；宰我有文雅之辞，而智不充其辩③。孔子曰："里语云：'相马以舆④，相士以居。'弗可废⑤矣。以容取⑥人，则失之子羽；以辞取人，则失之宰予。"孔子曰："君子以其所不能畏人，小人以其所不能不信人。故君子长⑦人之才，小人抑⑧人而取胜焉。"

［注释］

①容：容貌。
②胜：超过，比不上。
③辩：辩解，辩论。
④舆：车。
⑤废：废除。
⑥取：选择，挑选。
⑦长：推崇，欣赏。
⑧抑：抑制。

[译文]

澹台子羽有着君子的容貌，但是他的所作所为却比不上他的容貌；宰予有着文雅的言辞，但是他的智慧却赶不上他的善辩。孔子说：“俗语说：‘识别马的好坏要看它拉的车子，辨别一个人的好坏可以看他的住处。’这些言论是不能废除的。凭借着相貌识别人，对子羽来说就是错的。凭借言辞辨别人，对宰予来说就是错的。”孔子说：“君子因为自己没有才干才敬畏别人，小人因为自己没有才干而不相信人，所以君子能够推崇别人的才能，小人却靠压制别人来取得胜利。”

[原文]

孔篾问行己[①]之道。子曰：“知而弗为，莫如[②]勿知；亲而弗信，莫如勿亲。乐之方至，乐而勿骄；患之将至，思[③]而勿忧。”孔篾曰：“行己乎？”子曰：“攻[④]其所不能，补其所不备。毋以其所不能疑人，毋以其所能骄人。终日言，无遗己之忧；终日行，不遗己患，唯智者有之。”

[注释]

①行己：自己和外界的交往。
②莫如：还不如。
③思：思虑。
④攻：学习，攻克。

[译文]

孔篾问有关为人处世的方法，孔子说：“知道了但是不去实施，还不如不知道；接近别人但是不信任，还不如不接近。高兴的事情来到时不得意忘形，忧患来到时深思却不过于忧虑。”孔篾说：“那我应该怎么做呢？”孔子说：“努力学习自己不会做的，不断弥补自己不具备的技能。不能因为自己不会做而怀疑别人，同时也不要因为自己会做而小瞧别人。每天说话的时候，不要给自己留下后患；每天做事情的时候，也不要给自己留下后患。只有智慧的人才能具备。”

在厄

[原文]

楚昭王聘[①]孔子，孔子往拜礼焉，路[②]出于陈、蔡。陈、蔡

大夫相与③谋曰："孔子圣贤，其所刺讥皆中诸侯之病，若用④于楚，则陈、蔡危矣。"遂使徒兵距⑤孔子。

[注释]

①聘：邀请。
②路：动词。途经，路过。
③相与：一起，相互。
④用：被任用。
⑤距：阻挡，拦截。

[译文]

楚昭王请孔子到他的国家，孔子就前去拜见，途经陈国和蔡国。陈国和蔡国的大夫在一起商量说："孔子是圣贤的人，他做出的每一次对政事的评论都切中诸侯失误的地方。如果他真的被楚任用的话，那么陈国和蔡国就会很危险了。"于是他们派兵去挡截孔子。

[原文]

孔子不得行，绝粮七日，外无所通①，藜(lí)羹不充，从者②皆病。孔子愈慷慨③讲诵，弦歌不衰。乃召子路而问焉，曰："《诗》云：'匪兕(sì)④匪虎，率彼旷野。'吾道非乎，奚⑤为至于此？"

[注释]

①外无所通：和外面失去联系。通，联系。
②从者：随从，跟随的人。
③慷慨：慷慨激扬。
④兕：犀牛。
⑤奚：什么，何。

[译文]

孔子不能通过他们的阻截，断粮七天，和外界失去了联系，连一点儿粗劣的粮食都吃不到了。跟随孔子的人都饿坏了，孔子却越挫越勇，慷慨激扬地给随从们讲诵礼仪。孔子把子路找来说："《诗经》上说：'不是犀牛，不是老虎，都跑在荒野中。'我的理解不是正确的吗？为什么会沦落到如此不堪的状况呢？"

[原文]

子路愠(yùn)①，作色②而对曰："君子无所困③。意者夫子未仁与，

人之弗吾信也；意者夫子未智与[4]，人之弗吾行也。且由也，昔者闻诸夫子：‘为善者天报之以福[5]，为不善者天报之以祸[6]。’今夫子积德怀义，行之久矣，奚居之穷也？”

［注释］

①愠：生气，不高兴。
②作色：脸色露出不高兴的神色。
③困：困扰，扰乱。
④智与：足够的智慧。与，非常，极其。
⑤福：幸福。
⑥祸：灾难，祸害。

［译文］

子路听完这些话后心里很是生气，脸上露出不高兴的神色说：“没有什么是可以困扰君子的。可能您还不是太仁德，别人没有理由去相信您；可能您还不是太智慧，别人也没有理由去执行您的主张。况且我也听您说过：‘做好事的人，上天就会降下好运来报答他；做坏事的人，上天就会降下灾难来惩罚他。’现在您正在积累仁义道德，心里装着道义，推行您的主张已经很久了，为什么还落得如此的下场呢？”

［原文］

子曰：“由未之识[1]也，吾语[2]汝。汝以仁者为必信[3]也，则伯夷、叔齐不饿死首阳；汝以智者为必用[4]也，则王子比干不见剖心；汝以忠者为必报[5]也，则关龙逢不见刑；汝以谏者为必听[6]也，则伍子胥不见杀。夫遇不遇者，时也；贤不肖者，才也。君子博学深谋而不遇时[7]者，众矣，何独丘哉！且芝兰生于深林，不以无人而不芳；君子修道立德，不谓穷困而改节。

［注释］

①识：理解。
②语：告诉。
③信：信任。
④用：任用，受到重视。
⑤报：报答。

⑥听：听从。

⑦时：机遇，时机。

［译文］

孔子说："你还是没有完全理解啊。让我来告诉你。你认为仁德的人一定会得到别人的信任，如果这样的话，那伯夷和叔齐就不会饿死在首阳山了；你认为智慧的人一定会得到别人的任用，如果是这样的话，那比干就不会被剖心了；你认为忠心的人一定会得到别人的报答，如果这样的话，那关龙逢就不会被施以刑罚了；你认为进谏的话一定会被别人听从，如果这样的话，那伍子胥就不会被杀害了。能否遇见贤明的君主，是由天时来决定的；是否贤能，是由自己的才干决定的。君子知识渊博、深谋远虑却得不到明君的人很多，并不是只有我一个人。况且兰草生长在深山老林中，不会因为没有人赞赏就没有香气。君子修身养性树立道德，不会因为贫困就会改变气节的。

［原文］

"为之者人也，生死者命①也。是以晋重耳之有霸心，生于②曹卫；越王勾践之有霸心，生于会稽。故居下而无忧者，则思③不远；处身而常逸④者，则志⑤不广。庸知其终始乎？"

［注释］

①命：天命。

②生于：在……产生。

③思：思虑。

④逸：安逸。

⑤志：志向。

［译文］

"事在人为，但是生死就要听从天命了。所以，晋文公重耳在曹国、卫国的时候就有了称霸天下的愿望。越王勾践在会稽的时候就产生了称雄天下的决心。所以，处在下位又没有忧患的人，他的想法就不长远；安身立命喜欢贪图安逸的人，他的志向就不会远大。怎么一定要知道他的出生和死亡呢？"

作《漪兰操》

孔子从卫国返回鲁国，在山谷中见到兰草，作《漪兰操》说："山谷中风习习吹着，天阴就要下雨了，这个人要归去，远远地送往郊野，世人真愚昧呀，不认识贤者，岁月消逝得真快，我要老了。"于是又返回卫国。

[原文]

子路出，召子贡，告如子路。子贡曰："夫子之道[1]至大[2]，故天下莫能容夫子。夫子盍少贬[3]焉？"子曰："赐，良农能稼[4]，不必能穑[5]；良工能巧，不能为顺[6]。君子能修其道，纲[7]而纪之，不必其能容[8]。今不修其道而求其容，赐，尔志不广矣，思不远矣。"

[注释]

①道：道理，主张。
②至大：很大，博大精深。
③贬：降低。
④稼：种植。
⑤穑：收获庄稼。
⑥顺：修理。
⑦纲：纲要，大纲。
⑧容：接受，接纳。

[译文]

子路退下，孔子又把子贡找来，把同样的问题向子贡问了一遍。子贡说："您的学问博大精深，天下的人都不能容纳。您为什么不稍微降低自己主张的标准呢？"孔子说："子贡啊，有经验的农民知道怎么种植，但是不一定知道怎么收获庄稼；技术熟练的工匠虽然会做出精巧的器具，但是不一定知道怎么修理。君子能够修养道德行为，掌握纲要，梳理好头绪，不一定会被别人接受。现在不修养自己的道德学问而要求别人能采纳，子贡，你的志向不是很远大，你的思虑不是很长远啊！"

[原文]

子贡出，颜回入，问亦如之。颜回曰："夫子之道至大，天下莫能容。虽然，夫子推[1]而行[2]之，世不我用，有国者之丑[3]也，夫子何病[4]焉？不容然后见[5]君子。"孔子欣然叹曰："有是哉，颜氏之子。使尔多财，吾为尔宰[6]。"

[注释]

①推：推行主张。

②行：实施，实行。
③丑：耻辱。
④病：过错。
⑤见：显现，显示。
⑥宰：管理，掌管。

［译文］

子贡退下，颜回进来，也问了同样的问题。颜回说："您的学识实在是博大精深，天下没有人能够接受。既然是这种情况，您仍然竭力推行，世人没有采纳我们的主张，是国君们的耻辱，您怎么会有过错呢？不被接受才更表明是君子。"孔子听了以后很高兴，发出感慨："太有学识了，颜家的孩子，如果有一天你发达了，我就来给你当管家。"

［原文］

子路问于孔子曰："君子亦有忧乎？"子曰："无也。君子之修行[①]也，其未得之，则乐其意；既得之，又乐其治，是以有终身之乐，无一日之忧。小人则不然，其未得也，患[②]弗得之；既得之，又恐失之，是以有终身之忧，无一日之乐也。"

［注释］

①修行：修养品行。
②患：担心，害怕。

［译文］

子路问孔子说："是不是君子也有忧虑的时候啊？"孔子说："没有啊！君子修身养性，品德没有全部养成，但他会为自己的思想感到高兴；养成良好品德之后，他又会为自己的成功高兴。所以君子的一生都很快乐，没有一天是忧虑的。小人的情况却恰恰相反，在没有得到的时候，担心会得不到；一旦拥有了，又担心会失去。所以，小人的一生都是在忧虑的日子中度过的，没有一天是快乐的。"

［原文］

曾子敝衣[①]而耕于鲁，鲁君闻之而致[②]邑焉。曾子固辞不受。或曰："非子之求，君自致之，奚固辞[③]也？"曾子曰："吾闻受人施者常畏[④]人，与人者常骄[⑤]人。纵君有赐，不我骄也，吾岂能勿畏乎？"孔子闻之曰："参之言足以全[⑥]其节也。"

[注释]

①敝衣：破旧的衣服。
②致：赠送，给予。
③辞：推辞，拒绝接受。
④畏：敬畏。
⑤骄：骄傲，傲慢。
⑥全：保全。

[译文]

曾子身穿着破旧的衣服在鲁国境内种地。鲁国的国君听说这件事后就请他到城邑里做官。曾子很坚决地推辞了。有人不理解地问："不是你自己要求的，况且又是国君主动邀请你的，为什么你坚决地推辞掉啊？"曾子说："我听说过接受了别人的东西就会害怕他，而赠送给别人东西的人又经常地怠慢别人。即使君主主动赠送给我，又没有傲慢地对我，我怎么能不害怕呢？"孔子听见这件事情以后说："曾子的言语足以保全自己的气节了。"

[原文]

孔子厄[①]于陈、蔡，从者七日不食。子贡以所赍(jī)[②]货，窃犯围而出，告籴(dí)[③]于野人[④]，得米一石焉，颜回、仲由炊之于壤屋之下，有埃墨[⑤]堕饭中，颜回取而食之。子贡自井望见之，不悦，以为窃食也。入问孔子曰："仁人廉士，穷改节[⑥]乎？"孔子曰："改节即何称于仁义哉？"子贡曰："若回也，其不改节乎？"子曰："然。"子贡以所饭告孔子。子曰："吾信回之为仁久矣，虽汝有云，弗以疑也，其或者必有故乎。汝止，吾将问之。"召颜回曰："畴昔[⑦]予梦见先人，岂或启佑[⑧]我哉？子炊而进饭，吾将进[⑨]焉。"对曰："向有埃墨堕饭中，欲置之则不洁，欲弃之则可惜，回即食之，不可祭[⑩]也。"孔子曰："然乎，吾亦食之。"颜回出，孔子顾谓二三子曰："吾之信回也，非待今日也。"二三子由此乃服之。

[注释]

①厄：受困。
②赍：携带。

③籴：买。

④野人：乡野之人，即当地的村民。

⑤埃墨：灰尘。

⑥改节：改变气节。

⑦畴昔：以前。

⑧启佑：开启，诱导。

⑨进：进奉（祭祀品）。

⑩祭：祭祀。

孔子延医

孔子病重，作歌感叹正道难以实行，社会政治昏暗，而自己却无能为力。

[译文]

孔子被困在了陈、蔡，跟从他的人也一连七天都没有吃到东西了。子贡带着所携带的东西，偷偷地从包围圈中跑了出去，向当地的村民央求，换回了一石米。颜回和子路两个人在土屋下面煮饭，有灰尘掉进了饭中，颜回就把那块被灰尘弄脏的米饭拿起来吃了。子贡从井边看到了，心中很不高兴，以为颜回是在偷吃东西，就走进屋中，向孔子问道："那些仁人和廉洁之士，有因为穷困而改变了气节的吗？"孔子说道："改变了气节的话又怎么能称得上仁义呢？"子贡说道："那像颜回这样的人，大概是不会改变气节的吧？"孔子说："是的。"子贡便把颜回偷吃米饭的事告诉了孔子。孔子说道："我向来相信颜回属于仁人之列，虽然你说了这样的事，我也不会怀疑他，这中间必定是有缘故的。你先不要说话，我来问一问他。"于是便招来颜回说道："之前我梦到了祖先，难道是祖先在开导我吗？你快去煮好饭，我要去向祖先进奉祭祀。"颜回回答说："之前有灰尘落到了饭中，将饭弄脏，我想要把饭丢掉，又觉得可惜，自己便把那部分吃掉了，因此不适合再用来祭祀了。"孔子说："这种情况的话，我也会吃掉它。"颜回出去后，孔子扭头对别的几个弟子说："我对颜回的信任是由来已久的，并非只是今天。"弟子们因此才都对颜回信服。

入官

[原文]

子张问入官于孔子。孔子曰："安身取誉①为难。"子张曰："为之如何②？"孔子曰："己有善勿专③，教不能勿怠④，已过勿发，失言勿掎⑤，不善勿遂，行事勿留，君子入官，有此六者，则身安誉至而政从矣。且夫忿⑥数者，狱之所由生也；拒谏者，虑之所以塞⑦也；慢易者，礼之所以失也；怠惰者，时

子张

颛孙师，字子张，孔门弟子之一。孔子死后，他招收弟子，宣扬儒家学说。

之所以后[8]也；奢侈者，财之所以不足也；专独者，事之所以不成也。君子入官，除此六者，则身安誉至而政从[9]矣。

［注释］

①誉：声誉，荣誉。
②如何：怎么办？
③专：独自，一个人。
④怠：怠慢。
⑤掎：作“踦”，曲护，曲为之说。
⑥忿：愤怒，不忿。
⑦塞：阻塞，阻碍。
⑧后：推迟。
⑨从：从事。

［译文］

子张询问有关为官之道的事情，孔子说：“要想自己的官位安稳并且取得良好的声誉是很难的。”子张说：“依您的见解应该怎么做呢？”孔子说：“自己有了好处不要独自享受，教授没有才干学识的人不要怠慢，出现失误以后不要再重蹈覆辙，说错了话不要为之辩护，不好的事情不要亦步亦趋，做事情的时候不要半途而废。君子在做官的时候能够达到这六点，就可以使官位安稳，获得良好的声誉，做好自己的本职工作了。此外，心里时常有愤怒的情绪会产生犯罪的念头，不听从别人的劝谏常常会使考虑问题的深度受到阻碍，行为轻慢常常会使人缺乏应有的礼节，懒惰松懈常常致使时机迟迟不来，奢侈浪费往往使财富不是很充足，专制独裁往往使事情不容易办成。君子在做官的时候能够把这些缺点改正的话，就可以获得安稳的官位，受到百姓的称誉，做好自己本职的事了。

［原文］

“故君子南面[1]临官，大域之中而公[2]治之，精智而略行之。合[3]是忠信，考[4]是大伦，存是美恶，进是利而除是害，无求其报焉，而民之情可得也。夫临之无抗[5]民之恶，胜之无犯[6]民之言，量之无佼(jiǎo)[7]民之辞，养之无扰于其时，爱之无宽于刑法。若

此，则身安誉至而民[8]得也。

［注释］

①南面：古代南面是君主临朝的方向，表示尊贵。
②公：公道，秉公执法。
③合：一块，一起。
④考：考虑，想到。
⑤抗：欺压。
⑥犯：冒犯，触犯。
⑦佼：欺骗。
⑧民：民心，民意。

［译文］

“所以君子身居要职，管理广袤的土地，就要秉公执法，精心地思考而简要地推行。考虑忠实和诚信，思索伦理道德，考察好的事情和坏的事情，推广有利的主张，清除有害的做法，不要求得到回报，那么就可以获得百姓的支持了。如果在治理国家的时候没有欺压百姓的想法；说服百姓的时候没有冒犯百姓的言论；考虑问题的时候没有欺骗百姓的言辞；供养百姓的时候不扰乱农事节气；爱护百姓的时候不纵容他们而置法律于不顾。如果官员都这样做的话，那么就会获得安稳的官位，赢得百姓的美誉，得到百姓的支持了。

［原文］

“君子以临官，所见则迩[1]，故明不可蔽[2]也。所求于迩，故不劳而得也。所以治者约[3]，故不用众而誉立。凡法象在内，故法不远而源泉不竭[4]，是以天下积而本[5]不寡。短长得其量，人志治而不乱政。德贯乎心，藏[6]乎志，形[7]乎色，发乎声。若此，而身安誉至民咸[8]自治矣。

［注释］

①迩：附近，身边的事情。
②蔽：蒙蔽，蒙骗。
③约：简约，不费力。
④竭：竭尽。
⑤本：根源，根本。
⑥藏：隐藏，遮掩。
⑦形：显露。
⑧咸：都。

［译文］

“君子做官的时候，要做到首先观察身边发生的事情，就可以做到心里明了而不受到蒙骗。先从自己身边寻找自己想要的东西，那样得到想要的东西的时候就会很省事而不费力。治理国家的时候要抓住重点，这样就可以不用役使很多的百姓，同时得到美誉。君主在执政的过程中要仿效这些法规，比如，泉水不干涸是因为泉水源头很多的缘由。所以，治理国家会有很多人才帮助自己，就像泉水有众多源头一样，根据每一个的才能任用，百姓就会治理好，政治也不会混乱。好的德行贯彻于内心，隐藏在心灵深处，显露在表情上，发表于言谈上。如果这样的话，官位就会安稳，就能获得良好的声誉，百姓都很自觉地服从君主的治理了。

［原文］

“是故临官[①]不治则乱，乱生则争之者至。争之至又于乱，明君必宽裕以容[②]其民，慈爱优柔之，而民自得[③]矣。行[④]者，政之始也；说者，情之导[⑤]也。善政行易[⑥]而民不怨，言调说和则民不变。法在身则民象[⑦]之，明在己则民显[⑧]之。

［注释］

①临官：在官职上。
②容：接纳，容纳。
③自得：自觉地遵守。
④行：实践。
⑤导：疏导，疏通。
⑥行易：简单明了容易实施。
⑦象：效法，跟着做。
⑧显：清楚，明晰。

［译文］

“照此推测，身居要职但是不善于治理国家就会造成混乱的状况，百姓的生活混乱就会招来争权逐利的小人，那样百姓的生活就会更加混乱不堪。圣贤的君主一定要宽容地对待百姓，关爱百姓的种种困苦，那么百姓就会自觉地服从君主的治理了。实践是治理国家的开端，言论是疏导情绪的方法。治理国家大事的时候政策得当，百姓就不会有怨怒；言语平和，语气委婉，百姓就会很忠心。法规自己带头执行，百姓就会仿效君主的做法；自己胸怀坦荡，百姓做事情的时候就会很清楚。

［原文］

“若乃供[①]己而不节[②]，则财利之生者微矣；贪[③]以不得，则

善政必简[4]矣；苟以乱[5]之，则善言必不听也。详[6]以纳之，则规谏日至。言之善者，在所日闻；行之善者，在所能为。

[注释]

①供：供养，供奉。
②节：节约，节俭。
③贪：贪图小便宜。
④简：难以执行。
⑤乱：国家混乱。
⑥详：详细的事项。

[译文]

"如果只是供奉自己而不节约财物，那样就会少了很多生财之道。贪图小利而不获得有用的东西，其实是很好的措施也会执行不了；如果国家混乱不堪，那么好的建议也就不能听从。详细地检查建议再采纳，那么每天就会有很多的人来进谏。言论想要正确无误，就要每天都听从建议；行为要想端正，就要踏踏实实地做事情。

[原文]

"故君上者，民之仪[1]也；有司执政者，民之表[2]也；迩臣便僻者，群仆之伦[3]也。故仪不正则民失，表不端则百姓乱，迩臣便僻[4]，则群臣污矣。是以人主不可不敬[5]乎三伦。君子修身反道，察理言[6]而服[7]之，则身安誉至，终始在焉。

[注释]

①仪：仪表。
②表：表率，标准。
③伦：榜样。
④便僻：曲意逢迎。
⑤敬：恭敬，敬重。
⑥理言：事情的本质。
⑦服：遵守，按照。

[译文]

"所以君主是子民的表率，治理国家的官员是子民的标准，君主身边的大臣是群臣们的榜样。如果仪表不端正，百姓就没有法度；表率不正确的话，百姓就会混乱；君主身边的大臣逢迎，群臣就会学坏。所以治理国家的君主不能不恭敬地把这诸多伦理道德熟记在心。君子修身养性，要不断地提高自己的品德，明察事理以后按照规律行事，那样就可以使地位安稳，赢得百姓的称赞，从而受益一生。

[原文]

“故夫女子必自择丝麻，良工必自择貌材，贤君必自择左右。劳[①]于取人，佚[②]于治事。君子欲誉，则必谨[③]其左右。为上者，譬如缘木焉，务高而畏下滋甚。六马之乖离[④]，必于四达之交衢(qú)[⑤]；万民之叛道，必于君上之失政。上者尊严而危，民者卑贱而神。爱之则存[⑥]，恶[⑦]之则亡。长民者[⑧]必明此之要。

[注释]

①劳：辛劳，受累。
②佚：安逸。
③谨：谨慎，慎重。
④乖离：离散，分开。
⑤交衢：交叉口。
⑥存：巩固，存在。
⑦恶：厌恶。
⑧长民者：指统治者，君主。

[译文]

“所以女子织布的时候一定要自己挑选材料，技能好的工匠一定要自己选择好材料，贤明的君主一定要自己挑选辅佐自己的大臣。在选择人才的时候辛苦一点，就会使在治理国家的时候安逸一点。君主要想赢得天下的敬仰，一定要对下面的大臣严格要求。获得高位的人，就像爬树一样，爬得越高就越害怕摔下来。拉车的六匹马分散，一定是在有交叉口的路旁。百姓叛乱，一定是君主在治理国家的时候措施不得力。君主有威信并时刻有安危感，百姓地位卑贱却可以像神一样尊贵。爱护百姓自己的地位就会巩固；厌恶百姓自己的地位就会丧失。做君主的人一定要明白这个道理。

[原文]

“故南面临官，贵而不骄，富而能供，有本而能图末[①]，修事而能建业[②]，久居而不滞[③]，情近而畅乎远，察一物而贯[④]乎多。治一物而万物不能乱者，以身为本者也。君子莅民[⑤]，不可

以不知民之性[6]而达诸民之情[7]。既知其性，又习[8]其情，然后民乃从命矣。

［注释］

①末：这里指其他的事情。
②建业：建功立业。
③滞：不畅通。
④贯：贯穿，由此及彼。
⑤莅民：管理百姓。
⑥性：性情，性格。
⑦情：事情的本来面目。
⑧习：熟悉，知晓。

［译文］

“所以，身居要职但不骄傲蛮横，富贵但能举止得体，看到事情的根本却能够顾及其他，做好现在的事又能够考虑将来的事，经常在屋子里视野却不封闭，对眼前的事物能够考虑深远，观察一件事情的时候能够联想到其他很多事情。聚精会神地做一件事情，不会被其他的事情所干扰，这是因为他把注意力全部放在这件事情上了。君主管理百姓，不可能不了解他们的品质就能知晓他们的实情。知道百姓的品性，又能了解他们的实情，那样百姓才能听从安排。

［原文］

“故世举[1]则民亲之，政均[2]则民无怨。故君子莅民，不临以高，不导以远，不责[3]民之所不为，不强[4]民之所不能。廓之以明[5]王之功，不因其情，则民严而不迎。笃之以累年之业，不因其力，则民引[6]而不从。若责民所不为，强民所不能，则民疾[7]，疾则僻[8]矣。”

［注释］

①举：兴旺发达。
②政均：政策公正合理。
③责：责怪，责备。
④强：强迫，强求。
⑤明：显示。
⑥引：隐藏，不表达真实情感。
⑦疾：疾苦，疲惫。

⑧僻：不服从。

[译文]

“所以世道兴旺发达，百姓才能敬仰君主。政治清明，百姓才能没有怨恨。君子在治理国家的时候，不要高高在上脱离百姓，不要让百姓做虚妄的事情，不要因为百姓不想去做而责备他们，不要强迫百姓做他们没有能力做的事情。为了展示自己的丰功伟绩而去侵占别国的领土，不依据百姓的实情行动，那么百姓就会表里不一；为了建立自己的百年基业而长年累月地大兴土木，不依据百姓的能力行动，百姓就会藏起来不再听从君主的命令。如果百姓不愿意做事情而去责怪他们，强迫他们做自己能力不济的事情，百姓就会疲惫不堪，感到疲惫不堪后，百姓就会不务正业。”

职司乘田

孔子二十一岁，当季氏的乘田吏，即管理牛羊。结果牛羊肥壮，数量增加。

困誓

[原文]

子贡问于孔子曰：“赐倦于学，困于道矣，愿息①而事君，可乎？”孔子曰：“《诗》云：‘温恭②朝夕，执事有恪③。’事君之难也，焉可息哉！”曰：“然则赐愿息而事亲。”孔子曰：“《诗》云：‘孝子不匮④，永锡尔类。’事亲之难也，焉可以息哉！”曰：“然赐请愿息于妻子⑤。”孔子曰：“《诗》云：‘刑于寡妻，至于兄弟，以御⑥于家邦。’妻子之难也，焉可以息哉！”

[注释]

①息：休息。
②恭：恭敬，谦和。
③恪：谨慎，小心。
④匮：匮乏，穷尽。
⑤妻子：妻子和子女。
⑥御：治理，应用。

［译文］

子贡向孔子问道："我在学习的时候感到困倦，在研究道义的时候感到困扰，我想停下来去侍奉君主得到休息，这样可以吗？"孔子说："《诗经》上说：'侍奉君主的时候必须从早上到晚上都要温和恭敬，为君主办事情的时候要格外小心。'侍奉君主是件困难的事情，怎么能够得到休息呢？"子贡说："那么我想停下来去侍奉父母以得到休息。"孔子说："《诗经》上说：'孝子的孝心是没有穷尽的，永远要把孝心给予和你一类的人。'侍奉父母是件困难的事情，怎么能得到休息呢？"子贡说："那么我想侍奉妻子和子女。"孔子说："《诗经》上说：'做榜样给妻子，然后把这种榜样扩大到兄弟，用这样来治理家庭和国家。'侍奉妻子和子女是件困难的事情，怎么能够得到休息呢？"

［原文］

曰："然则赐愿息于朋友。"孔子曰："《诗》云：'朋友攸摄[①]，摄以威仪。'朋友之难也，焉可以息哉！"曰："然则赐愿息于耕[②]矣。"孔子曰："《诗》云：'昼尔于茅[③]，宵尔索绹(táo)[④]，亟[⑤]其乘屋，其始播百谷。'耕之难也，焉可以息哉！"曰："然则赐将无所息者也。"孔子曰："有焉，自望其广，则睪如[⑥]也；视其高，则填如也；察其从，则隔如也。此其所以息也矣。"子贡曰："大哉乎死也！君子息焉，小人休焉。大哉乎死也！"

［注释］

①攸摄：相互帮助。
②耕：耕种。
③茅：茅草，杂草。
④索绹：搓线拧绳。
⑤亟：急忙，紧急。
⑥睪如：高大的样子。

［译文］

子贡说："那我想停下来去侍奉朋友以得到休息。"孔子说："《诗经》上说：'朋友之间要相互帮助，按威严的礼节来扶持。'侍奉朋友是件困难的事情，怎么能够获得休息呢？"子贡说："那么我想去耕种田地种植树木以获得休息。"孔子说："《诗经》上说：'白天的时候去割草，晚上的时候去搓线拧绳。赶快爬上房顶修葺房屋，又要开始耕种田地了。'耕种田地是件困难的事情，怎么能够获得休息呢？"子贡说："那我将没有时间休息了。"孔子说："有啊，远远地看那里的坟墓，高高的，又是那么充实。从侧面看又相隔而不相从。那个地方就可以停止学习而休息了。”子贡说：“死亡的意义真是很重大啊！君子是在这个地方停下来休息的，小人也是在这个地方休息的，死亡的意义真是很重大啊！”

［原文］

孔子自卫将入晋，至河①，闻赵简子杀窦犨(chōu)鸣犊及舜华，乃临河而叹曰：“美哉水，洋洋乎！丘之不济②，此命也夫。”子贡趍③而进曰：“敢问何谓也？”孔子曰：“窦犨鸣犊(dú)、舜华，晋之贤大夫也，赵简子未得志之时，须此二人而后从政。及其已得志也，而杀之。丘闻之刳(kū)胎杀夭④，则麒麟不至其郊；竭泽而渔，则蛟龙不处其渊；覆巢破卵，则凰凰不翔其邑。何则？君子违⑤伤其类者也。鸟兽之于不义尚知避之，况于人乎？”遂还，息于邹，作《槃操》以哀之。

西河返驾

孔子到晋国去，走到黄河边，听说窦犨鸣犊、舜华死了，在河边叹息着说：“窦、舜两人是晋国贤明的大夫，赵简子掌握了政权，就把他们杀了。鸟兽对不义的举动还知道避开，何况人呢？”于是就返回去了。

［注释］

①河：古代的河都是专指黄河。

②济：渡河。

③趍：通“趋”，快走。

④刳胎杀夭：剖腹取胎，杀害幼儿。

⑤违：远离。

［译文］

孔子从卫国将要到晋国去，到了黄河边上，听说赵简子杀害了窦犨鸣犊以及舜华，就对着河水感叹道：“黄河水啊，你是这么的壮大盛美啊。我不能渡河，也是命中注定的吧。”子贡快步走到孔子前，问道：“敢问您为什么这么说呢？”孔子说：“窦犨鸣犊和舜华都是晋国贤良的大夫，在赵简子还没有得志的时候，需要依靠这两个人才能得以治政，而当他得志了以后，却杀害了这两个人。我听说，如果剖腹取胎儿，杀死幼兽的话，麒麟就不会来到郊外的；如果涸泽而渔的话，蛟龙是不会在深渊中居住的；如果弄翻鸟巢打破鸟卵的话，凤凰是不会飞翔到他的都邑的。为什么呢？这是因为君子也害怕受到同样的伤害啊！鸟兽对于那些不义之人，尚且知道躲避，何况是人呢？”于是就返回到邹地休息，并做《槃操》这首曲子来哀悼他们。

[原文]

子路问于孔子曰："有人于此，夙兴夜寐，耕芸树艺，手足胼胝（pián zhī）①，以养其亲，然而名不称孝，何也？"孔子曰："意②者身③不敬与？辞不顺④与？色不悦与？古之人有言曰：'人与己与不汝欺。'今尽力养亲而无三者之阙⑤，何谓无孝之名乎？"孔子曰："由，汝志⑥之，吾语汝：虽有国士之力而不能自举其身，非力之少，势⑦不可矣。夫内行⑧不修，身之罪也；行修而名不彰，友之罪也。行修而名自立。故君子入则笃行，出则交贤，何谓无孝名乎？"

[注释]

①胼胝：也就是茧子。
②意：料想。
③身：行动。
④顺：温顺，谦恭。
⑤阙：通"缺"，缺点。
⑥志：记。
⑦势：情势，形势。
⑧内行：内在的修行。

[译文]

子路向孔子问道："有一种这样的人，他很早就起来很晚才睡觉，每日辛劳地耕地植树，致使手足都磨出了茧子，以此来奉养双亲，然而他却没有得到孝子的名称，这是什么原因呢？"孔子说："想来是因为他行动不恭敬，言辞不谦恭，面色不温和吧。古人说过这样的话：'别人的心灵和自己的心灵都是相通的，是不会欺骗你的。'如今尽了全力奉养双亲并且没有上面所说的三个缺点的人，怎么会没有孝子的名声呢？"孔子又说："子路你要记住，我告诉你，即便是有闻名全国的勇士，也不能将自己举起来，并非是因为力气小，而是因为情势不许可。内在的德行不修的话，是自身的过错；如果修养了德行而名声却没有得以彰显，那就是友人的过错了。修养了德行的话名声自然会树立。因此，君子在内要行为淳厚，在外要和贤良的人相交，这样的话怎么会没有孝子的名声呢？"

[原文]

孔子遭厄①于陈、蔡之间，绝粮七日，弟子馁病②，孔子弦

歌。子路入见曰："夫子之歌，礼乎？"孔子弗应，曲终而曰："由，来，吾语汝，君子好③乐，为无骄④也；小人好乐，为无慑也。其谁之子不我知而从我者乎？"子路悦，援戚⑤而舞，三终而出。明日，免于厄。子贡执辔曰："二三子从夫子而遭此难也，其弗忘矣。"孔子曰："善恶何也？夫陈、蔡之间，丘之幸也。二三子从丘者，皆幸也。吾闻之，君不困不成王⑥，烈士不困行不彰。庸知⑦其非激愤厉志之始于是乎在？"

[注释]

①遭厄：遭受困苦。
②馁病：饥饿并且筋疲力尽。
③好：喜好，喜欢。
④无骄：不骄纵。
⑤援戚：援，执，拿。戚，一种兵器，形状像斧子。
⑥成王：成就王业。
⑦庸知：岂知。

[译文]

孔子被困在陈、蔡之间，断粮了七天，弟子都饿得筋疲力尽，孔子却依然鼓弦而歌。子路走到孔子跟前说道："老师您现在歌唱，符合礼吗？"孔子没有回应，一曲完结了以后说道："仲由，你过来，我告诉你，君子喜好音乐是为了不自我骄纵，小人喜好音乐是为了消除胆怯，哪个人不理解我却又跟从我呢？"子路听了很高兴，拿起兵器挥舞起来，几次乐曲停止了才出去。第二天围困结束了。子贡拉着马缰绳说道："弟子们追随老师所遭受到的这次危难，恐怕是不能忘记的了。"孔子说道："善和恶是什么呢？这次被困在陈、蔡之间，是我的幸运，你们追随我一并遇此难，也是你们的幸运。我听说，君主不经历困难就不能就成王业，勇士不经历危难他的声名也不会彰显。哪里知道发愤励志的开始就在于此呢？"

[原文]

孔子之①宋，匡人简子以甲士②围之。子路怒，奋③戟(jǐ)将与战。孔子止之曰："恶④有修仁义而不免世俗之恶⑤者乎？夫诗书之不讲，礼乐之不习，是丘之过也。若以述先王好古法而为咎⑥者，则非丘之罪也。命也夫！歌，予和汝。"子路弹琴而歌，孔子和之，曲三终，匡人解甲而罢。孔子曰："不观高崖，何以知颠坠之患；不临深泉，何以知没溺之患；不观巨海，何以知风波之患。失之者其不在此乎？士慎此三者，则无累⑦于身矣。"

匡人解围

孔子离开卫国到陈国，路过匡地，因孔子长得像阳虎，匡人就把他们围困了五天。弟子们很害怕，孔子说："周文王死后，道德文化不都在我这儿吗？匡人能把我怎么样？"匡人后来放了孔子师徒。

［注释］

①之：到，去。
②甲士：兵士。
③奋：挥舞。
④恶：哪里。
⑤恶：恶行。
⑥咎：过错，罪责。
⑦累：受累，牵累。

［译文］

孔子前往宋国，匡人简子派兵士围住了他们，子路十分恼怒，挥舞戟想要和他们交战。孔子制止了子路，对他说："哪里有修行仁义的人不原谅世俗中的那些恶行呢？如果说是不讲诗书，不习礼乐，那就是我的过错。如果将宣扬先王美德、喜好古法当作一种罪责的话，那就不是我的过错了，大概就是命了。你来歌唱，我应和你。"子路于是弹琴歌唱，孔子在旁边应和，唱了几首曲子以后，匡人解围散去了。孔子说道："不看高崖，如何能知道从高崖上坠下来的祸患？不到达深泉处，如何能知道被淹没溺水的祸患？不观看大海，如何能得知波涛所引起的祸患？丢失掉生命不就在这些地方吗？士人应当谨慎地对待这三件事，那样的话就不会让自身得到牵累了。"

［原文］

孔子适①郑，与弟子相失②，独立东郭门外。或人③谓子贡曰："东门外有一人焉，其长④九尺有六寸，河目⑤隆颡（sǎng）⑥，其头似尧，其颈似皋陶（gāo yáo），其肩似子产，然自腰已下，不及禹者三寸，累然⑦如丧家之狗。"子贡以告，孔子欣然而叹曰："形状未也，如丧家之狗，然⑧乎哉！然乎哉！"

微服过宋

孔子离开宋国到郑国去，与弟子们走散了，一个人站在东门下。一个郑国人对子贡说："东门有个人，狼狈不堪得像条丧家狗。"子贡说给孔子听，孔子说："说我长得像古代圣贤，不像吧！丧家之狗，是这样吧。"

［注释］

①适：到。

②相失：互相失去联络，失散。

③或人：有人。

④长：身高。

⑤河目：形容眼眶上下平正而长的眼睛。

⑥隆颡：高而隆起的额头。

⑦累然：疲倦狼狈的样子。

⑧然：这样。

［译文］

孔子到了郑国以后，和弟子们走散了，独自一个人在东城门外站立。有人看到后告诉子贡说："东门外面站立着一个人，身高有九尺六寸，眼睛平正而长，额头很高并且隆起，他的头像尧，脖颈像皋陶，肩膀像子产，但是从腰部以下，比大禹要短三寸，样子狼狈，像是一条丧家之犬。"子贡将这些话告诉了孔子，孔子高兴地感叹道："形貌未必如此，但是他所说的像一条丧家之犬，却的确如此，的确如此啊！"

［原文］

孔子适卫，路出于蒲，会①公叔氏以蒲叛卫，而止之。孔子弟子有公良儒者，为人贤长有勇力，以私车五乘从夫子行，喟（kuì）然曰："昔吾从夫子遇难于匡，又伐树于宋，今遇困于此，命也夫！与其见夫子仍遇于难，宁我斗死②。"挺剑而合众③，将与之战。蒲人惧，曰："苟无适卫，吾则出④子。"以盟孔子，而出之东门。孔子遂适卫。子贡曰："盟可负乎？"孔子曰："要⑤我以盟，非义也。"卫侯闻孔子来，喜而郊迎之。问伐蒲，对曰："可哉。"公曰："吾大夫以为蒲者，卫之所以待晋、楚也，伐之无乃不可乎？"孔子曰："其男子有死之志，吾之所伐者，不过四五人矣。"公曰："善！"卒不果伐。他日，灵公又与夫子语，见飞雁过而仰视之，色不悦。孔子乃逝⑥。

[注释]

①会：适逢。
②斗死：拼命战死。
③合众：集合众人。
④出：放出。
⑤要：要挟。
⑥逝：离去，离开。

五乘从游

孔子路过蒲，遇上公叔氏叛乱，不让孔子通过。公良儒带着自己的五辆车随行。仗打得很凶猛，蒲人害怕了，孔子才经蒲到了卫国。

[译文]

孔子前往卫国，途经蒲地时，适逢遇到公叔氏背叛了卫国，占据了蒲地，孔子因此被滞留在那里。孔子的弟子中有一个叫公良儒的人，他身材高大，贤良而又有勇力，他以自己的五辆车子跟从孔子游历，感慨道：“以前我跟从您在匡地遇过难，在宋国受到过伐树之难，现在又被困在这里，这都是命啊。与其看着您还在这里遇难，我宁可和他们拼命。”于是就拿起剑，召集众人，将要和蒲人抗战。蒲人感到害怕，说道：“如果你们不去卫国，我就放你们走。”于是就和孔子订立了盟约，将孔子等人从东门放了出去。孔子最终还是去了卫国。子贡问道：“盟约可以违背吗？”孔子说：“要挟我订立盟约，这本身就是不义之事。”卫灵公听说孔子来了，非常高兴，并亲自到郊外迎接他。向孔子询问讨伐蒲的事，孔子回答说：“可以。”灵公说：“我的大夫们认为，蒲地是我们卫国用来对付晋国和楚国的据点，讨伐它恐怕是不可以的吧。”孔子说：“蒲地的男子们有保家卫国、宁死不屈的志向，我所说的讨伐，不过只是讨伐那几个叛乱的人罢了。”灵公说道：“很好。”但最终还是没有去讨伐蒲地。过了一些天，灵公又和孔子谈论，看到空中有大雁飞过就抬起头观看，面有不快。孔子于是就离开了卫国。

卷 六

执 辔

[原文]

闵子骞(qiān)为费宰，问政[①]于孔子。子曰：“以德以法。夫德法者，御民之具[②]，犹御马之有衔[③]勒也。君者人也，吏者辔[④]也，刑者策[⑤]也。夫人君之政，执其辔策而已。”

[注释]

①政：政事。
②具：工具，器具。
③衔：马嚼子。
④辔：勒马的缰绳。
⑤策：鞭子。

[译文]

闵子骞任费地宰的时候，向孔子问有关治理国家政事的方法，孔子说：“治理国家政事要凭借仁德和法规。仁德和法规是治理百姓的工具，好像驾驭马匹的时候要用马嚼子和笼头一样。国君是人，官员是缰绳，刑罚则是马鞭。国君要想政事上有所作为，只需要掌握好缰绳和马鞭。”

[原文]

子骞曰：“敢问古之为[①]政？”孔子曰：“古者天子以内史为左右手，以德法为衔勒，以百官为辔，以刑罚为策，以万民为马，故御天下数百年而不失。善御马，正[②]衔勒，齐[③]辔策，均[④]马力，和马心。故口无声而马应[⑤]辔，策不举而极[⑥]千里。善御民，壹[⑦]其德法，正其百官，以均齐民力，和安民心。故令不再而民顺从，刑不用而天下治。

[注释]

①为：治理。

②正：端正。
③齐：齐整。
④均：均匀，均衡。
⑤应：顺应，应和。
⑥极：到达。
⑦壹：统一。

［译文］

闵子骞说：“冒昧地问一下古代的人是怎么治理国家的？”孔子说：“古代的君主用内史作为身边驾驭马车的人，用仁德和法规作为笼头和嚼子，用百官作为缰绳，用刑罚作为马鞭，用百姓作为马，所以他们能够治理好国家以至于几百年都不会有什么过失。善于驾驭马匹，端正马的笼头和嚼子，整齐缰绳和马鞭，均衡马匹的力量，赢得马的合作，所以口中不发出声音就能让马配合，不用举起马鞭就能到达千里之外的地方。善于治理百姓，统一仁德和法规，端正文武百官的行为，用来使百姓的力量得到均衡，使百姓的心里得到安定。所以不用下达第二次命令就能使百姓顺从，不用刑罚就能使天下得到治理。

［原文］

“是以天地德之，而兆民怀[①]之。夫天地之所德，兆民之所怀，其政美[②]，其民而众称之。今人言五帝、三王者，其盛无偶[③]，威察若存，其故何也？其法盛，其德厚，故思其德，必称其人，朝夕祝之，升闻于天。上帝俱歆(xīn)[④]，用永厥世，而丰其年。

［注释］

①怀：服从，顺从。
②美：美好，井井有条。
③无偶：没有能够比得上的。
④歆：信服。

昼息鼓琴

孔子弹琴，闵子骞听到后告诉曾子说：“老师平时弹琴声音清澈平和，今天声音幽沉，他有什么感想呢？”于是进去问孔子。孔子说：“是的，我想到猫捕捉老鼠的情形，弹出这种声音，你能听出不同来，可以研究音乐了。”

［译文］

“所以天地感激他们的恩德，百姓就会归顺他们，他们把国家政事治理得井井有条，百姓都会称赞他们。现在的人说到五帝、三王的时候，还在称赞他们的品德独一无二，威严明察，好像他们还活着一样。这是什么原因呢？他们的法制兴盛，恩德厚重，所以提起他们的时候必定称赞他们，每天都在祝福他们，上天都能够听到这种反馈，都对他们称赞有加，所以祝福他们永久生活在百姓的心中，让百姓年年风调雨顺。

［原文］

“不能御民者，弃[①]其德法，专用刑辟[②]，譬犹御马，弃其衔勒而专用棰(chuí)策，其不制也，可必矣。夫无衔勒而用棰策，马必伤，车必败[③]；无德法而用刑，民必流[④]，国必亡。治国而无德法，则民无修[⑤]，民无修则迷惑失道。如此，上帝必以其为乱天道也。苟乱天道，则刑罚暴，上下相谀，莫知[⑥]念忠，俱无道故也。

［注释］

①弃：放弃，丢弃。
②刑辟：残酷的刑罚。
③败：毁坏，损害。
④流：流失，出走。
⑤修：此处指修养。
⑥知：知晓，了解。

［译文］

“不擅于管理百姓的人抛弃仁德和法规，只用残酷的刑罚，就像驾马不用笼头和嚼子，而是专用马鞭，是没有办法治理好的。不用笼头和嚼子而专用马鞭，马匹一定会受到伤害，那么马车也会受到损害；不用仁德和法规而用刑罚，百姓一定会跑到别的地方去，那么国家也就会灭亡。治理国家不用仁德和法规而用刑罚，那么百姓就不能被治理好，这样他们就会失去道义感到迷惑。这样上天会认为他们违背天地的规律。如果违背了天地应有的规律，那么刑罚就会更加残暴，上下之间相互阿谀奉承，没有人讲究忠信诚实，都不会遵循道义了。

［原文］

“今人言恶[①]者，必比之于桀、纣，其故何也？其法不听[②]，其德不厚，故民恶其残虐[③]，莫不吁嗟，朝夕祝[④]之，升闻于天。上帝不蠲(juān)[⑤]，降之以祸罚，灾害并生，用殄(tiǎn)厥世。故曰德法者，御民之本。

[注释]

①恶：坏人，恶人。
②听：听从，接受。
③残虐：残酷暴虐。
④祝：通“诅”，诅咒。
⑤蠲：减免，免除。

[译文]

“现在的人说到残暴的人，一定会把他们比作是夏桀和商纣，这是什么原因呢？是因为他们不实施好的法规，同时仁德也不厚重，所以百姓会憎恶他们的残酷暴虐，没有不叹气的，早晚都诅咒他们，让天帝听到了。天帝也不减免他们的罪过，降下灾难用来惩罚他们，灾难连年降临，被人唾骂。所以说仁德和法规是治理国家的根本。

[原文]

“古之御天下者，以六官总治焉。冢宰①之官以成道，司徒之官以成德，宗伯之官以成仁，司马之官以成圣，司寇②之官以成义，司空之官以成礼。六官在手以为辔，司会③均仁以为纳。故曰：御四马者执六辔，御天下者正六官。是故善御马者，正身以总辔，均马力，齐马心，回旋曲折，唯其所之。故可以取④长道，可赴急疾。此圣人所以御天地与人事之法则也。

[注释]

①冢宰：周官名，为百官之长。
②司寇：官名。掌管刑狱。
③司会：官名。为冢宰的副职。
④取：达到，获得。

[译文]

“古代统治天下的君主，用六官来治理国家。冢宰之类的官员用来成就‘道’，司徒之类的官员用来成就‘德’，宗伯之类的官员用来成就‘仁’，司马之类的官用来成就‘圣’，司寇之类的官员用来成就‘义’，司空之类的官员用来成就‘礼’。掌控了六类官员就好

武城弦歌

子游任武城宰。孔子到武城听到弹琴唱歌的声音，微笑着说：“杀鸡焉用牛刀。”子游说：“过去我听老师说过，君子学道就会爱人，小人学道就容易听指挥。”孔子说：“子游的话是对的，刚才我不过是开玩笑罢了。”

像手里掌握了缰绳，司会使仁义均匀就好像拥有了内侧的缰绳。所以说驾驭四马的人掌握六条缰绳，统治国家的人端正六类官员。所以善于驾驭马匹的人，使身体正直，掌握马的缰绳，使马的力气均衡，让马协调一致，回旋曲折，就可以到想到的地方了。因此，可以使用马匹到达很远的地方，使用马匹应付紧急的事件，这就是圣明的君主用来统治天地和百姓的法则。

[原文]

“天子以内史为左右手，以六官为辔，已而与三公为执六官，均五教①，齐五法。故亦唯其所引②，无不如志③；以之道，则国治；以之德，则国安；以之仁，则国和；以之圣，则国平④；以之礼，则国安；以之义，则国义。此御政之术⑤也。”

[注释]

①教：教化。
②引：指引，引导。
③志：志向。
④平：平定，和平。
⑤术：方法。

[译文]

“国君用内史作为左膀右臂，用六官作为缰绳，然后和三公一起来掌管六官，使五教均匀，使五法齐备。所以只要有所指引，没有不如愿的。用道义来治理国家，国家就能治理好；用德行治理国家，国家就会国泰民安；用仁义来治理国家，国家就会团结和谐；用圣明来治理国家，国家就会和平；用礼仪治理国家，国家就会安定，用信义治理国家，国家就会长治久安。这些就是治理国家的办法。”

论礼

[原文]

孔子闲居，子张、子贡、言游侍，论及于礼。孔子曰：“居①，汝三人者，吾语汝以礼，周流②无不遍也。”子贡越席而对曰：“敢问如何？”子曰：“敬而不中③礼谓之野，恭而不中礼谓之给④，勇而不中礼谓之逆。”子曰：“给夺慈仁。”子贡曰：“敢问将何以为此中礼者？”子曰：“礼乎！夫礼，所以制中也。”子

贡退，言游进曰：“敢问礼也，领恶而全好者与？”子曰：“然。”子贡问：“何也？”子曰：“郊社[5]之礼，所以仁鬼神也；禘尝[6]之礼，所以仁昭穆[7]也；馈奠[8]之礼，所以仁死丧也；射飨[9]之礼，所以仁乡党也；食飨之礼，所以仁宾客也。明乎郊社之义，禘尝之礼，治国其如指诸掌而已。是故以之居家有礼，故长幼辨；以之闺门有礼，故三族[10]和；以之朝廷有礼，故官爵序；以之田猎有礼，故戎事闲；以之军旅有礼，故武功成。是以宫室[11]得其度[12]，鼎俎（zǔ）[13]得其象[14]，物得其时，乐得其节，车得其轼，鬼神得其享，丧纪[15]得其哀，辩说得其党[16]，百官得其体[17]，政事得其施。加于身而措[18]于前，凡众之动，得其宜也。”

［注释］

①居：坐下。

②周流：广泛流传。

③中：符合。

④给：谄媚的意思。

⑤郊社：对天地的祭祀，在周代，冬至那天在南郊祭天称之为“郊”，夏至那天在北郊祭地称之为“社”，合称“郊社”。

⑥禘尝：禘，在夏季举行的祭祀，是宗庙的四时祭之一。尝，秋季的祭祀。

⑦昭穆：在古代的宗法制度中，宗庙的次序是，始祖居中，接下来的父子尊为昭穆，居左的为“昭”，居右的为“穆”。

⑧馈奠：馈，赠送。奠，祭。

⑨射飨：射，乡射之礼。飨，拿酒食等物去款待他人。

⑩三族：父、子、孙三代。

⑪宫室：在古代泛指一切房屋。

⑫度：法度。

⑬鼎俎：一种祭器。

⑭象：形状。

⑮丧纪：即丧事。

⑯党：同伙的人。

⑰体：礼仪。

⑱措：运用。

［译文］

孔子在家中闲居，子张、子贡、言游在一旁侍坐，他们在谈话中说到了礼。

孔子说："你们三个人坐下来，我来告诉你们，礼是无所不在的。"子贡隔着坐席问道："请问礼是什么样的呢？"孔子回答说："诚敬却不符合礼的叫作粗野，谦恭却不符合礼的叫作谄媚，勇猛而不符合礼的叫作忤逆。"孔子又说："谄媚很容易将仁慈仁德混淆。"子贡问道："请问怎么做才符合礼呢？"孔子回答说："礼啊，是可以让一切行为都恰到好处的依据。"子贡退下后，言游上前问道："请问礼就是去掉坏的保全好的吗？"孔子回答说："是的。"子贡问道："如何做呢？"孔子说："郊社的祭天地之礼是为了让鬼神得到仁爱，禘尝的祭秋夏之礼是为了让昭穆得到仁爱，馈奠之礼是为了让死者得到仁爱，乡射时的酒食款待是问了让乡人得到仁爱，用酒食款待人的礼是为了让宾客得到仁爱。明白了郊社之礼、禘尝之礼，治理国家就能像在手掌上画画一样容易了。因此，日常生活有了礼，长辈和后辈间有了分别。家庭内部有了礼，家族三代间就能和睦相处。朝廷有了礼，官爵职位就有了次序。田猎时有了礼，军事活动就可以娴熟自如了。军队中有了礼，战功就得以建立。因此，建造房屋应当遵循其法度，所用的祭器也应当符合其形状，万物都各得其时，音乐符合其节度，车辆有适合的车轼，鬼神都得到祭祀，丧事都有适度的悲哀，辩论游说都有和自己相合的人，百官都遵循礼仪，政事得以顺利施行。将各种礼仪施加到自身和眼前的事情上，所有人的举动就都能够适宜了。"

［原文］

言游退，子张进曰："敢问礼何谓[1]也？"子曰："礼者，即事之治也，君子有其事必有其治。治国而无礼，譬犹瞽（gǔ）[2]之无相[3]，伥伥[4]乎何所之？譬犹终夜有求于幽室之中，非烛何以见？故无礼则手足无所措，耳目无所加[5]，进退揖让无所制[6]。"

［注释］

①何谓：是什么？
②瞽：盲人。
③相：扶持，给盲人领路的人。
④伥伥：不知所措的样子。
⑤加：感知，感受。
⑥制：规矩，规则。

［译文］

言游退下，子张上前说："请问什么是礼呢？"孔子说："礼是处理事情的方法，君子办事情的时候一定要有处理的办法，治理国家的时候没有礼，就好像盲人没有了带路的人，茫然该往哪里走？就像在黑暗的屋子里找一夜的东西，没有蜡烛能看见什么？所以治理国家的时候没有礼，手和脚都不知道往哪里放，耳朵和眼睛感知不到任何东西，前进、后退、作揖、谦让都失去了尺度。”

[原文]

“是故以其居处，长幼失其别①，闺门②三族失其和，朝廷官爵失其序，田猎戎事③失其策，军旅武功失其势④，宫室失其度，鼎俎(zǔ)⑤失其象，物失其时，乐失其节，车失其轼，鬼神失其享，丧纪失其哀，辩说失其党⑥，百官失其体，政事失其施。加于身而措⑦于前，凡动之众失其宜。如此，则无以祖洽⑧四海。”

[注释]

①别：区别。

②闺门：表示关系很近，同族之间。

③戎事：战争。

④势：形势，情况。

⑤鼎俎：祭祀用的器具。

⑥党：关系很好的朋友。

⑦措：施行。

⑧祖洽：治理好。

猎较从鲁

孔子在鲁国做官，鲁人争夺猎物，孔子也去争夺猎物供祭祀。孟子说：“孔子先用文书规定祭祀所用的器物和祭品，不用别处的食物来供祭祀。”

[译文]

“所以，长期这样下去，长和幼就没有什么区别，家族之间就没有往昔的安定团结，朝廷上的官制就失去了应有的秩序，打猎和作战的时候就会失去应有的策略，军队就会失去有利的形势，宫室就会失去应有的准则，祭祀用的器具就会失去原有的标准，耕种作物就会失去原有的季节，享乐就会失去应有的节制，车辆失去了轼，鬼神失去了祭品，丧事失去应有的悲哀，辩论的时候就会失去拥护的人，官员们就会失职，国家的大政方针得不到实施。礼没有加在自身和眼前的事情上，众多的变动和时事不再适宜。这样的话，国家就不能治理好。”

[原文]

子曰：“慎听之，汝三人者，吾语汝，礼犹有九焉，大飨有四焉。苟知此矣，虽在畎(quǎn)亩①之中，事之，圣人矣。两君相见，揖让而入，入门而悬兴②。揖让而升堂，升堂而乐阕③。下管④

《象》舞，《夏籥》序兴，陈其荐俎(zǔ)[5]，序其礼乐，备其百官。如此而后君子知仁焉。行中规，旋[6]中矩，銮和中《采荠》。客出以《雍》[7]，彻[8]以振《羽》，是故君子无物而不在于礼焉。入门而金[9]作，示情也；升歌《清庙》，示德也；下管《象》舞，示事也。是故古之君子，不必亲相与言也，以礼乐相示而已。夫礼者，理也；乐者，节[10]也。无礼不动[11]，无节不作。不能《诗》[12]，于礼谬[13]；不能乐，于礼素[14]；于德薄[15]，于礼虚[16]。”子贡作[17]而问曰：“然则夔(kuí)其穷与？”子曰：“古之人与？上古之人也。达于礼而不达于乐，谓之素，达于乐而不达于礼，谓之偏[18]。夫夔达于乐而不达于礼，是以传于此名也。古之人也，凡制度在礼，文为在礼，行之其在人乎？”三子者，既得闻此论于夫子也，焕若发蒙[19]焉。

［注释］

①畎亩：即田间。
②悬兴：悬，代指所悬挂的钟鼓。兴，兴奏。
③乐阕：音乐停止。阕，停止。
④下管：堂下吹奏管乐。
⑤俎：古代祭祀时用来装载祭品的器物。
⑥旋：周旋。
⑦《雍》：古代宴会结束时所奏的乐曲名。
⑧彻：通“撤”，撤除。
⑨金：金属类的乐器。
⑩节：节制。
⑪动：举动，行动。
⑫《诗》：专指《诗经》。
⑬谬：差错。
⑭素：单调，单一。
⑮薄：浅薄。
⑯虚：虚假。
⑰作：站起。
⑱偏：偏颇。
⑲蒙：蒙昧。

［译文］

孔子说：“你们三个人仔细听着，我告诉你们，礼一共有九项，而大飨之礼有四项，如果知道了这些礼，即使是身在田野之间，遵从了这些礼也会成为圣人。两个国家的君主相见，进入城门时应当相互作揖谦让，进入以后钟鼓应当齐鸣，两个人相互作揖谦让着登上大堂，登上大堂以后钟鼓之声就应当停止，堂下的管乐《象》的乐曲开始奏起，接着是《夏籥》的乐曲奏起，将祭祀用的器物陈列好，按照礼乐的次序安排仪式，百官执事也都应当准备好。这样一来，君子才能够从中看到仁爱的精神。行动周旋都符合规矩，车上的铃铛也和《采荠》的乐曲相合。客人离开时，奏起《雍》的乐曲以送别，撤除供品时奏起《羽》曲。所以君子没有一件事是不符合礼的。进门时鸣金，表示欢迎之情；登堂时唱起《清庙》之歌，表示赞美其功德之意；堂下吹奏《象》的乐曲，表示祖先的功业。因此，古代的君子，相见时不必用言语表达亲近敬爱之意，用礼乐就可以互相传达了。礼就是条理，乐就是调节。没有条理就不能去行动，不加调节就不能去做事。不知道《诗经》的，礼节上就会出现谬误；不知道乐的，礼节上就会很单一；道德浅薄的话，礼节也会变得虚假。”子贡站起来问道：“按这么说来夔对礼精通了吗？”孔子说道：“你所说的夔是古代的人吗？他是上古时代的人啊。精通于礼而不精通音乐的，叫作质朴，精通音乐而不精通礼的，叫作偏颇。夔精通于音乐而不精通于礼，所以流传下来的只是精通于音乐的名声。古代的人，各种制度都存在于礼中，修饰制度靠礼，施行制度就应当靠人了。”三个人听着老师的这番话以后，都豁然开朗，蒙昧尽释了。

瑟儆孺悲

鲁国孺悲曾向孔子学习礼，后来又求见，孔子以有病为理由拒绝了。然后又取出瑟来弹奏歌唱，让孺悲自己去领悟。

［原文］

子夏侍①坐于孔子，曰：“敢问《诗》云‘恺悌（kǎi tì）②君子，民之父母’，何如斯可谓民之父母？”孔子曰：“夫民之父母，必达③于礼乐之源④，以致五至而行三无，以横⑤于天下。四方有败⑥，必先知之，此之谓民之父母。”

［注释］

①侍：侍奉，服侍。

②恺悌：性情温和，亲近待人。

③达：通达，熟知。
④源：源泉。
⑤横：闻名，知名。
⑥败：灾难，祸害。

［译文］

子夏侍奉孔子坐着，说："请问《诗经》上说：'亲近待人的君子，是百姓的父母。'那么什么样的人才能被人称作百姓的父母呢？"孔子说："百姓的父母，一定知道礼节的根源，致力于五至，实行三无，用以善及天下。四方有难的时候，一定最先知道，这样的人才能称得上百姓的父母。"

卷七

观乡射

[原文]

孔子观于乡射[1]，喟然叹曰：“射之以[2]礼乐也，何以射？何以听？修身[3]而发，而不失正鹄（gǔ）[4]者，其唯贤者乎？若夫不肖之人，则将安能以求饮[5]？《诗》云：‘发彼有的，以祈尔爵。’祈，求也，求所中以辞爵[6]。酒者，所以养[7]老、所以养病也。求中以辞爵，辞其养也。是故士使之射而弗能，则辞以病[8]，悬弧[9]之义。”于是退而与门人习射于矍（jué）相之圃，盖观者如堵墙焉。射至于司马[10]，使子路执弓矢，出列延[11]，谓射之者曰：“奔[12]军之将，亡国之大夫，与为人后[13]者，不得入，其余皆入。”盖去者半。又使公罔之裘、序点扬觯（zhì）[14]而语曰：“幼壮孝悌，耆[15]老好礼，不从流俗，修身以俟死者，在此位。”盖去者半。序点扬觯而语曰：“好学不倦，好礼不变，耄（mào）[16]期[17]称道而不乱者，在此位。”盖仅有存焉。射既阕[18]，子路进曰：“由与二三子者之为司马，何如？”孔子曰：“能用命[19]矣。”

观乡人射

孔子观看乡人射箭，叹息说：“那个身体修长、每箭必中目标的人是个贤者吧？如果心术不正，怎么能射中呢？”

[注释]

①乡射：古代的射礼，此指在乡间举行的射礼。

②以：配以。

③修身：修养身心，这里是指心情平静、身体板直地专心射箭。

④鹄：箭靶的中心，也叫作“的、质”等。

⑤求饮：射中的人让射不中的人饮下被罚的酒。

⑥辞爵：推辞所罚之酒。

⑦养：奉养。

⑧病：患病。

⑨悬弧：悬挂木弓，古代的风俗中，如果生了男孩，就在家门的左上边悬挂一张弓表示祝贺，这里是说射箭是男子所能从事的事情。

⑩司马：官名，这里是指子路，当时他正担任司马一职。

⑪延：延请，邀请。

⑫奔：毁败。

⑬人后：过继给别人成为其后嗣。

⑭扬觯：扬，举起。觯，古代的酒器名，和现在所用的酒杯相似。

⑮耆：古代称六十岁为耆。

⑯耄：古代称八九十岁为耄。

⑰期：年纪。

⑱阕：结束。

⑲用命：这里是胜任的意思。

［译文］

孔子观看乡射，叹着气说道："射箭要配以礼乐，射箭的人怎么可以一边听一边射呢？专心致志地发射，并且能够射中目标的，估计只有贤良的人了吧。如果是那些不肖的人，又怎么能够射中并且要求别人饮下罚酒呢？《诗经》上说：'发射你的箭射中目标，祈求你免受罚酒。'祈，就是求的意思，祈求射中以辞掉罚酒。酒是用来奉养老人和病人的。祈求射中而辞掉罚酒就等于是推辞掉别人的奉养。因此，士人射箭的时候如果不能射中的话，就应当以有病来推辞。因为男子生下来就是应该会射箭的。"于是孔子回来以后就和门人在矍相的园圃中练习射箭，观看的人围得满满的，如同一堵墙一样。当射箭轮到子路的时候，孔子让子路拿着弓箭从队列中出来邀请射箭的人说："败军之将，失去国土的大夫和过继成为别人后嗣的人都不准进入园圃中，其他的人可以进来。"围观的人听了这些话走了一半。孔子又让公罔之裘、序点举起酒杯说道："在年轻的时候就懂得孝悌之礼，到了年老时还爱好礼仪，不随流俗，修养身心以至于到死的人，请留在这里。"围观的人又走了一半。序点又举起酒杯说道："爱好

射矍相圃

孔子在矍相圃练习射箭，围观的人很多。他就让子路手执弓箭告知围观的人说："打了败仗的将军，亡了国的大夫，做事在人后者，不能进来。孝悌好礼，不同于世俗的人可以站在这里。"结果走开的人有一多半。

学习而不厌倦，爱好礼仪而永远不改变，到了八九十岁仍然陈述道义而不为外物迷乱的人，请留在这里。”这时留下来的人就寥寥无几了。射箭结束以后，子路走向前对孔子说：“我和公罔之裘、序点他们几个人做司马这个官职怎么样？”孔子回答说：“是可以胜任的。”

[原文]

子贡观[1]于蜡。孔子曰：“赐也，乐乎？”对曰：“一国之人皆若狂[2]，赐未知其为乐也。”孔子曰：“百日之劳，一日之乐，一日之泽[3]，非尔所知也。张而不弛[4]，文武弗能；弛而不张，文武弗为。一张一弛，文武之道[5]也。”

[注释]

①观：参观，观看。
②狂：疯狂。
③泽：受到国君的恩泽。
④弛：松弛，放松。
⑤道：道理，主张。

[译文]

子贡观看了蜡祭。孔子说：“端木赐，你快乐吗？”子贡说：“现在整个国家的百姓都像疯子一样，我不知道这样算什么快乐。”孔子说：“常年累月辛苦劳作，一天快乐，一天享受国君的恩泽。这其中的乐趣你是无法了解的。只是紧张而不放松，文王和武王都不能这样做；只是放松而不紧张，文王和武王也不会这样做。紧张的同时又有放松，这种观点才是文王和武王所主张的。”

五刑解

[原文]

冉有问于孔子曰：“古者三皇五帝不用五刑[1]，信乎？”孔子曰：“圣人之设防，贵其不犯也。制五刑而不用，所以为至治也。凡夫之为奸邪窃盗靡法妄行者，生于不足。不足生于无度，无度则小者偷盗，大者侈靡，各不知节。

[注释]

①五刑：墨、劓、刵、宫、辟五种很残忍的刑罚。

[译文]

冉有问孔子说："古代的三皇五帝不使用五刑，这是真的吗？"孔子回答说："圣人设立防范的目的，重在不让百姓去犯罪。制定五刑却不使用，是为了达到最好的治理。凡是那些奸诈邪恶偷盗犯法的人，都是因为不满足。不满足是因为没有限度。没有限度，小的会去偷盗，大的则作恶多端，不知道节制。

[原文]

"是以[1]上有制度，则民知所止；民知所止，则不犯。故虽有奸邪贼盗靡法妄行之狱[2]，而无陷[3]刑之民。

[注释]

①是以：因此，所以。
②狱：官司，罪案。
③陷：触犯。

[译文]

"所以，只有上面制定好了制度，百姓才知道什么该干，什么不该干，也就不会触犯刑法了。因此，即使有奸诈邪恶偷盗犯法妄行的罪状，却没有触犯刑法的百姓。

[原文]

"不孝者生于不仁，不仁者生于丧祭之无礼。明丧祭之礼，所以教仁爱也。能教仁爱，则丧思慕[1]，祭祀不解人子馈养之道。丧祭之礼明，则民孝[2]矣。故虽有不孝之狱，而无陷刑之民。

[注释]

①思慕：思念亲人。
②孝：孝顺。

[译文]

"不孝顺产生于不仁，不仁又是由于丧葬、祭祀没有礼仪。丧葬、祭祀的礼节是用来教导百姓仁爱的。能够教导百姓仁爱，那么失去亲人时就会思念他们，祭祀就不会丢掉馈赠、赡养的礼节。丧葬、祭祀的礼节明确了，那么百姓也就孝顺了。因此，即便设有不孝的牢狱，却没有触犯刑法的百姓。

[原文]

"弑上者生于不义，义所以[1]别[2]贵贱、明尊卑也。贵贱有

别，尊卑有序，则民莫不尊上而敬长。朝聘之礼者，所以明义也。义必明则民不犯，故虽有弑上之狱，而无陷刑之民。

［注释］

①所以：用来……的原因。

②别：辨别。

［译文］

“杀君弑父的行为产生于不义，义是用来区分贵贱、明辨尊卑的。贵贱有别，尊卑有序，那么百姓中就没有不尊重圣上、敬重长辈的了。朝拜觐见的礼节，是用来显示道义的，道义明确了，人们也就不会犯法了。因此，即便制定了杀君弑父的刑罚，却没有犯罪的百姓。

［原文］

“斗变①者生于相陵，相陵者生于长幼无序而遗敬让。乡饮酒②之礼者，所以明长幼之序而崇敬让也。长幼必序，民怀敬让，故虽有斗变之狱，而无陷刑之民。

［注释］

①斗变：争斗和变乱。

②乡饮酒：乡射时的一种宴饮风俗，仪式严格区分尊卑长幼，升降拜答。

［译文］

“相互争斗是因为相互欺凌，相互欺凌是因为长幼的顺序没有被重视，因此就丢掉了恭敬礼让。乡饮酒的礼仪就是用来确定长幼顺序，推崇恭敬谦让的。长幼次序明确，百姓心中怀有恭敬谦让，因此，虽然有相互争斗的牢狱，却没有犯罪的百姓了。

［原文］

“淫乱者生于男女无别，男女无别则夫妇失义①。婚礼聘享②者，所以别男女、明夫妇之义也。男女既别，夫妇既明，故虽有淫乱之狱，而无陷刑之民。

［注释］

①失义：失去了礼仪。

②聘享：订婚时男家给女家的定礼和聘礼。

[译文]

“淫乱是因为男女没有区别，男女之间没有区别，那么夫妇就会失去礼仪。婚嫁聘娶的礼仪就是用来区别男女、表明夫妇之间的情义的。男女之间已经有了区别，夫妇的关系清楚，因此，虽然有淫乱的牢狱，却没有犯罪的百姓了。

[原文]

“此五者，刑罚之所以生，各有源焉。不豫[①]塞其源，而辄绳之以刑，是谓为民设阱而陷之。刑罚之源，生于嗜欲不节[②]。夫礼度者，所以御民之嗜欲而明好恶。顺天之道，礼度既陈，五教毕修，而民犹或未化[③]，尚必明其法典以申固[④]之。

[注释]

①豫：通“预”，预先，事先。
②节：节制。
③化：感化，教化。
④固：使牢固。

[译文]

“这五种，就是刑罚产生的原因，都是有本源的。如果不先堵塞本源却滥用刑罚，这就是为百姓设陷阱去陷害他们。刑罚的本源，是因为嗜好和欲望没有节制。礼仪制度就是用来节制百姓的嗜好和贪欲，明确好恶的。顺应天理，礼仪制度已经陈列出来，五教全都修明，百姓中可能还有没被教化的，就一定要明确法律条令，以便说服教育百姓。

[原文]

“其犯奸邪靡法妄行之狱者，则饬(chì)[①]制量之度；有犯不孝之狱者，则饬丧祭之礼；有犯杀上之狱者，则饬朝覲(jìn)之礼；有犯斗变之狱者，则饬乡饮酒之礼；有犯淫乱之狱者，则饬婚聘之礼。三皇五帝之所化民者如此，虽有五刑之用，不亦[②]可乎！”

[注释]

①饬：整顿。
②亦：也。

［译文］

“如果还有犯奸诈邪恶违法妄行的，就要整顿规则法度；对于触犯不孝的法令的，就要整顿丧葬祭祀的礼节；有犯杀君弑父罪行的，就要整顿朝拜觐见的礼节；有相互争斗的百姓，就要整顿乡饮酒的礼仪；有犯淫乱罪的，就要整顿婚嫁聘娶的礼节。三皇五帝能教化好百姓的原因就是这些，即便有五刑却不用，不是也可以吗？”

［原文］

孔子曰：“大罪有五，而杀人为下。逆天地者罪及五世，诬文武①者罪及四世，逆人伦者罪及三世，谋鬼神者罪及二世，手②杀人者罪及其身。故曰大罪有五，而杀人为下矣。”

周文王

文王姬姓，名昌，是西周王朝的开创者，在被商王囚禁期间他把《周易》八卦演成六十四卦。

［注释］

①文武：周文王、周武王。
②手：亲自。

［译文］

孔子说：“大罪有五种，其中杀人是最下等的。违逆天地的罪行会延及后代五世；诬蔑周文王、周武王的，罪行会延及后代四世；违背伦理道德的，罪行会延及后代三世；算计鬼神的，罪行会延及后代二世；亲自杀人的，罪行只在他本身。因此说，大罪有五种，而杀人是最轻的。”

刑政

［原文］

仲弓问于孔子曰：“雍①闻至②刑无所用政，至政无所用刑。至刑无所用政，桀纣之世是也；至政无所用刑，成康之世是也。信乎？”孔子曰：“圣人之治化③也，必刑政相参焉。太上④以德教民，而以礼齐⑤之，其次以政焉。导民以刑，禁之刑，不刑也。化之弗⑥变，导之弗从，伤义以败俗，于是乎用刑矣。颛（zhuān）⑦五刑

必即天伦，行刑罚则轻无赦。刑，侀[8]也；侀，成也。壹成而不可更，故君子尽心焉。”

［注释］

①雍：仲弓姓冉名雍，字仲弓，孔子弟子。
②至：最，极。
③治化：治理教化。
④太上：最好，最上等。
⑤齐：统一。
⑥弗：不。
⑦颛：通“专”。
⑧侀：定型。

［译文］

仲弓问孔子说：“我听说治理国家时，过度使用刑罚就无处使用政令，过分依赖政令就无处使用刑罚。前者所说，是夏桀商纣统治的时代，后者的情况是成康统治的时代。这是真的吗？”孔子回答说：“圣人治理教化百姓，一定会刑罚政令相互结合使用。最上乘的做法是用仁德来教化百姓，用礼仪来统一思想；然后用政令引导百姓，用刑罚禁止百姓犯罪，这样做的目的是为了不用刑罚。教化他们，但是却不改正，引导他们却不服从，损伤道义败坏风俗的人，只有使用刑罚加以处置了。专用五刑统治百姓，一定要顺从天道，执行刑罚时不论罪行轻重都不能赦免。刑罚就是侀，侀就是已成事实不能更改的意思。只要刑罚已成事实就不可更改，因此君子要全心全力去审理各种案件。”

［原文］

仲弓曰：“古之听讼[1]，尤罚丽[2]于事[3]，不以其心[4]，可得闻乎？”孔子曰：“凡听五刑之讼，必原[5]父子之情，立[6]君臣之义以权[7]之。意论[8]轻重之序，慎测[9]浅深之量[10]以别之。悉其聪明[11]，正[12]其忠爱以尽之。大司寇正刑[13]明辟[14]以察狱[15]，狱必三讯[16]焉。有指[17]无简[18]，则不听也。附从轻，赦[19]从重，疑狱[20]则泛与众共[21]之，疑则赦之。皆以小大之比成[22]也。是故爵人[23]必于朝，与众共之也；刑人[24]必于市，与众弃之也。古者公家不畜[25]刑人[26]，大夫弗养[27]也。士遇之涂，以弗与之言。屏[28]诸四方，唯其所之，不及与政。弗欲生之也。”

[注释]

①听讼：审理诉讼案件。听，处理，审理。讼，诉讼或者诉讼案件。
②丽：根据，依附。
③事：事实。
④心：动机。
⑤原：推原，探究。
⑥立：确立，建立。
⑦权：权衡。
⑧意论：意，内心。论，论证。
⑨慎测：仔细小心地检测。
⑩量：分量。
⑪聪明：明辨是非。
⑫正：考定，正定。
⑬正刑：正定刑法。
⑭明辟：明断罪行。
⑮察狱：审查案件。
⑯三讯：向群臣、群吏、群众三方征求意见。
⑰有指：有犯罪的动机意图。
⑱无简：没有犯罪事实。
⑲赦：赦免。
⑳疑狱：可疑的案件。
㉑共：共同审理。
㉒成：审理妥帖。
㉓爵人：给人授以官爵。
㉔刑人：给人施以刑罚。
㉕畜：收留。
㉖刑人：因犯罪而受到刑罚的人。
㉗养：供养。
㉘屏：屏除，这里是放逐。

[译文]

仲弓说："古时候审理诉讼案件时，尤其注重依据事实来审判，而不是根据其犯罪的动机，可以将这些说给我听一听吗？"孔子说："凡是审理五种罪行的案件，必须要推原父子间的亲情，按照君臣之义来权衡他是否犯法。目的是论证情节的轻重，仔细地审查其罪行分量的深浅以区别对待，尽自己分辨是非的能力，正定其忠爱之心以穷究案情。大司寇的责任就是在审理案件时正定刑法、明察案情，

仲弓

孔子的弟子冉雍，字仲弓，以德行著名。

审案必须要向群臣、群吏、群众三方征求意见。那种有犯罪的意图却没有犯罪事实的就不要治罪。量刑时那种可重可轻的要从轻发落，赦免时要先赦免那些原判较重的，如果案件可疑的话就要广泛地和民众共同审理，如果情有可原的就予以赦免。不论案件大还是小，都要审理好。因此，授予人官爵就一定要在朝廷之上，让众人一同参加，给人施以刑罚时就一定要在街市上当众施行，让众人也一同唾弃他。古时候诸侯不允许收留犯罪的人，大夫也不允许供养犯罪的人。在道路上，遇到犯人不要和他说话，将他放逐出去，随便流放到什么地方，不要让他参与政事，以示不想让他存活在人间。”

礼运

［原文］

孔子为鲁司寇①，与②于蜡③。既④宾⑤事毕，乃出游于观⑥之上，喟然而叹。言偃侍，曰：“夫子何叹也？”孔子曰：“昔大道⑦之行，与三代⑧之英，吾未之逮⑨也，而有记⑩焉。

［注释］

①司寇：官职名，掌管刑狱纠察等事。
②与：参与。
③蜡：祭祀名，在十二月祭百神，称之为“蜡”。
④既：已经。
⑤宾：陪祭者。
⑥观：高台上的建筑物。
⑦大道：上古五帝时代的社会准则。
⑧三代：夏、商、周三代。
⑨逮：赶得上。
⑩记：记载。

［译文］

孔子担任鲁国司寇的时候，参与蜡祭，等到宾客蜡祭完毕以后，便外出到高台上游览，深深地感叹。言偃陪侍在一旁，问道：“老师您为什么叹息呢？”孔子说：“以前大道施行于天下的时代，和夏、商、周三代那样英明杰出的君主时代，我都没有赶上，所看到的只有记载罢了。

［原文］

“大道之行，天下为公①，选贤与能，讲信修②睦。故人不独③亲其亲，不独子其子，老有所终，壮有所用，矜④寡⑤孤疾皆有所

养。货恶⑥其弃于地，不必藏⑦于己。力恶其不出于身，不必为人。是以奸谋闭而不兴⑧，盗窃乱贼不作。故外户而不闭，谓之大同。

［注释］

①天下为公：天下是公共的。
②修：增进。
③独：独自。
④矜：年老没有妻子的人。
⑤寡：年老没有丈夫的人。
⑥恶：憎恶，厌恶。
⑦藏：收藏。
⑧兴：兴兵作乱。

［译文］

“在大道施行的时候，天下是人们所共有的，把有贤德、有才能的人选出来给大家办事，人人讲求诚信，崇尚和睦。因此，人们不单奉养自己的父母，不单抚育自己的子女，要使老年人能终其天年，中年人能为社会效力，幼童能顺利地成长，使老而无妻的人、老而无夫的人、幼年丧父的孩子、老而无子的人、残疾人都能得到供养。人们憎恶财货被抛弃在地上的现象，而要去收贮它，却不是为了独自享用；也憎恶那种在共同劳动中不肯尽力的行为，也不会为私利而劳动。这样一来，就不会有人搞阴谋，不会有人盗窃财物和兴兵作乱，家家户户都不用关大门了，这就叫作‘大同’社会。

［原文］

“今大道既隐①，天下为家，各亲其亲，各子其子。货则为己，力则为人。大人世及以为常，城郭沟池以为固。禹、汤、文、武、成王、周公，由此而选，未有不谨②于礼。礼之所兴③，与天地并。如有不由礼而在位者，则以为殃④。”

杏坛礼乐

孔子回到鲁国，鲁国仍不重用他，他也不要求做官，每天在杏坛弹琴，与弟子们叙《书》、传《礼》、删《诗》，杏坛成为孔子万世立教的第一圣地。

［注释］

①隐：隐藏，消失。
②谨：谨慎。

③兴：兴旺发达。
④殃：灾难，祸害。

[译文]

“现在大道已经没有了，天下的人都有自己的家，侍奉自己的亲人，养育自己的子女，卖东西所得财物也都成自己的了，为自己出力。官员职位世袭的现象已经习以为常，修建城墙护城河作为防御的工具。夏禹、商汤、文王、武王、成王、周公都是依据这一点被推选上君主的，没有不小心谨慎遵守礼的。礼的兴旺发达，是和天地一起的。如果一个君主在位期间不遵守礼，那么就会有灾祸。”

[原文]

言偃复问曰：“如此乎，礼之急[①]也？”孔子曰：“夫礼，先王所以承[②]天之道，以治[③]人之情[④]。列[⑤]其鬼神，达[⑥]于丧、祭、乡射、冠、婚、朝聘[⑦]。故圣人以礼示[⑧]之，则天下国家可得以正[⑨]矣。”

[注释]

①急：急需，紧急。
②承：遵循。
③治：治理。
④情：性情。
⑤列：参验。
⑥达：通达，贯彻。
⑦丧、祭、乡射、冠、婚、朝聘：丧，丧礼。祭，祭神或者祭祖先。乡射，乡间的射礼。冠，男子的加冠礼。婚，婚礼。朝聘，诸侯定期朝见天子之礼。
⑧示：展示，昭示。
⑨正：合规范。

[译文]

言偃又问道：“这样一来，礼就是很紧急的吧？”孔子说道：“礼就是先王用来遵循天道治理人们的性情的。它参验于鬼神，在丧、祭、乡射、冠、婚、朝聘上都贯彻了。因此圣人以礼来昭示天下，那样天下国家才能合乎规范。”

[原文]

言偃曰：“今之在位，莫知由[①]礼，何也？”孔子曰：“呜呼哀哉！我观[②]周道，幽厉[③]伤[④]也，吾舍鲁何适[⑤]？夫鲁之郊[⑥]及禘[⑦]皆非礼[⑧]，周公其已衰矣。杞之郊也禹，宋之郊也契，是天

子之事守[9]也。天子以杞、宋二王之后。周公摄政致太平，而与天子同是礼也。诸侯祭社稷宗庙，上下皆奉其典[10]，而祝嘏(gǔ)[11]莫敢易[12]其常法，是谓大嘉。

言偃

言偃，字子游。擅长文学，曾任武城宰，用礼乐教育士民。

[注释]

①由：遵循。
②观：考察。
③幽厉：周幽王和周厉王，都是暴戾昏庸之君。
④伤：败坏。
⑤适：到，去。
⑥郊：郊祭，即在郊外祭天地。
⑦禘：在宗庙中祭祖先。
⑧非礼：不符合礼仪。
⑨守：保留。
⑩典：制度，法则。
⑪祝嘏：祭祀时致祈祷词和传达神灵意旨的人。
⑫易：改变。

[译文]

言偃说："现在的当权者没有人遵循礼，是什么原因呢？"孔子回答说："哎呀，悲哀啊，我考察了周代的制度，礼从周幽王和周厉王的时候就被败坏了，我舍弃了鲁国又能到哪里去呢？鲁国所举行的郊祭和禘祖的仪式也都是不合于周礼的，周公订立的礼已经衰败了。杞国人祭天是为了祭大禹，宋国人祭天是为了祭契，这是由于他们是夏、商两代天子的后裔，因此能保留着天子的职事。周公代行执政而天下得以太平，因此对他采用和天子一样的礼仪。诸侯祭祀社稷和祖先，上下的人都尊奉着同样的典章制度，祝嘏也不敢妄自改变原有的制度，这就称之为大嘉。

[原文]

"今使祝嘏(gǔ)辞说徒藏于宗祝巫史[1]，非礼也，是谓幽国[2]；醆斝(jiǎ)[3]及尸君[4]，非礼也，是谓僭[5]君；冕弁(biàn)[6]兵车藏于私家，非礼也，是谓胁君；大夫具官[7]，祭器不假[8]，声乐[9]皆具[10]，非礼也，是为乱国。故仕于公曰臣，仕于家曰仆。三年之丧，与新有婚者，期[11]不使也。以衰裳[12]入朝，与家仆杂居齐齿[13]，非礼也，

是谓臣与君共国⑭；天子有田以处⑮其子孙，诸侯有国以处其子孙，大夫有采⑯以处其子孙，是谓制度；天子适⑰诸侯，必舍其宗庙，而不以礼籍⑱入，是谓天子坏法乱纪；诸侯非问疾吊丧而入诸臣之家，是谓君臣为谑⑲。

[注释]

①宗祝巫史：宗，宗伯，掌管宗庙的祭祀礼仪。祝，太祝，掌管祭祀祈祷。巫，巫官，掌管占卜以及鬼神之事。史，史官，掌管祭祀时的记事。

②幽国：典礼制度幽昧不明的国家。

③醆斝：古代的两种酒器名。

④尸君：献尸。

⑤僭：超越。

⑥冕弁：礼帽和礼服。

⑦具官：设立各种官职。

⑧假：即借。

⑨声乐：乐器。

⑩具：具备。

⑪期：期间。

⑫衰裳：丧服。

⑬齐齿：平等。

⑭共国：共同占有国家。

⑮处：安置。

⑯采：即采邑，也就是封地。

⑰适：到。

⑱礼籍：典章礼制。

⑲谑：玩笑。

[译文]

“如今让祝嘏辞说只藏到宗伯、太祝、巫官、史官家中，这不符合礼，这就是所谓的国家幽昧不明。醆斝是先王所用的酒器，诸侯用来献尸，这不符合礼，这就是所谓的超越国君。礼帽、礼服和兵车私自藏在大夫家中，这不符合礼，这就是所谓的威胁国君。大夫家中设立各种官职，祭器齐备，声乐俱全，这不符合礼，这就是所谓的悖乱国家纲纪。因此，受命于国君为官的称为臣，受命于大夫做事的称为仆。处于服三年之丧以及刚刚结婚的，在服丧和婚期的时间内，给他们假期，不要因公事而任用他们。穿着丧服入朝，或者在家和奴仆杂役一起并行，这些都是不符合礼的，这就是所谓的国君和臣子一同占有国家。因此天子拥有田地以安置自己的子孙，诸侯有国以安置自己的子孙，大夫有封地以安置自己的子孙，这就是所谓的制度。天子到诸侯国去，必须要住在诸侯的祖庙中，如果不依照典章礼制进到祖庙，那就叫作天子败坏法纪。诸侯如果不是探看病人或者吊丧，就随便进入到大臣家中，那就叫作君和臣开玩笑。

［原文］

“夫礼者，君之柄[①]，所以别嫌明微，傧(bīn)[②]鬼神，考[③]制度，列仁义，立政教，安君臣上下也。故政不正则君位危，君位危则大臣倍，小臣窃。刑肃而俗弊则法无常，法无常则礼无别，礼无别则士不仕，民不归，是谓疵(cī)国。

［注释］

①柄：工具，器具。
②傧：接引客人。
③考：考察。

［译文］

“君主用礼来治理国家，礼就好像是治理国家的把柄，是用来辨别是非，明察细微之处的，迎敬鬼神，考正国家制度，列出仁义道德，树立政令和教化，使君臣上下的关系安定和谐。所以，政令不正确的话，君主的地位就会受到威胁，君主的地位受到威胁了，大臣们就会违背朝纲，小官员们就会滥用权力。刑法严厉，但是社会风俗却很败坏，政令就会变化无常，法令不正常的话，礼节就没有了秩序可言，礼节没有了秩序的话，读书人就不会去做官，百姓就不会归顺，这样的国家是有问题的。

［原文］

“君者，人所明[①]，非明人者也；人所养[②]，非养人者也；人所事[③]，非事人者也。夫君者明人则有过，养人则不足[④]，事人则失位[⑤]。故百姓明君以自治，养君以自安，事君以自显。是以礼达[⑥]而分定[⑦]，人皆爱其死而患其生，是故用人之智去其诈，用人之勇去其怒，用人之仁去其贪。国有患，君死社稷，为之义；大夫死宗庙，为之变。凡圣人能以天下为一家，以中国[⑧]为一人，非意[⑨]之，必知其情，从于其义，明于其利，达[⑩]于其患，然后为之。”

[注释]

①明：效法尊崇。
②养：供养。
③事：侍奉。
④不足：不能满足。
⑤失位：失去地位。
⑥礼达：达于礼，即知礼。
⑦分定：职分确定。
⑧中国：此处指天下人。
⑨意：通“臆”，臆想。
⑩达：知晓，通达。

景公尊让

孔子见齐景公，景公请孔子先驱而行，孔子再三谦让，景公问孔子为什么不先行，孔子说：“让我先行，是你的恩赐，但我怎敢以平民与国君相比？如果先行，不符合礼仪吧。”

[译文]

“君主是众人所效法尊崇的，而不是尊崇效法别人的人。国君是众人所供养的，而不是供养别人的人。国君是众人侍奉的人，而不是侍奉别人的人。对于君主来说，效仿别人的话那自己就一定有过失，奉养别人的话那自己就不能满足百姓的要求，侍奉别人的话那自己就会失去地位。因此，老百姓尊崇效法国君以管理自己，奉养君主以安定自己，侍奉君主以显达自己。因此，懂得了礼，每个人的职分就得以确定了。每个人都乐于为君主奉献出自己的生命而耻于苟且偷生，因此国君运用他们的智慧而去除他们的狡诈，任用他们的勇猛而去除他们的鲁莽冲动，任用他们的仁爱而去除他们的贪欲。国家出现了祸患，君主为了国家而死称之为义，大夫为了宗庙而死称之为变。所以圣人能将全天下治理得如同一家，将全天下人治理得如同一个人，这不是主观臆想出来的。他必须要懂得人之性情，通晓义理，明白利害，而后才可以做到这些。”

卷 八

辩乐解

［原文］

孔子学琴于师襄子。襄子曰："吾虽以击磬（qìng）[①]为官，然能于琴，今子于琴已习，可以益[②]矣。"孔子曰："丘未得其数[③]也。"有间[④]，曰："已习其数，可以益矣。"孔子曰："丘未得其志也。"有间，曰："已习其志，可以益矣。"孔子曰："丘未得其为人也。"

［注释］

①磬：古代的一种乐器。
②益：增加，加上。
③数：技巧，技能。
④有间：过了一会儿。

学琴师襄

孔子二十九岁时，向师襄子学习弹琴。他长时间练习一支曲子，直到理解了乐曲的内涵，进而领悟到作者是周文王。师襄子很佩服，告诉他乐曲名叫《文王操》。

［译文］

孔子向师襄子学琴。襄子说："我虽然是因为磬击打得好才做官的，但是我还会弹琴。现在你的琴艺已经很娴熟了，可以增加一些有深度的内容了。"孔子说："我还没有学习到弹琴的技巧。"过了一段时间，襄子说："你已经熟练地掌握了弹琴的技巧了，现在可以增加一些新的内容了。"孔子说："我还没有得到弹琴的要点呢。"过了一段时间，襄子说："你已经学习到弹琴的要点了，可以增加一点新的内容了。"孔子说："我还没有了解到作曲人的为人呢。"

［原文］

有间，孔子有所谬然思焉，有所睪然高望而远眺。曰："丘迨[①]得其为人矣，近黮而黑，颀然长[②]，旷[③]如望羊，奄有四方。非文王其孰能为此。"师襄子避席叶拱[④]而对曰："君子圣人也，其传曰《文王操》。"

[注释]

①迨：才，刚刚。
②颀然长：这里指身体修长。
③旷：远远地看上去。
④叶拱：以两手抚于胸前为礼。

[译文]

过了一段时间，孔子陷入思考之中，登高远眺，说："我现在才了解到作曲人的为人了。他皮肤很黑，身体修长，看上去拥有了四方的土地，不是周文王还能是谁呢？"师襄子从席子上起来向孔子拜了两拜说："你真是圣贤的人，这个曲子传说就是《文王操》。"

[原文]

子路鼓琴，孔子闻之，谓冉有曰："甚矣[①]！由之不才也。夫先王之制[②]音也，奏中声以为节，流入于南，不归于北。夫南者，生育之乡；北者，杀伐之城。故君子之音，温柔居中，以养生育之气。忧愁之感，不加[③]于心也；暴厉[④]之动，不在于体也。夫然者，乃所谓治安之风也。

[注释]

①甚矣：很严重。
②制：创制。
③加：存在于。
④暴厉：剧烈。

[译文]

子路在弹琴，孔子听到以后对冉有说："真是很严重啊！仲由的琴弹得不是很好啊。先王创制音乐，并用弹奏中音作为节制，音流传到南方，但是不流传到北方。因为南方是生长发育的地方，北方则是充满战争杀戮的地方。所以君子的音乐温和适中，从而用来调养生育气息，忧愁的感觉不会存在心中，剧烈的运动不存在体内。像这样的声音就是大家经常说的盛世安乐之音。

[原文]

"小人之音则不然，亢丽[①]微末，以象杀伐之气，中和之感不载于心，温和之动不存于体。夫然者，乃所以为乱[②]之风。昔者舜弹五弦之琴，造[③]《南风》之诗，其《诗》曰：'南风之熏兮，

可以解吾民之愠[④]兮；南风之时兮，可以阜[⑤]吾民之财兮。’唯修此化，故其兴也勃焉。德如泉流，至于今王公大人述[⑥]而弗忘。

[注释]

①亢丽：沧桑悲凉。
②乱：扰乱。
③造：创造，作出。
④愠：不高兴。
⑤阜：巩固，增加。
⑥述：叙述，陈述。

[译文]

“小人的音乐就不是这样的，沧桑悲凉而且很琐碎，心中好像有杀戮的气息。温和适中的感觉，不存在他的心中；温和的运动，不存在他的体内。像这样的声音就是扰乱国家的声音。先前的舜帝弹奏五弦琴，创造出《南风》的诗篇，《诗》说：‘南方的风真温馨啊！它可以消去百姓们的愤怒；南风吹来的时间正是时候啊！它可以让百姓们的钱财更加富足。’只有讲究这样的音乐教化，舜帝的国家才能如此的兴盛。品德就好像泉水一样，一直流到现在，王公大臣们还能叙述出来而没有忘记。

[原文]

“殷纣好为北鄙[①]之声，其废[②]也忽焉。至于今王公大人举以为诫。夫舜起布衣，积德含和而终以帝。纣为天子，荒淫暴乱而终以亡，非各所修之致[③]乎？由，今也匹夫之徒曾无意[④]于先王之制，而习亡国之声，岂能保其七尺之体哉？”冉有以告子路，子路惧而自悔，静思不食，以至骨立。夫子曰：“过而能改，其进矣乎。”

[注释]

①鄙：边远的地方。
②废：衰败，荒废。
③致：导致，致使。
④无意：没有考虑。

[译文]

“纣王喜欢北方的音乐，他的国家很快就衰败了，现在王公大臣都经常以此为戒。舜帝是从百姓中起家的，他积累品德性情温和，最终称帝。纣王执政的时候，荒淫无度，残暴地对待百姓，最终导致了灭亡。难道他们的遭遇不是各自修养政事的结果吗？仲由，现在只是个平常的人，但是没有思考先王的教导，演奏这种亡国之音，怎么能够保全七尺之身呢？”冉有将这些话告诉了子路，子路很恐惧并且暗自悔恨，每天静坐反思并且不进食，以至于到了形销骨立的地步。孔子说道：“有了错误而能够改正，这就是进步了。”

［原文］

周宾牟贾侍坐于孔子，孔子与之言及乐，曰：“夫《武》之备诫之以久，何也？”对曰：“病疾[①]不得其众。”“咏叹[②]之，淫液[③]之，何也？”对曰：“恐不逮事[④]。”“发扬蹈厉[⑤]之已蚤[⑥]，何也？”对曰：“及时事。”“《武》坐[⑦]致右[⑧]而轩左[⑨]，何也？”对曰：“非《武》坐。”“声淫及商，何也？”对曰：“非《武》音也。”孔子曰：“若非《武》音，则何音也？”对曰：“有司失其传[⑩]也。”孔子曰：“唯丘闻诸苌(cháng)弘，若非吾子之言是也。若非有司失其传，则武王之志荒[⑪]矣。”

［注释］

①病疾：担心，害怕。
②咏叹：长声歌唱。
③淫液：乐声连绵悠长。
④事：战事。
⑤发扬蹈厉：举起手以表示奋发，顿足以表示勇猛。
⑥蚤：通“早”。
⑦坐：即跪。
⑧致右：右膝着地。
⑨轩左：提起左膝。
⑩传：传授。
⑪荒：迷乱。

［译文］

周宾牟贾在孔子一旁陪侍而坐。孔子和他谈论到了音乐：“《武》舞刚开始时击鼓警示众人的时间很长，这是什么原因啊？”周宾牟贾回答说：“那是在模仿武王，但是武王因为担心众人不肯拥护他。”孔子问道：“为什么歌声拖得那么长，乐声又那么连绵不绝呢？”周宾牟贾回答说：“恐怕是为了模仿当时武王还不能集合诸侯共同起事吧。”孔子问：“很早就开始剧烈地手舞足蹈，是什么缘故呢？”周宾牟贾回答说：“那是在模仿当时的时机很适合，要趁机发动征伐。”孔子问道：“《武》舞时右膝跪着地，左膝提起，是什么缘故呢？”周宾牟贾回答说：“那并不是《武》舞的跪。”孔子问道：“歌声中充满了杀气，是什么缘故呢？”周宾牟贾回答说：“那并不是《武》舞的歌声。”孔子问道：“如果不是《武》舞的歌声，那又是什么歌声呢？”周宾牟贾回答说：“那是由于乐官们的错误传授致使失去了原来的面目。”孔子说：“我在苌弘先生那里所听到的，和你所说的相似。如果不是乐官传授错了的话，那就是武王意志迷乱了。”

访乐苌弘

孔子拜访苌弘后，苌弘称赞孔子有圣人仪表，言必称先王，谦虚好礼，博闻强记。孔子听后说：“我怎么敢当呢？我只不过是个爱好礼乐的人。”

问 玉

[原文]

子贡问于孔子曰：“敢问君子贵玉而贱珉（mín）①，何也？为玉之寡而珉多欤？”孔子曰：“非为玉之寡故贵之，珉之多故贱之。夫昔者君子比德于玉，温润而泽，仁也；缜密以栗②，智也；廉而不刿（guì）③，义也；垂之如坠，礼也；叩之，其声清越而长，其终则诎（qū）④然，乐矣；瑕⑤不掩瑜⑥，瑜不掩瑕，忠也；孚尹⑦旁达，信也；气如白虹，天也；精神见于山川，地也；圭璋特达，德也；天下莫不贵者，道也。《诗》云：‘言念君子，温其如玉。’故君子贵之也。”

[注释]

①珉：像玉一样的石头。
②栗：坚硬。
③廉而不刿：廉，棱角。刿，划伤。
④诎：断绝。
⑤瑕：玉上的斑点。
⑥瑜：玉焕发的光彩。
⑦孚尹：玉的颜色。

［译文］

子贡向孔子问道："请问您为什么君子以玉为贵而鄙薄像玉一样的珉石呢？这是什么缘故呢？是因为玉的数量少而珉的数量多吗？"孔子说："不是的，人们并不是因为玉少而珍贵它，珉多而鄙薄它。以前君子曾将德行比作玉，玉的温润而有光泽就像仁者的德行。玉的纹理细致缜密并且质地坚硬，这就像智者的德行。玉有棱角又不伤人，这就像义者的德行。佩戴的玉垂着向下，这就像知礼的君子。敲打它时，发出的声音清亮而悠长，结束时则是骤然而止，这就像君子对乐始终如一的态度一样。玉上的斑点不会遮掩玉焕发的光彩，玉焕发的光彩也不会遮掩玉上的斑点，这就像忠诚的人不加掩饰。它的色彩明亮晶莹，就像人心的诚信。它的光彩像白色的长虹，就像上天一样气势非凡，无所不包。玉的精气显现在高山大川之间，就像大地一样厚德载物。朝廷也以玉制成圭璋作为信物，这就像有德之人的品德远扬。而天下人没有不以它为贵的原因，就在于它代表了人民所崇尚的大道啊。《诗经》上说：'每想起那位君子，他温和的如同美玉。'因此君子都以玉为贵。"

［原文］

孔子曰："人其国，其教[①]可知也。其为人也，温柔敦厚，《诗》教也；疏通知远，《书》教也；广博易良，《乐》教也；洁静精微，《易》教也；恭俭庄敬，《礼》教也；属辞比事[②]，《春秋》教也。故《诗》之失[③]愚，《书》之失诬，《乐》之失奢，《易》之失贼，《礼》之失烦，《春秋》之失乱。其为人也，温柔敦厚而不愚，则深于《诗》者矣；疏通知远而不诬，则深于《书》者矣；广博易良而不奢，则深于《乐》者矣；洁静精微而不贼，则深于《易》者矣；恭俭庄敬而不烦，则深于《礼》者矣；属辞比事而不乱，则深于《春秋》者矣。天有四时者，春夏秋冬，风雨霜露，无非教也。地载神气，吐纳[④]雷霆，流形庶物，无非教也。清明在躬，气志如神，有物将至，其兆必先。是故，天地之教与圣人相参。其在《诗》曰：'嵩高惟岳，峻极于天，惟岳降神，生甫及申，惟申及甫，惟周之翰。四国于蕃，四方于宣。'此文武之德。'矢其文德，协此四国。'此文王之德也。凡三代之王，必先其令闻。《诗》云：'明明天子，令闻不已。'三代之德也。"

[注释]

①教：教化。
②属辞比事：连缀文辞，排比史事。
③失：不足。
④吐纳：出现。

观象知雨
孔子出门，让弟子带着雨具，不久就下雨了。弟子问他怎么知道要下雨的。孔子说：“《诗经》里不是说‘月离于毕，俾滂沱矣’，昨夜月亮没有停留在毕星附近，所以就知道要下雨了。”

[译文]

孔子说：“进入到一个国家，这个国家的教化就能够知道了。民众性情温和敦厚的话，就是《诗经》教化的结果。民众对政事通达，并通晓古今的话，就是《书经》教化的结果。民众心胸宽广胸怀博大、平易善良的话，就是《乐经》教化的结果。民众纯洁淡泊并且义理精微的话，就是《易经》教化的结果。民众谦恭勤俭并且庄重谨慎的话，就是《礼经》教化的结果。出口就能连缀文辞、排比史事的话，就是《春秋》教化的结果。然而，《诗经》的不足在于容易导致愚钝，《书经》的不足在于容易导致夸诞不实，《乐经》的不足在于容易导致奢侈浮华，《易经》的不足在于容易导致悖谬，《礼经》的不足在于容易导致繁缛琐碎，《春秋》的不足就在于容易导致叛乱。如果民众能够做到温柔敦厚而又不愚钝的话，就是深知《诗经》的教化之义了；如果能够疏通知远而不诬的话，就是深知《书经》的教化之义了；如果能够广博易良而不奢浮的话，就是深知《乐经》的教化之义了；如果能够洁静精微而不悖谬，就是深知《易经》的教化之义了；如果能够恭俭庄敬而不烦琐的话，就是深知《礼经》的教化之义了；如果能够属辞比事而不乱的话，就是深知《春秋》的教化之义了。天有春夏秋冬四个时节，风雨霜露都在滋润着万物，大地显现着万物的精气，风雨雷电出现在天地间，世间万物都在生长孕育，所有这一切都可以用来教化百姓。圣人自身的德行清净光明，志气意向变化微妙，有圣人出现的话，就一定会出现先兆。因此，天地的教化和圣人的教化是相合相参的。《诗经》上说：‘五岳居中是嵩山，巍巍高耸入上天，中岳嵩山降下神灵，生下甫侯和申伯，只有甫侯和申伯，才是周朝的栋梁大臣。诸侯以他们作为屏障，宣扬盛德遍及四方。’这说的就是文王和武王的德行。‘矢其文德，协此四国。’这说的就是文王的德行。但凡三代的君主，一定是先有了好名声。《诗经》上又说：‘明明天子，令闻不已。’这说的就是三代君主的德行。”

[原文]

子张问圣人之所以教。孔子曰：“师乎，吾语汝。圣人明于礼乐，举而措[1]之而已。”子张又问，孔子曰：“师，尔以为必布

几筵，揖让升降，酌献酬酢（zuò），然后谓之礼乎？尔以必行缀兆②，执羽籥③，作钟鼓，然后谓之乐乎？言而可履④，礼也；行而可乐⑤，乐也。圣人力此二者，以躬己南面，是故天下太平，万民顺伏，百官承事，上下有礼也。夫礼之所以兴，众之所以治也；礼之所以废，众之所以乱也。目巧⑥之室，则有隩阼（zuò）⑦，席则有上下，车则有左右，行则并随，立则有列序，古之义也。室而无隩阼，则乱于堂室矣；席而无上下，则乱于席次矣；车而无左右，则乱于车上矣；行而无并随，则乱于阶涂矣；列而无次序，则乱于著矣。昔者明王圣人辩贵贱长幼，正男女内外，序亲疏远近，而莫敢相逾越者，皆由此涂出也。”

［注释］

①措：施行。
②缀兆：乐队的行列。
③羽籥：舞具和乐器。
④履：实现。
⑤乐：高兴。
⑥目巧：用眼睛（而不拘泥于法度）来测量。
⑦隩阼：房屋和台阶。

［译文］

子张向孔子询问圣人是如何治理政事的。孔子说：“子张啊，我来告诉你，圣人明晓于礼乐，是为了将它们融合在一起施用到治理政事上而已。”子张没有听明白，便又问了一遍。孔子说：“子张，你认为非得要大摆筵席，对上对下都作揖作拱，互相间劝酒，才能称作礼吗？你认为非得要排列乐队，挥动舞具，吹起乐器，奏起钟鼓，才能称作乐吗？说出话来并且亲自做到，就是礼；去做事并且感到快乐，就是乐。圣人致力于这两方面，并且把自己摆在君主的地位上亲自去做，因此天下才得以太平，人民都很顺服，百官听从政令并各司其职，上上下下的人都依礼行事。礼仪大兴的时候，天下能太平，礼仪被废止的时候，天下就大乱。设计堂屋的时候，要既有房屋又有台阶，排列席位的时候，要有上有下，乘坐车马的时候，要分左右，走路的时候要分先后，站立的时候要有次序，这是自古以来就存在的道理。如果堂屋没有房屋和台阶的话，堂和室就混淆了；如果席位没有上下的话，那些席位就乱了；如果车马不分左右的话，那么乘坐人的地位就不分了；如果走路的时候没有先后的话，那道路上就乱了；

如果站立没有次序的话，那么位置就乱了。以前明君和圣人都区分身份的贵贱、年龄的长幼、性别的男女、次序的亲疏，没有谁敢逾越这个界限，而这一切都是从这个道理出发的。”

屈节解

［原文］

子路问于孔子曰：“由闻丈夫居世，富贵不能有益于物；处贫贱之地①，而不能屈节以求伸②，则不足以论乎人之域矣。”孔子曰：“君子之行己，期于必达于己。可以屈则屈，可以伸则伸。故屈节者所以有待，求伸者所以及时③。是以虽受屈而不毁其节④，志达而不犯于义⑤。”

［注释］

①地：地位。
②伸：施展才华。
③及时：抓住时机。
④节：名节。
⑤义：义理。

［译文］

子路问孔子说：“我听说男子汉大丈夫活在世上，富裕尊贵而不能有益于社会，身处贫困低贱的地位而不能屈节以求施展才华，就不能够称之为人了。”孔子回答道：“君子行事都希望达到一定的目的。能够委屈自己就委屈一下，能够施展才华就施展才华，所以委屈自己的人一定有所期待，寻求施展才华的人一定善于抓住时机。虽然委屈自己但不能毁坏自己的名节，志向通达但不能违背义理。”

［原文］

孔子在卫，闻齐国田常将欲为乱①，而惮鲍、晏，因欲移其兵以伐鲁。孔子会诸弟子而告之曰：“鲁父母之国，不可不救，不忍视其受敌，今吾欲屈节于田常以救鲁。二三子谁为使？”于是子路曰：“请往齐。”孔子弗许。子张请往，又弗许。子石请往，又弗许。三子退，谓子贡曰：“今夫子欲屈节以救父母之国，吾三人请使而不获往？此则吾子用辩②之时也，吾子盍请行

命赐存鲁

齐国要进攻鲁国，孔子让弟子们想办法阻止，子贡游说列国，终于存鲁乱齐。

焉？”子贡请使，夫子许之。遂如齐，说田常曰：“今子欲收功③于鲁实难，不若移兵于吴则易。”田常不悦，子贡曰：“夫忧在内者攻强，忧在外者攻弱。吾闻子三封而三不成，是则大臣不听令。战胜以骄主，破国以尊④臣，而子之功不与焉，则交日疏于主，而与大臣争。如此，则子之位危矣。”田常曰：“善，然兵甲⑤已加鲁矣，不可更，如何？”子贡曰：“缓师，吾请于吴，令救鲁而伐齐，子因以兵迎之。”田常许诺。

[注释]

①乱：叛乱。
②辩：辩才。
③收功：取得功绩。
④尊：尊崇。
⑤兵甲：代指军队。

[译文]

孔子在卫国的时候，听说齐国的田常想要叛乱，而因其忌惮鲍牧、晏圉等人从中作梗，就想将叛乱的军队转移出去，以攻伐鲁国。孔子便集合了各位弟子并告知他们说：“鲁国是我们父母亲人所居住的地方，不可以不去援救，更不忍心看到他们受到侵犯，因此，我想通过委屈于田常的方法以救援鲁国，你们几个人谁愿意出使齐国？”于是子路说：“请允许我前往齐国。”孔子没有允许。子张也请求前往，孔子又没有允许，子石也请求前往，孔子也没有允许。他们三个人退下来对子贡说：“现在先生想委屈于田常以救援我们父母所居住的鲁国，我们三个人都请求出使前往却没有得到允许，现在正是你展示自己出色的辩才的好时机，你怎么不去请行呢？”子贡便前去请求出使，孔子允许了。于是子贡就到了齐国，游说田常说：“现在你想要在鲁国取得功绩实在是很难，不如移兵到吴国会很容易。”田常听了很不高兴。子贡又说道：“忧患在朝堂之内的人，必定会去攻打强国，忧患在百姓身上的人，方才去攻打弱国。而今你的忧患是在朝堂之内，我听说你三次受封都没有成功，那是因为朝中有大臣反对你。如果你战胜了，你的君主会为之骄傲自豪，如果你攻破了敌国，却只能让别的大臣更为显贵，而你功劳却没有在其中。你和君主的关系会一天天地变得疏远，如果你再去和那些大臣争夺权力的话，你的处境就会变得很危险了。”田常说：“你说得很对。然而我的军队已经奔赴鲁国了，不可以更改了，该怎么办呢？”子贡说：“您先停止进兵，我请求去吴国，让他们去攻打齐国以援助鲁国，这样您再趁机发兵攻打他们就好了。”田常答应了。

［原文］

子贡遂南说吴王曰：“王者①不灭国，霸者无强敌，千钧之重加铢两而移。今以齐国而私②千乘之鲁，与吴争强，甚为王患之。且夫救鲁以显名，以抚③泗(sì)上诸侯，诛暴齐以服晋，利莫大焉。名存亡鲁，实困强齐，智者不疑。”吴王曰：“善，然吴常困越，越王今苦身养士，有报④吴之心，子待我先越，然后乃可。”子贡曰：“越之劲⑤不过鲁，吴之强不过齐，王置⑥齐而伐越，则齐必私⑦鲁矣。王方以存亡继绝之名，弃齐而伐小越，非勇也。勇而不计难，仁者不穷约⑧，智者不失时，义者不绝世。今存越示天下以仁，救鲁伐齐，威加晋国，诸侯必相率而朝，霸业盛矣。且王必恶越，臣请见越君，令出兵以从，此则实害越而名从诸侯以伐齐。”吴王悦，乃遣子贡之越。

［注释］

①王者：施行王道的人，和“霸者”相对。
②私：占为己有。
③抚：安抚。
④报：报复。
⑤劲：强。
⑥置：搁置。
⑦私：私吞。
⑧约：缠缚。

［译文］

子贡于是就向南到了吴国，游说吴王说：“施行王道的人不会让自己的诸侯属国被别人灭掉，施行霸道的人也不允许天下有强于自己的敌人出现。这正如千钧相敌的重量，加了一些微小的东西就会改变。如今齐国想要将千乘之国的鲁国占为己有，和我们吴国争强，我很是为大王您担忧。并且如果你去救援鲁国的话，您的好名声也会因此显扬，泗水一代的诸侯也会因此得到安抚。诛杀暴虐的齐国，征服强大的齐国，再也没有比这更大的好处了。名义上是挽救了将要灭亡的鲁国，实际上却是困厄了强大的齐国，明智的人对这种做法是不会怀疑犹豫的。”吴王说：“你说得很对。但是吴国经常和越国作战，将越王退逼到了会稽山一代。现在越国苦心经营，养蓄将士，有要报复我的决心，你先等我攻打了越国，再去攻伐齐国吧。”子贡说：“越国的势力比不上鲁国，吴国的势力也没有齐国强大，如果大王您放弃攻打齐国而去攻打越国，那么齐国就一定占领并私吞鲁国了。而您正是以保全将要灭亡的国家的名义啊，如果您放弃了齐国而去攻伐越国，那就不是勇者的表现了。勇者是不会计较困难的，仁者是不甘困窘缠缚的，智者是不会错失时机的，义者是不会拒绝和他人来往的，如今保存了越国可以向天下显示您的仁慈，救助鲁国攻伐齐国，就向晋国展现了您的威仪，那样各国诸侯就必定会相继到吴国来朝见您。这样一来，您称霸天下的事业也就得以实现了。如果大王你真的是害怕越国，那我请求去见越王，让他也出兵跟随大王您，而这实际上就是让越国的国力空虚，名义上却是跟随诸侯以攻伐齐国。”吴王听了这些话，十分高兴，就派遣子贡到越国去。

［原文］

越王郊迎，而自为子贡御[①]，曰：“此蛮夷[②]之国，大夫何足俨然辱而临之？”子贡曰：“今者吾说吴王以救鲁伐齐，其志欲之而心畏越，曰：‘待我伐越而后可。’则破越必矣。且无报人之志而令人疑之，拙矣；有报人之意而使人知之，殆[③]乎；事未发而先闻者，危矣。三者，举事之患矣。”勾践顿首[④]曰：“孤尝不料力而兴吴难，受困会稽，痛于骨髓，日夜焦唇干舌，徒欲与吴王接踵[⑤]而死，孤之愿也。今大夫幸告以利害。”子贡曰：“吴王为人猛暴，群臣不堪，国家疲弊，百姓怨上，大臣内变，申胥以谏死，太宰嚭用事[⑥]，此则报吴之时也。王诚能发卒佐之，以邀射[⑦]其志，而重宝以悦其心，卑辞以尊其礼，则其伐齐必矣。此圣人所谓屈节求其达者也。彼战不胜，王之福，若胜，则必以兵临晋，臣还北请见晋君共攻之，其弱吴必矣。锐兵尽于齐，

重甲困于晋，而王制其弊焉。”越王顿首许诺。子贡返。五日，越使大夫文种顿首言于吴王曰：“越悉境内之士三千人以事吴。”吴王告子贡曰：“越王欲身从寡人，可乎？”子贡曰：“悉人之率众，又从其君，非义也。”吴王乃受越王卒，谢留勾践。遂自发国内之兵以伐齐，败之。子贡遂北见晋君，令承其敝，吴晋遂遇于黄池。越王袭吴之国。吴王归与越战，灭焉。孔子曰：“夫其乱齐存鲁，吾之始愿。若能强晋以敝吴，使吴亡而越霸者，赐之说之也。美言伤信，慎言哉。”

勾践灭吴

春秋末年，吴越两国经常发生战争。越国向吴国称臣后，勾践退守会稽山，卧薪尝胆，经过多年准备，终于灭掉吴国。

[注释]

①御：驾车。
②蛮夷：古代对南方各族的含有贬义的称呼，这里是越王的自谦。
③殆：危险。
④顿首：叩头。
⑤接踵：脚后跟连着脚后跟，即一起、一道的意思。
⑥用事：掌握政权。
⑦邀射：投合，求得。

[译文]

越王到了郊外迎接子贡，并亲自为子贡驾车，说道：“我们是未开化的蛮夷之国，大夫你为何屈尊降贵来到这里呢？”子贡说：“如今我游说吴王去讨伐齐国以救援鲁国，他心里已经同意了，只是畏惧越国，说：‘等我征伐越国以后才可以这么做。’那样的话越国必定是被攻破了。况且没有报复人的打算却被人怀疑，这是很拙笨的；有了报复的打算却被人知晓，这是很危险的；事情还没有施行就已经被人探到了风声，这就更加危险了。这三种状况，是举事的最大危害。”勾践听了以后叩头说：“我曾经不自量力地和吴国作战，结果被围困到了会稽，所造成的痛苦真的是痛入骨髓，我日日夜夜都在反思，以至于嘴唇干裂，口舌焦渴，一心想要和吴王决一死战，这是我最大的心愿。感谢您现在告诉了我其中的利害，希望大夫您能告诉我该怎么办。”子贡说：“吴王为人凶残，大臣们都不堪忍受了。如今国力凋敝，百姓怨声载道，大臣也私下想要发动政变，伍子胥因为进谏而被杀死，大宰嚭因谄媚而专权，这正是报复吴国的最佳时机。如果大王您能够发兵帮助，以投合他的心意，并用重金珍宝去取得他的欢心，用谦卑的言辞和尊贵的礼仪去推崇他。那么他一定会兴兵伐齐的，这就是圣人所说的委屈自己以求得实现自己的心愿。如果他打败了，那就是大王您的福分，如果他打胜了，必定会趁机带兵逼近晋国，到时候我就会向北去见晋王，让他和您一同攻伐吴国，那样吴国一定会被削弱。等他的精锐部队在齐国折损殆尽的时候，他的重兵又会被晋国所牵制，在他疲惫不堪的时候，您再趁机出兵攻打他，那样的话就一定会消灭吴国的。”越王又一次叩头，非常高兴地同意了。于是子贡回到了吴国。五天以后，越王派遣大夫文仲跪着觐见吴王，上报道：“我们的国君愿意亲自率领越国境内的三千士兵一起前来听命于您。”吴王将文仲的话告诉子贡，问道：“越王要亲自率领士兵以跟随我讨伐齐国，这样可以吗？”子贡说：“这样不行。已经调动了他人国家内的兵马，又要让他们的国君跟随出战，这是不符合道义的。”于是吴王接受了越王派送来的军队，辞谢了越王，亲自率领国内全部的军队去讨伐齐国，大败了齐国军队。接着子贡就离开了吴国，北上赶到晋国境内，游说晋国国君趁机攻打吴国。吴国、晋国在黄池大战。越王便趁机去袭击吴国的国都，吴王只好匆忙从晋国撤回军队和越王作战，最后吴国被灭，吴王自己也死去。孔子说：“让齐国发生战乱而让鲁国得以保存，这是我原本的愿望。但是让晋国强大而让吴国凋敝，以及让吴国灭亡、越国称霸，这些都是子贡游说的成果啊。可见，巧言辞令会损害话语的真实性，说话不可以不慎重啊。”

［原文］

孔子弟子有宓子贱者，仕于鲁，为单父宰。恐鲁君听谗言，使己不得行其政。于是辞行，故请君之近史[1]二人与之俱至官。宓子戒其邑吏，令二史书，方书，辄掣(chè)其肘。书不善，则从而怒之。二史患[2]之，辞请归鲁。宓子曰：“子之书甚不善，子勉而归矣。”二史归报于君曰：“宓子使臣书而掣肘，书恶而又怒臣，邑吏皆笑之，此臣所以去之而来也。”鲁君以问孔子。子曰：“宓不齐，君子也。其才任霸王之佐，屈节治单父，将以自试[3]也。意者以此为谏乎？”公寤[4]，太息而叹曰：“此寡人之不肖[5]。寡人乱宓子之政而责其善者，非矣。微二史，寡人无以知其过，

微夫子，寡人无以自寤。”遽发所爱之使告宓子曰：“自今已往，单父非吾有也，从子之制，有便于民者，子决为[⑥]之。五年一言其要[⑦]。”宓子敬奉诏，遂得行其政，于是单父治焉。躬敦厚，明亲亲，尚笃敬，施至仁，加恳诚，致忠信，百姓化之。齐人攻鲁，道由[⑧]单父，单父之老请曰：“麦已熟矣，今齐寇至，不及人人自收其麦。请放民出，皆获傅郭之麦，可以益粮，且不资于寇。”三请而宓子不听。俄而齐寇逮于麦。季孙闻之怒，使人以让宓子曰：“民寒耕热耘，曾不得食，岂不哀哉？不知犹可，以告者而子不听，非所以为民也。”宓子蹙(cù)然[⑨]曰：“今兹无麦，明年可树。若使不耕者获，是使民乐有寇。且得单父一岁之麦，于鲁不加强，丧之不加弱。若使民有自取之心，其创必数世不息。”季孙闻之，赧(nǎn)然[⑩]而愧曰：“地若可入，吾岂忍见宓子哉？”

舞雩从游

樊迟随孔子漫步于舞雩台下，请教孔子什么是崇德、修慝、辨惑。孔子说：“问得好。先劳作后收获不是崇德吗？攻击邪恶的事而不攻击犯错误的人不是修慝吗？因为一时之愤就忘了性命和亲人不是糊涂吗？”

[注释]

①近史：君主身边亲近的人。
②患：害怕。
③自试：自己检验一下自己的才能。
④寤：醒悟。
⑤不肖：不贤明。
⑥为：治理。
⑦要：大概。
⑧由：经过。
⑨蹙然：不高兴的样子。
⑩赧然：因羞愧而脸红的样子。

[译文]

孔子有一个弟子名叫宓子贱的，在鲁国担任单父宰。宓子贱担心鲁君会听信小人的谗言，让自己的执政方案不能够施行，于是就在辞别鲁君出发的时候，故意要求鲁君身旁的两个亲近的官吏一同赴任。到了上任处所以后，宓子贱暗地里告诫单父地方的官吏，让他们在那两位史官起草文书时，抓住他们的胳膊肘。这样一来，他们写出的字就很难看，于是宓子贱就很生气，两位史官为此感到很害怕，便辞职请求回去，宓子贱对他们说："你们写的字太差，回去以后好好努力吧。"两位史官回来以后上报鲁君说："宓子让我们起草文书却又派人抓住我们的胳膊肘，导致字写不好，又因此怪罪于我们，导致单父当地的官吏都嘲笑我们，这就是我们从那里回来的原因。"鲁君就将这件事告诉了孔子。孔子说："宓不齐是一个君子，他的才能是可以辅佐君主的，现在他降低自己的身份到单父那个地方去，只是要自己检验一下自己的才能罢了。就以这件事情来说，他不过是以此来向您进谏罢了。"鲁君恍然大悟，叹息良久说道："这是我的不贤明所致，我扰乱了宓子的政事并且错责了有才能的人，我做得不对啊。如果没有这两个史官，我就无从知道自己所犯下的过错，没有您的话，我就无从醒悟。"于是就派遣自己所信任的使者前往单父，告诉宓子贱说："从此以后，单父就不再受我的管辖了，而是听从你的治理，只要能够方便人民的，你就自己决定施行吧，只需每五年向我作一个大概的汇报就行了。"宓子贱恭敬地接受了鲁君的诏令，于是就得以施行他为政的方案和策略，于是单父这个地方就被治理得很好了。宓子贱亲自教导百姓待人要敦厚，让老百姓明晓要关爱应当关爱的人，崇尚诚信、笃行，待人要施以仁爱，做人要忠厚淳朴，对君主要尽力尽忠，当地的老百姓都很好地得到了教化。齐国的军队要攻打鲁国，途中要经过单父，单父当地的一些有声望的老人向宓子贱请求道："麦子已经成熟了，现在齐国的军队就要来到这个地方，不如让百姓自己收割自己麦子。请您下达命令，让百姓们自己出去收割郊外的麦子。这样一来，既能够增加百姓的粮食，又不会让齐国的军队得以资助。"这些老人多次向宓子贱提出了这样的请求，宓子贱都没有允许。很快齐国的军队就开过来收割了单父的麦子。鲁国的大夫季孙知道了这件事以后十分生气，派人前去谴责宓子贱说："百姓们经过酷暑以及寒冬的辛劳，却不曾得到粮食，这岂不是十分悲哀吗？如果你事先不知道这种情况的话也就算了，但已经有人告诉了你，你却不听从，这么做可不是为民着想。"宓子贱很不高兴地说："今年没有了麦子，明年还可以重新耕种。但是如果让一些人不经过耕耘就获得粮食的话，他们就会乐于有敌寇入侵。何况即便是得到了单父一年的麦子，鲁国也不会因此而更强大，即便是失去了单父一年的麦子，鲁国也不会因此而更弱小。可是如果让百姓有了自取的想法，那所造成的伤害就要好几年不能够愈合。"季孙听了以后，羞愧得脸都红了，说道："如果能够钻到地缝里去的话，我哪里还有脸面去见宓子贱呢？"

[原文]

三年，孔子使巫马期远观政焉。巫马期阴[①]免衣，衣敝裘[②]，入单父界，见夜渔者得鱼辄舍之。巫马期问焉，曰："凡渔者为得，何以得鱼即舍之？"渔者曰："鱼之大者名为鲭，吾大夫爱之，其小者名为鲍，吾大夫欲长之，是以得二者辄舍之。"巫马期返，以告孔子曰："宓子之德至，使民闇行，若[③]有严刑于旁，敢问宓子何行而得于是？"孔子曰："吾尝与之言曰：'诚于此者刑乎彼。'宓子行此术于单父也。"

[注释]

①阴：悄悄地，私下里。
②敝裘：破旧的衣服。
③若：像，和……一样。

放鲰知德

孔子去卫国，让巫马期观看宓子贱的政绩。巫马期到了单父境内，碰到夜晚打鱼的人，放掉小鱼，只取大鱼，问他为什么这样做，渔人说："我们长官想让小鱼长大。"巫马期告诉孔子："宓子贱的道德教化到顶点了，使老百姓暗中做事，都像有厉害的刑罚在身旁。"

[译文]

过了三年，孔子派弟子巫马期去察看宓子贱所治理的政事。巫马期悄悄地脱下华丽的衣服，换上破旧的衣服，进入到单父的境内，看到一个晚上打鱼的人，他将捕到的鱼马上又放回到水中。巫马期向他问道："凡是打鱼的人都是为了得到了鱼，为什么你捉到了鱼却又立即舍弃呢？"打鱼的人回答说："这种大的鱼名字叫作鲭，是我们大夫所喜好的品种，这种小的鱼名字叫作鲍，是我们大夫想要让它们长大的品种，因此，我捕捉到这两种鱼就马上放回去了。"巫马期回来以后就将这件事告诉了孔子，说道："宓子的德行真是高超啊，已经达到了让民众在夜间劳作，也能像有严厉的刑罚在一旁监督一样。请问宓子是怎样做的呢，竟然达到了这样的境界？"孔子说："我曾经对他说过：'如果在一件事情上宽厚，那么就要在另一件事上严酷。'宓子就是将这种方法用到了治理单父上了啊。"

[原文]

孔子之旧[①]曰原壤，其母死，夫子将助之以沐[②]椁(guǒ)。子路曰：

“由也昔者闻诸夫子曰：‘无友不如己者，过[3]则勿惮[4]改。’夫子惮矣，姑已若何？”孔子曰：“凡民有丧，匍匐（pú fú）[5]救之，况故旧乎？非友也，吾其往。”及为椁，原壤登木曰：“久矣。予之不托[6]于音也。”遂歌曰：“狸首之斑然，执女手之卷然。”夫子为之隐[7]，佯[8]不闻以过之。子路曰：“夫子屈节而极于此，失其与矣，岂未可以已[9]乎？”孔子曰：“吾闻之亲者不失其为亲也，故[10]者不失其为故也。”

［注释］

①旧：老朋友。
②沐：修理。
③过：过错。
④惮：害怕。
⑤匍匐：努力的样子。
⑥托：寄托。
⑦隐：隐隐作痛。
⑧佯：假装。
⑨已：停止。
⑩故：老朋友。

［译文］

孔子的老朋友原壤的母亲死了，孔子帮助他整修棺材。子路说：“我也曾经听您说过：‘交朋友不交不如自己的人，有过错不要害怕改正。’先生您害怕了，暂且停止帮助他，好吗？”孔子说：“凡是百姓有丧事，我们都应努力去帮助他们，何况是老朋友呢？即使不是朋友，我也会去帮忙。”棺材准备好后，原壤敲着木头说：“我很久没有寄托心意在歌声中了。”于是歌唱道：“棺材的纹理像狸首，执你的手我心中真高兴。”孔子心里隐隐作痛，佯装没有听到他的话。子路说：“先生委屈自己到这种地步，这样的非礼，难道您还不停止吗？”孔子说：“我听说亲人总归是亲人，朋友总归是朋友。”

卷九

本姓解

[原文]

孔子之先①，宋之后②也。微子启，帝乙之元子，纣之庶兄，以圻③内诸侯，入为王卿士。微，国名，子爵。初，武王克殷，封纣之子武庚于朝歌，使奉汤祀。武王崩，而与管、蔡、霍三叔作难④，周公相⑤成王东征之。二年，罪人斯得，乃命微子代殷后，作《微子之命》申⑥之，与国⑦于宋，徙殷之子孙，唯微子先往仕周，故封之贤。其弟曰仲思，名衍，或名泄。嗣微之后，故号微仲。生宋公稽，胄子⑧虽迁爵易位，而班级⑨不及其故者，得以故官为称。故二微虽为宋公，而犹以微之号自终。至于稽，乃称公焉。

尼山致祷

孙子的母亲颜徵在祈祷于尼丘山生了孔子，孔子生来头顶中间低四周高，形似尼丘山，所以名丘，字仲尼。

[注释]

①先：祖先。
②后：后代，后裔。
③圻：方圆千里之地。
④作难：叛乱。
⑤相：辅助。
⑥申：申明。
⑦与国：建立国家。
⑧胄子：后世子孙。
⑨班级：爵位等级。

[译文]

孔子的祖先是宋国的后裔。微子启是帝乙的长子，商纣的同父异母的哥哥，是方圆千里之地的诸侯，在朝廷之内则是国王的卿士。微，是一个诸侯国的名字，属于子爵的级别。当初，武王征服了殷商，将商纣的儿子武庚封为朝歌的诸侯，让他奉行对商汤的祭祀。武王死后，武庚和管叔、蔡叔、霍叔共同谋反。周公辅助成王对他们展开了东征，用了两年的时间，这三个犯罪的人都被抓获。于是就任命微子接替武庚做朝歌的诸侯，并作了《微子之命》以申明法令，在宋地建立了国家，将殷人的后代都迁移到了那里。因为微子最先到周朝去做官，因此被周天子封号为“贤”。微子的弟弟仲思，名字叫作衍或者泄的，继承了微子的爵位，因此号为微仲。仲思生了宋公稽，他们的后世子孙虽然爵位几度变动，但等级都没有祖辈的高，因此仍用先人的爵位相称。因此，微子和他的弟弟虽然都是宋公，却始终用微这个封号，一直到了稽，才开始称作公。

［原文］

宋公生丁公申，申公生湣公共及襄公熙，熙生弗父何及厉公方祀。方祀以下，世为宋卿。弗父何生宋父周，周生世子胜，胜生正考甫，考甫生孔父嘉。五世亲尽，别[1]为公族，故后以孔为氏焉。一曰孔父者，生时所赐号也，是以子孙遂以氏族。孔父生子木金父，金父生睪夷，睪夷生防叔，避华氏之祸而奔[2]鲁。防叔生伯夏，伯夏生叔梁纥（hé）。纥虽有九女而无子。其妾生孟皮，孟皮一字伯尼，有足病。于是乃求婚于颜氏。颜氏有三女，其小曰徵在，颜父问三女曰：“陬（zōu）大夫虽父祖为士，然其先圣王之裔。今其人身长十尺，武力绝伦，吾甚贪[3]之。虽年长性严，不足为疑[4]。三子孰能为之妻？”二女莫对，徵在进曰：“从父所制，将何问焉？”父曰：“即尔能矣。”遂以妻之。徵在既往，庙见。以夫之年大，惧不时[5]有男，而私祷尼丘之山以祈焉。生孔子，故名丘而字仲尼。

［注释］

①别：分出。
②奔：逃往。
③贪：喜爱。
④疑：担心，忧虑。
⑤不时：不及时。

［译文］

宋公稽生了丁公申，申公生了湣公共和襄公熙，熙生了弗父何和厉公方祀。从方祀以下的后代，都世袭为宋国卿。弗父何生了宋父周，周生了世子胜，胜生了正考甫，正考甫生了孔父嘉。至此为五世，嫡亲关系也到此结束，便分出了同族，而后来其中的一个分支就是以孔为姓氏。而孔父这个名号的来由，一种说法是，是生下来帝王就赐给的封号，于是后来的子孙就以这个名号作为宗族的命名。孔父生了儿子木金父，金父生了睪夷，睪夷生了防叔，防叔为了躲避华氏之祸就逃到了鲁国。防叔生了伯夏，伯夏生了叔梁纥。叔梁纥的妻子生了九个女儿却没有儿子，他的小妾生了儿子孟皮，孟皮，字伯尼，他的脚有毛病。于是叔梁纥向颜氏求婚。颜氏有三个女儿，小女儿叫徵在。颜父问他的三个女儿道："陬邑的这个大夫虽然祖辈和父辈都只是士，他们的祖先是圣王的后裔。现在求婚的叔梁纥身高十尺，武力绝伦，我十分喜欢他。虽然他年龄很大，性格暴躁，但不必担心。你们三人谁愿意做他的妻子？"另外两个女儿都没有说话，只有小女儿徵在走上前说道："一切听从父亲的安排，还有什么可问的呢？"颜父便说："那就是你能做他的妻子了。"于是就将小女儿嫁给他。徵在出嫁时，是在宗庙中和叔梁纥相见的。徵在因为丈夫年纪大，害怕不能及时生出儿子，就私下里在丘尼之山祈祷，后来便生下了孔子，因此起名为丘，字为仲尼。

［原文］

孔子三岁而叔梁纥(hé)卒，葬于防。至十九，娶于宋之亓(qí)官氏，一岁而生伯鱼。鱼之生也，鲁昭公以鲤鱼赐孔子，荣君之贶(kuàng)[①]，故因以名曰鲤，而字伯鱼。鱼年五十，先孔子卒。

齐太史子与适鲁，见孔子，孔子与之言道。子与悦，曰："吾鄙人也，闻子之名，不睹子之形久矣，而求知之宝贵也，乃今而后知泰山之为高，渊海之为大。惜乎，夫子之不逢明王，道德不加[②]于民，而将垂宝以贻后世。"遂退而谓南宫敬叔曰："今孔子先圣之嗣，自弗父何以来，世有德让[③]，天所祚(zuò)[④]也。成汤以武德王天下，其配在文[⑤]。殷宗以下，未始有也。孔子生于衰周，先王典籍，错乱无纪，而乃论百家之遗记，考正其义，祖述[⑥]尧舜，宪章[⑦]文武，删《诗》述《书》，定《礼》理《乐》，制作《春秋》，赞明《易》道，垂训后嗣，以为法式，其文德著矣。然凡所教诲，束修已上，三千余人，或者天将欲与素王[⑧]之乎？夫何其盛也。"敬叔曰："殆如吾子之言，夫物莫能两大[⑨]。吾闻圣人之后，而非继世之统，其必有兴者焉。今夫子之道至

矣，乃将施之无穷。虽欲辞天之祚，故未得耳。”子贡闻之，以二子之言告孔子。子曰：“岂若是哉？乱而治之，滞而起之，自吾志，天何与焉？”

命名荣贶

孔子的儿子出生时，鲁昭公赏给了鲤鱼。孔子为显耀国君的赏赐，因而给儿子取名鲤，字伯鱼。

［注释］

①贶：赠送。

②加：施加。

③让：礼让，谦让。

④祚：赐福。

⑤文：礼乐制度。

⑥祖述：效法遵循前人的行为和学说。

⑦宪章：效法。

⑧素王：有帝王的德行而没有居王位的人。

⑨两大：两全其美。

［译文］

孔子三岁时叔梁纥去世，葬在防山。孔子十九岁，娶了宋国的亓官氏的女儿为妻，过了一年生了儿子伯鱼。伯鱼出生时，鲁昭公派人将鲤鱼赠送给孔子以示庆贺。孔子为国君的赠送感到荣幸，就给儿子取名为鲤，字伯鱼，伯鱼活到了五十岁，比孔子先去世。

齐国的太史子与到了鲁国，拜见了孔子，孔子和他谈论道。子与高兴地说：“我是一个鄙陋之人，早就听说了您的大名，却一直没有机会见到您本人。我从您这里求到的知识是非常宝贵的，从今以后我才算是知道泰山的高峻，大海的宽广了。可惜您没有遇到圣明的君主，道德不能施加于人民，而只能流传下去留给后世的人了。”于是回去以后就对南宫敬叔说：“现在的孔子是古代圣人的后嗣，自从弗父何以来，一直都是德行谦让，这是上天赐予的福分啊。成汤是以武功德行称王于天下的，他将礼乐制度和武功德行相配合。自从殷商以后，就再也没有像成汤那样的君主了。孔子出生在已经衰败了的周朝，先王的典籍都错乱而没有秩序了。孔子就考察整理了百家所遗留下来的记录，考证其中的义理，仿效尧帝和舜帝，效法于文王和武王，删定了《诗经》，论述了《尚书》，制定整理了《礼》《乐》，制作了《春秋》，阐明了《周易》的道理，给后世留下了训诫，作为效法的准则。他的礼乐制度和德行都是那样的显著啊。而他所教诲的弟子，行了拜师之礼的，就达三千多人，也许是上天想要让他做一个素王吧。为什么如此兴盛呢？”敬叔说：“这大概就像您说的那样，事情往往不能两全其美，我听说在圣人之后，如果先王的传统没有被很好地继承，那样就一定会有人去振兴它。现在孔子的道已经很完备了，就要被长久地施用于世了，即便是他想推辞掉上天的恩赐，又哪里会行得通呢？”子贡听了这些以后，就将这两个人所说的话告诉了孔子，孔子说：“哪里是这个样子的呢？世道乱了就要得到整治，事物停滞了就要被兴起，这是我一向的志向，和上天有什么关系呢？”

终记解

[原文]

孔子蚤晨作①，负手曳杖，逍遥于门而歌曰：“泰山其颓②乎！梁木其坏③乎！哲人其萎④乎！”既歌而入，当户而坐。子贡闻之曰：“泰山其颓，则吾将安仰？梁木其坏，吾将安杖？哲人其萎，吾将安放⑤？夫子殆将病也。”遂趋而入。夫子叹而言曰：“赐，汝来何迟。予畴昔⑥梦坐奠于两楹(yíng)之间。夏后氏殡于东阶之上，则犹在阼⑦。殷人殡于两楹之间，即与宾主夹之。周人殡于西阶之上，则犹宾之。而丘也即殷人，夫明王不兴，则天下其孰能宗⑧余？余逮将死。”遂寝病，七日而终，时年七十二矣。

[注释]

①蚤晨作：早晨起来。蚤，通“早”。作，起来。

②颓：崩塌。

③坏：朽坏。

④萎：困顿，萎靡。

⑤放：效仿。

⑥畴昔：往昔，以前。

⑦阼：大堂下面东边的台阶，是用来迎接客人的地方。

⑧宗：宗奉。

[译文]

孔子早晨起来，背着手拖着拐杖，在门口悠游自得地漫步，口中

梦奠两楹

孔子患病，子贡去看望，孔子正拄杖在门口唱着说：“泰山要倒了，梁木要断了，有学问的人要死了。”子贡听后赶快走进去，孔子说：“殷人停灵在两楹之间，我是殷的后人，昨晚梦见棺木放置在两楹之间，现在天下没有贤明的君主，谁能尊道呢？我要死了。”过了七日孔子去世。

唱道："泰山将要崩塌了啊，梁木将要朽坏了啊，哲人将要困顿而死了啊。"歌唱完以后就走进房间，对着门口坐了下来。子贡听到歌声说道："泰山崩塌了的话，我还能仰望什么呢？梁木朽坏了的话，我还能依靠什么呢？哲人困顿而死的话，我还能效仿谁呢？恐怕老师是要病重了啊。"于是就快步走进去拜见孔子。孔子叹息地说道："赐啊，你来得太晚了。我以前做梦梦到自己在两楹之间坐着进行祭奠。夏朝人殡于东边的台阶上，那里是主人迎接宾客的地方，殷人殡于两楹之间，那里是宾客和主人之间的夹缝，周人殡于西边的台阶上，那里也是主人迎接宾客的地方。而我自己是殷人，也就是处于夹缝之中。如果没有贤明的君主出现，天下人有谁能够尊奉我这个处于夹缝之间的人呢？我就要死了。"接着就卧病在床了，过了七天就死去了，死时七十二岁。

［原文］

哀公诔曰："昊天不吊[1]，不慭(yìn)遗一老，俾屏[2]余一人以在位，茕(qióng)茕[3]余在疚。于乎哀哉！尼父无自律。"子贡曰："公其不没于鲁乎？夫子[4]有言曰：'礼失则昏，名失则愆。'失志为昏，失所为愆。生不能用，死而诔之，非礼[5]也。称一人，非名，君两失之矣。"

［注释］

①吊：仁慈，善良。
②屏：屏蔽，引申为捍卫、保护。
③茕茕：孤零零一个人。
④夫子：指孔子。
⑤礼：礼仪，礼数。

［译文］

鲁哀公致悼词："上天对我不仁慈，不愿给我留一位国老，来捍卫我永远的君主地位，剩我孤零零地一个人发愁。呜呼哀哉！尼父啊！我没有了学习的榜样了。"子贡说："您不想在鲁国善终吗？先生有句话说：'礼仪丧失就会昏暗不清，名分丧失就会造成过错。'人失去了意志就会浑浑噩噩，失去了名分就会逾越本分。您在先生在世时不重用他，死后才哀悼他，这不合礼仪。您只想到了您自己，没有考虑到天下百姓，与您君主的身份不相称。您已经丧失了名和礼。"

［原文］

既卒，门人疑所以服[1]夫子者。子贡曰："昔夫子之丧颜回也，若丧其子而无服[2]，丧子路亦然。今请丧夫子如丧父而无

服。”于是弟子皆吊服而加麻，出有所之，则由绖[3]。子夏曰：“人宜绖可居，出则不绖。”子游曰：“吾闻诸夫子丧朋友，居则绖，出则否，丧所尊，虽绖而出可也。”孔子之丧，公西掌殡葬焉。唅以疏米三贝[4]，袭衣十有一称[5]，加朝服一，冠章甫之冠，佩象环，径五寸而綦(qí)组绶(shòu)。桐棺四寸，柏棺五寸，饰庙，置翣[6]。设披，周也，设崇[7]，殷也，绸练设旐[8]，夏也。兼用三王[9]礼，所以尊师且备古也，葬于鲁城北泗水上，藏人地不及泉，而封为偃(yǎn)斧之形，高四尺，树松柏为志[10]焉。弟子皆家于墓，行心丧之礼。既葬，有自燕来观者，舍于子夏氏。子贡谓之曰：“吾亦人之葬圣人，非圣人之葬人，子奚观焉？昔夫子言曰：‘见吾封[11]若夏屋者，见若斧矣。从若斧者也，马鬣(liè)封之谓也。’今徒一日而三斩[12]板而以封，尚行夫子之志而已，何观乎哉？”二三子三年丧毕，或留或去，唯子贡庐于墓六年。自后群弟子及鲁人处于墓如家者百有余家，因名其居曰孔里焉。

[注释]

①服：丧服，古代的丧服按照等级分为五级。
②无服：没有穿戴丧服。
③绖：丧服中用来束头或者束腰用的麻带。
④三贝：三贝壳的粳米。
⑤称：一整套衣服。
⑥翣：古代出殡时棺材上的装饰。
⑦崇：旌旗上的装饰。
⑧旐：古代的一种旗，这里是出殡时为灵柩引路的旗，也就是招魂幡。
⑨三王：即夏、商、周三代的先王。
⑩志：标记。
⑪封：封垒。
⑫斩：整齐。

[译文]

孔子去世以后，门人们决定不好用什么样的丧服来哀悼孔子。子贡说道：“以前老师吊丧颜回的时候，就像吊丧自己的儿子一样却没有穿丧服，吊子路

治任别归

孔子葬在鲁城北的泗河边上，弟子们服丧三年，才哭着行礼而去。只有子贡住墓旁六年，然后才离去。弟子和鲁国人在墓旁筑室为家者有一百多户。

的时候也一样。如今就让我们像吊丧父母一样吊丧我们的老师，但也不穿丧服。”于是孔子的弟子们都将丧服挂在一旁，而戴着麻带，出门到了什么地方都束着麻带。子夏说：“回到家里可以束着麻带，出去的时候就不用了。”子游说：“我听很多人说，吊丧朋友的时候，在家的时候束着麻带，出去的时候不束；而吊丧敬爱的人的时候，出去的时候也可以戴着麻带。”孔子的丧礼是公西赤主持的。孔子的口中放了三贝壳的粳米，衣服一共有十一套，再加上朝廷的官服一套，头上戴着章甫帽，腰间佩戴着象牙制的环形佩，象牙环佩的直径有五寸，用苍艾色的丝带系着。桐木棺有四寸厚，柏木棺有五寸厚，棺材上饰有庙宇的图案，外面还包着带有花纹的布。并且有按照周朝的礼制所设立的披，有按照殷代的礼制所制作的像旐旗一样的招魂幡，招魂幡是用绸练做成的，这是按照夏朝的礼仪制作的。兼用了夏、商、周三代先王的礼仪，这是为了尊敬师长，并使古代的礼仪全都具备。弟子们将孔子埋葬到了鲁城北部的泗水边上，埋到了地下但又没有接触到地下的泉水，上面封成了半个斧头的形状，四尺高，周围种上了松柏以作为标志。孔子的弟子们都将家建到了坟墓的周围，施以心丧之礼。殡葬结束以后，有人从燕国专门赶来参观孔子的坟墓，并住到了子夏那里。子贡对他说：“这是普通人安葬圣人，而不是圣人安葬普通人，有什么好看的呢？从前老师说过：‘我见到的坟墓有的像夏朝的房屋，有的像斧子的形状。像斧子形状的，就叫马鬣形坟墓。’而今我们只是选了一个吉日，用三块整齐的板子做成了斧形的坟墓，来表达老师在世时的愿望而已，有什么好看的呢？”孔子的弟子服完了三年之丧之后，有的人留下了有的人离开了，只有子贡筑屋于孔子的坟墓旁，守了六年。从此以后，孔子的弟子以及鲁国的人在孔子的坟墓旁建房居住的，达到了一百多家，后来就将这里的村居称为孔里。

正论解

［原文］

孔子在齐，齐侯出田①，招虞人②以旌，不进，公使执之。

对曰："昔先君之田也，旌以招大夫，弓以招士，皮冠[3]以招虞人。臣不见皮冠，故不敢进。"乃舍之。孔子闻之曰："善哉，守道不如守官[4]。"君子韪（wěi）[5]之。

[注释]

①出田：出去打猎。
②虞人：管理山里的官员。
③皮冠：皮帽子。
④守官：恪守官职。
⑤韪：正确的，对的。

[译文]

孔子在齐国的时候，齐侯去野外打猎，在行进过程中用旌旗来召唤管理山林的官员，但是这个官员却没有晋见，齐侯派人把他抓了起来。这个官员对齐侯说："古代的君主打猎的时候用旌旗召致大夫，用弓箭召致士人，用皮帽子来召致管理山林的官员。我现在没有看见皮帽子，所以不敢前来晋见。"齐侯听到这番话就把这个官员放了。孔子听到这件事后说："很好啊，与其遵守道义还不如恪守职责。"君子都认为这是正确的。

[原文]

齐国师伐鲁，季康子使冉求率左师御之，樊迟为右，师[1]不逾沟。樊迟曰："非不能也，不信子，请三刻而逾之。"如之。众从之，师入齐军，齐军遁[2]。冉有用戈，故能入焉。孔子闻之曰："义也。"既战，季孙谓冉有曰："子之于战，学之乎？性达之乎？"对曰："学之。"季孙曰："从事孔子，恶乎学？"冉有曰："即学之孔子也。夫孔子者，大圣无不该[3]，文武并用兼通。求也适闻其战法，犹未之详也。"季孙悦。樊迟以告孔子。孔子曰："季孙于是乎可谓悦人之有能矣。"

[注释]

①师：军队。
②遁：逃跑。
③该：完备。

［译文］

齐国发动军队征伐鲁国，季康子派遣冉求率领左军去抵御齐军，派樊迟率领右军，右军在壕沟之内迎敌。樊迟说道："不是做不到这样，而是不相信你的布置，请您让我三刻钟以后冲出壕沟。"季康子听从了他的话，军队就跟随樊迟越过壕沟，冲向齐国的军队，齐国的军队大败而逃。冉求用的兵器是戈，所以能冲进敌人的阵地。孔子听说这件事以后说："这是合乎义的。"战争结束以后，季康子向冉求说道："你对于打仗，是学习过的呢，还是生性就擅长的呢？"冉求回答说："是学习过的。"季康子问道："你是跟从孔子学习的，能学到什么（关于打仗）呢？"冉求回答说："我正是从孔子那里学到的。对于孔子这个大圣人来说，他是无所不知的，文和武他都兼通并用，我只是从他那里学到了一些作战的方法，还没有详细地学习透彻。"季康子听了很高兴。樊迟将这件事告诉给孔子。孔子说："季康子在这方面可以说是喜欢有才能的人啊。"

［原文］

南容说、仲孙何忌既除丧，而昭公在外，未之命①也。定公即位，乃命之。辞曰："先臣有遗命②焉，曰：'夫礼，人之干也。非礼则无以立。'嘱家老使命二臣，必事孔子而学礼，以定③其位。"公许之。二子学于孔子。孔子曰："能补④过者，君子也。《诗》云：'君子是则是效。'孟僖子可则效⑤矣。惩己所病，以诲其嗣，《大雅》所谓'诒厥孙谋，以燕翼⑥子'，是类也夫。"

［注释］

①命：任命，任职。
②遗命：生前的嘱托。
③定：巩固。
④补：弥补，改正。
⑤效：仿效，学习。
⑥燕翼：燕子用翅膀保护后代。

［译文］

南容说和仲孙何忌已经把丧服去掉了，但是由于昭公还逃亡在外，就没有任命他们。等到定公坐上王位的时候，让他们两个做官。他们推辞说："先父死的时候对我们说：'礼是人的基础，不知晓礼的话就不能存活于世间。'他嘱咐家里的仆人，命令我们两个人一定要去侍奉孔子，跟他学习做人的礼用来巩固自己的地位。"定公应允了这件事。两个人就向孔子学习礼，孔子说："能够使自己的缺点得到改正，是君子的作为。《诗经》上说：‘君子学习这个，仿效这个。’孟僖子就可以仿效，惩罚自己犯下的过错，用来警示后代。《大雅》上说：‘为自己的子孙出谋划策，用来保护他们让他们安乐。’说的就是孟僖子这样的人。”

［原文］

卫孙文子得罪于献公，居戚。公卒，未葬，文子击钟焉。延陵季子适晋，过戚，闻之曰：“异哉！夫子之在此，犹燕子巢于幕也，惧犹未也，又何乐焉？君又在殡，可乎？”文子于是终身不听琴瑟。孔子闻之曰：“季子能以义正①人，文子能克己服义，可谓善改②矣。”孔子览晋志，晋赵穿杀灵公，赵盾亡，未及山而还。史书赵盾弑君，盾曰：“不然。”史曰：“子为正卿，亡不出境③，返不讨贼，非子而谁？”盾曰：“呜呼！‘我之怀矣，自诒伊戚’，其我之谓乎！”孔子叹曰：“董狐，古之良史也，书④法不隐。赵宣子，古之良大夫也，为法受恶。惜也，越境乃免。”

［注释］

①正：纠正。
②善改：善于改正自己。
③境：国境。
④书：记载。

退修诗书

孔子晚年看不惯礼崩乐坏的局面，无意仕途，专心整理《诗》《书》等古代典籍。

［译文］

卫孙文子得罪了献公，居住在戚地。献公死了以后，还没有埋葬，文子就击鼓鸣钟以欢娱。延陵季子前往晋国的时候，经过戚地，听到这件事以后，说道：“多么奇怪啊，你住在这儿，就像是燕子将巢穴筑到帘幕上一样危险，恐惧还来不及，还有什么值得高兴的呢？何况国君的殡葬还没有完毕，这样做可以吗？”文子听了以后很羞愧，于是就终生不再听琴瑟之乐。孔子听到这件事以后，说道：“季子能以义理来纠正人，文子能克制住自己去遵从义，这都是所谓的善于改正错误以及纠正过失啊。”孔子翻阅晋国的史书的时候，看到史书上这么记载，晋国的赵穿杀死了晋灵公，赵盾在外逃亡，还没有翻过国境的山就又回来了。史官所写的是赵盾弑君，赵盾说：“不是这样的。”史官说：“你身为正卿大夫，逃亡却又没有越过边境，回来以后又不去惩治逆贼，弑君的人不是你又是谁呢？”赵盾说：“唉，《诗经》上所说的‘由于我的怀念，反而给自己招来忧患’，说的就是我啊。”孔子看了以后感叹道：“董狐，是古代的贤良正直的史官啊，他记载史事丝毫不隐讳。赵宣子是古代的贤大夫，他因为法度而蒙受恶名，很可惜啊，如果他逃出了国境，那弑君的罪名就可以避免了。”

[原文]

郑伐①陈，人之，使子产献捷②于晋。晋人问陈之罪焉，子产对曰：“陈亡③周之大德，介恃楚众，冯陵敝邑④，是以有往年之告。未获命，则又有东门之役。当陈隧⑤者，井湮木刊，弊邑大惧。天诱其衷，启弊邑心。知其罪，校首于我，用敢献功。”

[注释]

①伐：讨伐，征讨。
②捷：战利品。
③亡：通“忘”，忘记。
④敝邑：偏僻的小城市。
⑤隧：到达。

[译文]

郑国出兵讨伐陈国，把陈国占领了，郑国的国君派子产向晋国献上战利品。晋人问陈国有什么过错，子产回答说：“陈国忘记了当初周朝时候我们给予他们的恩惠，凭借楚国人多势众，欺凌我们的国土，所以去年的时候就派人告诉你们要攻打陈国，但是你们没有答应，后来陈国却攻打了我国的东门。陈国军队经过的地方，井被填埋，树木被砍倒，我国的百姓感到十分的惊慌。上天是想让我们知道要攻打陈国，陈国十分清楚地知道我们为什么要这样，他们应该得到我们的惩罚。所以就冒昧地献上战利品。”

[原文]

晋人曰：“何故侵小？”对曰：“先王之命，唯罪所在，各致其辟。且昔天子一圻（qí）①，列国一同，自是以衰②，周之制也。今大国多数圻矣，若无侵小，何以至焉？”晋人曰：“其辞顺。”孔

子闻之，谓子贡曰："志有之，言以足志③，文以足言，不言谁知其志，言之无文④，行之不远。晋为伯，郑入陈，非文辞不为功，小子慎哉。"

［注释］

①圻：方圆千里之地。
②衰：减少，衰弱。
③足志：真实地表达意思。
④文：文采，文笔。

［译文］

晋人问："为什么侵犯小的国家？"子产说："先王曾经说过，只要有罪责的地方，就应该受到惩罚。况且过去的天子，疆域方圆千里，各个诸侯国的疆域也都是方圆数百里，然后都在逐渐减少，这就是周朝的制度。今天大国的土地都是数千里，如果没有侵占别国的领土，怎么能够达到这样的情况呢？"晋国人说："你说的话有道理。"孔子听说这件事情以后，对子贡说："古书中说语言足以能表达意志，文采好的话就能够增加话语的力量。不说话，很少人知道你想的是什么，语言要是没有文采，流传下来的可能性就很小。晋国成为霸主，郑国侵占陈国，不善辞令就不能成功，你应该谨慎使用言辞。"

［原文］

楚灵王汰侈①，右尹子革侍坐，左史倚相趋②而过。王曰："是良史也。子善视之，是能读《三坟》《五典》《八索》《九丘》。"对曰："夫良史者，记君之过，扬君之善。而此子以润辞③为官，不可为良史。"曰："臣又乃尝闻焉，昔周穆王欲肆④其心，将过行天下，使皆有车辙并马迹焉。祭公谋父作《祈昭》，以止王心，王是以获殆于文宫。臣问其诗焉而弗知，若问远焉，其焉能知？"王曰："子能乎？"对曰："能。其诗曰：'祈昭之愔(yīn)愔⑤乎，式昭德音，思我王度，式如玉，式如金，刑民之力，而无有醉饱之心。'"灵王揖而入，馈⑥不食，寝不寐，数日则固不能胜⑦其情，以及于难。孔子读其志，曰："古者有志⑧，克己复礼为仁，信善哉！楚灵王若能如是，岂期辱于乾谿？子革之非

左史，所以风[9]也，称[10]诗以谏顺哉。”

［注释］

①汰侈：骄纵。
②趋：快走。
③润辞：华丽的言辞。
④肆：放纵。
⑤愔愔：安详，和谐。
⑥馈：送上的食物。
⑦胜：控制。
⑧志：记载。
⑨风：讽谏。
⑩称：称引。

克复传颜

颜渊问仁，孔子说：“克制自己，使自己的言语行动都合于礼，就是仁。”颜渊又问仁的纲目，孔子说：“不合礼的事不看，不合礼的话不听，不合礼的话不说，不合礼的事不做。”

［译文］

楚灵王是一个骄纵无节制的人。一天，右尹子革在一旁陪侍而坐，左史倚相快步从殿下走过。灵王说道：“这是个好史官，你要好好看待他，他能读《三坟》《五典》《八索》《九丘》这些上古书籍。”子革回答说：“一个好的史官，要能够记录君主的缺点，彰扬君主的优点，而他却只凭着华美的文辞来做官，这不能称得上是好的史官。”接着又说：“我曾经听说过，以前周穆王想要放纵自己的私心，想要周游天下，让他的车辙和马蹄印遍布天下的每一个地方。于是祭公谋父就写了《祈昭》这首诗以劝谏周穆王，周穆王因此得以消除了危险，在文宫中得以善终。我向倚相问过这件事，他却不知道，如果我向他问更为深远的问题，他又哪里能够知道呢？”灵王说：“那你知道吗？”子革回答说：“可以。这首诗是这样的：‘祈求安详平和，宣扬有德行的声音，思念我们君主的风范，样子就像玉，就像金，怜惜百姓的力量，而自己没有醉饱之心。’”楚灵王听了以后，对子革作了一揖，便进到房中去了，而后送上来的食物不吃，该睡觉的时候也睡不着，一连好多天都无法控制自己的情绪，一直到死都是这样。孔子看到这段记载以后，说道：“古人有这样的记载，克制自己的欲求、重新建立礼仪，这就是仁。说得多好啊。楚灵王如果能够一直这样，又怎么会在乾谿受辱呢？子革不是左史官，所以只能对灵王进行讽谏，称引诗歌来进行讽谏，是为了让进谏被顺利地采纳啊。”

［原文］

叔孙穆子避难奔齐，宿于庚宗之邑。庚宗寡妇通[1]焉而生牛。穆子返鲁，以牛为内竖[2]，相家。牛谗叔孙二人，杀之。叔孙有

病，牛不通其馈[3]，不食而死。牛遂辅叔孙庶子昭而立之。昭子既立，朝其家众曰："竖牛祸叔孙氏，使乱大从，杀嫡[4]立庶，又被[5]其邑，以求舍罪。罪莫大焉，必速杀之。"遂杀竖牛。孔子曰："叔孙昭子之不劳，不可能[6]也。周任有言曰：'为政者不赏私劳，不罚私怨。'《诗》云：'有觉德行，四国顺之。'昭子有焉。"

[注释]

①通：私通。
②竖：宫中传达命令的小吏。
③馈：馈赠，这里指饭食。
④嫡：指长子。
⑤被：把城池分给别人。
⑥不可能：不能这样做。

[译文]

叔孙穆子逃难到了齐国，在庚宗的邑地上寄宿。庚宗有个寡妇和他私通，生下了牛。叔孙穆子回到鲁国的时候，让牛做了传令的小官，后来又让他当了家臣。牛经常说叔孙和他儿子的坏话，又杀了叔孙的儿子。叔孙穆子生病的时候，牛不给他饭吃，叔孙就这样饿死了。牛于是辅佐叔孙的庶子昭。等到昭当政的时候，他就召集家人和臣子说："牛祸害了叔孙父子，导致了祸乱的发生，杀掉嫡系长子而立庶子，还想把城池分给别人，想使自己的罪行得以免除，没有什么比这样的罪行更大的了，必须尽快把他杀死。"于是就把牛给杀死了。孔子说："昭没有给牛记功劳，是因为不能这样做。周任曾经说过这样的一句话：'执政的人不赏赐对自己有恩惠的人，不惩罚与自己有怨恨的人。'《诗经》上说：'品德高尚的国家，其他周边的国家也会跟着这样做。'昭子就是这样的人。"

[原文]

郑有乡校，乡校之士，非论[1]执政。然明欲毁乡校，子产曰："何以毁为也？夫人朝夕退而游焉，以议执政之善[2]否。其所善者，吾则行之；其所否者，吾则改之。若之何其毁也？我闻忠言以损怨，不闻立威以防[3]怨。防怨犹防水也，大决[4]所犯，伤人必多，吾弗克救也。不如小决使导之，不如吾所闻而药[5]之。"孔子闻是言也，曰："吾以是观之，人谓子产不仁，吾不信也。"

[注释]

①非论：议论的时候有指责的言语。
②善：好的地方。
③防：堵塞，防治。
④决：决堤，决口。
⑤药：治理好。

[译文]

郑国有乡校，乡校的人讨论的时候非议执政者。然明想把乡校给毁掉，子产说："为什么要毁掉呢？百姓早上和晚上空闲的时候经常来这里游玩，在这里议论执政的好和坏。他们说好的地方，我们就实行这些措施；他们说坏的地方，我们就改正。为什么要摧毁它呢？我听说诚实的话语能够减少怨恨，没有听说过用树立威风来防止怨恨的。防止怨恨就好像防止洪水一样，堤岸决口的时候，受到伤害的人就会很多，我们没有办法救援。还不如小规模地使堤岸决口，防水并且加以引导。堵塞怨恨还不如我们听从了他们的言论并加以整治。"孔子听了这番话说："从这件事情观察子产，百姓说子产不仁爱，我不相信。"

[原文]

晋平公会①诸侯于平丘，齐侯及②盟。郑子产争贡赋之所承③，曰："昔日天子班贡④，轻重以列尊卑，贡，周之制也。卑而贡重者甸服⑤。郑伯，男也，而使从公侯之贡，惧弗给也，敢以为请。"自日中⑥争之，以至于昏。晋人许⑦之。孔子曰："子产于是行也，是以为国基也。《诗》云：'乐只君子，邦家之基。'子产，君子之于乐者。"且曰："合诸侯而艺⑧贡事，礼也。"

[注释]

①会：会盟。
②及：参与。
③承：承担的贡赋。
④班贡：确定好进贡的多少。
⑤甸服：天子附近的地区。
⑥日中：指中午。
⑦许：同意。
⑧艺：制定准则。

[译文]

晋平公和诸侯在平丘会盟，齐侯参加了这次盟会。郑国的子产在盟会上争论起了向霸主进贡物品的多少，他说道："以前天子确定进贡物品的多少时，是按照物品的多少来排列地位尊卑的，贡赋源于周代的制度。地位低下而贡物多的是天子都城周围的封国。郑国是所有诸侯国中地位最低微的，如果让我们按照公侯的贡赋标准来进贡的话，恐怕是无法如数贡给的，因此，我斗胆提出这些请求。"诸侯之间互相争论，从中午一直争论到了晚上，最终晋国同意了子产的要求。孔子说："子产在这次盟会中，担当了国家基石的作用。《诗经》上说：'君子很快乐，为国立根基。'子产的行为就是君子所追求的快乐啊。"接着又说道："和各国诸侯盟会，一同定下贡赋的标准，这就是礼。"

[原文]

郑子产有疾，谓子太叔曰："我死，子必为政。唯有德者能以宽[①]服民，其次莫如[②]猛。夫火烈民望而畏[③]之，故鲜[④]死焉；水濡弱，民狎而玩之，则多死焉，故宽难。"子产卒，子太叔为政，不忍猛而宽，郑国多掠盗。

[注释]

①宽：宽容的政策。
②莫如：还不如。
③畏：敬畏，害怕。
④鲜：数量很少。

[译文]

郑国的子产生病，对子太叔说："我死以后，你一定要当政。只有有德行的人才能采用宽容的政策使百姓信服，如果不能这样做的话还不如用严厉的政策治理国家。就好像在凶猛的火势面前，百姓害怕就不敢接近他们，所以很少有人死在火中。水生性柔弱，人们经常疏忽去玩它，因此死在水中的人就很多。所以采用宽容的政策是很难的。"子产死后，子太叔当政，他不忍心用严厉的政策，就采用了宽容的政策，但是却导致了郑国出现了很多抢劫的盗贼。

[原文]

太叔悔之，曰："吾早从[①]夫子，必不及此。"孔子闻之，曰："善哉！政宽则民慢[②]，慢则纠[③]于猛。猛则民残，民残则施之以宽。宽以济猛，猛以济宽，宽猛相济，政是以和。

[注释]

①从：听从。
②慢：怠慢。
③纠：纠正，使改正。

[译文]

太叔后悔地说："我如果早听从先生的话，就不会出现这种情况了。"孔子说："是啊。政事太宽容的话，百姓就会怠慢；百姓怠慢后，纠正就要使用严厉的政策；政策严厉了百姓就会受到伤害；百姓受到伤害后就需要用宽容的政策来治理。用宽容来调剂严厉，用严厉来调剂宽容，宽容和严厉是相辅形成的，这样国家的政治就能平和安稳。

[原文]

"《诗》曰：'民亦劳止，汔(qì)可小康。惠此中国，以绥四方。'施之以宽①也。'毋纵诡随，以谨无良。式遏寇虐，惨不畏明。'纠之以猛②也。'柔远能迩，以定我王。'平③之以和④也。又曰：'不竞不绿，不刚不柔，布政优优，百禄是遒(qiú)。'和之至也。"子产之卒也，孔子闻之出涕，曰："古之遗爱。"

[注释]

①宽：宽容。
②猛：严厉。
③平：平定，安定。
④和：温和。

[译文]

"《诗经》上说：'老百姓很辛劳啊，应该让他们休息了。爱护中原的百姓，就能安定四方。'这是实施宽容的政策。'不放纵诡诈欺骗，防止不良的行为。要阻止那些残暴的人，他们残忍不怕天理。'这是用严厉来予以纠正。'安抚远方，善待近处，使君主安定。'这是以温和来安定国家。《诗经》上又说：'不争强不急躁，不刚猛不柔弱，施政宽容，福禄就会到来。'这是和的极致。"子产死了以后，孔子听到这个消息，流着泪说道："子产身上的仁爱，是古人遗留下来的大爱啊。"

[原文]

孔子适①齐，过泰山之侧，有妇人哭于野者而哀。夫子式②

而听之曰：“此哀一似重[3]有忧者。”使子贡往问之。而曰：“吾舅死于虎，吾夫又死焉，今吾子又死焉。”子贡曰：“何不去乎？”妇人曰：“无苛政[4]。”子贡以告孔子。子曰：“小子识[5]之，苛政猛于暴虎。”

泰山问政

孔子到齐国去，路过泰山，听到一妇女哭得很伤心。得知她的家人被老虎吃了。子路问她为什么不搬走，妇女说：“此地没有苛刻的政令。”子路告诉了孔子，孔子说：“苛政比老虎还凶猛呀。”

［注释］

①适：去，到。
②式：通“轼”，车前的横木。
③重：多个。
④苛政：苛刻的政令。
⑤识：记住。

［译文］

孔子去齐国，从泰山经过的时候，看见有个妇人在野外很悲伤地哭。孔子扶着车前的横木听了一段时间说：“这个妇人好像有很多悲伤的事情。”于是派子贡去询问妇人。妇人回答道：“我的公公死在老虎的口下，我的丈夫也被老虎咬死了，现在我的儿子又被老虎咬死了。”子贡说：“既然这样，为什么你还没有离开呢？”妇人说：“因为这个地方没有苛刻的政令。”子贡把事情的原由告诉孔子。孔子说：“你们要记住这件事，苛刻的政令比老虎还要厉害啊。”

［原文］

晋魏献子为政，分祁氏及羊舌氏之田，荀栎灭，以赏诸大夫及其子成，皆以贤举[1]也。又谓贾辛曰：“今汝有力于王室，吾是以举汝，行乎敬之哉，毋堕[2]乃力[3]。”孔子闻之曰：“魏子之举也，近不失亲，远不失举，可谓美矣。”又闻其命贾辛，以为忠。“《诗》云：‘永言配命，自求多福。’忠也。魏子之举也义，其命[4]也忠，其长有后于晋国乎！”

［注释］

①举：提拔。
②堕：破坏。

③力：功劳。
④命：任命。

［译文］

晋国的魏献子执政，分割了祁氏及羊舌氏的封地，荀栎灭亡了以后，赏赐每个大夫以及他自己的儿子成，这些人都是因为贤良而被提拔的。他又对贾辛说："如今你对王室有功，因此我提拔了你，你要敬重你所享有的荣誉，不要破坏了你原有的功劳。"孔子听说了以后，说道："魏子这次的提拔人才，既提拔了亲近的人又没有忽略疏远的人，可以称得上做得很好了。"孔子又听说他任命贾辛为大夫，认为他很忠诚，说道："《诗经》上说：'常思虑行为是否与上天相应，以求更多的幸福生活。'魏子的这次提拔就合乎于义，对官员的任命又体现了忠诚。他的后人应当能长久地在晋国存在吧。"

［原文］

赵简子赋晋国一鼓①钟，以铸刑鼎，著范宣子所为刑书。孔子曰："晋其亡乎，失其度②矣。夫晋国将守唐叔③之所受法度，以经纬其民者也。卿大夫以序守之，民是以能遵其道④而守其业。贵贱不愆⑤，所谓度也。

［注释］

①一鼓：古以三十斤为一钧，四钧为一石，四石为一鼓，合四百八十斤。
②度：法度。
③唐叔：晋国的始祖，周成王之弟。
④道：道义。
⑤愆：错乱。

［译文］

赵简子征收了四百八十斤铁，用来铸造刑鼎，并在上面刻上范宣子制定的刑书。孔子知道了这件事情以后说："晋国快要灭亡了，因为他失去了应有的法度。晋国应该用唐叔制定的法度来治理百姓。公卿大夫按照各自的次序遵守那些法度，百姓所以能够遵守道义，守住家业。贵和贱秩序不错乱，这就是平常所说的法度。

［原文］

"文公是以作执秩之官，为①被庐之法，以为盟主。今弃②此度也而为刑鼎，铭在鼎矣，何以尊贵？何业之守也？贵贱无

序，何以为③国？且夫宣子之刑，夷之蒐也，晋国乱制，若之何其为法乎？”

［注释］

①为：创造。
②弃：放弃。
③为：成为。

［译文］

“晋文公因此设置执掌法度的官员，又在被庐制定法令，成就了国家的霸业。但是现如今却废弃了这些做法，而制造刑鼎，百姓能够看到这个刑鼎上的条文，怎么能够显示出尊贵，怎么能够守护家业呢？贵贱没有了原有的次序，怎么能够治理国家呢？况且范宣子的刑书是在夷地阅兵的时候制定的，晋国祖传的法度为它混淆，怎么能称作是法呢？”

［原文］

楚昭王有疾，卜曰：“河神为祟①。”王弗祭，大夫请祭诸郊。王曰：“三代命②祀，祭不越③望④。江、汉、沮、漳，楚之望也。祸福之至，不是过乎？不穀⑤虽不德，河非所获罪也。”遂不祭。孔子曰：“楚昭王知大道矣，其不失国也宜哉。《夏书》曰：‘维彼陶唐，率彼天常，在此冀方。今失厥道，乱其纪纲，乃灭而亡。’又曰：‘允出兹在兹。’由己率常可矣。”

［注释］

①祟：鬼神在作怪。
②命：规定。
③越：超过。
④望：古代称祭祀山川为“望”，因为是望而祭之。
⑤不穀：诸侯对自己的谦称。

［译文］

楚昭王生了病，占卜的人说：“是黄河神在作祟。”楚昭王并没有去祭祀黄河神，大夫们请求在郊外祭祀。楚昭王说：“夏、商、周三代所制定的祭祀制度中，祭祀的对象是不能超过本国的山川的，长江、汉水、沮水以及漳水才是楚国应当祭祀的大川。祸福的到来，不是应当经过它们的吗？我虽然德行不够，但是并没有得罪黄河神。”因此就没有去祭祀黄河神。孔子说：“楚昭王是懂得大道的人，他没有失去国家也是应该的了。《夏书》上说：‘那古代君主陶唐，遵循天道，据有中原这地方。现在失去了治国之道，纲纪混乱，于是走向灭亡。’又说：‘付出与收获是相称的。’因此，让自己服从于常道就可以了。”

［原文］

卫孔文子使太叔疾出①其妻，而以其女妻之，疾诱其初妻②之娣，为之立宫③，与文子女如二妻之礼。文子怒，将攻之。孔子舍蘧(qú)伯玉之家，文子就而访焉。孔子曰：“簠簋(fǔ guǐ)④之事，则尝闻学之矣，兵甲之事，未之闻也。”退而命驾而行曰：“鸟则择木，木岂能择鸟乎？”文子遽自止之，曰：“圉(yǔ)⑤也岂敢度其私哉，亦防卫国之难⑥也。”将止，会季康子问冉求之战，冉求既对之，又曰：“夫子播之百姓，质诸鬼神而无憾⑦，用之则有名。”康子言于哀公，以币⑧迎孔子，曰：“人之于冉求，信之矣，将大用之。”

［注释］

①出：休妻。
②初妻：前妻。
③立宫：建造宫殿。
④簠簋：古代的食器，这里是指祭祀之事。
⑤圉：对自己的谦称。
⑥难：祸患。
⑦无憾：完美，无可挑剔。
⑧币：财物。

［译文］

卫国的孔文子让太叔疾休掉他的妻子，而将自己的女儿嫁给他为妻。疾又引诱了他前妻的妹妹，并为她建造了一座宫殿，让她和文子的女儿住在一起，对待她们都以妻子之礼。文子恼怒，想要出兵攻打太叔疾。当时孔子正居住在蘧伯玉家中，文子就前往去拜访孔子。孔子说道：“祭祀的事情，我曾经听说并学习过，但是打仗的事，我却从来都不知道的。”然后孔子退下，让人驾起马车就要走，说道：“鸟儿能够选择栖息的树木，树木哪里能选择鸟呢？”文子急忙拦住，对孔子说道：“我怎么敢为自己打算呢？这也是为了防止卫国的祸患发生啊。”孔子这才准备留下。恰好碰到季康子向冉求询问用兵之事，冉求用孔子的话回复了他，并且说道：“我先生名声远扬于百姓之中，即便是求证于鬼神也无可挑剔，能够运用得当就可以名声远扬。”季康子就将这些话告诉给鲁哀公，鲁哀公便派人携带着财物前去迎接孔子，说道：“人们对于冉求所说的都予以信任，我要将孔子的知识和智慧都尽可能地运用。”

［原文］

齐陈恒弑①其君简公，孔子闻之，三日沐浴而适朝，告于哀公曰：“陈恒弑其君，请伐之。”公弗②许，三请，公曰：“鲁为齐弱久矣，子之伐也，将若之何？”对曰：“陈恒弑其君，民之不与③者半。以鲁之众，加齐之半，可克④也。”公曰：“子告季氏。”孔子辞，退而告人曰：“以吾从大夫之后，吾不敢不告也。”

［注释］

①弑：杀戮，杀害。
②弗：没有。
③不与：不归附。
④克：攻克。

沐浴请讨

陈恒杀了齐简公，孔子沐浴后朝见哀公说，陈恒杀了他的君主，请您派兵讨伐他。哀公让他报告给季孙、叔孙、孟孙大夫。孔子报告给三位大夫，他们不肯出兵。

［译文］

齐国的大夫陈恒杀了齐国的国君简公。孔子听说这件事后，沐浴三天然后才上朝，对鲁哀公说：“陈恒杀了自己的国君，我请求您出兵去征讨他。”鲁哀公没有应允。孔子再三请求。鲁哀公说：“齐国欺凌鲁国已经很长时间了，你想要我国去攻打他们，如果战败了怎么办呢？”孔子说：“陈恒杀了他的国君，有一半的百姓是不会依附他的。凭借鲁国的军队和一半齐国的百姓，这样就可以打败齐国。”鲁哀公说：“你告诉季孙氏吧！”孔子告辞，出来后告诉别人说：“我原先当过大夫，所以不敢不报告。”

［原文］

子张问曰：“《书》云，高宗三年不言，言乃雍①。有诸？”孔子曰：“胡为其不然也？古者天子崩②，则世子委政③于冢宰三年。成汤既没，太甲听于伊尹，武王既丧，成王听于周公。其义一也。”

[注释]

①雍：和谐。
②崩：驾崩，君主死的时候称作崩。
③委政：把政事委托给大臣。

[译文]

子张问孔子说："《尚书》上说：'高宗三年都不议论政事，一主持政事说话就很和顺。'有没有这件事呢？"孔子说："怎么不能有这样的事情呢？过去天子驾崩的时候，长子把国家大事交给冢宰托管，自己守孝三年。商汤死的时候，太甲让伊尹执政；周武王死的时候，成王让周公执政。它们的意义是一样的。"

[原文]

卫孙桓子侵齐，遇，败焉。齐人乘之[①]，执[②]。新筑大夫仲叔于奚以其众救桓子，桓子乃免。卫人以邑赏仲叔于奚，于奚辞，请曲悬之乐[③]，繁缨以朝[④]，许之，书[⑤]在三官。子路仕卫，见其故，以访孔子。孔子曰："惜也，不如多与之邑。唯器与名不可以假[⑥]人，君之所司。名以出信，信以守器，器以藏礼，礼以行义，义以生利，利以平民，政之大节也。若以假人，与人政也，政亡则国家从之，不可止也。"

[注释]

①乘之：乘胜追击。
②执：捉拿。
③曲悬之乐：一种诸侯才有资格用的礼乐用器。
④繁缨以朝：诸侯的朝见君主之礼。繁缨，马的装饰。
⑤书：记载。
⑥假：借给。

[译文]

卫国的孙桓子对齐国发动侵略，两军相交时，卫国战败，齐国的军队乘胜追击，要捉拿孙桓子。新筑大夫仲叔于奚率领众人去援救孙桓子，桓子才免于被齐人捉获。卫国人拿城邑去奖赏仲叔于奚，仲叔于奚辞谢了城邑，而请求用曲悬之乐以及繁缨这样的诸侯之礼去朝见君主。卫国的君主答应了，并且由三官记载了这件事。子路当时在卫国做官，听说了这件事以后，就以此事去请教孔子。孔子说道："遗憾啊，还不如多给他一些城邑。唯有礼器和爵位是不可以借给他人，而是由国君所执掌的。爵位是威信的象征，威信可以保护礼器，礼器又是礼制的体现，礼制可以使道义得以推行，道义又能产生利益，有了礼仪百姓才能得以安定，这是为政的关键。如果将它们借给他人，就等于是将政权送给别人，政权失去了，国家也就会跟着灭亡，这种情势是不可以阻挡的。"

［原文］

樊迟问于孔子曰："鲍牵事齐君，执政不挠①，可谓忠矣，而君刖②之，其为至闇乎？"孔子曰："古之士者，国有道则尽忠以辅之，国无道则退身以避之。今鲍疾子食③于淫乱之朝，不量主之明暗，以受大刖，是智之不如葵，葵犹能卫其足。"

［注释］

①不挠：行为不屈不挠。
②刖：古代的一种刑罚，受刑的人被砍去双脚。
③食：这里是指在朝廷上做官。

［译文］

樊迟问孔子说："鲍牵侍奉齐国的国君，治理国家的时候不屈不挠，可以称得上忠实。但是国君却把他的脚砍掉了。这样看来齐国的国君真是很昏庸啊。"孔子说："古代有才能的人，国家政治清明的时候就尽力地辅佐，国家政治昏暗的时候，就出来避开。现在鲍牵在昏暗淫乱的朝廷上做官，侍奉昏庸的君主，没有考虑到君主是不是贤明，所以才遭此大难被砍去了双脚。他的智力还不如葵菜，葵苗虽然被掐，但是却知道保护根部。"

［原文］

季康子欲以一井田出法赋焉，使访①孔子。子曰："丘弗识也。"冉有三发，卒曰："子为国老，待子而行，若之何子之不言？"孔子不对，而私②于冉有曰："求，汝来。汝弗闻乎，先王制土，藉③田以力，而底④其远近；赋里以入，而量其无有；任力以夫⑤，而议其老幼。于是鳏寡孤疾老者，军旅之出，则征之，无则已。其岁，收田一井，出稯禾秉缶米刍藁(gǎo)⑥不是过，先王以为之足。君子之行必度于礼，施取其厚，事举其中⑦，敛从其薄。若是其已，丘亦足矣。不度于礼而贪冒无厌，则虽赋田

不对田赋

季孙想就田税的事征求孔子的意见，孔子没有回答，而私下里对冉求说，君子应按照礼的标准，多给一些，少征一些。如果贪得无厌，虽然多征了田税，也不会满足。何必问我呢？

将有不足。且子季孙若以行之而取法，则有周公之典在。若欲犯法，则苟行之，又何访焉？”

[注释]

①访：请教。

②私：私下里。

③藉：凭借。

④底：平衡。

⑤夫：劳动力的计算单位。

⑥稯禾秉缶米刍藁：用于粮食的数量词。

⑦中：适度。

[译文]

季康子想要按照一井田来征收赋税，派冉有前去请教于孔子。孔子说：“我不懂得这些。”冉有又问了好几次，最后说：“您是国家的德高望重者，就等着您发表意见去施行了，您为什么不说话呢？”孔子还是没有当面回答他，而是私下里对冉有说道：“求，你过来，你难道没有听过吗？先王制定土地制度时，是根据劳动力和田地的多少来分配的，并且根据远近来进行平衡调整，根据征收的赋税去估算居民收入的多少，派劳动力的时候以夫为计算单位，根据夫的标准来商议对老人幼儿的减免。于是那些鳏寡孤疾老者就可以得以减免。有战争发生的时候，就征收赋税，没有战事发生的时候就不去征收。有战事发生的年岁，一份井田，出一稯禾，一秉牲口草料，一缶米，并不过分，先王觉得这些就足够了。君子的举动，要根据礼来衡量，施舍时要力求厚实，做事情时要适中，征敛赋税时要尽可能地微薄。如果能做到这些，我也就觉得足够了。如果不根据礼来衡量，而是贪婪无度的话，那么即便是按照田亩来征收赋税也不行。况且季康子想要行事符合法度的话，周公的典章制度可以用来作为依照。如果想违反法度，随便行事的话，那请教又有什么用呢？”

卷十

曲礼子贡问

［原文］

子贡问于孔子曰："晋文公实①召天子，而使诸侯朝②焉。夫子作《春秋》，云：'天王狩于河阳。'何也？"孔子曰："以臣召君，不可以训③。亦书其率诸侯事天子而已。"

孔子在宋。见桓魋自为石椁（guǒ），三年而不成，工匠皆病④。夫子愀（qiǎo）然⑤曰："若是其靡也。死不如朽之速愈。"冉子仆曰："《礼》，凶事⑥不豫⑦，此何谓也？"夫子曰："既死而议谥，谥定而卜⑧葬，既葬而立庙⑨，皆臣子之事，非所豫属也，况自为之哉？"

南宫敬叔以富得罪于定公，奔卫。卫侯请复⑩之，载其宝以朝。夫子闻之曰："若是其货⑪也，丧⑫不若速贫之愈。"子游侍，曰："敢问何谓如此？"孔子曰："富而不好礼，殃⑬也。敬叔以富丧矣，而又弗改，吾惧其将有后患也。"敬叔闻之，骤如⑭孔氏，而后循⑮礼施散焉。

南宫敬叔

南宫敬叔姓南宫，名适，春秋末年鲁国人。孔子曾称赞南宫敬叔是君子，并且把自己的侄女嫁给他。

［注释］

①实：的确。
②朝：朝拜。
③训：规范。
④病：忧患。
⑤愀然：不高兴或者严肃的样子。
⑥凶事：丧事。

⑦豫：提前做准备。
⑧卜：选择。
⑨庙：宗庙。
⑩复：报复。
⑪货：贿赂，行贿。
⑫丧：丧事官职。
⑬殃：遭受灾祸。
⑭骤如：骤，立即，马上。如，到。
⑮循：遵循。

［译文］

子贡向孔子问道："晋文公召见了天子，会合了诸侯，让天子接受诸侯的朝拜，这件事是确有其事的。您在编写《春秋》的时候，却说：'周襄王在河阳打猎。'这是什么原因呢？"孔子说："以臣子的身份召见天子，这是不符合规矩的，因此才这么写，也写作晋文公率领诸侯去朝拜天子。"

孔子在宋国的时候，看到桓魋自己在为自己设计石椁，三年也没有做好，工匠们都为此感到忧虑。孔子看到了以后很严肃地说道："如果这样奢侈的话，死了以后还不如迅速腐烂的好。"冉子仆说道："《礼经》上说，丧事自己是无法预料的。这是什么说法呢？"孔子说："死了以后才会议定谥号，议定了谥号以后再去选择葬礼的时间和地点，下葬了以后，再建宗庙。这些事情都是臣子们办的，而非自己预先料想到的，更何况是自己亲自去做呢？"

南宫敬叔由于太富有而得罪了鲁定公，出逃到卫国。卫侯替他向定公请求，以恢复他的官职。南宫敬叔回到鲁国的时候，载着满满的宝物。孔子知道了以后，说道："像这样用宝物去行贿的话，丢失了官职还不如迅速困穷的好。"子游在孔子旁边侍坐，向孔子问道："请问这是什么原因呢？"孔子回答说："假如一个人富有却不讲究礼仪的话，一定会遭到灾祸。南宫敬叔由于富有而失掉了官职，却依然不知道悔改，我担心他以后还会遭致祸患啊。"南宫敬叔听到这些以后，马上驾车到了孔子那里，拜见了孔子。从那以后，便遵循礼仪，并且将钱物施予百姓。

［原文］

孔子在齐，齐大旱，春饥。景公问于孔子曰："如之何？"孔子曰："凶年①则乘驽(nú)马，力役②不兴，驰道③不修，祈以币玉④，祭祀不悬⑤，祀以下牲⑥。此贤君自贬，以救民之礼也。"

孔子适季氏，康子昼居内寝⑦。孔子问其所疾⑧。康子出见之。言终，孔子退。子贡问曰："季孙不疾而问诸疾，礼与？"

孔子曰：“夫礼，君子不有大故⑨，则不宿于外⑩。非致斋⑪也，非疾也，则不昼处于内。是故，夜居外，虽吊⑫之，可也。昼居于内，虽问其疾，可也。”

孔子为大司寇。国厩(jiù)⑬焚，子退朝而之火所。乡人有自为火来者，则拜之。士一，大夫再⑭。子贡曰：“敢问何也？”孔子曰：“其来者，亦相吊⑮之道也。吾为有司，故拜之。”

[注释]

①凶年：饥荒之年。
②力役：劳役，徭役。
③驰道：供君主驾驶车马的道路。
④币玉：用币玉来代替。
⑤悬：代指奏乐。
⑥下牲：降低对祭祀时所用牲畜的要求，如用太牢的要用少牢。
⑦昼居内寝：白天在内室中睡觉。
⑧疾：病。
⑨大故：代指丧事。
⑩外：外室。
⑪斋：斋戒。
⑫吊：吊唁。
⑬厩：马厩。
⑭再：拜两次。
⑮吊：慰问。

[译文]

孔子在齐国的时候，齐国遇到了大旱，春季出现了饥荒。齐景公向孔子问道：“怎么办呢？”孔子说道：“遇到饥荒之年，国君就乘坐劣马，不征劳役，用来驰车的大道也不去修理，祈祷时用币玉去代替牲畜，祭祀时也不奏音乐，所用的祭品也是次一等的牲畜。这些都是贤明的君主自己主动降低要求，以此来救助百姓的礼。”

孔子去季康子家的时候，季康子白天在内室中睡觉。孔子问他得了什么病。季康子出来接待了孔子，说完了以后，孔子就回去了。子贡向孔子问道：“季康子没有生病却去探问他的病情，这符合礼吗？”孔子说：“礼是这样的，君子没有遇到丧事的话，就不会在外室睡觉。如果不是因为斋戒，不是因为疾病的话，就不会在内室睡觉，因此，如果夜里睡在外面的话，即便是前去吊唁的话，也是可以的。白天在内室睡觉的话，即便是前去探询病情的话也是可以的。”

孔子担任鲁国大司寇时，马厩失了火。孔子上朝回来以后就立刻赶到了失火的地方，拜谢那些为大火而前来慰问的乡人。对那些士人拜了一次，对大夫则拜了两次。子贡问道："这是什么缘故呢？"孔子回答说："因为他们前来慰问，所以我对他们拜谢，这就是相互慰问。我是主管的官员，因此，拜谢他们。"

［原文］

子贡问曰："管仲失于奢，晏子失于俭。与其俱失矣，二者孰贤？"孔子曰："管仲镂簋(guǐ)①而朱纮，旅树②而反坫，山节藻棁(zhuó)③，贤大夫也，而难为上。晏平仲祀其先祖而豚④肩不揜⑤豆，一狐裘三十年，贤大夫也，而难为下。君子上不僭⑥下，下不偪⑦上。"

冉求曰："昔文仲知鲁国之政，立言垂⑧法，于今不亡，可谓知礼矣？"孔子曰："昔臧文仲安知礼？夏父弗綦(qí)逆祀⑨而不止，燔(fán)柴于灶以祀焉。夫灶者，老妇之所祭，盛于瓮，尊于瓶，非所柴也。故曰：'礼也者，犹体⑩也。体不备⑪谓之不成人。设之不当，犹不备也。'"

子路问于孔子曰："臧武仲率师与邾(zhū)人战，于狐鲐(tái)遇，败焉，师人多丧⑫而无罚，古之道然与？"孔子曰："凡谋人之军师，败则死之；谋人之国邑，危则亡之。古之正⑬也。其君在焉者，有诏⑭则无讨。"

琴吟盟坛

孔子出鲁城东门，路过杏坛，拾阶而上，回头对子贡说："这里是昔日臧文仲誓盟的地方。"睹物思人，孔子拿出琴弹唱说："暑往寒来春复秋，夕阳西下水东流，将军战马今何在？野草闲花满地愁。"

［注释］

①簋：古代用于盛食物的器具。
②旅树：对着门设立屏风墙。
③棁：梁上的柱子。
④豚：猪。
⑤揜：掩盖。
⑥僭：僭越，超越本分。
⑦偪：逼迫。
⑧垂：流传。
⑨逆祀：祭祀时臣居于君位之上，逆乱了尊卑，称之为"逆祀"。
⑩体：人的身体。
⑪体不备：形体不完备。

⑫多丧：伤亡惨重。
⑬正：通“政”，政令。
⑭诏：诏书。

[译文]

子贡向孔子问道：“管仲的过失在于奢侈，晏子的过失在于节俭，他们两个人身上都存在不足，那么他们谁更为贤良一些呢？”孔子说：“管仲使用镂刻了花纹的玉去装饰盛食物的器具，戴着朱红色的帽带，对着门设立了屏风墙，设置摆放酒具的土台，上面画有山形以及水草的柱子。他虽然是贤明的大夫，但是身为他的国君是太难了。晏子祭祀他的祖先的时候，所用的猪腿还不足以遮住用来盛祭品的器物，一件狐皮制的衣服穿了三十年。他虽然是贤明的大夫，但是作为他的下级却太难了。君子对上不僭越，对下也不刻薄。”

冉求问道：“以前文仲主持鲁国政事的时候，所制定的礼法制度，现在还在用，文仲可以称得上是知礼的人了吧。”孔子说：“文仲怎么会懂得礼呢？夏父弗綦在祭祀的时候，将僖公的灵位放到了闵公灵位的上面，文仲却没有制止。在炉灶上举行燔柴之祭是不合礼的，祭社神的时候应当由老妇来主持，祭祀时要用盆来盛祭品，用瓶来做酒樽，而不能用烧柴做祭祀。因此说：‘所谓的礼就像是人的身体一样，身体不完备的话，就不能做人。礼安排不恰当的话，就如人身体不完备一样。’”

子路向孔子问道：“臧武仲带领军队去和邾人打仗，两军在狐鲐开战，结果臧武仲大败，兵士死伤很惨重，但他却没有受到惩罚。古代的制度就是这样的吗？”孔子说：“但凡是指挥军队的人，战败了就会自杀，用来承担责任。但凡是掌管邦国的，社会危难的话就被放逐到国外，用来承担责任。这是古代的政令。假如国君在的话，即便是有诏书，做臣子的也不能去讨伐。”

[原文]

晋将伐宋，使人觇(chān)[①]之。宋阳门[②]之介夫[③]死，司城子罕哭之哀。觇之反[④]，言于晋侯曰：“阳门之介夫死，而子罕哭之哀。民咸悦宋，殆未可伐也。”孔子闻之曰：“善哉！觇国乎。《诗》云：‘凡民有丧，匍(pú)匐(fú)救之。’子罕有焉，虽非晋国，其天下孰能当[⑤]之？是以周任有言曰：‘民悦其爱者，弗可敌也。’”

楚伐吴，工尹商阳与陈弃疾追吴师。及之，弃疾曰：“王事也[⑥]，子手弓而可。”商阳手弓。弃疾曰：“子射诸。”射之，毙一人，韔[⑦]其弓。又及，弃疾谓之，又及，弃疾复谓之。毙

二人，每毙一人辄掩其目，止其御曰："吾朝不坐，燕不与，杀三人亦足以反命矣。"孔子闻之曰："杀人之中，又有礼焉。"子路怫(fú)然[8]进曰："人臣之节，当君大事，唯力所及，死而后已。夫子何善此？"子曰："然，如汝言也。吾取其有不忍杀人之心而已。"

［注释］

①觇：偷偷地察看，即刺探情报。
②阳门：宋国国都的城门。
③介夫：守城门的人。
④反：通"返"，返回。
⑤当：抵挡。
⑥王事也：君主赋予的使命。
⑦韔：用来盛弓箭的套子。
⑧怫然：愤怒的样子。

［译文］

晋国将要去攻打宋国，先派了人去宋国刺探情况。宋国守卫都城的城门的卫士死了，子罕哭得很悲伤。刺探情况的人返回到晋国以后，对晋侯说道："守城门的人死了，子罕哭得很悲伤，为此人民都很感动，恐怕是无法去攻打宋国了。"孔子听到了以后，说道："这个刺探情况的人真不错啊。《诗经》中说：'凡百姓有丧亡，竭力去救援。'子罕就具备了这种品质啊。如果没有晋国的话，天下还有谁敢和宋国为敌呢？因此，周任说过：'人民喜好爱护他们的人，这样的人是不能够被战胜的。'"

楚国讨伐吴国的时候，工尹商阳和陈弃疾奉命前去追击吴军。追上吴军的时候，陈弃疾对工尹商阳说道："这是国君赋予的使命。您可以将弓放在手里了。"工尹商阳将弓拿在了手中。陈弃疾说道："现在您可以射箭了。"工尹商阳就将箭射了出去，射死了一个人，就将弓放回了弓袋。又一次追上了敌人后，陈弃疾又对他说了相同的话，再一次追上敌人以后，陈弃疾又一次说了相同的话，他又射死了两个人。而每一次射死一个人后，工尹商阳就将眼睛遮住，并让御者停车，说道："在朝见时，我是没有座位的人，宴会时我是没有席位的人，现在射杀了三个人也就可以回去复命了。"孔子听到了以后，说道："杀人也还是有礼节的。"子路很气愤地说："身为人臣，礼节就应当是为国君做事，应当尽力而为，死而后已。您为何要称赞他呢？"孔子说："是的，你说得很对。我所赞赏的只是他不忍心多杀人而已。"

［原文］

孔子在卫，司徒敬子卒，夫子吊焉。主人不哀，夫子哭不尽声而退。蘧伯玉请曰："卫，鄙俗不习丧礼，烦吾子辱相①焉。"孔子许之，掘中霤②而浴，毁灶而缀足，袭③于床。及葬，毁宗而躐④行也。出于大门，及墓，男子西面，妇人东面，既封⑤而归。殷道也，孔子行⑥之。子游问曰："君子行礼，不求变俗，夫子变之矣。"孔子曰："非此之谓也。丧事则从其质而已矣。"

宣公八年六月辛巳，有事⑦于太庙，而东门襄仲卒。壬午犹绎⑧。子游见其故，以问孔子曰："礼与？"孔子曰："非礼也，卿卒不绎。"

季桓子丧，康子练而无衰⑨，子游问于孔子曰："既服练，服可以除衰乎？"孔子曰："无衰衣者，不以见宾，何以除焉？"

郰(zhū)人以同母异父之昆弟死，将为之服⑩，因⑪颜克而问礼于孔子。子曰："继父同居者，则异父昆弟从为之服；不同居，继父且犹不服，况其子乎？"

［注释］

①相：主持礼仪的人。
②中霤：室中央。
③袭：穿衣服。
④躐：超越。
⑤封：堆土筑坟。
⑥行：实行。
⑦有事：即祭祀。
⑧绎：指当天祭祀了以后，第二天又进行祭祀。
⑨衰：丧服。
⑩服：穿丧服。
⑪因：通过。

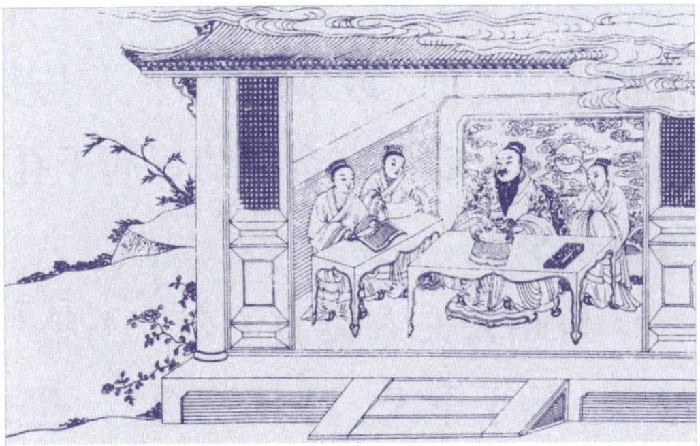

韦编三绝

孔子从卫国回到鲁国，仍不受重用。孔子晚年喜欢读《易》，翻来覆去地阅读，以至于连穿竹简的皮条都断了多次。孔子说："再给我几年时间研究《易》，就可以没有大过错了。"

［译文］

孔子在卫国的时候，司徒敬子死了，孔子前去吊唁。主人哭得并不怎么悲伤，孔子没有大声哭就回家了。蘧伯玉向孔子请求道："我们卫国人很鄙陋，不懂得如何举行丧礼，劳烦您担任礼相。"孔子答应了，让人在室中央挖了一个坑洗浴尸体，拆毁了炉灶，用灶砖将脚连在了一起，在床上给尸体穿上了衣服。下葬时，拆毁了庙墙，超越了行神之位，没有经过中门就直接将灵车拉出了大道。到了墓地以后，男子面向西，妇女面向东，封好了坟墓以后才回来。这是殷人的礼节，孔子依照殷人丧礼的礼节安葬了司徒敬子。子游问道："君子主持礼仪的时候，不要求改变风俗，您现在却改变了。"孔子说道："我所做的并不是你说的这样。办丧事只是从俭而已。"

鲁宣公八年六月辛巳日，鲁宣公在太庙举行了祭祀。这时候，东门襄仲去世了。壬午那天，宣公还在举行绎祀。子游看到以后就向孔子问道："这样做符合礼吗？"孔子回答说："不符合礼，卿士死了以后，是不用举行绎祭的。"

季桓子死了以后，季康子在练祭的时候没有穿衰服。子游向孔子问道："已经能穿练服了，可以脱去衰服了吗？"孔子回答道："没有穿衰服的人，是不能去会见客人的，怎么能脱去衰服呢？"

郕国有个人的同母异父的兄弟死了，将要给他穿丧服。他通过颜克向孔子请教有关这方位的礼仪，孔子说道："和继父生活在一起的话，即便是同父异母的兄弟，也应当为他服丧。假若不和继父生活在一起的时候，即便是继父死了也不会服丧，何况是他的儿子呢？"

[原文]

齐师侵鲁，公叔务人遇人入保[1]，负杖而息。务人泣曰："使[2]之虽病，任[3]之虽重，君子弗能谋[4]，士弗能死，不可也，我则既言之矣，敢不勉[5]乎？"与其邻嬖(bì)童汪锜(yǐ)乘往奔敌，死焉。皆殡。鲁人欲勿殇童汪锜，问于孔子。曰："能执干戈以卫社稷，可无殇乎？"

鲁昭公夫人吴孟子卒，不赴[6]于诸侯。孔子既致仕[7]，而往吊焉。适于季氏，季氏不绖[8]，孔子投绖而不拜。子游问曰："礼与？"孔子曰："主人未成服，则吊者不绖焉，礼也。"

公父穆伯之丧，敬姜昼哭，文伯之丧，昼夜哭。孔子曰："季氏之妇，可谓知礼矣。爱而无私，上下有章[9]。"

南宫绍之妻，孔子兄之女。丧其姑而诲之髽[10]，曰："尔毋从从[11]尔，毋扈(hù)扈[12]尔。盖榛以为笄(jī)，长尺，而总[13]八寸。"

[注释]

①保：通“堡”，小城。
②使：徭役。
③任：赋税。
④谋：谋划。
⑤勉：勉力，尽力。
⑥赴：同“讣”，讣告。
⑦致仕：辞官。
⑧绖：用麻布做成的丧服。
⑨章：别。
⑩髽：妇人服丧期间所梳的发髻。
⑪从从：高高的样子。
⑫扈扈：大大的样子。
⑬总：束发。

[译文]

齐国的军队进犯鲁国的时候，公叔务人遇到一个拄着兵杖的人进到城中休息。公叔务人哭泣着说：“虽然徭役让百姓生活很艰苦，赋税也很沉重，而卿大夫不去好好谋划，战士又做不到为国而死，这样不行啊。我既然这样说了别人，自己就不敢不尽力去做。”于是就和他邻里的儿童汪锜一起冲向了敌人的军队，两个人都死了。两人的灵柩在出殡的时候，鲁国人不想使用儿童的丧礼去安葬他，向孔子询问，这样是不是合适？孔子说道：“能拿起武器去保卫国家是可贵的，因此，可以不用儿童的丧礼。”

鲁昭公的夫人吴孟子死了以后，没有向诸侯国发讣告。当时孔子已经辞官了，但还是前去吊唁。孔子到了季氏家以后，看到季氏没有穿丧服，自己也就脱下了丧服，也没有答拜。子游向孔子问道：“这符合礼吗？”孔子说道：“主人没有穿丧服，那么前往吊唁的人也可以不按照丧礼执行，这是符合礼的。”

公父穆伯死了以后，敬姜在白天哭，她的儿子文伯死了以后，她白天夜晚都在哭。孔子说道：“季氏之妇可以说得上懂得礼了，爱而无私，上下之间有分别。”

南宫绍的妻子是孔子哥哥之女。她的婆婆死了以后，孔子就教她做丧髻的方法，并说道：“不要将头发弄得高高的，也不要将头发弄得大大的，所用的簪子要用榛木，长度为一尺，而束在发根的带子垂下来的却只能有八寸。”

[原文]

子张有父之丧，公明仪相[①]焉。问启颡（sǎng）[②]于孔子。孔子曰：“拜而后启颡，颓乎其顺[③]，启颡而后拜，颀[④]乎其至也。三年之

跪受赤虹

孔子著作完成后，沐浴斋戒向北斗告成。忽然有赤虹从天而降，变化成刻有花纹文字的黄玉，孔子跪着接受了上天的赏赐。

丧，吾从其至也。”

孔子在卫，卫之人有送葬者，而夫子观之。曰：“善哉为丧乎，足以为法⑤也，小子识⑥之。”子贡问曰：“夫子何善⑦尔？”曰：“其往也如慕⑧，其返也如疑。”子贡曰：“岂若速反而虞⑨哉？”子曰：“此情之至者也。小子识之，我未之能也。”

卞人有母死而孺子之泣者。孔子曰：“哀则哀矣，而难继也。夫礼为可传⑩也，为可继也，故哭踊有节，而变除⑪有期⑫。”

孟献子禫⑬，悬而不乐，可御而处内。子游问于孔子曰：“若是则过礼也？”孔子曰：“献子可谓加于人一等矣。”

鲁人有朝祥而暮歌者，子路笑⑭之。孔子曰：“由，尔责于人终无已，夫三年之丧，亦以久矣。”子路出，孔子曰：“又多乎哉，逾月则甚善也。”

［注释］

①相：担任礼相。
②启颡：以头触地，表示极度悲伤。
③顺：恭顺。
④颀：诚恳。
⑤法：法则，效法。
⑥识：记。
⑦善：赞美。
⑧慕：依恋。
⑨虞：下葬了以后举行的祭祀。
⑩传：传扬。
⑪除：去除。
⑫期：期限。

⑬禫：从丧服换回吉服之间的一个月的礼制。

⑭笑：嘲笑。

［译文］

子张的父亲死了，公明仪担任礼相，他向孔子询问如何进行跪拜之礼。孔子说："首先两膝着地，拱手而拜，然后两手也着地，俯首以头叩地，这是十分恭顺的。先两手着地，俯首以头叩地，然后两膝着地，拱手而拜，这是十分诚恳的。守丧要守三年，我赞同最为诚恳的跪拜之礼。"

孔子在卫国的时候，卫国有人在送葬，孔子看了以后说道："这样的丧礼办得很好啊，是可以用来作为准则了，你们都要记住啊。"子贡问道："老师您为什么这样称赞呢？"孔子回答说："他们送丧的时候就像是小孩子跟在父母身后啼哭一样，送丧回来时就像不知道神灵会不会来一样迟疑而不尽快返回。"子贡问道："这样还不如尽快回去准备葬后的拜祭呢？"孔子说："这是感情的最高表现，你们要记住这些，我自己也还不能够做到呢。"

卞邑有个人母亲死了，他哭得像小孩子一样伤心。孔子说："哀痛是很哀痛的了，可是很难有人能够和他一样，礼是为了可以宣扬，也可以是有人亲自去做。因此，啼哭和踩脚都要有一定的节制，除去丧服也需要一定的时期限制。"

孟献子在禫祭的时候，挂起了乐器却没有奏乐，能够接受妻妾的侍奉了却依然在房中不出来。子游向孔子问道："像他这样的是不是超过了礼仪的规定了呢？"孔子回答说："孟献子真的可以说是高人一等啊。"

鲁国有一个人，早上除掉了丧服，晚上就开始唱歌了。子路嘲笑了他。孔子说："仲由，你怎么总是这么没有终止地责怪别人呢？守了三年丧，已经是很久的了。"子路出去以后，孔子说道："那个人要再过多长时间才能唱歌呢？再过一个月再唱歌就是很好的了。"

［原文］

子路问于孔子曰："伤哉！贫也。生而无以供养，死则无以为礼①也。"孔子曰："啜菽(shū)②饮水，尽其欢也，斯为之孝乎。敛③手足形，旋葬而无椁(guǒ)④，称其财，为之礼。贫何伤乎？"

吴延陵季子聘于上国⑤，适齐，于其返也，其长子死于嬴、博之间。孔子闻之曰："延陵季子，吴之习⑥于礼者也。往而观其葬焉。"其敛以时服而已；其圹(kuàng)⑦掩坎⑧深不至于泉；其葬无盟器⑨之赠。既葬，其封广轮揜坎，其高可时隐⑩也；既封，则季子乃左袒，右还其封，且号⑪者三，曰："骨肉归于土，命也。

若⑫魂气则无所不之，则无所不之。”而遂行。孔子曰：“延陵季子之礼，其合矣。”

题季札墓

季札是吴王寿梦的幼子，有让国之贤。昭公二十七年（公元前515年）作为吴国使者去齐国，儿子死在途中，就按照旅途中的葬仪埋葬在嬴、博之间。孔子看后赞扬说，延陵季子的行为合乎礼的规定。季札死后，孔子游吴，为他的墓题写了“延陵季子之墓”。

［注释］

①礼：指丧礼。

②菽：豆类的总称。

③敛：通“殓”。

④椁：棺材的外层。古代的棺材有两层，里面的称棺，外层的称椁。

⑤上国：齐国。

⑥习：熟知。

⑦圹：墓地。

⑧坎：坑穴。

⑨盟器：冥器。

⑩隐：倚靠。

⑪号：号哭。

⑫若：你。

［译文］

子路向孔子问道：“贫穷真可悲啊，父母在世的时候不能好好奉养，死了以后也不能办好丧事。”孔子说道：“即便是吃粥喝水，只要让父母感到快乐，也就是尽孝了。举办丧礼的时候，即便是衣服被单只能遮住身体，很快就下葬并且没有椁，只要是和自己的财力相当，也就符合礼了，有没有钱有什么重要的呢？”

吴国的延陵季子出使到齐国，在他返回的时候，他的长子在嬴、博两邑之间死了。孔子听到这件事以后说：“延陵季子是吴国熟知礼的人，我要前往观看他如何举办丧礼。”延陵季子给儿子下葬时，装殓时只有日常的衣服，墓穴的深度没有达到泉水处，并且下葬的时候没有冥器殉葬。埋葬了以后，墓地上所堆的土，长度和墓穴长度一样，高度是可以让人倚靠。坟墓封好以后，季子袒露着左臂，向右绕着坟墓走，大哭了三遍，说道：“骨肉回到土里，是命中注定的。你的灵魂却是无处不在，无处不在的。”然后就回去了。孔子说道：“延陵季子的礼是符合礼的。”

［原文］

子游问丧之具①。孔子曰：“称②家之有亡焉。”子游曰：“有亡恶③于齐？”孔子曰：“有也，则无过礼。苟亡矣，则敛手足

形，还[4]葬，悬棺而封，人岂有非[5]之者哉。故夫丧亡，与其哀不足而礼有余，不若礼不足而哀有余也；祭祀，与其敬不足而礼有余，不若礼不足而敬有余也。”

伯高死于卫，赴[6]于孔子。子曰：“吾恶乎哭诸？兄弟吾哭诸庙[7]，父之友吾哭诸庙门之外，师吾哭之寝[8]，朋友吾哭之寝门之外，所知[9]，吾哭之诸野。今于野则已疏，于寝则已重，夫由[10]赐也而见我，吾哭于赐氏。”遂命子贡为之主。曰：“为尔哭也，来者汝拜之。知伯高而来者，汝勿拜。”既哭，使子张往吊焉。未至，冉求在卫，摄束帛乘马而以将之。孔子闻之曰：“异哉！徒使我不成礼于伯高者，是冉求也。”

[注释]

①具：丧葬用具。
②称：相称。
③恶：哪里，疑问代词。
④还：同“旋”，马上。
⑤非：非议，责怪。
⑥赴：同“讣”，讣告。
⑦庙：祖庙。
⑧寝：内室。
⑨所知：有交情，互相知道姓名。
⑩由：通过。

[译文]

子游向孔子询问丧葬用具的事。孔子说：“和自己家境的富有以及贫穷相称就行。”子游说：“由家境的贫富有无来决定，这哪里能符合礼呢？”孔子说：“富有的话，不要超越礼，如果贫穷的话，敛葬的时候衣服只能遮掩住身体，很快就下葬，用绳子拉着棺材下葬，也不会有人责难的。因此，办丧事的时候，与其哀痛不够而财物礼仪很完备，倒不如物资礼仪缺少而感情很悲痛的好。举行祭祀的时候，与其缺少敬意而祭品丰厚、礼仪完备，倒不如祭品陋薄礼仪不足而充满了敬意的好。”

伯高在卫国死了，发讣告给孔子。孔子说：“我要到哪里去哭他呢？如果是兄弟的话，我要在祖庙中哭他；如果是父亲的朋友的话，我要在庙门外面哭他；如果是老师的话，我要在内室哭他；如果是朋友的话，我要在内室门外哭他；

如果是互相知道姓名的话，我就在郊外哭他。现在对伯高来说，在野外哭他的话就过于疏远，在内室哭他的话又过于礼重。伯高是通过子贡而认识我的，我就到子贡那里哭他吧。”于是就让子贡代做主人，对他说：“为了你来哭的，你要拜谢，为了和伯高的情分来哭的，你就不用拜谢。”哭完了以后，派子张前往卫国吊丧。子张还没到卫国之前，冉求当时正在卫国，就代孔子准备了一束帛和四匹马，以孔子的名义前去吊丧。孔子听说了这件事以后，说道：“这样做是不对的，白白让我失礼于伯高的人是冉求啊。”

曲礼公西赤问

［原文］

公西赤问于孔子曰：“大夫以罪免[1]，卒，其葬也如之何？”孔子曰：“大夫废其事[2]，终身不仕，死则葬之以士礼，老而致仕[3]者，死则从其列[4]。”

［注释］

①免：免官，罢官。
②废其事：指被免官。
③致仕：辞官。
④列：次序，位次。

［译文］

公西赤向孔子问道：“士大夫因为犯了罪而被免官，死了以后应该按照什么等级的葬礼来安葬他呢？”孔子回答说：“士大夫被免官以后，终身不再出来做官的，死了以后应当以士的礼仪来安葬，如果是因为年纪大了而辞官的，死了以后则应当按照他生前所处的官位的级别来举行葬礼。”

［原文］

公仪仲子嫡子[1]死，而立其弟。檀弓[2]问子服伯子[3]曰：“何居[4]？我未之前闻也。”子服伯子曰：“仲子亦犹行古人之道，昔者文王舍[5]伯邑考[6]而立武王，微子舍其孙腯[7]，立其弟衍。”子游以闻诸孔子。子曰：“否，周制立孙。”

［注释］

①嫡子：正室所生的长子。

②檀弓：人名，是鲁国知礼仪之人。
③子服伯子：也就是子服景伯，是孔子的弟子，鲁国的大夫。
④何居：即何故，什么原因。
⑤舍：舍弃。
⑥伯邑考：周文王的长子。
⑦孙腯：微子的嫡孙。

［译文］

公仪仲子的嫡长子死了，公仪仲子便立了他的庶子作继承人。檀弓向子服伯子问道："这是什么原因啊？这种情况我以前从来就没有听说过。"子服伯子回答说："仲子这么做行的也是古人之道，以前周朝的时候，文王就舍弃了立长子伯邑考而立了武王，微子舍弃了立嫡孙孙腯而立了其庶子衍。"子游听到了这件事，便告诉了孔子，孔子说道："不对，周代的礼制是立其嫡孙。"

［原文］

孔子之母既丧，将合葬焉，曰："古者不祔葬[①]，为不忍先死者之复见也。《诗》云：'死则同穴。'自周公已来祔葬矣。故卫人之祔也，离之[②]，有以闻焉；鲁人之祔也，合之[③]，美夫，吾从鲁。"遂合葬于防[④]。曰："吾闻之有备物而不可用也，是故竹不成用，而瓦不成膝，琴瑟张[⑤]而不平，笙竽备而不和，有钟磬而无簨虡[⑥]，其曰盟器，神明之也。哀哉！死者而用生者之器，不殆而用殉[⑦]也？"

［注释］

①祔葬：合葬。
②离之：指夫妻二人的棺椁分别埋葬在两个墓穴中。
③合之：指夫妻二人的棺椁埋葬在同一个墓穴中。
④防：即防山，地名，位于曲阜县东。
⑤张：张弦，调弦。
⑥簨虡：悬挂钟磬的架子。
⑦殉：这里是指用人殉葬。

真宗祀鲁

宋真宗封禅泰山，路过曲阜，拜谒孔子庙，起初制定的礼仪是跪地而不叩头，真宗认为不够尊敬，特意酌酒以献，再拜行礼。拜谒叔梁纥庙堂，又命大臣分别祭奠七十二弟子。又到孔林行礼，还将此次祭祀用的祭器留在庙内，追封孔子为"玄圣文宣王"。

[译文]

孔子的母亲死了以后，孔子准备要将母亲和已故的父亲合葬，说道："古代的人不合葬，是因为不忍心再看到先故去的亲人。《诗经》说：'死了要埋葬在一起。'所以自从周公以来就开始实行合葬了。卫国人的合葬方式是将夫妻二人的棺椁分别埋葬在两个墓穴中，鲁国人的合葬方式是将夫妻二人的棺椁埋葬在同一个墓穴中，我认为鲁国人的合葬方式好，将按照鲁国的方式来举行。"于是就将父母合葬在防山。并且说道："我听说葬礼上要置备许多种物件，而这些物件又都没有实际用途。所以，陪葬的竹器不好使用；瓦器不能盛放汤水；琴瑟张了弦却没调好，不能弹奏；笙竽已具备而不能吹；有钟磬而无悬挂木架，不能敲击。这些叫'盟器'，把死者当神明来侍奉。唉！如果死人用活着的人用的器皿殉葬，不就和用活人来殉葬差不多吗？"

[原文]

子游问于孔子曰："葬者涂车①刍灵②，自古有之，然今人或有偶③，是无益于丧。"孔子曰："为刍灵者善矣，为偶者不仁，不殆于用人乎？"

颜渊之丧既祥④，颜路馈祥肉于孔子。孔子自⑤出而受之，人弹琴以散情，而后乃食之。

[注释]

①涂车：用泥土做成的车。
②刍灵：用稻草扎成的人和马等。
③偶：用土木等制成的人像。
④祥：丧祭之名。
⑤自：亲自。

[译文]

子游向孔子问道："举行葬礼的时候，用泥土做成的车，用稻草扎成的人和马去殉葬，这是古时候就有的了。然而现在有的人却用木偶去殉葬，这对丧事是没有什么好处的。"孔子说："用草扎的人和马去殉葬，是心地仁慈的，用木偶去殉葬的却很残忍，那样和用活人去殉葬没有什么区别。"

颜渊死了以后，他的丧事在举行过祥祭之后，颜路给孔子送来了大祥的祭肉，孔子亲自出门迎接。进入到房内以后，先弹琴以排遣忧伤之情，然后才吃祭肉。

颜氏家训

卷第一

序致第一

一

［原文］

夫圣贤之书，教人诚孝，慎言检迹[①]，立身扬名，亦已备矣。魏、晋已来，所著诸子，理重事复，递相模效，犹屋下架屋，床上施床[②]耳。吾今所以复为此者，非敢轨物范世也，业以整齐门内，提撕[③]子孙。夫同言而信，信其所亲；同命而行，行其所服。禁童子之暴谑，则师友之诫，不如傅婢[④]之指挥；止凡人之斗阋(xì)[⑤]，则尧、舜之道，不如寡妻之诲谕。吾望此书为汝曹之所信，犹贤于傅婢寡妻耳。

［注释］

①检迹：指立身持正，行为检点。
②屋下架屋，床上施床：比喻毫无必要的重复。
③提撕：提引，教导。即耳提面授，亲自教诲。
④傅婢：婢女。
⑤斗阋：争吵，争斗。

［译文］

圣贤所写的书籍，教导人们何为忠孝，说话前注意思考，时常检点自己的行为，建立功业，扬名千里，这些道理，书中都做了全面的讲述。魏晋以来，出现的诸子著作中，道理大致都如此，内容也有许多相似之处，相互间不断模仿，就好比是屋下又架屋，床上又放床，有重复无用之感。今天我又在这里著《家训》，初衷并不是要给大家制定为人处世的规范，而仅仅是希望用来整顿家风，教育后代子孙。一样的话，亲近之人说出来的就觉得可信；一样的命令，钦佩之人发出的就能够执行。想要阻止小孩打闹，师友的劝告，就比不过婢女的指令；劝解兄弟间的打架争吵，先人尧舜的教导，就比不上他们妻子的劝告。希望我所著的这本《家训》能成为你们的信奉之物，此书总比婢女、妻子的话要贤明得多吧。

二

[原文]

吾家风教，素为整密。昔在龆龀(tiáo chèn)[1]，便蒙诱诲；每从两兄，晓夕温清[2]。规行矩步，安辞定色，锵锵翼翼，若朝严君焉。赐以优言，问所好尚，励短引长，莫不恳笃。年始九岁，便丁荼(tú)蓼(liǎo)[3]，家涂离散，百口索然。慈兄鞠养，苦辛备至；有仁无威，导示不切。虽读《礼》《传》，微爱属文，颇为凡人之所陶染，肆欲轻言，不修边幅。年十八九，少知砥砺[4]，习若自然，卒难洗荡。二十已后，大过稀焉；每常心共口敌[5]，性与情竞，夜觉晓非，今悔昨失，自怜无教，以至于斯。追思平昔之指，铭肌镂骨[6]，非徒古书之诫，经目过耳也。故留此二十篇，以为汝曹后车耳。

[注释]

①龆龀：儿童垂髫换齿的时候，这里指童年时期。

②温清：见《礼记·曲礼上》："凡为人子之礼，冬温而夏清。"指早晚嘘寒问暖，对父母极尽孝道之礼。

③荼蓼：指家道贫寒。

④砥砺：本指磨刀石，后来引申为磨砺、锻炼之意。

⑤心共口敌：嘴上所说的话，心里有所取舍，不随便说话。

⑥铭肌镂骨：形容体会深刻，很难忘记。

[译文]

我们家的门风和家教，一向严谨周密，在我童年时期，就一直接受这熏陶教育。我天天和两位兄弟在一起，朝夕侍奉双亲、嘘问寒暖。行为举止谨慎规矩，言辞神态平和安详，毕恭毕敬，小心翼翼，像拜见高贵威严的君主一样。父母经常对我们说些鼓励的话语，询问我们有哪些爱好，鼓励我们克服短处，发挥优长，提出的建议十分中肯。在我九岁时，父亲去世了，家庭生活陷入困境，家业衰落、人丁萧条。慈善的哥哥抚养我，特别辛苦，对我总是仁爱有加而少严词，指导我时也不那么严厉。虽然我那时也诵读《礼记》《左传》，喜爱写文章，这与受到当时社会世人的影响是分不开的，我放纵自己，言语轻狂，不修边幅。一直到了十八九岁，才有意识开始锻炼自己，只是因为已经习惯成自然，很快改掉恶习是很难的。我到二十岁以后，才开始渐渐不犯大错，但还经常心口不一，本性和私情经常相抵触，晚上觉察到早上的过失，今天忏悔昨天犯下的错误，自己常常惋惜没有受到良好的教育，才会走到如今的地步。想起平生的志向，感觉刻骨铭心，并非只是阅读古书上的教条，只动眼睛不动脑子就能体会的。因此我写下这二十篇文章，留给你们，引以为鉴。

教子第二

一

［原文］

上智不教而成，下愚虽教无益，中庸之人，不教不知也。古者，圣王有胎教之法①：怀子三月，出居别宫，目不邪视，耳不妄听，音声滋味，以礼节之。书之玉版②，藏诸金匮③。生子咳(hái)提，师保固明孝仁礼义，导习之矣。凡庶纵不能尔，当及婴稚，识人颜色，知人喜怒，便加教诲，使为则为，使止则止。比及数岁，可省笞(chī)罚。父母威严而有慈，则子女畏慎而生孝矣。吾见世间，无教而有爱，每不能然；饮食运为，恣其所欲，宜诫翻奖，应诃反笑，至有识知，谓法当尔。骄慢已习，方复制之，捶挞至死而无威，忿怒日隆而增怨，逮于成长，终为败德。孔子云“少成若天性，习惯如自然”④是也。俗谚曰：“教妇初来，教儿婴孩。”诚哉斯语！

孟母教子

孟子的母亲很重视对孟子的教育。孟子少年读书时，开始很不专心。有一次，他的母亲割断了织好的布，并借此告诫孟子说，学习如织布一样，如果不专心读书，就像断了的麻布再也接不起来了，只有专心用功才能学到本领。

［注释］

①胎教之法：古人认为胎儿在母体内就能够感受教化，因此孕妇在怀胎期间应该守礼节，奉孝道，给自己的孩子以好的影响。

②玉版：用来刻字的玉片。

③金匮：铜制的柜子，用来收藏珍贵的东西。

④少成若天性，习惯如自然：《大戴礼·保傅》："少成若天性，习贯如之长。"此句指出了早期教育的重要性。

[译文]

有高尚智慧的人，不用教育，自然就能成才，愚昧无知的人，即使施教再多，也毫无意义，而对于平常之人来说，不教育就不明事理。在古代，圣王有"胎教"的做法，妃子怀孕三个月时，就到别的房子里居住，眼睛不能四处乱看，耳朵不能毫无选择地乱听，对音乐、美食，都要受到礼义的节制。还要将这些胎教的内容写到玉版上，放到金柜里保存。孩子出生后，在他幼儿时期，担当太师、太保的人，就要对孝、仁、礼、义进行讲解，来引导他学习。一般百姓即使做不到这些，也应该在婴儿能够分辨人物、知道喜怒时，就及时地给予教导，让他做就做，不让他做就不做，等到孩子几岁大时，就可不用鞭打惩罚的办法了。父母只要既威严又慈爱，子女自然敬畏依从，孝心也就慢慢有了。我见到世上有那样的父母，对孩子没有教育只有慈爱，我并不认为那样是对的。随意吃什么、干什么，不加任何的管制，该教训的时候反而袒护，该斥责之时反而嬉笑，到孩子长大懂事的时候，认为这些道理就应该是这样。当看到孩子傲慢不敬已成习惯时，才意识到要去制止，到那时，即使是再严厉的管教也将无济于事，威严也无从树立，父母的火气不断增加，子女的怨恨也越来越深，孩子长大后，最终成为一个品德败坏的人。孔子曾说："小时候的习惯就像是天性，习惯之后就变成自然的了。"确实是这样的。俗语说："调教媳妇要在刚来的时候，教育儿女要在婴儿时期。"这话的确很有道理。

二

[原文]

凡人不能教子女者，亦非欲陷其罪恶；但重于诃怒，伤其颜色，不忍楚挞[①]惨其肌肤耳。当以疾病为谕，安得不用汤药针艾[②]救之哉？又宜思勤督训者，可愿苛虐于骨肉乎？诚不得已也。

[注释]

①楚挞：楚，本指牡荆，古代常用作惩罚的工具。此指杖打。

②艾：本指一种草本植物，中医学用它来作为针灸的工具。

[译文]

凡是不能把自己的子女教育好的人，并不是他们让自己的孩子陷入罪恶之境，只是不希望让子女因受责骂而显得神色沮丧，不舍得让子女因挨打而受到皮肉之苦。这应该用生病来做比喻，难道不用汤药、针灸治疗，病就好了吗？同时应该想想那些勤于督促训诫子女的人，难道他们愿意对亲生骨肉那样刻薄无情吗？着实是不得已而为之啊！

三

[原文]

王大司马母魏夫人，性甚严正；王在湓(pén)城[①]时，为三千人将，年逾四十，少不如意，犹捶挞之，故能成其勋业。梁元帝时，有一学士，聪敏有才，为父所宠，失于教义。一言之是，遍于行路，终年誉之；一行之非，揜[②]藏文饰，冀其自改。年登婚宦，暴慢日滋，竟以言语不择，为周逖抽肠衅鼓[③]云。

[注释]

①湓城：即湓口，一古城名，为湓水与长江交汇处，在今江西九江一带。
②揜：通“掩”，掩盖。
③衅鼓：古代战争时，杀人或牲畜，以其鲜血涂在鼓上用来祭奠。

[译文]

魏夫人，是大司马王僧辩的母亲，她有非常严谨端正的品性。王僧辩在湓城时，已是一位统率三千将士的首领，年纪已经四十多岁了，但稍有让母亲感到不如意的言行，母亲仍会用棍棒来教训他。这样，王僧辩才最终功成名就。梁元帝的时候，有一位学士，聪明机敏，颇有才气，从小受到父亲的宠爱，没有给予该有的管教。假如他有一句话说得好，父亲就沿街四处宣扬，希望行人都能知道，一年到头不停地说；假如他有一件事做错了，父亲就为他极力遮掩，希望他自己能够改正。这位学士长大成人之后，粗暴傲慢的习气日渐增长，最终因为说话不谨慎，触犯了周逖，周逖下令抽出他的肠子，并用他的血涂在战鼓上来祭祀。

四

[原文]

父子之严，不可以狎；骨肉之爱，不可以简。简则慈孝不接，狎则怠慢生焉。由命士[①]以上，父子异宫，此不狎之道也；

陈亢

陈亢，又名原亢，是孔子的弟子，他做单父宰时，曾施德政于民。

抑搔痒痛，悬衾箧(qiè)枕[2]，此不简之教也。或问曰："陈亢喜闻君子之远其子，何谓也？"对曰："有是也。盖君子之不亲教其子也，《诗》有讽刺之辞，《礼》有嫌疑之诫，《书》有悖乱之事，《春秋》有邪僻之讥，《易》有备物之象：皆非父子之可通言，故不亲授耳。"

［注释］

①命士：《汉书·食货志上》："学以居位曰士。"这里指被授予爵位，担任一定官职的读书人。

②悬衾箧枕：《礼记·内则》："悬其所卧之衾，以箧贮所卧之枕。"即在长辈起床后，晚辈应该把他们的被子捆好悬挂起来，把枕头放在箱子里。

［译文］

父子间严肃的气氛，不可以忽略轻视；骨肉间的关爱，不可以缺省从简。从简了就慈孝两方面都缺失了，忽视了怠慢之感就会随之而来。从那些做官读书人往上数，父子都不在同一间屋子居住，这就是让父子之间严肃的气氛不散去的方法。长辈需要时，晚辈要为他们按摩抓搔；每天早上长辈起床后，晚辈要为他们把床铺整理好，这都是讲究礼数的教育。有人会问："孔子的弟子陈亢听说孔子疏远自己的儿子，觉得很是喜悦，是什么原因呢？"回答是："这是对的。因为君子不亲自教授子女。《诗经》里有讽刺君主的言辞，《礼记》中有避免嫌疑的戒律，《尚书》里有逆礼作乱的事，《春秋》里有对淫乱怪癖的讥讽，《易经》里有包容阴阳万物的卦象，所有的这些，都不是父亲可以直言不讳地向子女讲解的，所以说，君子不亲自教育自己的孩子。"

五

［原文］

齐武成帝子琅邪王[1]，太子母弟也，生而聪慧，帝及后并

笃爱之，衣服饮食，与东宫[2]相准。帝每面称之曰：“此黠儿也，当有所成。”及太子即位，王居别宫，礼数优僭（jiàn），不与诸王等；太后犹谓不足，常以为言。年十许岁，骄恣无节，器服玩好，必拟乘舆[3]；尝朝南殿，见典御[4]进新冰，钩盾[5]献早李，还索不得，遂大怒，诟曰：“至尊已有，我何意无？”不知分齐，率皆如此。识者多有叔段、州吁[6]之讥。后嫌宰相，遂矫诏斩之，又惧有救，乃勒麾（huī）下军士，防守殿门；既无反心，受劳而罢，后竟坐此幽薨（hōng）。

[注释]

①齐武成帝：指北齐皇帝高湛，其谥号为武成皇帝。琅邪王：指高湛的三子高俨，曾封为琅邪王。

②东宫：古代太子所居住的宫殿。

③乘舆：帝王所乘坐的车子。

④典御：此处指尚食典御，主管帝王饮食的官员。

⑤钩盾：主管园林一类事务的官署。

⑥叔段、州吁：叔段，即共叔段，春秋初年郑庄公之弟，自幼因其母的溺爱，骄横无礼，后来反动叛乱，为郑庄公所平定。州吁，春秋初卫庄公之子，小时就受其父宠，变得凶残刚愎，后杀其兄卫桓公自立，不久也被人所杀。

[译文]

齐武成帝的三儿子琅邪王高俨，是太子高纬的同母异父的弟弟，他天生聪慧，武成帝和皇后都十分喜爱他，穿的衣服、吃的食物都依照太子的级别来安排。成帝经常当面称赞他：“这是一个特别聪敏的孩子，将来一定会成就事业的。”太子即位后，琅邪王移居到别宫，他受到的礼遇还和当年一样优越，级别超过了其他诸侯王。在这种情况之下，太后还觉得对他不够好，经常在皇帝面前说起这事。才十多岁的琅邪王，十分放荡不羁、毫无节制，所有赏玩器物、衣着服饰都要与皇帝相比。他曾经到南殿朝拜，看见尚食典御向皇上进献新出的冰块、钩盾进献早熟的李子，回府后派人去要，没有得到，他就大发脾气，大骂道：“皇上拥有的东西，为什么我没有？”所有的行为都如此，一点分寸都不懂。有学识的人大多讥笑他像共叔段、州吁一样不懂君臣之礼。后来，琅琊王因为嫌弃宰相，假传圣旨将他杀掉，同时因为担心会有人前来相救，就让自己手下的军士，严守殿门。虽然他并没有叛乱的想法，受到安抚后就将兵力撤了，但后来终究还是因为此事，被皇帝秘密处死。

六

[原文]

人之爱子，罕亦能均；自古及今，此弊多矣。贤俊者自可赏爱，顽鲁者亦当矜怜，有偏宠者，虽欲以厚之，更所以祸之。共叔之死①，母实为之。赵王之戮，父实使之②。刘表之倾宗覆族③，袁绍之地裂兵亡④，可为灵龟明鉴也。

袁 绍

[注释]

①共叔之死：参见上一则注⑥。

②“赵王”二句：赵王，指汉高祖刘邦之子刘如意，其母戚夫人因受刘邦宠幸，屡次规劝刘邦以如意取代吕后所生的太子，由于吕后干涉，最后遭到拒绝。刘邦死后，吕后将如意毒死，将戚夫人折磨而死。

③“刘表”一句：刘表，东汉末年霸主，生有刘琦、刘琮二子，因刘琮娶刘表后妻蔡氏侄女为妻，蔡氏偏袒刘琮而厌恶长子刘琦，并在刘表面前加以诽谤和陷害，致使兄弟反目成仇。

④“袁绍”一句：袁绍，东汉末年将领，生有三子，分别为袁谭、袁熙和袁尚。因其后妻偏爱袁尚，造成兄弟不和，甚至兵戈相见，最后为曹操各个击破。

[译文]

人们关爱自己的孩子，很少能做到绝对的公平，从古到今，这种弊病一直都很多见。聪明俊美的人，自然能够惹人喜爱，顽皮粗笨的人也应该受人怜惜。那种对孩子有偏爱的家长，初衷虽然是想对他好，但实际上却给他带来祸殃。共叔段的死，实际上是他母亲造成的；赵王如意被杀，是他的父皇促使而成。刘表的宗族倾覆，袁绍的溃兵战败，所有这些，都可以作为灵应的龟兆和明亮的镜子，引以为鉴。

七

[原文]

齐朝有一士大夫，尝谓吾曰：“我有一儿，年已十七，颇晓

书疏[1]，教其鲜卑语及弹琵琶，稍欲通解，以此伏事公卿，无不宠爱，亦要事也。”吾时俛[2]而不答。异哉，此人之教子也！若由此业，自致卿相，亦不愿汝曹为之。

［注释］

①书疏：文书信札。

②俛：通“俯”，低下头。

［译文］

北齐的一个士大夫，曾经对我这样说：“我有一个儿子，已经十七岁了，文书信札写得很多，教他的鲜卑语、琵琶弹奏，几乎都学会了，靠着这些本领来服侍三公九卿，十分受宠，这是最重要的事情。”我低头叹息没有说话。太奇怪了，这个人如此来教育儿子！如果以此来作为提升自己的梯子，即使官至卿相，我也不会愿意让你们这样做的。

兄弟第三

一

［原文］

夫有人民而后有夫妇，有夫妇而后有父子，有父子而后有兄弟：一家之亲，此三而已矣。自兹以往，至于九族[1]，皆本于三亲焉，故于人伦为重者也，不可不笃。兄弟者，分形连气之人也。方其幼也，父母左提右挈，前襟后裾（jué），食则同案，衣则传服，学则连业，游则共方，虽有悖乱之人，不能不相爱也。及其壮也，各妻其妻，各子其子，虽有笃厚之人，不能不少衰也。娣姒（dì sì）[2]之比兄弟，则疏薄矣；今使疏薄之人，而节量亲厚之恩，犹方底而圆盖，必不合矣。惟友悌深至，不为旁人之所移者，免夫！

［注释］

①九族：指自己为基点，上至父、祖、曾祖、高祖，下至子、孙、曾孙、玄孙，共九辈，是为九族。

②娣姒：兄弟妻子们的称呼，也可称作妯娌。

［译文］

有了人类之后，才有了夫妻，有了夫妻随即才有了父子，有了父子之后才渐渐有了兄弟：家里的亲人之间，也就这三种关系而已。由此继续，直至九族，都源于这三种亲属关系，所以这就是人伦间最为重要的三种关系，绝对不能轻视它。兄弟，是体格虽然分开但是气质相通的人，他们小时候，总是被父母左右手牵携着，拉扯父母的前襟后裾，在一个桌子上吃饭，哥哥的衣服传给弟弟穿，课本也由哥哥传给弟弟用，外出游玩也要去同一地方，尽管有胡乱来的，也不会影响相互间的感情。他们进入壮年，各自成家有了妻室，各自抚养自己的儿子，即使再诚实憨厚，感情上也要渐渐疏远。妯娌和兄弟比起来，就更加疏远而缺少亲切之感了。现在让这些感情疏远淡漠的人，来节制度量兄弟间亲密深厚的感情，就好像是在一个方形的底盘上加了一个圆盖，必然不合适。只有当兄弟之间互相友爱，不受别人的误导而动摇，这种情况才会避免啊！

二

［原文］

二亲既殁（mò）[①]，兄弟相顾，当如形之与影，声之与响；爱先人之遗体[②]，惜己身之分气，非兄弟何念哉？兄弟之际，异于他人，望深则易怨，地亲则易弭。譬犹居室，一穴则塞之，一隙则涂之，则无颓毁之虑；如雀鼠之不恤，风雨之不防，壁陷楹[③]沦，无可救矣。仆妾之为雀鼠，妻子之为风雨，甚哉！

［注释］

①殁：死亡。

②遗体：古人认为自己的身体是祖先遗留下来的，所以称为“遗体”。

③楹：厅堂前面的柱子。

［译文］

双亲已经离开人世，只留下兄弟两人相亲相依，兄弟应当像形和影、声和响的关系一样亲密，爱惜先人给予的身体，怜惜源自父母的血气，除了兄弟还有谁能像这样互相挂念呢？兄弟间的情感，与他人完全不同，期望过高埋怨情绪就容易产生，关系好的话隔膜就容易消除。就像是住的房屋一样，有一个漏洞就马上堵上，有一条小缝就马上封严实，房屋就不会面临倒塌的危险；假使有了雀鼠也不感到忧虑，刮风下雨任随他便，不做任何的防御，等到墙体崩坏、梁柱倒塌之时，就无法补救了。恐怕仆妾与雀鼠相比，妻子与风雨相比，还要更厉害吧！

三

[原文]

兄弟不睦，则子侄不爱；子侄不爱，则群从疏薄；群从疏薄，则僮仆为仇敌矣。如此，则行路皆踖[①]其面而蹈其心，谁救之哉？人或交天下之士，皆有欢爱，而失敬于兄者，何其能多而不能少也！人或将数万之师，得其死力，而失恩于弟者，何其能疏而不能亲也！

兄弟友爱

唐玄宗与他兄弟诸王友爱，他的弟弟薛王曾染疾病，玄宗自己替他煎药，结果炉内的火烧着了玄宗的须，周围的人连忙上前救他，玄宗说，只要薛王服药病愈就好了，我的胡须没什么可惜的。

[注释]

①踖：践踏。

[译文]

兄弟间不和睦，子侄自然就不会相互关爱；子侄要是不相互关爱，居住地的族中子弟也就会互相疏远，感情淡薄；居住地族中子弟关系疏远，僮仆也自然就成仇敌了。这样的话，即使是路上的陌生人都会随意欺侮他们，有谁能来救他们呢？有些人能结交天下之士并能和睦相处，对兄长却不尊敬，为什么他们能善待多数人而不能善待少数人呢？有些人能统率几万大军并能让他们誓死效力，却不善待自己的弟弟，他们怎么能疏忽而不善待自己的亲人呢！

四

[原文]

娣姒(dì sì)者，多争之地也，使骨肉居之，亦不若各归四海，感霜露而相思，伫日月之相望也。况以行路之人，处多争之地，

能无间者，鲜矣。所以然者，以其当公务而执私情，处重责而怀薄义也；若能恕己[1]而行，换子而抚，则此患不生矣。

[注释]

①恕己：扩充爱心，以己度人。

[译文]

妯娌之间，是最容易产生纠纷的。即使是亲姐妹形成的妯娌关系，也最好能住得远一点，好在感受霜露之寒时产生相思之感，久立观望着日月的运行，期待着相会的日子。何况是走在路上的陌生人，处在多纠纷之地，相互间能够不生嫌嫉之心的实在太少了。之所以会出现这种情况，是因为有的人为大家庭办公事，却要顾及自己的私利，背负重大责任却很少讲道义。假如这些人能够以一颗仁爱的心多宽恕原谅对方，把对方的孩子当成自己的孩子那样关心，这样纠纷不和的情况自然就不会发生了。

五

[原文]

人之事兄，不可同于事父，何怨爱弟不及爱子乎？是反照而不明也。沛国刘琎(jīn)，尝与兄瓛连栋隔壁[1]，瓛呼之数声不应，良久方答；瓛怪问之，乃曰："向来未着衣帽故也。"以此事兄，可以免矣。

[注释]

①"沛国"二句：刘瓛、刘琎，均为南齐人，兄瓛，字子珪，自幼笃志好学，且勤勉不倦，是南齐著名学者；其弟琎，字子敬，也端方正直，但其儒雅不及其兄。见《南齐书·刘瓛传》。

[译文]

人们侍奉兄长时的态度，不能和侍奉父亲时等同，那为什么埋怨兄长对弟弟的爱远不及对自己儿子的爱呢？这是因为把这两件事对照起来看时，就显得不大明智了。沛国的刘琎曾经与哥哥刘瓛同住在一处，房屋之间只隔着一堵墙壁。有一天刘瓛叫刘琎，连叫几声刘琎都没有回应，过了好大一阵子才听到回应。刘瓛奇怪地问其原因，刘琎回答："刚才是因为没有将衣帽穿戴好。"用这样的态度侍奉兄长，自然就不用担心哥哥对弟弟的怜爱会不如对自己儿子的怜爱了。

六

［原文］

江陵王玄绍[1]，弟孝英、子敏，兄弟三人，特相爱友，所得甘旨新异，非共聚食，必不先尝，孜孜[2]色貌，相见如不足者。及西台[3]陷没，玄绍以形体魁梧，为兵所围，二弟争共抱持，各求代死，终不得解，遂并命尔。

［注释］

①王玄绍：其人不详，疑为南朝齐梁时人。
②孜孜：勤勉的样子。
③西台：指江陵。

［译文］

江陵的王玄绍与弟弟王孝英、王子敏，他们兄弟三人，相互间十分友爱。只要是有美味或新鲜奇特的食物，除非兄弟三人一起享用，否则绝对不会某个人独自先去品尝。兄弟三人各个都显露出十分勤勉的样子，每次见面都会觉得在一起的日子太短暂。当西台被攻陷时，王玄绍因为自己体形魁梧，被敌兵围困，两个弟弟争着前去将他抱住，请求替他去死，但灾难并未因此解除，兄弟三人一同遇难。

后娶第四

一

［原文］

吉甫[1]，贤父也，伯奇[2]，孝子也。以贤父御孝子，合得终于天性，而后妻间之，伯奇遂放。曾参[3]妇死，谓其子曰：“吾不及吉甫，汝不及伯奇。”王骏[4]丧妻，亦谓人曰：“我不及曾参，子不如华、元。”并终身不娶，此等足以为诫。其后，假继[5]惨虐孤遗，离间骨肉，伤心断肠者，何可胜数。慎之哉！慎之哉！

曾参

曾参是孔子的学生，妻子死后，他没有再娶。

[注释]

①吉甫：即尹吉甫，西周宣王的大臣，曾率军攻打过猃狁。

②伯奇：相传为吉甫长子，其母早亡，后母想把自己的儿子封为继承人，暗地里对伯奇加以陷害，吉甫大怒，于是把伯奇逐出家门。后来，伯奇作琴曲《履霜操》以述怀。吉甫听后才知道冤枉了他，遂射杀了后妻。

③曾参：即曾子，春秋时期鲁国人，孔子的学生。

④王骏：西汉成帝时的大臣，王骏丧妻之后，不再续娶，有人就问他原因，他回答道："德非曾参，子非华、元，亦何敢娶？"其事详见《汉书·王吉传》。

⑤假继：后母、继母。

[译文]

吉甫，是一位贤明的父亲。伯奇，是一位孝顺的儿子。贤父来对待孝子，父子之间慈孝的天性应该是一直存在的，但由于后妻从中作梗，儿子伯奇居然被父亲放逐。曾参的妻子死去时，他对儿子这样说："我的贤明比不上吉甫，你的孝顺也比不上伯奇。"王骏的妻子死去时，他也对人说："我自己比不上曾参，我的儿子也远不及曾华、曾元。"曾参、王骏此后都没有再娶妻室。这些事足以让我们引以为鉴戒。后世不断出现继母虐待孤儿，离间前妻之子和其父的血脉之情的事，使得无数人伤心断肠。对此要多加小心啊！对此要多加小心啊！

二

[原文]

江左不讳庶孽(niè)①，丧室之后，多以妾媵(yìng)终家事；疥癣(jiè xuǎn)蚊虻，或未能免，限以大分，故稀斗阋(xì)之耻。河北鄙于侧出②，不预人流，是以必须重娶，至于三四，母年有少于子者。后母之弟，与前妇之兄，衣服饮食，爰及婚宦，至于士庶③贵贱之隔，俗以为常。身没之后，辞讼盈公门，谤辱彰道路，子诬母为妾，弟

黜兄为佣，播扬先人之辞迹，暴露祖考[4]之长短，以求直己者，往往而有。悲夫！自古奸臣佞妾，以一言陷人者众矣！况夫妇之义，晓夕移之，婢仆求容，助相说引，积年累月，安有孝子乎？此不可不畏。

[注释]

①江左：即江东，今天长江下游以南地区。庶孽：古代指小妾们所生的子女，因其非正室妻子所生，故称之。

②侧出：即小妾所生的子女，与庶孽义同。

③士庶：士族和庶族。

④祖考：过世的父祖辈。

[译文]

江东对庶妾所生的孩子不避讳，妻子死了以后，通常由小妾来操持家事。微不足道的家庭纠纷，本来是在所难免的；但因为限于名分，打架争吵这类可耻的事情就很少发生。黄河以北地区的人鄙视小妾所生的孩子，不准许他们进入有身份人的行列中，正因如此，在亡妻之后，必须要重娶，甚至需要重娶三四次，这样一来，继母的年龄有时会比前妻的儿子还小。继母生的孩子和前妻留下的孩子，一弟一兄，他们两人在穿衣吃饭以及婚姻仕途上都会有差异，甚至还会产生士庶贵贱之别，然而世人对此类现象司空见惯。父亲死亡后，家里的人进出于官府忙于诉讼，满大街都能听到诽谤污辱的言语，前妻之子诬蔑继母为小老婆，继母则视前妻之子为仆役。用先人的言词加以辩驳，争论已逝父祖辈的是非功过，来证明自己的言论很有道理，这类事情经常可以见到，真是可悲啊！自古奸臣佞妾用一句话加害于人的事情不少。况且继母凭借夫妻的情义，总是想办法来改变男人的心意，而女婢为了讨主子的欢心，不断地帮助劝说引诱，时间一长，哪里还有孝子呢？这些不能不让人感到畏惧。

三

[原文]

凡庸之性，后夫多宠前夫之孤，后妻必虐前妻之子；非唯妇人怀嫉妒之情，丈夫有沈[chén]惑[1]之僻，亦事势使之然也。前夫之孤，不敢与我子争家，提携鞠养，积习生爱，故宠之；前妻之子，每居己生之上，宦学婚嫁，莫不为防焉，故虐之。异姓[2]宠则父母被怨，继亲[3]虐则兄弟为仇，家有此者，皆门户之祸也。

单衣顺母

闵子骞是孔子的弟子。他的继母让两个弟弟穿棉花做的冬衣，却给他穿芦花做的“棉衣”。父亲知道后，要休逐后妻。闵子骞跪求父亲饶恕继母。

[注释]

①沈惑：沈，亦作“沉”，指迷惑的样子。

②异姓：前夫之子。

③继亲：继母、后母。

[译文]

平庸之人的习性是这样的，后夫大多能够宠爱前夫的孩子，而后妻则必然虐待前妻的孩子。这并不是因为妇人嫉妒心强，丈夫迷恋女色，而是随着事态的发展而造成的。前夫的孩子，不敢和我的孩子争抢家产，将他教诲抚养，关爱之心在天长日久中自然产生，所以后父宠爱他；前妻的孩子，地位往往居于自己所生孩子之上，从学业到做官嫁娶，无处不需防范，所以继母会虐待他。异姓之子受宠时，父母会受到亲生子女的怨恨，继母虐待前妻之子时，兄弟自然就成为敌人，家庭里出现这种事情，都可称为是家族灾难。

四

[原文]

思鲁等从舅殷外臣，博达之士也。有子基、谌，皆已成立[①]，而再娶王氏。基每拜见后母，感慕呜咽，不能自持，家人莫忍仰视。王亦凄怆，不知所容，旬月求退，便以礼遣，此亦悔事也。

[注释]

①成立：长大成人。

[译文]

殷外臣是思鲁他们的堂舅，他是一位学识渊博且心志通达之士。他有两个儿子，殷基和殷谌，都已长大成人，妻子死后，殷外臣又娶了王氏为妻。殷基每次拜见继母时，都会因为想到自己的生母而伤心落泪，无法控制自己的情绪，家里的人也都不忍心抬头看他。王氏心里感到有些凄楚，不知道该怎么办，没有足月就要求退婚，殷外臣无奈之下，只能按照礼节把她送回了娘家，这也是一件令人懊悔的事啊。

五

［原文］

《后汉书》曰:"安帝时，汝南[①]薛包孟尝，好学笃行，丧母，以至孝闻。及父娶后妻而憎包，分出之。包日夜号泣，不能去，至被殴杖。不得已，庐于舍外，旦入而洒扫。父怒，又逐之，乃庐于里门，昏晨不废。积岁余，父母惭而还之。后行六年服，丧过乎哀。既而弟子求分财异居，包不能止，乃中分其财：奴婢引其老者，曰:'与我共事久，若不能使也。'田庐取其荒顿者，曰:'吾少时所理，意所恋也。'器物取其朽败者，曰:'我素所服食，身口所安也。'弟子数破其产，还复赈给。建光[②]中，公车特征，至拜侍中。包性恬虚，称疾不起，以死自乞。有诏赐告归也。"

［注释］

①汝南：郡名，在今河南境内。
②建光：东汉安帝年号。

［译文］

《后汉书》记载:"安帝时，汝南曾有个人叫薛包的，字孟尝，他好学善行，母亲去世之后，他因极尽孝道而闻名。他父亲重娶了后妻后，就开始憎恶薛包，把他赶出家门另住。薛包天天以泪洗面，痛哭不止，不愿意离开，直至遭到父亲用棍棒殴打。薛包不得已，就在房子外面搭了一间茅屋，天刚刚亮，就回家洒扫庭院，他父亲见到了特别恼怒，又将他赶了出去，薛包没有办法，只能又在里门外搭个茅屋暂住，但他总是记得每天早上按时回家，向自己的父母请安。此样的生活经过了一年多，薛包的父母对此也觉得很是过意不去，让他搬回家居住，父母死了之后，薛包为他们守孝六年，远远超过了一般丧礼所要求的期限。不久，他的弟弟提出要分割家产搬家另住，薛包劝说不动，就平分了家产：他要了奴婢中最为年老的，而且理由充分:'这些奴仆和我共同居住了很长时间，你使唤不了他们。'田地房产，他要的是荒凉的，并且说:'这都是我年轻时一手打理过的，所以对它们很依恋。'对于那些器具之类的东西，他要那些败坏了的，说道:'这都是我平常用的，觉得习惯了。'后来，在弟弟几次破产时候，薛包依然毫不顾忌地来接济弟弟。建光年间，公车署为此特地召见薛包，同时授予他侍中的官职。但薛包生来性情恬淡，以身体有病为由推辞，否则只求一死，朝廷无奈之下，下诏准许他带着官职返乡养病。”

治家第五

一

[原文]

夫风化[①]者，自上而行于下者也，自先而施(yì)于后者也。是以父不慈则子不孝，兄不友则弟不恭，夫不义则妇不顺矣。父慈而子逆，兄友而弟傲，夫义而妇陵，则天之凶民，乃刑戮之所摄，非训导之所移也。

[注释]

①风化：教育感化。

[译文]

教育感化这件事，顺序是从上到下推行的，是自前向后施行影响的。因此父亲如果不慈善的话，孩子就不会孝顺，兄长如果不友爱的话，弟弟就不会恭敬，丈夫如果不仁义的话，妻子就不会那么顺从了。至于说那些父亲虽然慈善而儿子却叛逆，兄长虽然友爱而弟弟却傲慢无比，丈夫虽然仁义而妻子却盛气凌人，只能说这些是天生的凶恶之人，要给他们施加刑法来让他们感到畏惧，仅仅教诲诱导是不能感化他们的。

二

[原文]

笞怒废于家，则竖子之过立见；刑罚不中，则民无所措手足[①]。治家之宽猛，亦犹国焉。

孔子曰："奢则不孙，俭则固；与其不孙也，宁固。"[②]又云："如有周公之才之美，使骄且吝，其余不足观也已。"[③]然则可俭而不可吝已。俭者，省约为礼之谓也；吝者，穷急不恤之谓也。今有施则奢，俭则吝；如能施而不奢，俭而不吝，可矣。

[注释]

①“刑罚”二句：出自《论语·子路》。措，安置。

②“奢则”四句：见《论语·述而》篇。孙，同“逊”，谦虚，顺从的意思。

③“如有”三句：见《论语·泰伯》篇。周公，姓姬名旦，曾助武王灭商，后又辅佐年幼的成王平定叛乱，以圣贤之名而垂后世。

焚裘示俭

晋武帝初即位时，有人以雉头羽毛织成裘袄来献，武帝觉得过于华丽，担心滋长奢靡之风，于是命人将其焚于殿前。

[译文]

家里如果没有严厉的家法，不使用鞭打一类的体罚，这时孩子的错误之处就会很快出现；刑罚如果使用得不够恰当，老百姓就会觉得手足无措。治家方面的宽容和严格，和治国是一样的。

孔子曾说：“奢侈了就不会谦逊，节俭了就会固陋。与不谦逊相比，宁可固陋。”还说：“假如一个人有周公那样的才和美，只要他既骄傲又吝啬，其他方面也就没什么值得称道的了。”如此说来是可以节俭而不可以吝啬了。节俭，是一种适应礼数的节省；吝啬，则是对危困时刻的不体恤。现在经常会出现讲施舍而变成奢侈，节俭又渐渐走向吝啬。假如能够施舍而不奢侈，节俭而不吝啬，就太好了。

三

[原文]

生民之本，要当稼穑而食，桑麻以衣。蔬果之畜，园场之所产；鸡豚之善，埘(shí)[1]圈之所生。爰及栋宇器械，樵苏脂烛，莫非种殖之物也。至能守其业者，闭门而为生之具以足，但家无盐井[2]耳。今北土风俗，率能躬俭节用，以赡衣食；江南奢侈，多不逮焉。

梁孝元[3]世，有中书舍人，治家失度，而过严刻，妻妾遂共货刺客，伺醉而杀之。

[注释]

①埘：在墙壁上凿成的鸡巢。

②盐井：用来采取地下盐而挖的井。

③梁孝元：即梁元帝萧绎。

[译文]

对老百姓来说，最根本的事，就是要播种收割庄稼作为食物，种植桑树麻草，解决穿衣问题。存储的蔬菜果品，都产自果园场圃；吃的鸡猪之肉，都是鸡窝猪圈生养的。至于说房屋器具，柴草蜡烛之类的，无一不是由种植收获而得到的。对于那些能保守家业的人，即使关门在家，生活必需品都够用，只是缺一口盐井罢了。北方的风俗，大多数人都能做到勤俭节约，能够解决温饱问题。江南一带的人比较奢侈，大多不能和北方相比。

梁元帝萧绎时，有一位中书舍人，治家的尺度没有把握好，为人过度严厉苛刻，致使他的妻妾合谋买通刺客，趁他酒醉时将他杀了。

四

[原文]

世间名士，但务宽仁；至于饮食饷馈[①]，僮仆减损，施惠然诺[②]，妻子节量，狎侮宾客，侵耗乡党[③]：此亦为家之巨蠹（dù）矣。

齐吏部侍郎房文烈[④]，未尝嗔怒，经霖雨绝粮，遣婢籴（dí）米，因尔逃窜，三四许日，方复擒之。房徐曰："举家无食，汝何处来？"竟无捶挞。尝寄人宅，奴婢彻屋为薪略尽，闻之颦（pín）蹙（cù）[⑤]，卒无一言。

[注释]

①饷馈：馈赠的食物。

②然诺：许诺，答应。

③乡党：泛指父老乡亲。

④房文烈：北齐人，据《北史·房景伯传》所载，他性情温和宽厚，从不嗔怒于人。

⑤颦蹙：皱眉，意为不高兴。

[译文]

世上有的名士，治家只求宽厚仁慈，以至于家中用来馈送待客的饮食，被仆童克扣，答应资助他人的财物，却被妻子克扣，经常轻蔑侮辱宾客，对乡邻刻薄，这同样都是治家的大祸害。

北齐吏部侍郎房文烈，脾气温和，从不生气，一次因遭遇大雨，家中粮食缺乏，房文烈于是让一名婢女去买米。谁知这个婢女乘此机会走掉了，三四天以后，家人才把她找回来。房文烈语气和缓地说道：“全家连吃的粮食都没有了，你到哪儿去了？”发生这样的事情，房文烈都没有鞭挞这个婢女。房文烈曾将自己的房子借给别人住，这个人的奴婢把房子拆掉当柴烧掉，拆得所剩无几了。房文烈听说了这事，只皱了皱眉而已，最终没说一句话。

五

［原文］

裴子野①有疏亲故属饥寒不能自济者，皆收养之。家素清贫，时逢水旱，二石米为薄粥，仅得遍焉，躬自同之，常无厌色。邺下有一领军，贪积已甚，家僮八百，誓满一千；朝夕每人肴膳，以十五钱为率，遇有客旅，更无以兼。后坐事伏法，籍其家产，麻鞋一屋，弊衣数库，其余财宝，不可胜言。南阳有人，为生奥博②，性殊俭吝，冬至后女婿谒之，乃设一铜瓯（ōu）酒，数脔（luán）③獐肉；婿恨其单率，一举尽之。主人愕然，俯仰④命益，如此者再；退而责其女曰：“某郎好酒，故汝常贫。”及其死后，诸子争财，兄遂杀弟。

［注释］

①裴子野：字几原，南朝梁人，以孝行、乐善好施称名。
②奥博：广积富有。
③脔：成块的肉。
④俯仰：应对、周旋之意。

［译文］

裴子野将饥寒交迫而不能自救的远房亲戚都召集来收养着。家里一直都很清贫，遇上水旱灾害的时候，用二石米煮成稀粥，能勉强让大家都吃上一点，自己也和大家一样吃这些东西，对此没有任何厌恶的情绪。京城邺下有个大将军，贪欲十分强烈，已经有了八百家僮，还一定要凑满一千，每人每天早晚的饭菜，都按十五文钱的标准，有客人来了，也不知道增加。后来他因为犯事被处死，籍册没收了他的家产，发现他有一屋子的麻鞋，几个仓库的旧衣，其他的财宝，更多得无法细说。南阳曾有一人，生平积蓄丰厚，但天性特别吝啬，冬至后女婿来看望他，他仅用一铜瓯的酒，几块獐子肉，来招待人家，女婿嫌他过于小气，很快就吃尽喝光了。他很吃惊，只能敷衍地多添了一点酒菜，这样先后添了两次，退席后他反倒责怪女儿说："你丈夫太爱喝酒，所以你们总是这么穷。"他死之后，儿子们争夺遗产，哥哥竟然把弟弟杀害了。

六

［原文］

妇主中馈①，惟事酒食衣服之礼耳，国不可使预政，家不可使干蛊(gǔ)②；如有聪明才智，识达古今，正当辅佐君子，助其不足，必无牝(pìn)鸡晨鸣③，以致祸也。

江东妇女，略无交游，其婚姻之家，或十数年间，未相识者，惟以信命④赠遗，致殷勤焉。邺下风俗，专以妇持门户，争讼曲直，造请逢迎，车乘填街衢(qú)，绮罗盈府寺⑤，代子求官，为夫诉屈。此乃恒、代之遗风⑥乎？南间贫素，皆事外饰，车乘衣服，必贵整齐；家人妻子，不免饥寒。河北人事，多由内政，绮罗金翠，不可废阙，羸(léi)马悴(cuì)奴，仅充而已；倡和之礼，或尔汝之。

妇人织帛

［注释］

①中馈：指家中饮食祭祀之类的事情。

②干蛊：主持事务。

③牝鸡晨鸣：牝鸡，母鸡，谓母鸡报晓，古时喻指家里女性掌权。

④信命：书信和命令。

⑤府寺：指高级官员们的住宅。

⑥恒、代之遗风：恒指恒州，代指代郡，此处以恒、代借指北朝旧时的风俗。

［译文］

妇女主持家中饮食祭祀之类的事情，只是要将那些酒食衣服之类的事情操办得合礼而已，不能让妇人过问国家大政，不能让她们主持家事。假如说真有聪明才智的话，有通达古今的见识，也只能让她辅佐丈夫，帮他弥补不足之处。

千万不要成了母鸡晨鸣，招来祸殃。

江东的妇女，对外交往很少，就连亲家之间还有十几年互不相识的，只是派人传达音信或送礼品，表达一些情意。邺城的风俗就是这样，让妇女当家，妇人们互相评论曲直是非，她们在门前观望、迎送客人，驾乘的车辆把道路都堵塞了，她们穿着绫罗绸缎，把官署都挤满了，为自己的儿子讨得官位，替自己的丈夫诉说冤屈，这是历史上的遗风吧？南方清贫的人家，都比较注意修饰外表，车马和衣服，力求整齐，家里的妻子和儿女，相反要受到饥寒之苦。黄河以北的人事应酬，大多由妇女出面，绮罗金翠，没有一样能够省去，而那些瘦弱的马匹，枯槁的奴仆，只是用来充数而已。夫妇之间的唱和之礼，也已被互相轻贱的称谓所取代。

七

[原文]

河北妇人，织纴(rèn)组紃[1]之事，黼(fǔ)黻(fú)[2]锦绣罗绮之工，大优于江东也。

太公曰："养女太多，一费也。"陈蕃[3]曰："盗不过五女之门。"女之为累，亦以深矣。然天生蒸民[4]，先人传体，其如之何？世人多不举女，贼行骨肉，岂当如此，而望福于天乎？吾有疏亲，家饶妓媵(yìng)[5]，诞育将及，便遣阍(hūn)竖守之。体有不安，窥窗倚户，若生女者，辄持将去；母随号泣，使人不忍闻也。

[注释]

①织纴组紃：纴，丝缕；紃，丝绳带。指妇女所从事的女红之类的事情。

②黼黻：衣服上所绣出的花纹。

③陈蕃：字仲举，东汉时人。东汉桓、灵帝时，任太尉，曾策划诛杀宦官之事，最终事败被杀。

④蒸民：蒸，通"烝"，众多的意思。

⑤妓媵：家妓和小妾。

[译文]

黄河以北的妇女，无论是纺织编绣的技巧还是纺棉织布、织锦绣花的本领都远远超过江东的妇女。

姜太公说："女儿养得太多，损耗太大。"后汉大臣陈蕃说过："即使是盗贼，都不愿意到有五个女儿的家里偷窃。"因为女儿带来的拖累，已经很沉重了。

芸芸众生，女儿也是父母的骨肉，又能对她们怎样呢？生活中有许多生了女儿不养育，而且残害亲生骨肉的人，他们这样做，难道还能盼望上天降福吗？我有这样一个远亲，妓妾不少，有谁将要生产时，就派童仆在跟前守候着，临产时，童仆就透过门窗窥视屋内的情况，假如产妇生了女孩，就马上将女孩抱走，产妇因此号哭不止，令人惨不忍闻。

八

［原文］

妇人之性，率宠子婿而虐儿妇。宠婿，则兄弟之怨生焉；虐妇，则姊妹之谗行焉。然则女之行留①，皆得罪于其家者，母实为之。至有谚云："落索阿姑餐。"此其相报也。家之常弊，可不诫哉！

婚姻素对，靖侯成规②。近世嫁娶，遂有卖女纳财，买妇输绢，比量父祖，计较锱铢（zī zhū）③，责多还少，市井无异。或猥婿在门，或傲妇擅室，贪荣求利，反招羞耻，可不慎欤！

［注释］

①行留：女子的出嫁和滞留。

②靖侯成规：靖侯，指颜之推九世祖颜含，因功绩被封为西平县侯，卒后谥曰靖侯。成规，前人定下的规矩。

③锱铢：喻指极其微小的东西或利益。

［译文］

妇女的天性是这样的，一般都是宠爱女婿而虐待儿媳。对女婿宠爱，自己的儿子就会有不满情绪；对儿媳虐待，那自己的女儿就容易说些不善的话。这么说来，女儿不管出嫁还是待嫁在家，都将得罪家人，原因都在母亲那里。所以俗话这样说："阿姑吃饭好冷清。"这是对她的报应啊。这种弊端常会在家中出现，能不引起重视吗！

男女婚配，要找清白的人家，这是当年祖宗靖侯立下的老规矩。近代人的嫁娶，有接受财礼而把女儿出卖了的，也有用丰富的绢帛买儿媳的，他们都是算计比较对方父祖辈的权势地位，计较锱铢钱财，只顾索取而少谈回报，这和做生意基本是一样的，正因为这样，有的门庭里请进来了猥琐下流的女婿，有的娶来凶恶的媳妇管持家务，贪图荣华利益，反而招来耻辱，这类事能不小心谨慎吗！

九

［原文］

借人典籍，皆须爱护，先有缺坏，就为补治，此亦士大夫百行之一也。济阳江禄[1]，读书未竟，虽有急速，必待卷束整齐，然后得起，故无损败，人不厌其求假焉。或有狼籍几案，分散部帙(zhì)[2]，多为童幼婢妾之所点污，风雨虫鼠之所毁伤，实为累德。吾每读圣人之书，未尝不肃敬对之；其故纸有《五经》词义，及贤达姓名，不敢秽用也。

吾家巫觋(xí)[3]祷请，绝于言议；符书章醮(jiào)[4]亦无祈焉，并汝曹所见也。勿为妖妄之费。

［注释］

①江禄：字彦遐，南朝梁人，好学，以文章著称。

②部帙：书籍的卷帙。

③巫觋：女巫为巫，男巫为觋，泛指各类的善于施巫术的人。

④章醮：古代道家施行法术的一种仪式。

借人典籍，皆须爱护

［译文］

借来别人的书籍，都要好好保护，借来以前就有的缺失或是损坏的页面，要主动把它修补好，这也算是士大夫百种善行之一。济阳人江禄，读书读到一半的时候，即使突然有十分要紧的事情，也一定要先把书卷整理好，再起身去做事，所以书籍是不会被损坏的。这样他向别人借书的时候，别人就不会觉得厌烦。有人把书籍乱放在桌子上，弄得书卷都散开了，很容易被小孩和婢妾弄脏，还有可能被风雨蛀虫损伤，这些行为都是违背道德的。每当我拜读圣人写的书时，从未很随便地对待过。如果废纸上留有《五经》上的言辞义和贤人的姓名，就不敢把它用在污秽的地方。

我们家从不信奉巫婆或道僧祈福的事情；也不用符书设道场去祈求神明保佑。这些你们都是知道的，一定不能把钱花费在这些巫妖虚妄的事情上。

卷第二

风操第六

一

［原文］

吾观《礼经》，圣人之教：箕帚匕箸[①]，咳唾唯诺，执烛沃盥(guàn)[②]，皆有节文，亦为至矣。但既残缺，非复全书；其有所不载，及世事变改者，学达君子，自为节度[③]，相承行之，故世号士大夫风操。而家门颇有不同，所见互称长短；然其阡陌[④]，亦自可知。昔在江南，目能视而见之，耳能听而闻之；蓬生麻中，不劳翰墨。汝曹生于戎马之间，视听之所不晓，故聊记录，以传示子孙。

［注释］

①匕箸：羹匙和筷子。
②沃盥：用水洗手。
③节度：规矩、法则。
④阡陌：本义指道路，南北为阡，东西为陌，此处引申为方法、途径。

［译文］

我看《礼记》，记载的都是些圣人的教诲：为长辈清扫秽物时簸箕扫帚的使用方法，如何选择吃饭所用的匙子、筷子，咳嗽、吐痰应该注意什么，应答怎样得当，以一种什么样的态度侍奉父亲公婆，酒席宴会应该遵守哪些规定，应该如何侍奉长辈洗手，所有这些，都有一定的规范要求，讲得特别周详。但是我们现在看到的这部书只是残本，不再是全本；还有一些礼仪规范，书中没有进行辑录，其中又有一些是需依照情况的不同作相应调整的，博学通变的士大夫们，可以自己去权衡其中的规则，一个接一个地遵守并且把它们推广开来，这也就是为什么把这些礼仪规范称为士大夫风范。各个家庭对各种礼仪规范看法不同，但在大的方向上还是一致的。过去我在江南，经常置身于各种礼仪规范之中，对此感受理解得特别深刻，就像是蓬蒿生长在麻之中，不用任何的约束力也长得很直一样。你们这一代，生活在战乱之时，对这些礼仪规范当然就不那么容易听到和看到了，为此我姑且把它们都记录下来，以便将来传给子孙后代。

二

[原文]

《礼》云："见似目瞿(jù)，闻名心瞿。"有所感触，恻怆心眼；若在从容平常之地，幸须申其情耳。必不可避，亦当忍之。犹如伯叔兄弟，酷类先人，可得终身肠断，与之绝耶？又："临文不讳，庙中不讳，君所无私讳。"益知闻名，须有消息[①]，不必期于颠沛而走也。梁世谢举[②]，甚有声誉，闻讳必哭，为世所讥。又有臧逢世，臧严[③]之子也，笃学修行，不坠门风；孝元[④]经牧江州，遣往建昌督事，郡县民庶，竞修笺书，朝夕辐辏(còu)[⑤]，几案盈积，书有称"严寒"者，必对之流涕，不省取记，多废公事，物情怨骇[⑥]，竟以不办而还。此并过事也。

[注释]

①消息：斟酌、考虑。
②谢举：字言扬，南朝梁人，世家出身，好学，善清谈。
③臧严：南朝梁人，自幼孤贫，然以孝行闻名，好读书，书卷不离于手。
④孝元：梁元帝萧绎。
⑤辐辏：汇聚、聚集的意思。
⑥怨骇：惊异不满。

[译文]

《礼记》中说："见到长相和先人相像的人，就会觉得目惊，听到先人的名字，就会觉得心惊。"在正常情况之下，如果有所触动，心中凄怆，这种感情就应该很自然地表达出来。假如说无法回避，适当的忍耐是必须的。就好像是当伯叔、兄弟等的容貌长得特别像先人，难道能够每次见到他们的时候都感到悲痛甚至和他们断绝往来吗？《礼记》还说："写文章的时候不用避讳，在庙里祭祀的时候不用避讳，面对君主也不避自己父祖的名讳。"其实在对待名讳这个问题时是应该有所斟酌的，没有必要盲目地在任何时候都避讳这些。梁朝时有叫谢举的，当时的名声很好，但他总是听到自己父祖的名讳就哭，这一点常被世人讥笑。还有臧严的儿子臧逢世，勤奋好学，品行优良，自家门风维持得很好。梁元帝出任江州刺史，派他到建昌督察公事，县里的百姓，争抢着给他写信，信函集中到官署，把案桌堆得满满的，每当他看到信上出现"严寒"一类的字样，就会落泪不止，不再继续往下看也不回复，公事总是因此而耽搁，让人们产生了怨恨情绪，他最终因为办事不利被召回。上述二人把避讳的事情做过分了。

三

[原文]

近在扬都[①]，有一士人讳审，而与沈氏交结周厚，沈与其书，名而不姓，此非人情也。

凡避讳者，皆须得其同训以代换之：桓公名白，博有五皓之称；厉王名长[②]，琴有修短之目。不闻谓布帛为布皓，呼肾肠为肾修也。梁武小名阿练[③]，子孙皆呼练为绢；乃谓销炼物为销绢物，恐乖其义。或有讳云者，呼纷纭为纷烟；有讳桐者，呼梧桐树为白铁树，便似戏笑耳。

梁武帝

梁武帝小名阿练，因为避讳的缘故，就用意义相近的字代替原来的字，这样子孙都呼练为绢，练和绢都是一种织品。

[注释]

①扬都：南北朝时对建康的俗称。

②“厉王”一句：厉王，汉高祖刘邦之子刘长，曾因骄横、无视法纪遭到贬斥，后自杀而死。死后谥曰厉，其子刘安招集文人撰《淮南子》，为避父讳，集中凡“长”字均改作“修”字。

③“梁武”一句：梁武，梁武帝萧衍，因其小名练儿，子孙为避其讳，把“练”字呼作“绢”字。

[译文]

最近在扬都，有个读书人忌讳“审”字，然而他和一位姓沈的朋友交情深厚，姓沈的给他写信时，只写名而不写“沈”姓，这样的避讳也是有些不合乎情理了。

凡是那些要避讳的字，都必须用它的同义词来代替：齐桓公名叫小白，就是由于避讳的原因，五白戏就叫作“五皓”；淮南厉王名长，当说到“胫有长短”时就说成“胫有修短”。尽管如此，还没听人说过把“布帛”叫成“布皓”，把“肾肠”叫成“肾修”的。梁武帝的小名叫阿练，因此他的子孙都把练说成绢，把销炼物称为销绢物，这样一说意思就改变了不少。还有人名字叫“云”，就把“纷纭”叫作“纷烟”；有人名字叫“桐”，就把“梧桐树”叫成“白铁树”，像是在开玩笑一样了。

四

［原文］

周公名子曰禽，孔子名儿曰鲤，止在其身，自可无禁。至若卫侯、魏公子、楚太子，皆名虮虱；长卿[1]名犬子，王修名狗子，上有连及[2]，理未为通，古之所行，今之所笑也。北土多有名儿为驴驹、豚子者，使其自称及兄弟所名，亦何忍哉？前汉有尹翁归，后汉有郑翁归，梁家亦有孔翁归，又有顾翁宠；晋代有许思妣（bǐ）、孟少孤：如此名字，幸当避之。

今人避讳，更急于古。凡名子者，当为孙地[3]。吾亲识中有讳襄、讳友、讳同、讳清、讳和、讳禹，交疏造次，一座百犯，闻者辛苦，无憀赖[4]焉。

［注释］

①长卿：即司马相如。《史记·司马相如列传》：“司马相如者，蜀郡成都人也，字长卿。少时好读书，学击剑，故其亲名之曰犬子。”

②连及：关连、牵涉之义。

③孙地：为后世子孙留有余地。

④憀赖：亦作“聊赖”，无所归适之感。

［译文］

周公给自己的儿子取名叫禽，孔子给自己的儿子取名叫鲤，这些名字只是他们自身的称呼，自然可以不必禁止。至于说卫侯、韩公子、楚太子的名字都叫虮虱；司马长卿名叫犬子，王修名叫狗子，名字涉及了自己的父母，就显得不合情理了。古人一直这么称呼，现如今不免成了笑料。北方人经常给儿子取名为驴驹、豚子，这样自称或让兄弟这样称呼他们的话，怎么能忍受得了呢？前汉的时候有尹翁归，后汉的时候有郑翁归，梁朝有孔翁归，还有顾翁宠；晋代有许思妣、孟少孤，诸如此类的名字，都是要有意避免的。

现在人的避讳，与古人相比，有过之而无不及。那些为自己儿子取名字的人，应当为他们的孙子考虑一下。我的亲朋中有讳“襄”、讳“友”、讳“同”、讳"清"、讳"和"、讳"禹"等字的。大家在一起交谈时，交情较远的人考虑欠周到，说话的时候总是冒犯众人，让听话的人伤怀，比较尴尬。

五

[原文]

昔司马长卿慕蔺相如[1]，故名相如，顾元叹慕蔡邕(yōng)[2]，故名雍，而后汉有朱伥(chāng)字孙卿[3]，许暹(xiān)字颜回[4]，梁世有庾晏婴、祖孙登[5]，连古人姓为名字，亦鄙事也。

昔刘文饶不忍骂奴为畜产[6]，今世愚人遂以相戏，或有指名为豚犊者：有识傍观，犹欲掩耳，况当之者乎？

近在议曹[7]，共平章百官秩禄，有一显贵，当世名臣，意嫌所议过厚。齐朝有一两士族文学之人，谓此贵曰："今日天下大同，须为百代典式，岂得尚作关中旧意？明公定是陶朱公[8]大儿耳！"彼此欢笑，不以为嫌。

[注释]

①蔺相如：战国时赵国大臣，以高风亮节、宽容大义为后世之楷模。其事迹详见《史记·廉颇蔺相如列传》。

②顾元叹：即顾雍，字元叹。《三国志·吴志·顾雍传》引《江表传》云："雍从伯喈学，专一清静，敏而易教。伯喈贵异之，谓曰：'卿必成致，今以吾名与卿。'故雍与伯喈同名，由此也。"蔡邕，字伯喈，东汉时人，于诗、书、画、天文、地理无所不知，是当时有名的大学者。

③朱伥：字孙卿，东汉人，顺帝时曾担任司徒一职。孙卿，即荀子，战国思想家，汉朝因避讳汉宣帝（刘询）名讳，以"孙"代"荀"。

④许暹：其人不详。颜回：名回，字子渊，春秋时鲁国人，孔子的得意门生。

⑤庾晏婴：南朝时梁人，其祖为东晋司空庾冰之后。晏婴：字平仲，春秋时齐国大夫，历仕三朝，以善辞令而名闻诸侯。

⑥刘文饶：东汉人刘宽，字文饶。《后汉书·刘宽传》："尝坐客，遣苍头市酒，迂久，大醉而还。客不堪之，骂曰：'畜产。'宽须臾遣人视奴，疑必自杀。顾左右曰：'此人也，骂言畜产，辱孰甚焉！故吾惧其死也。'"畜产：骂人的话。

⑦议曹：古代主持议事的官署。

⑧陶朱公：春秋时越国大夫范蠡。曾助越王勾践灭掉吴国，后游于齐，定居在陶地，自号为陶朱公，是当时有名的大商人。其次子在楚地被囚禁，长子携金前往营救，终因花费钱财过多而舍不得，导致其弟被杀害。

[译文]

那时司马长卿对蔺相如很是钦慕，因此改名相如，顾元叹对蔡邕钦慕，因此取名雍，而后汉有朱伥字孙卿，许暹字颜回，梁朝又有庾晏婴、祖孙登，把古人的姓名作为自己的名字，也算是卑贱的事了。

从前，刘文饶不忍心用畜生来辱骂奴仆，而现在的愚人们，却拿这些字词来互相玩笑，甚至还有故意指称某人是猪牛之类的，有学识的听者，都恨不能把自己的耳朵堵上，被骂之人的感受就可想而知了。

近来，我在议曹参加商讨百官的俸禄标准问题，有一位权贵，是当世的一位名臣，觉得标准制定得太高了。两位原齐朝士族的文学侍从对他说道："现在国家大一统了，我们要尽可能地为后代树立典范，怎么能总停留在过去的尺度上不放呢？明公你如此小气，必然是陶朱公的大儿子吧！"在座的人都相互欢笑，还不感到厌恶。

六

[原文]

昔侯霸[①]之子孙，称其祖父曰家公；陈思王[②]称其父为家父，母为家母；潘尼[③]称其祖曰家祖：古人之所行，今人之所笑也。今南北风俗，言其祖及二亲，无云家者；田里猥人，方有此言耳。凡与人言，言己世父，以次第称之，不云家者，以尊于父，不敢家也。凡言姑姊妹女子子：已嫁，则以夫氏称之；在室，则以次第称之。言礼成他族，不得云家也。子孙不得称家者，轻略之也。蔡邕书集，呼其姑姊为家姑家姊；班固[④]书集，亦云家孙：今并不行也。

凡与人言，称彼祖父母、世父母、父母及长(zhǎng)姑，皆加尊字，自叔父母已下，则加贤字，尊卑之差也。王羲之[⑤]书，称彼之母与自称己母同，不云尊字，今所非也。

[注释]

①侯霸：字君房，东汉时人。曾官尚书令、大司徒等职，谦虚谨严，好学不辍，为人有风仪和威度。

②陈思王：曹操之子曹植，曾封于陈，卒后谥思，后世称之为陈思王。

③潘尼：字正叔，晋代文人，勤勉于学，有著述传世。

④班固：字孟坚，东汉史学家，撰《汉书》一书。

⑤王羲之：东晋人，出身士族，是一代的大书法家，有作品流传后世。《晋书》中评其书法为“飘若浮云，矫若惊龙”。

［译文］

过去侯霸的子孙们，称呼他们的祖父为家公；陈思王曹植则称他的父亲为家父，母亲为家母；潘尼称他的祖父叫家祖：这是古人的称呼，今人觉得可笑。现在南北方的风格，只要说到他的祖辈和父母时，说“家”的几乎没有，只有村里卑贱之人，才会这么称呼。和别人谈话的时候，提到自己的伯父，只是用排行来称呼，不称“家”，害怕对伯父的尊重超过父亲，不敢用“家”。凡是说到姑、姊妹、女儿，如果是已经出嫁的，就用丈夫的姓来称呼，没有出嫁的则用排行来称呼，在他们看来行婚礼后女子就成为别家的人，不好用“家”。子孙不好用“家”，是一种轻视的表现。蔡邕在文集里把他的姑、姊都唤作家姑、家姊，班固文集里也称家孙，现在都是行不通的。

通常情况下，人们在和别人谈话时，对人家的祖父母、伯父母、父母和长姑等在称呼时，前面都加“尊”字，从叔父母以下，则是加“贤”字，这样区分，是为了表示尊重程度的不同。王羲之写信时，对人家的母亲和自己的母亲称呼相同，不用“尊”字，现在是不这么做的。

七

［原文］

南人冬至岁首，不诣丧家；若不修书，则过节束带[①]以申慰。北人至岁[②]之日，重行吊礼；礼无明文，则吾不取。南人宾至不迎，相见捧手而不揖，送客下席而已；北人迎送并至门，相见则揖，皆古之道也，吾善其迎揖。

昔者，王侯自称孤、寡、不穀[③]，自兹以降，虽孔子圣师，与门人言皆称名也。后虽有臣、仆之称，行者盖亦寡焉。江南轻重，各有谓号，具诸《书仪》[④]；北人多称名者，乃古之遗风，吾善其称名焉。

［注释］

①束带：整理衣服，以示恭敬。

②至岁：冬至、岁首二节气。

③不毂：古时帝王的谦称。《淮南子·人间》篇注："不毂，不禄也，人君谦以自称也。"

④《书仪》：古时关于书札体式、典礼仪注等著作的通称。

[译文]

南方人在冬至、岁首这两个节日时，不到办丧事的人家去；要是不写信表示哀悼的话，就要在节日过完之后穿上特定的服装前去吊唁，以示慰问。与此相反，北方人在冬至、岁首这两个节日中，十分重视吊唁活动，这一点在礼仪上没有明文记载，我不赞同。南方人不会很隆重地迎接客人的到来，见面只是拱手而不弯腰，送客的时候只是离开自己的座位而已；北方人则不然，迎接送别客人时都要到门口，相见时行躬身礼，这些都是古代遗留下来的风俗习惯，我赞同这种待客之礼。

从前，王侯自己称自己是孤、寡、不毂，之后，即使是孔子这样的圣人，和弟子谈话都直接称呼自己的名字。后来尽管还有人自称臣、仆，但这样的人毕竟是少数，江南地区的人，无论尊卑贵贱，都各有称号，所有这些都记载在专讲礼节的《书仪》上。北方地区的人，多自己称名，这是古时候流传下来的风俗，我同意自称其名的做法。

八

[原文]

言及先人，理当感慕，古者之所易，今人之所难。江南人事不获已，须言阀阅[①]，必以文翰，罕有面论者。北人无何便尔话说，及相访问。如此之事，不可加于人也。人加诸己，则当避之。名位未高，如为勋贵所逼，隐忍方便，速报取了；勿使烦重，感辱祖父。若没(mò)[②]，言须及者，则敛容肃坐，称大门中，世父、叔父则称从兄弟门中，兄弟则称亡者子某门中，各以其尊卑轻重为容色之节，皆变于常。若与君言，虽变于色，犹云亡祖亡伯亡叔也。吾见名士，亦有呼其亡兄弟为兄子弟子门中者，亦未为安贴也。北土风俗，都不行此。太山羊侃(kǎn)[③]，梁初入南；吾近至邺，其兄子肃访侃委曲，吾答之云："卿从门中在梁，如此如此。"肃曰："是我亲第七亡叔，非从也。"祖孝徵[④]在坐，

先知江南风俗，乃谓之云："贤从弟门中，何故不解？"

［注释］

①阀阅：泛指门第、家世。

②没：通"殁"，死亡。

③太山羊侃：太山，即泰山，郡名。因其境内有泰山而得名。羊侃，字祖忻，泰山梁甫人，官至都官尚书。

④祖孝徵：即祖珽，字孝徵。北齐人，善文章，解音律，尤以医药之术称绝。

［译文］

说到亡父的名字，理当产生哀念之感，这对古人来说是很容易的，而对于现在的人来说是很难的。江南那边的人，在和别人谈及家世的时候，一般都是用书信往来的，除非万不得已才当面谈及。北方的人则相反，不自觉地就想找人聊天，很轻易地就会上门拜访，那么，当面谈及家世这种事，不可施加于别人。如果别人把这样的事施加于你的话，这时的你就应该想办法回避。你们都没有很高的名气，如果是在权势逼迫下必须谈及家事，就可以暂时敷衍一下，想办法快点结束这个话题；切勿言辞繁复，免得辱没了自己的祖辈父辈。假如说自己的长辈已经过世，说话中间又必须提到他们，表情一定要严肃，坐姿要端正，称呼"大门中"，对伯父、叔父则称呼"从兄弟门中"，对已过世的兄弟，他的儿子要称呼"某某门中"，同时要按照各自尊卑程度和地位的轻重，来把握自己表情的分寸，一般要区别于平时的表情。假如谈话对象换成了国君，在提及自己过世的长辈时，表情上虽然也有所改变，但在称呼上还是可以用"亡祖、亡伯、亡叔"等称谓的。我看见一些名士，在和国君谈话时，对他的亡兄、亡弟有这样称呼的：兄之子"某某门中"或弟之子"某某门中"，这显然是不够妥当的。在北方，风俗完全不是这样。泰山的羊侃，梁朝初年到了南方。我最近去了邺城，他侄儿羊肃前来见我，说到羊侃的具体情况，我这样回答："您的从门中在梁朝时，具体情况是这样的。"羊肃说："他是我的亲第七亡叔，并不是堂叔。"祖孝徵也在场，他早知道江南的风俗，就对羊肃说："他指的就是贤从弟门中，你怎么不理解呢？"

羊 侃

羊侃是南朝梁末的著名大将，他出身于世家，具有良好的文化素养，可谓文武双全。

九

［原文］

古人皆呼伯父叔父，而今世多单呼伯叔。从父兄弟姊妹已孤，而对其前，呼其母为伯叔母，此不可避者也。兄弟之子已孤，与他人言，对孤者前，呼为兄子弟子，颇为不忍；北土人多呼为侄。案：《尔雅》《丧服经》《左传》[①]，侄虽名通男女，并是对姑之称。晋世已来，始呼叔侄；今呼为侄，于理为胜也。

别易会难，古人所重；江南饯送，下泣言离。有王子侯[②]，梁武帝弟，出为东郡，与武帝别，帝曰："我年已老，与汝分张[③]，甚以恻怆。"数行泪下。侯遂密云[④]，赧(nǎn)然而出。坐此被责，飘飖舟渚，一百许日，卒不得去。北间风俗，不屑此事，歧路言离，欢笑分首。然人性自有少涕泪者，肠虽欲绝，目犹烂然；如此之人，不可强责。

［注释］

①《尔雅》：是一部解释词义的专著，成书于汉初。《丧服经》：即《仪礼》中的《丧服》篇，是儒家关于丧事礼仪的解说。《左传》：也称《春秋左氏传》，儒家经典之一。

②王子侯：古代天子及诸王的儿子被封为列侯。

③分张：犹言分离。

④密云：见《易·小畜·彖》："密云不雨。"指强作愁苦状却没有泪水流下。

［译文］

古人都称呼伯父、叔父，而现在人们都只单称伯、叔。叔伯兄弟、姐妹已经失去父亲，当着他们的面称他们的母亲为伯母、叔母，这没什么需要避讳的。兄弟之子失去父亲，在和别人讲话时，当着他们的面叫他们兄之子、弟之子，就会觉得不忍心，在北方多叫他们为"侄"。《尔雅》《丧服经》《左传》中讲到，侄没有男女之分，都是对姑姑而言的，晋代以来，才有叔侄一说。如今统称为侄，从理论上是能讲得通的。

离别的时候容易，想要再见面就困难了，基于这个原因，古人很重视离别。江南人在饯别时，提起分离就掉眼泪。有位王子侯，他是梁武帝的弟弟，将要去东边郡上去任职，临行和武帝告别。武帝对他讲道："我年事已高，和你分别，真的很是伤心。”话刚说完就流下了数行的眼泪。王子侯显出一副悲伤的样子，眼泪却没有掉下来，只好含羞离去。他就是因为这件事受到指责，他的船在江边漂流了一百多天还没有离开。在北方，人们对离别就不那么看重，走到岔路口要分别了，就相互欢笑着握别分手。有的人素来不轻易落泪，即使肝肠痛断，眼睛仍然不会湿润；像这样的人，也不好过分责备他。

十

[原文]

凡亲属名称，皆须粉墨[①]，不可滥也。无风教育，其父已孤，呼外祖父母与祖父母同，使人为其不喜闻也。虽质于面，皆当加外以别之；父母之世叔父，皆当加其次第以别之；父母之世叔母，皆当加其姓以别之；父母之群从世叔父母及从祖父母，皆当加其爵位若姓以别之。河北士人，皆呼外祖父母为家公家母；江南田里间亦言之。以家代外，非吾所识。

凡宗亲[②]世数，有从父，有从祖，有族祖。江南风俗，自兹已往，高秩[③]者，通呼为尊，同昭穆[④]者，虽百世犹称兄弟；若对他人称之，皆云族人。河北士人，虽三二十世，犹呼为从伯从叔。梁武帝尝问一中土人曰：“卿北人，何故不知有族？”答云：“骨肉易疏，不忍言族耳。”当时虽为敏对，于礼未通。

[注释]

①粉墨：区分、弄清楚。

②宗亲：同一宗族的亲属。

③高秩：秩，即官秩，此处指位次较高的官职。

④昭穆：《周礼·春官·小宗伯》郑玄注：“父曰昭，子曰穆。”此处指同一祖宗。

[译文]

凡是提到亲属的称呼时，都要尽量分辨清楚，不能随便使用。没有教养的人，在自己祖父祖母去世后，对外祖父外祖母的称呼和对祖父祖母的称呼是一样的，听起来会让人觉得不入耳。尽管是当着外公外婆的面，在称呼上也都应加“外”字来区别；对父母亲的伯父、叔父，在称呼时都应当在前加上排行顺序来表示区别；对父母亲的伯母、叔母，在称呼时，要把她们的姓加在前面，来表示区别；对父母亲的堂伯父、堂叔父、堂伯母、堂叔母以及他们的从祖父母，在称呼的时候都应该加上他们的爵位或姓，来表示区别。河北的男子，称呼外祖父、外祖母是家公、家母；江南乡下的人们也是这样称呼的。用“家”字取代了“外”字，这里的原因我不大明白。

宗族亲属的世系和辈份，有从父，有从祖，有族祖，各有不同。江南的风俗，从此而延伸，对官位显赫的人，通称为尊，同辈之间，尽管隔了一百代，仍然以兄弟相称；和外人讲起时，则说成是族人。河北一代的男子，虽然已有二三十代的相隔，还是从伯从叔这样称呼。梁武帝曾经就问过一位中原人：“你是北方人，‘族’这种称呼，你为什么不知道呢？”他说：“骨肉关系容易被疏远，我不忍心用‘族’来称呼。”他的回答虽然有机敏之处，但礼制上是行不通的。

十一

［原文］

吾尝问周弘让[①]曰：“父母中外姊妹，何以称之？”周曰：“亦呼为丈人。”自古未见丈人之称施于妇人也。吾亲表所行，若父属者，为某姓姑；母属者，为某姓姨。中外丈人之妇，猥俗呼为丈母，士大夫谓之王母、谢母云。而《陆机集》有《与长沙顾母书》，乃其从叔母也，今所不行。

齐朝士子，皆呼祖仆射[②]为祖公，全不嫌有所涉也，乃有对面以相戏者。

古者，名以正体，字以表德，名终则讳之，字乃可以为孙氏。孔子弟子记事者，皆称仲尼[③]；吕后微时，尝字高祖为季[④]；至汉爰种，字其叔父曰丝[⑤]；王丹与侯霸子语，字霸为君房[⑥]；江南至今不讳字也。河北士人全不辨之，名亦呼为字，字固呼为字。尚书王元景[⑦]兄弟，皆号名人，其父名云，字罗汉[⑧]，一皆讳之，其余不足怪也。

［注释］

①周弘让：南朝陈人，性情闲雅，博学，有仪容。事迹详见《陈书·周弘

正传》。

②祖仆射：即北齐人祖珽。详见本章第八则注④。仆射：官职名，属于高位，可比宰辅之职。

③仲尼：孔子名丘，字仲尼。

④“吕后”二句：吕后，汉高祖刘邦的妻子。据《史记·高祖本纪》载：“姓刘氏，字季。……高祖即自疑，亡匿，隐于芒砀山泽岩石之间。吕后与人俱求，常得之。高祖怪问之，吕后曰：‘季所居上常有云气，故从入学得季。’”

⑤“至汉”二句：爰种，西汉臣子爰盎之侄。爰盎字丝，因敢于直谏，被迁为吴相，临行时，爰种曾直呼盎为丝。事迹详见《汉书·爰盎传》。

⑥“王丹”二句：王丹，字仲回，东汉人，曾任太子太傅一职。侯霸，见本章第六则注①。

⑦王元景：王昕，字元景，北齐人，少好读书，曾仕祠部尚书事。其弟王晞，字叔朗，有考行，亦学而不倦。

⑧“其父”二句：王嶷，字罗汉，王元景兄弟之父。少年颇有风尚，亦好书籍，为仕累迁至兖州刺史。

[译文]

我曾经问周弘让：“对父母亲中的表姊妹，要怎么样称呼呢？”周弘让这样回答：“一样把她们称作丈人。”从古到今还没有见过把女人称之为丈人的。我的亲表们的称呼规则是：如果是父亲的中表姊妹，就把她称为是某姓姑；如果是母亲的中表姊妹，就把她称为是某姓姨。中表长辈的妻子，乡间习俗称她们为丈母，士大夫就把她们称作王母，谢母等。《陆机集》中的《与长沙顾母书》，顾母说的就是陆机的从叔母，现在没有这样的称呼了。

齐朝的士大夫们，都将祖珽仆射称为祖公，完全没有考虑到这样称呼会和自家祖父的称呼混为一谈，更过分的是，还有人当着祖珽的面用这种称呼开玩笑。

在古代，名用来表明人本身，字用来表示人的德行，人死后要避讳其名，字则可以作为孙辈的氏。孔子的弟子记录事件的时候，都把孔子称为仲尼；吕后身为百姓时，曾称呼汉高祖的字，以季相称；汉人爰种，称他叔父的字叫丝；王丹和侯霸的儿子谈话，称侯霸的字叫君房。到现在江南那里对称字没有避讳一说。现在的河北人士，名和字在他们那里已经没有区分，名也叫成是字，字自然就叫作字。尚书王元景兄弟，都是很出名的人，父名云，字罗汉，他们对父亲的名和字都加以避讳，其他的人就不足为怪了。

十二

[原文]

《礼·间传》云：“斩縗[①]之哭，若往而不反；齐縗[②]之哭，若往而反；大功[③]之哭，三曲而偯[④]；小功缌麻[⑤]，哀容可也，此

哀之发于声音也。"《孝经》云："哭不偯。"皆论哭有轻重质文之声也。礼以哭有言者为号；然则哭亦有辞也。江南丧哭，时有哀诉之言耳；山东重丧[⑥]，则唯呼苍天，期功[⑦]以下，则唯呼痛深，便是号而不哭。

江南凡遭重丧，若相知者，同在城邑，三日不吊则绝之；除丧，虽相遇则避之，怨其不己悯也。有故及道遥者，致书可也；无书亦如之。北俗则不尔。江南凡吊者，主人之外，不识者不执手[⑧]；识轻服[⑨]而不识主人，则不于会所而吊，他日修名诣其家。

[注释]

①斩缞：古时五种丧服中最重的一种，服期三年，子女为父母，媳为公婆，孙为祖父母，妻妾为夫，均服斩缞。

②齐缞：古时五种丧服之一，仅次于斩缞，服期为三年、一年、五月、三月不等，视其亲属关系远近而定，不一而论。

③大功：古时五种丧服之一，次于齐缞，服期九个月。

④偯：大哭的余声。

⑤小功：古时五种丧服之一，次于大功，服期五个月。缌麻：古时五种丧服最轻的一种，服期三个月。

⑥重丧：指服斩、缞等较重的丧事。

⑦期功：期即期服，指服期为一年的丧服，功即大功、小功。

⑧执手：握手。

⑨轻服：古时五种丧期较轻的几种，如大功、小功、缌麻。

[译文]

《礼记·间传》说："身穿斩缞孝服的人，只要是痛哭就会哭到气竭，好像是要回不过气来一样；身穿齐缞孝服的人，要哭得死去活来，身穿大功孝服的人，他们的哭声一波三折，余音不绝；身穿小功、缌麻孝服的人，只要脸上显露出一些哀伤的表情就可以了。这指的就是通过声音表现出来的种种哀痛之情。"《孝经》上说："孝子痛哭父母的声音，声嘶力竭之后就中断了，没有余声。"所有这些都是在说哭声有微弱、沉痛、质朴、柔缓等区别 。按礼俗来讲，哭泣时伴随有言语的叫作号，这样一来哭泣也可带有言辞了。江南地区，在办丧事哭泣时，哀诉的话语经常会相伴出现；古时山东一带，人们服重丧时，只会呼天喊地，身穿齐缞、大功、小功以下丧服的人，在丧事中哭泣时，就只是倾诉自己深深的悲痛之感，也就是号而不哭。

江南地区，凡是遇到重丧的人家，假如说有人和这家人相识，还同住在一个城镇里，他若三天之内还不去吊丧，丧家就会与他断绝往来。丧家的人脱掉丧服后，在路上与他相遇，也要避开而行，由于心中恨他不怜恤自己。假如说由于路远或其他原因未能前来吊丧的，可以寄写书信以示慰问；没有寄来书信的，丧家也会以同样的方式对待。北方的风俗就不同了。江南地区前来吊丧的人，除了主人，不会和不认识的人握手；如果只认识身穿较轻丧服的人而不认识主人，就不去灵堂吊丧，等到改天准备好名刺再到他家去看望慰问。

十三

［原文］

阴阳说云："辰为水墓，又为土墓，故不得哭。"王充①《论衡》云："辰日不哭，哭则重丧。"今无教者，辰日有丧，不问轻重，举家清谧(mì)②，不敢发声，以辞吊客。道书又曰："晦歌朔哭，皆当有罪，天夺其算③。"丧家朔望，哀感弥深，宁当惜寿，又不哭也？亦不谕。

偏傍之书，死有归杀④。子孙逃窜，莫肯在家；画瓦书符，作诸厌胜⑤；丧出之日，门前然火，户外列灰，祓(fú)⑥送家鬼，章断注连：凡如此比，不近有情，乃儒雅之罪人，弹议所当加也。

已孤，而履岁及长至之节⑦，无父，拜母、祖父母、世叔父母、姑、兄、姊，则皆泣；无母，拜父、外祖父母、舅、姨、兄、姊，亦如之。此人情也。

［注释］

①王充：字仲任，东汉思想家，著有《论衡》一书，其中有许多关于哲学、伦理方面的论述。

②谧：清静。

③算：人寿，寿命。

④归杀：古时迷信说人死后魂灵回家一次。

⑤厌胜：古时的一种巫术，通过诅咒来压服人或事物。

⑥祓：又称祓除，古代除去灾祸的一种仪式。

⑦履岁：指元旦。长至：指冬至。

[译文]

王 充

王充是东汉思想家，著有哲学著作《论衡》一书。他在书中说，辰日不能哭泣，哭泣就一定是重丧。

阴阳家曾这样说："辰为水墓，又为土墓，所以在辰日的时候不得哭泣。"王充的《论衡》中说："辰日是不能哭泣的，一旦哭泣就说明是重丧。"现如今那些没有教养的人，在辰日遇到丧事，不管是轻丧还是重丧，全家都毫无声息，一点哭声都不敢发出，还一律谢绝吊丧的客人。道家的书中是这样说的："在晦日唱歌，在朔日哭泣，都被看作是有罪的，如果这样做了，老天要减少他的寿命。"如果丧家在朔日和望日，悲痛万分，难道就因为珍惜自己的寿命，就要停止哭泣吗？令人费解。

旁门左道之类的书里讲，人死之后某一天要回家，子孙在这一天中，都逃避在外，没人愿意留在家中；要画瓦书符，作种种巫术和法术；出丧那天，要在门前生火，在户外铺灰，消灾驱邪，把家鬼送走，写奏章向上天祈求断绝殃祸。但凡这些迷信恶俗的做法，违背人情，有逆于儒学雅道，应该予以检举惩罚。

父亲或母亲去世后，在元旦和冬至这两个节日中，如果去世的是父亲，就要去拜见母亲、祖父母、世叔父母、姑母、兄长、姐姐，拜见时都要哭泣；如果去世的是母亲，就要去拜见父亲、外祖父母、舅舅、姨母、兄长、姐姐，拜见时同样也要哭泣，这是人之常情啊。

十四

[原文]

江左朝臣，子孙初释服[①]，朝见二宫[②]，皆当泣涕；二宫为之改容。颇有肤色充泽，无哀感者，梁武薄其为人，多被抑退。裴政[③]出服，问讯武帝，贬瘦枯槁，涕泗滂沱，武帝目送之曰："裴政之父裴之礼[④]不死也。"

二亲既没(mò)，所居斋寝，子与妇弗忍入焉。北朝顿丘李构[⑤]，母刘氏，夫人亡后，所住之堂，终身锁闭，弗忍开入也。夫人，宋广州刺史纂[⑥]之孙女，故构犹染江南风教。其父奖[⑦]，为

扬州刺史，镇寿春，遇害。构尝与王松年、祖孝徵数人同集谈宴。孝徵善画，遇有纸笔，图写为人。顷之，因割鹿尾，戏截画人以示构，而无他意。构怆然动色，便起就马而去。举坐惊骇，莫测其情。祖君寻悟，方深反侧[8]，当时罕有能感此者。吴郡陆襄，父闲被刑，襄终身布衣蔬饭，虽姜菜有切割，皆不忍食；居家惟以掐摘供厨。江宁姚子笃，母以烧死，终身不忍啖(dàn)炙。豫章熊康，父以醉而为奴所杀，终身不复尝酒。然礼缘人情，恩由义断，亲以噎死，亦当不可绝食也。

[注释]

①释服：与“出服”同，谓除去丧服之义。

②二宫：皇帝与太子。

③裴政：字德表，历仕南朝梁、北周、隋，自幼博洽多闻，以善于政令称名。

④裴之礼：字子义，南朝梁人，以孝闻。

⑤李构：字祖基，北朝北齐人，博雅方正，为当时名流看重。

⑥纂：南朝刘宋时广州刺史刘纂。

⑦奖：李奖，即李构之父，为人端正，有风雅，亦为时人看重。

⑧反侧：惴惴不安的样子。

[译文]

梁朝的大臣去世后，他们的子孙刚脱去丧服，进宫拜见皇帝和太子的时候，一定要哭泣落泪，皇帝和太子就会为之动容。但其中也有一些人红光满面的，脸上看不出一丝哀痛的表情，梁武帝就会看不起他们的为人，这些人大多数都受到贬斥压制。裴政脱去丧服，行僧礼朝见梁武帝的时候，身体极其消瘦，形容枯槁，在庭上痛哭不止，梁武帝目送他走出宫门，说：“裴政的父亲裴之礼虽死犹生啊。”

父母亲去世后，他们生前斋戒时所居住的旁屋，儿子和媳妇都不忍再进去。北朝顿丘郡的李构，他母亲刘氏死后，她生前住过的房屋，李构一直将它锁着，不忍心开门进去。李构的母亲刘氏，是宋广州刺史刘纂的孙女，李构自然得到的是江南礼数的熏陶。他的父亲李奖，是扬州刺史，镇守寿春，后被人杀害。李构曾经与王松年、祖孝徵几人相聚，一起聊天饮酒。孝徵擅长画画，当时的纸笔都很齐全，他就画了一个人。过了一会，因为他要割取盘中的鹿尾，就开玩笑把人像斩断给李构看，其中并没有其他意思。李构一见这种情况，悲痛得脸色都变了，立刻起身乘马而去。所有在场的人都感到很是惊讶，莫名其妙。之后，祖孝徵反复思考，意识到问题的严重性了，才觉得很是愧疚不安，当时人们很少能理解。吴郡的陆襄，他的父亲陆闲遭受刑戮，为此，陆襄一生都穿布衣吃素餐，就算是生姜之类，只要是用刀割过，他都不忍心食用；做饭时都是用手掐摘蔬菜然后制成饭菜。江宁的姚子笃，因为他的母亲是被烧死的，所以他终身都不忍心吃烤肉。豫章的熊康，因为父亲是酒醉后被奴仆杀害的，所以事后他终身不再喝酒。当然礼是依照人的感情需要而制定的，报答父母的恩情则可根据事理来判断，假使说父母亲是因为吃饭噎死的，也没有必要从此因此绝食吧。

十五

［原文］

《礼经》：父之遗书，母之杯圈[①]，感其手口之泽，不忍读用。政为常所讲习，雠(chóu)校缮(shàn)写，及偏加服用，有迹可思者耳。若寻常坟典[②]，为生什物，安可悉废之乎？既不读用，无容散逸，惟当缄(jiān)保[③]，以留后世耳。

思鲁等第四舅母，亲吴郡张建女也，有第五妹，三岁丧母。灵床[④]上屏风，平生旧物，屋漏沾湿，出曝晒之，女子一见，伏床流涕。家人怪其不起，乃往抱持；荐席淹渍，精神伤怛，不能饮食。将以问医，医诊脉云："肠断矣！"因尔便吐血，数日而亡。中外怜之，莫不悲叹。

［注释］

①杯圈：即杯棬，一种用木头制作的饮器。

②坟典：即三坟、五典，泛指各种各样的文化典籍。

③缄保：封存、保存之义。

④灵床：供奉死者灵位的桌子。

［译文］

《礼经》上曾说："父亲留传下来的书籍，母亲曾经使用过的杯圈，觉得上面有父母留下的汗水和唾水，就不忍再阅读和使用。"原因在于，书是父亲经常讲习，校勘抄写的，杯是母亲曾经使用的，遗迹是可以用来思念父母的。假如说是一般的书籍，公用的器物，怎么能全部把它们废弃呢？即使是已不读不用，那也不能分散丢失，而应该完好地保存下来传给后代。

思鲁等弟兄的四舅母，是吴郡张建的女儿，她有一个五妹，五妹在三岁的时候就失去了母亲。灵床上的屏风，是她母亲生前曾经使用过的。因屋中漏雨，屏风被水沾湿，被人拿出去曝晒，那女孩见到这种状况，就趴在床上不停地流泪。家人见她一直不起来，觉得很是不解，过去把她抱起来，她趴过的垫席已被泪水浸湿，女孩神思恍惚，不能进食。于是家人带她去看病，医生诊脉后说："她已经伤心断肠了！"女孩随即吐血，这样，几天后就死了。亲属都觉得很惋惜，无不悲伤叹息。

十六

[原文]

《礼》云："忌日①不乐。"正以感慕罔极，恻怆无聊，故不接外宾，不理众务耳。必能悲惨自居，何限于深藏也？世人或端坐奥室②，不妨言笑，盛营甘美，厚供斋食；迫有急卒（cù），密戚至交，尽无相见之理：盖不知礼意乎！

魏世王修，母以社日亡③，来岁社日，修感念哀甚，邻里闻之，为之罢社。今二亲丧亡，偶值伏腊分至之节④，及月小晦后，忌之外，所经此日，犹应感慕，异于余辰，不预饮燕、闻声乐及行游也。

[注释]

①忌日：古时父母去世之时，不能随便饮酒作乐，俗称"忌日"。

②奥室：内室。

③王修：字叔治，三国曹魏人，少时丧母，以孝道闻。社日：古时祭祀社神的日子，一般在立春、立秋后举行，分别称为春社和秋社。

④伏腊：伏祭和腊祭。分至：分指春分和秋分；至指夏至和冬至。

为父守志

东汉吴祐丧父独居，他常牧豕泽中，行吟经书。父亲的故人对他说，你是官员的儿子，却拿鞭牧豕，为什么不顾及父亲的面子？吴祐只是辞谢了他，仍然为父亲守志。

[译文]

《礼记》中说："忌日不举办宴席、不饮酒作乐。"原因就在于有难以言尽的感伤和思恋，伤感哀怨，沉闷不乐，忌日里不接待宾客，日常事务也不去处理，就是这个原因。假如说真的能够悲惨地自处，为什么又要把自己深藏起来呢？人世间有些人虽然深居于内室中，却依然整日谈天说地，品尝美味佳肴，每日斋食非常丰盛。但凡有紧急的事情发生，或者是有很要好的朋友到来，他们却没有一点要出来相见的愿望：这应该是缺乏礼数的表现吧！

魏朝王修的母亲，是在社日这天去世的，第二年的社日，王修由于对母亲思念至极，万分哀伤。邻里们听说后，就因为这个原因，停止了社日活动。现在，父母亲去世的日子，如果正巧赶上伏祭、腊祭、春分、秋分、夏至、冬至这些节日，包含忌日前后三天，忌月晦日的前后三天，除忌日这天外，凡遇以上节日，仍应该对父母亲感怀思恋，和其他的日子相区别，不去参加宴饮、不听声乐、避免外出。

十七

[原文]

刘绍、缓、绥（suí），兄弟并为名器①，其父名昭②，一生不为照字，惟依《尔雅》火旁作召耳。然凡文与正讳相犯，当自可避；其有同音异字，不可悉然。刘字之下，即有昭音。吕尚③之儿，如不为上；赵壹④之子，傥不作一：便是下笔即妨，是书皆触也。

尝有甲设宴席，请乙为宾；而旦于公庭⑤见乙之子，问之曰：“尊侯早晚顾宅？”乙子称其父已往。时以为笑。如此比例，触类慎之，不可陷于轻脱。

[注释]

①“刘绍”一句：刘绍，字言明。刘缓，字含度，南朝梁人，自幼熟习五经，兄弟在当时俱有盛名。名器，比喻名气很大，是不可多得的人才。

②昭：即刘昭，字宣卿，南朝梁人，出身士族。

③吕尚：即姜太公。

④赵壹：字元叔，东汉文学家，著有《刺世疾邪赋》，抨击当时豪强势力的专横、暴戾，极有醒世之义。

⑤公庭：门庭，公室。

[译文]

刘绍、刘缓和刘绥三兄弟，都是很出名的人，因为他们的父亲名叫刘昭，所以兄弟三人终身都不写照字，他们都依照《尔雅》，用火字旁的炤来代替。凡是文字与人的正名相同时，都应该避讳；当写文章出现同音字时，避讳显然就不必了。刘字的下半部分就包含昭的音。假如说吕尚的儿子不能写“上”字；赵壹的儿子不能写“一”字，那么一落笔就有妨碍，一写字就犯讳了。

过去有某甲设席请客，某乙是所请之人，某甲早上在官衙内见到某乙的儿子，问道：“什么时候令尊大人可以光临寒舍？”某乙的儿子说他父亲已经去了。一时间成为笑话。所有类似的事情，一旦碰上就要慎重对待，不能草率而有失稳重。

十八

［原文］

江南风俗，儿生一期(jī)，为制新衣，盥(guàn)浴装饰，男则用弓矢纸笔，女则刀尺针缕，并加饮食之物，及珍宝服玩，置之儿前，观其发意所取，以验贪廉愚智，名之为试儿①。亲表聚集，致宴享焉。自兹已后，二亲若在，每至此日，尝有酒食之事耳。无教之徒，虽已孤露②，其日皆为供顿③，酣畅声乐，不知有所感伤。梁孝元年少之时，每八月六日载诞之辰④，常设斋讲；自阮修容⑤薨殁(hōng mò)之后，此事亦绝。

［注释］

①试儿：也称“试周”，古时在小儿周岁时让他尝试选择一些东西，以预测以后的爱好和兴趣。

②孤露：孤单无依的样子。

③供顿：招待、安置。

④载诞之辰：即生日。

⑤阮修容：梁武帝的妃子。修容，古代宫中的女官名。据《梁书·皇后传》载：“高祖阮修容，讳令嬴，本姓石，会稽余姚人也。齐始安王遥光纳焉。遥光败，入东昏宫。建康城平，高祖纳为彩女。天监七年八月，生世祖。寻拜为修容，常随世祖出蕃。大同六年六月，薨于江州内寝。”

［译文］

江南的风俗，孩子满周岁时，要给他制作新的衣服，清洁全身、梳理打扮，是男孩的话，就准备好弓箭纸笔，女孩的话，就准备好刀尺针线，还有可以吃的东西及珍宝衣服玩具，摆放在孩子面前，观察孩子想要拿哪个东西，以此来检验孩子是贪是廉，是愚是智，这被人称为“试儿”。家里把所有的亲属姑舅姨等表亲都召集过来，宴请款待。此后，只要父母亲在世，每逢这个日子，都要准备酒食，宴请一次。至于说有些没有教养的人，即使是在父母去世之后，每逢这一天，还要设宴请客，欢歌快饮，纵情歌舞，不懂得寄托心中感伤的情怀。梁孝元帝年轻时，每到八月六日生日之时，常以素食经书相伴。他母亲阮修容过世之后，他就不这样做了。

十九

[原文]

人有忧疾，则呼天地父母，自古而然。今世讳避，触途急切。而江东士庶，痛则称祢(nǐ)[①]。祢是父之庙号，父在无容称庙，父殁(mò)何容辄呼？《苍颉篇》有倄字，《训诂》云："痛而謼也，音羽罪反[②]。"今北人痛则呼之。《声类》音于耒反，今南人痛或呼之。此二音随其乡俗，并可行也。

人有忧疾，则呼天地父母

[注释]

①祢：父亲死去之后在庙中所立的牌号。《公羊传·隐公元年》何休注："生称父，死称考，入庙称祢。"

②羽罪反：反指反切，我国古代一种注音方式。羽罪反指取"羽"字之声、"罪"字之韵和调，反切出字的读音。

[译文]

人们遇上忧患疾病时，总是会呼喊天地父母，历来都是这样。现在的人对避讳很是讲究，比古人还恪守礼数。江东的士庶一族，悲痛时呼唤祢。祢是已故父亲的庙号，父亲在世的时候不能随便称呼他的庙号，难道死后就能随便呼叫他的庙号么？《苍颉篇》中有倄字，在《训诂》中的解释是："这是人在痛苦时刻发出的声音，反切读音是羽罪反。"现在的北方人，每遇到悲伤痛苦时就这样叫。《声类》注这个字的反切音是于耒反，现在南方人在悲伤痛苦时有人就这样喊。这两个读音根据不同的地域约定俗成，都是行得通的。

二十

[原文]

梁世被系劾[①]者，子孙弟侄，皆诣阙三日，露跣(xiǎn)陈谢；子

孙有官，自陈解职。子则草屩②粗衣，蓬头垢面，周章道路，要(yāo)候执事，叩头流血，申诉冤情。若配徒隶③，诸子并立草庵于所署门，不敢宁宅，动经旬日，官司驱遣，然后始退。江南诸宪司弹人事，事虽不重，而以教义见辱者，或被轻系而身死狱户者，皆为怨仇，子孙三世不交通矣。到洽④为御史中丞，初欲弹刘孝绰⑤，其兄溉⑥先与刘善，苦谏不得，乃诣刘涕泣告别而去。

［注释］

①系劾：弹劾、论罪之义。

②草屩：草鞋。

③徒隶：按罪服劳役的犯人。

④到洽：字茂沿，南朝梁人，敢直言，为政有清誉，人多称颂之。

⑤刘孝绰：字孝绰，南朝梁人，曾与洽善，后因事遭到洽的嫌恶，到了洽担任御史中丞的时候，终于因小事弹劾孝绰，武帝嫌之，遂罢其官。

⑥溉：到洽之兄，字茂灌，与弟洽俱有政名。

［译文］

梁朝但凡被囚困弹劾的官员，他的子孙弟侄们，都必须来到朝廷，整整三天呆在那里，脱掉帽子，光着脚，不断地坦白述罪，假如这些子孙中有做官的，就要主动恳请卸职。儿子们这时都穿上草鞋和粗布做成的衣服，不梳头不洗脸，万分惊恐地在道路上守候着，只要拦住主管的官员，立即上前叩头直至流血，连呼冤枉。假如犯人被发配出去服苦役，他的儿子们就在官府门口搭起草屋，不敢安居在家里，这样的日子，一连住下来就是十天有余，直到官府驱逐才退去。江南地区各位宪司弹劾某人时，虽然说所犯罪行不严重，但如果被弹劾之人是因教义而受此侮辱，或被轻率拘囚，又身死狱中，怨仇就会在两家之间产生，他们的子孙三代老死不相往来。到洽在当御史中丞的时候，起初有想要弹劾刘孝绰的想法，到洽的哥哥到溉与刘孝绰关系很好，他苦苦请求劝说到洽不要弹劾刘孝绰，最终没有成功，他随即到了刘孝绰那里，痛哭流涕与他分手告别。

二十一

［原文］

兵凶战危，非安全之道。古者，天子丧服以临师，将军

凿凶门[①]而出。父祖伯叔，若在军阵，贬损自居，不宜奏乐宴会及婚冠吉庆事也。若居围城之中，憔悴容色，除去饰玩，常为临深履薄[②]之状焉。父母疾笃，医虽贱虽少，则涕泣而拜之，以求哀也。梁孝元在江州，尝有不豫[③]；世子方等亲拜中兵参军李猷(yóu)焉[④]。

[注释]

①凶门：古时军队出征之时，面北凿一门，出此走出，并置办丧事一样的礼仪，以示必死的决心。

②临深履薄：见《诗经·小雅·小旻》："如临深渊，如履薄冰。"比喻行事谨慎小心。

③不豫：天子有病。

④世子：太子。方：即萧方，字实相，梁元帝长子。

[译文]

兵器是凶器，战争是危事，都不是太平之道。古时候，天子身穿丧服率领军队打仗，将军打出一扇凶门之后就从这里出发。如果谁有父祖伯叔之类的亲人在军队里，就要严格地约束自己，避免去参加奏乐、宴会和婚礼冠礼之类的庆祝活动。假如有人身居被围困的城邑中，他就应该面容枯槁，摘除饰物器玩，时时应该是一副如临深渊、如履薄冰的样子。假如说他的父母卧病在床，医生即使年纪很轻，地位不高，他也要对着医生哭泣下拜，这样来得到医生的怜悯。梁孝元帝在江州时，曾生过病，他的大儿子萧方等人就像这样亲自拜求过中兵参军李猷。

二十二

[原文]

四海之人，结为兄弟，亦何容易。必有志均义敌，令终如始者，方可议之。一尔之后，命子拜伏，呼为丈人，申父友之敬；身事彼亲，亦宜加礼。比见北人，甚轻此节，行路相逢，便定昆季[①]，望年观貌，不择是非，至有结父为兄，托子为弟者。

[注释]

①昆季：兄弟。长为昆，幼为弟。

［译文］

五湖四海之内的人们，相互结拜成为兄弟，这样的事谈何容易。必须有共同的志向，坚定忠贞，才能商讨此事。彼此一旦结拜了，就要让自己的儿子出来拜见，称呼对方为丈人，以此来表达对父辈的尊敬；对双方的双亲，自己也应该以礼相待。最近发现北方人不大重视这一点，两人途中相遇，立即结成兄弟，只从外表就猜测年龄大小，是非都不多管，以至于有结父辈为兄长的，结子辈为弟弟的。

二十三

［原文］

昔者，周公一沐三握发，一饭三吐餐[①]，以接白屋之士[②]，一日所见者七十余人。晋文公以沐辞竖头须[③]，致有图反之诮。门不停宾，古所贵也。失教之家，阍(hūn)寺[④]无礼，或以主君寝食嗔怒，拒客未通，江南深以为耻。黄门侍郎裴之礼，号善为士大夫，有如此辈，对宾杖之。其门生僮仆，接于他人，折旋俯仰，辞色应对，莫不肃敬，与主无别也。

周公

周公是周文王第四子，曾辅佐周武王伐纣王。周公礼贤下士，他惟恐失去天下贤人，洗一次头时，多次握着尚未梳理的头发；吃一顿饭时，亦数次吐出口中食物，这都是为了迫不及待地去接待贤士。这就是成语“握发吐哺”典故。

［注释］

①“周公”二句：据《史记·鲁周公世家》：“周公戒伯禽曰：‘然我一沐三捉发，一饭三吐哺，起以待士，犹恐失天下贤人。’”形容求贤若渴之心。

②白屋之士：泛指平民百姓。

③竖头须：竖，童仆，头须，人名，此处指晋文公的仆从。

④阍寺：守门人的称谓。

［译文］

从前，周公为了接待来访的宾客，包括贫寒之士，曾经多次中断沐浴、用餐。他最多在一天之内就接见了七十多人。然而晋文公却以正在沐浴为由，经常把来访的寒士拒于门外，以此遭到了“图反”的嘲笑。古人最为看重的就是，家中有络绎不绝的宾客。那些没有良好教养的家庭里，看门人的素质也很差，有的看门人甚至在客人来访时，故意会以主人正在睡觉、吃饭或发脾气为由，不为客人通报主人，江南那里是会将此事作为耻辱的。黄门侍郎裴之礼，堪称是士大夫中的楷模，他在家中一旦发现这样的人，就会当着客人的面用棍棒之法来惩罚他。所以，他的门子、僮仆在接待客人的时候，所表现出来的进退礼让，言辞举止，都严肃得体，和主人很是相像。

慕贤第七

一

[原文]

古人云：“千载一圣，犹旦暮也；五百年一贤，犹比髆也。”言圣贤之难得，疏阔如此。傥遭不世明达君子，安可不攀附景仰之乎？吾生于乱世，长于戎马，流离播越[1]，闻见已多。所值名贤，未尝不心醉魂迷向慕之也。人在年少，神情未定，所与款狎[2]，熏渍陶染，言笑举动，无心于学，潜移暗化，自然似之；何况操履艺能，较明易习者也？是以与善人居，如入芝兰之室，久而自芳也；与恶人居，如入鲍鱼之肆，久而自臭也。墨子悲于染丝[3]，是之谓矣。君子必慎交游焉。孔子曰：“无友不如己者。”[4]颜、闵[5]之徒，何可世得！但优于我，便足贵之。

[注释]

①播越：飘泊无助的样子。

②款狎：亲近。

③“墨翟”一句：《墨子·所染》：“子墨子见染丝者而叹曰：‘染于苍则苍，染于黄则黄，所入者变，其色亦变，五入而已则为五色矣，故染不可不慎也。’”

④“无友”一句：见《论语·学而》。

⑤颜、闵：即颜回、闵损，他们都是孔子的弟子。

[译文]

古人曾说：“一千年出现一位圣人，已经近得像从早到晚一样快了；五百年出现一位贤人，已经密得像肩碰肩那样了。”这是在说圣贤太过稀少难得，已经到这种地步了。如果说碰到了世上少有的开明君子，怎么能不攀附仰视呢！我生在国家动乱飘零之时，长在兵马交割之际，流亡迁移，在此过程中积累了许多的见闻，碰到有名望的贤士，总是会心醉神迷地仰慕。人在年轻的时候，精神品质还未完全成型，和此人亲密交往，自然会受到熏陶，即使无心去学习他的言行举止，也会受到潜移默化的影响，渐渐地相似起来，何况此人的操行技能，是很容易学习的呢！所以说和善人在一起，就好像是进入了养育芝兰的花房，在那里呆的时间长了自然就芬芳；相反和恶人在一起，就像是进入了卖鲍鱼的店铺，在那里呆的时间长了自然就腥臭。墨子观看染丝的过程，感叹丝在什么颜色里就会变成什么颜色。因此君子在交友方面必须谨慎。孔子说："不要和比自己差的人做朋友。"像颜回、闵损这类人，是多么难得一遇！只要朋友有比我优秀的地方，就是很可贵的。

二

［原文］

世人多蔽，贵耳贱目①，重遥轻近。少长周旋，如有贤哲，每相狎侮，不加礼敬；他乡异县，微藉风声，延颈企踵②，甚于饥渴。校其长短，核其精粗，或彼不能如此矣。所以鲁人谓孔子为东家丘③，昔虞国宫之奇，少长于君，君狎之，不纳其谏，以至亡国④，不可不留心也。

用其言，弃其身，古人所耻。凡有一言一行，取于人者，皆显称之，不可窃人之美，以为己力；虽轻虽贱者，必归功焉。窃人之财，刑辟(bì)⑤之所处；窃人之美，鬼神之所责。

［注释］

①"贵耳"一句：语出东汉张衡《东京赋》："若客所谓，末学肤受，贵耳而贱目者也。"比喻不仔细，盲目从事。

②"延颈"一句：出自《汉书·萧望之传》："天下之士，延颈企踵。"

③"所以"一句：《后汉纪》卷二三："宋子俊曰：'鲁人谓仲尼东家丘，荡荡体大，民不能名。'"说明孔子家乡的人对孔子反而并不尊敬。

④"昔虞国"五句：春秋之时，晋献公向虞国提出借道攻打虢国，虞国大臣宫之奇向虞公进谏提出拒绝晋国的要求，虞公没有听从，后来，晋国灭掉了虢国，在返回途中，把虞国也一并灭掉了。

⑤刑辟：刑法、法律。

[译文]

世间的人们，大多有所壅蔽而达不到通明的境界，重视说的忽视看的，重视相隔甚远的而忽略身边的。从小到大接触的人中间，假如说有谁成了贤士哲人，他的朋友也经常会显得轻慢，很少能礼貌相待。相反那些身居异乡的人，只要是稍有一些名声，人们就会伸长脖子、踮起脚跟，想尽一切办法要去相见，事实上，平心而论两者，在优劣方面，远处的很可能还不如身边的，就是因为这样，鲁人才会把孔子叫作“东家丘”。虞国的宫之奇从小生长在虞君身边，虞君总是很随便地对待他，从来不听他的劝谏，最后落得个亡国的结局，真得当心啊！

采用了某人的意见，反过来又嫌弃这个人，这在古人看来是很可耻的。不论是什么话或是行为，只要是从别人那里学来的，都应公开地赞美对方，绝对不能掠人之美，随即将它当成是自己的功劳；尽管给你提供建议的人地位低下，身份贫贱，也要归功于他。偷盗别人的财物，要受刑罚之苦；窃取别人的功绩，则将受到鬼神的责罚。

三

[原文]

梁孝元[①]前在荆州，有丁觇（chān）[②]者，洪亭民耳，颇善属文，殊工草隶；孝元书记，一皆使之。军府轻贱，多未之重，耻令子弟以为楷法，时云：“丁君十纸，不敌王褒[③]数字。”吾雅爱其手迹，常所宝持。孝元尝遣典签惠编送文章示萧祭酒[④]，祭酒问云：“君主比赐书翰，及写诗笔，殊为佳手，姓名为谁？那得都无声问？”编以实答。子云叹曰：“此人后生无比，遂不为世所称，亦是奇事。”于是闻者稍复刮目。稍仕至尚书仪曹郎[⑤]，末为晋安王[⑥]侍读，随王东下。及西台陷殁（mò），简牍湮散，丁亦寻卒于扬州；前所轻者，后思一纸，不可得矣。

梁元帝吟诗

梁元帝萧绎，是南朝梁皇帝。他好读书，有文学才华，尤善五言诗。

［注释］

①梁孝元：梁元帝萧绎。

②丁觇：南朝梁、陈之际的书法家。张彦远《法书要录》："丁觇与智永同时人，善隶书，世称丁真永草。"

③王褒：字子渊，擅书法。

④典签：官职名，类似书记之类的官员。萧祭酒：祭酒，官职名，晋代有国子祭酒，主管太学之事。萧祭酒，即萧子云，字景乔，南朝齐人，通文辞，擅书法，尤以诗名著称。

⑤仪曹郎：官职名，掌管礼仪之事。

⑥晋安王：即梁简文帝萧纲。

［译文］

从前，梁元帝在荆州时，有个叫丁觇的属下，他是洪亭地方的老百姓，写得一手好字，草书、隶书是他最为擅长的，元帝所有的往来书信，都由他代笔。但军府里的人看不起他，对他的书法不屑一顾，以自己的子弟模仿他的字为耻，以至当时流传着"丁君写的十张纸，比不上王褒几个字"的说法。我素来喜爱丁觇的书法，珍藏了他的许多作品。之后，梁元帝派掌管文书的惠编送文章给祭酒官萧子云，萧子云看后问道："刚才那封君主所赐的书信，包括其中的笔墨，是出于绝妙之手啊，写字之人是谁，怎么没有听说过啊？"惠编按照实情回答后，萧子云感叹道："后生之辈无人能及，却不被人称道，真是件是奇怪事情！"听闻此事后，人们才渐渐对丁觇另眼相待，丁觇由此逐步做上了尚书仪曹郎，最终还做了晋安王的侍读，随王东下。直到元帝被杀西台陷落，书信之物散佚，不久丁觇也死于扬州。过去那些轻视丁觇的人，后来想要留存一纸丁觇的书法，也没有机会了。

四

［原文］

侯景初入建业[①]，台门虽闭，公私草扰[②]，各不自全。太子左卫率羊侃坐东掖门[③]，部分经略[④]，一宿皆办，遂得百余日抗拒凶逆。于时，城内四万许人，王公朝士，不下一百，便是恃侃一人安之，其相去如此。古人云："巢父、许由，让于天下；市道小人，争一钱之利。[⑤]"亦已悬矣。

［注释］

①"侯景"一句：侯景，字万景，东魏时人，举兵叛逃西魏，随即降梁，

受封河南王。不久反叛，攻破梁都城建康，史称“侯景之乱”。

②草扰：纷扰杂乱的样子。

③太子左卫率：官职名，掌东宫兵仗羽卫之事。羊侃：字祖忻，南朝梁人。见风操第六第八则注③。东掖门：台城正南为端门，其左右开二门，分称东、西掖门。

④经略：谋划、布置。

⑤“巢父”四句：巢父，传说尧时的一位隐士，以树为巢，故名。许由，字武仲，尧以天下让位于许由，许由不受，隐遁而去。

许 由

许由是尧舜时代的贤人，淡泊名利。尧想把君位传给他，他拒绝后隐居起来。尧派人找到了他，想请他出任九州长官，他跑到颍水边洗耳，表示不愿意听这种话。

[译文]

侯景刚到南京时，台城门虽然紧闭，但官员和百姓却是一片混乱，都难以保全自己。太子左卫率羊侃在东掖门坐镇，统领安置，一夜之间全都安排好了，最终和凶逆抗争了一百多天。当时台城里有四万多人，官员就有一百多人，然而正是羊侃一人才使大家安定下来，他们之间的差距如此分明。古人曾说：“巢父、许由将统领天下如此贵重的大利都舍弃了，而世俗小人却为一点小利争夺不休。”两者间的差距也太大了。

五

[原文]

齐文宣帝①即位数年，便沉湎纵恣，略无纲纪；尚能委政尚书令杨遵彦②，内外清谧(mì)，朝野晏如③，各得其所，物无异议，终天保④之朝。遵彦后为孝昭⑤所戮，刑政于是衰矣。斛(hú)律明月⑥，齐朝折冲之臣⑦，无罪被诛，将士解体，周人始有吞齐之志，关中至今誉之。此人用兵，岂止万夫之望而已哉！国之存亡，系其生死。

[注释]

①齐文宣帝：即北齐皇帝高洋，文宣是其谥号。

②杨遵彦：即杨愔，字遵彦，官至北齐尚书令，以在政清廉著称。

③晏如：安然，有序。

④天保：北齐文宣帝年号，自公元550年至公元559年，共十年。

⑤孝昭：北齐孝昭帝高演，字延安，高欢之子。文宣帝死后，因杨遵彦拥戴幼主，即位后杀遵彦。

⑥斛律明月：名光，字明月，好骑射，英勇善战，是北齐一代名将。

⑦折冲之臣：冲即冲车，古时一种战车。即此指能举大事，安邦定国的重臣。

[译文]

齐文宣帝即位几年来，整日沉迷于酒色、行为放纵，没有任何的纲纪约束。尽管如此，他还知道把政事委托给尚书令杨遵彦，内外才得以安定，朝野太平，百姓安居乐业，没有什么可怨的，这种局面一直保持到天保之朝结束。杨遵彦后来被孝昭帝所戮，国家政治开始衰败。斛律明月，是齐朝抵抗强大敌人的功臣，无罪却被杀害，因此将士军心涣散，周人才萌生了灭齐的想法，到现在关中还称颂斛律明月。将军这个人的用兵，不仅仅是万夫所望之事啊！他的生死，关系到国家的存亡。

六

[原文]

张延隽之为晋州行台左丞①，匡维主将，镇抚疆埸（yì）②，储积器用，爱活黎民，隐若敌国矣。群小不得行志，同力迁之；既代之后，公私扰乱，周师一举，此镇先平。齐亡之迹，启于是矣。

[注释]

①张延隽：北齐人，少时以纯孝为乡里所推，仕州郡的功曹、主薄。晋州：州名，治所在今山西省临汾东北。

②疆埸：边境。

[译文]

张延隽担任晋州行台左丞时，匡扶维护主将，保持边界的稳定，积极储备物资，关爱帮助百姓，让晋州这个地方威重得可与一个国家相匹敌。其中有卑鄙小人，因为不能从中谋得利益，就串通起来把他赶走了。张延隽被人排挤掉之后，整个晋州变得一片混乱，北周的军队刚一起兵，晋州城就被占领了。齐朝的败亡，从这时就开始有征兆了。

卷第三

勉学第八

一

［原文］

自古明王圣帝，犹须勤学，况凡庶乎！此事遍于经史，吾亦不能郑重[①]，聊举近世切要，以启寤汝耳。士大夫子弟，数岁已上，莫不被教，多者或至《礼》《传》，少者不失《诗》《论》。及至冠婚，体性稍定；因此天机[②]，倍须训诱。有志尚者，遂能磨砺，以就素业；无履立者，自兹堕[③]慢，便为凡人。人生在世，会当有业：农民则计量耕稼，商贾则讨论货贿，工巧则致精器用，伎艺则沈思法术，武夫则惯习弓马，文士则讲议经书。多见士大夫耻涉农商，差务工伎，射则不能穿札，笔则才记姓名，饱食醉酒，忽忽无事，以此销日，以此终年。或因家世余绪[④]，得一阶半级，便自为足，全忘修学；及有吉凶大事，议论得失，蒙然张口，如坐云雾；公私宴集，谈古赋诗，塞默低头，欠伸而已。有识旁观，代其入地。何惜数年勤学，长受一生愧辱哉！

武夫惯习弓马

［注释］

①郑重：列举、说明之义。

②天机：性灵，天性。

③堕：同“惰”。

④余绪：余风，这里指祖上的荫庇。

［译文］

自古以来的贤王圣帝，都必须勤奋学习，何况是普通百姓呢！像这样的事例，在经籍史书中随处可见，在这就不一一列举了，只提及其中几个关键的事例，对你们起到启发提醒的作用。士大夫家的子孙，几岁以后，无一例外都要接受教育，多则要读过《礼记》《左传》，至少也应该读了《诗经》和《论语》。等到他们加冠成婚的时候，体质情感都趋于定性化，凭着天赋，就应该开始加倍地诱导。有志向的人，在这期间就能不断地磨练，成就本族内的事业；没有志向的人，终日懒惰成性，自然渐渐地变成庸人。人活一世，必须要有所专长，农民要精通农事，商人要精于货财，工匠要制造精器，当艺人就要钻研技艺，武夫就要善于射箭骑马，文人就要研究经书政论。然而经常会有这种现象，士大夫耻于涉足农商，羞于从事工匠之事，射箭不能穿透铠甲，写字只能写下姓名，整日无所事事，无为无虑，如此来打发日子，直到终年。有的人家世显耀，能混到一官半职，洋洋得意，学习的事情一概不论，碰到吉凶大事，谈论是非的时候，就经常显得张口结舌，说起话来像是在云雾之中。这些人在公私宴会上，饮酒对诗，总是沉默以对，或是打呵欠伸懒腰。有见识的人看到这些，都会替他们感到羞愧不已。这些人为什么不能够用几年时间勤奋学习，反倒弄得一辈子受辱没呢？

二

［原文］

梁朝全盛之时，贵游子弟，多无学术，至于谚云："上车不落则著作，体中何如则秘书[1]。"无不熏衣剃面，傅粉施朱，驾长檐车，跟高齿屐，坐棋子方褥，凭斑丝隐囊，列器玩于左右，从容出入，望若神仙。明经求第，则顾人答策；三九公宴，则假手赋诗。当尔之时，亦快士[2]也。及离乱之后，朝市[3]迁革，铨衡[4]选举，非复曩(nǎng)者之亲；当路秉权，不见昔时之党。求诸身而无所得，施之世而无所用。被褐而丧珠，失皮而露质[5]，兀若枯木，泊若穷流，鹿独[6]戎马之间，转死沟壑之际。当尔之时，诚驽材也。有学艺者，触地而安。自荒乱已来，诸见俘虏。虽百世小人，知读《论语》《孝经》者，尚为人师；虽千载冠冕[7]，不晓书记者，莫不耕田养马。以此观之，安可不自勉耶？

若能常保数百卷书，千载终不为小人也。

[注释]

①“上车”二句：著作，官名，著作郎的简称。秘书，官名，秘书郎的简称。此二官职在南北朝时都属于闲散之官，多为贵族子弟充任，以显示门面和卖弄学问。

②快士：佳士。

③朝市：这里指朝廷。

④铨衡：考察、选择。

⑤“失皮”一句：《法言·吾子》：“羊质而虎皮，见草而悦，见豺而战，忘其皮之虎也。”此处指失去往日的庇护，今非昔比了。

⑥鹿独：飘泊、流离之义。

⑦冠冕：指历代仕宦人家。

[译文]

梁朝兴盛的时候，士族子弟们，大多数都没有学问，当时流传有俗话讲：“上车不摔跤的人就能当著作郎，只会写客套话的人也可以做秘书官。”所有的人都十分讲究熏衣剃面，涂脂抹粉，总是驾着长檐车，穿着高齿屐，坐着有方格图案的方褥子，靠着用染色丝织成的软囊，左右摆满了各种的器用玩物，像神仙一样从容地出入。等到要明经义求取及第时，就雇人去考试；假如要出席朝廷内尊贵的宴会，就请人帮助作文赋诗。这时候的他们，也都算得上是“才子佳士”。等到战乱发生、朝廷更迭的时候，负责选拔官员的人，不再是他们过去的亲属；执政掌权的人，也不再是过去的私党。贵族子弟们想靠自己却一无所长，想跻身社会又一无是处，外边披着粗麻短衣，真正一点本领都没有，剥去华丽的外表，本质显露出来，特别像段枯木，又像是一条干涸的水流，败落在兵马之间，死亡于沟壑交织之时。这时候的他们，真成了奴才。只有那些有学问的人，随处都可以安身。自战乱以来，那些被俘虏的，虽然出生贫寒，但大都懂得《论语》《孝经》，还能做别人的老师；可是那些历代做大官的，不读书认字，只能去耕田养马，从这些方面而言，怎么能不自勉呢？假如能够经常保有几百卷的书，即使是数千年之后也不会成为小人。

三

[原文]

夫明《六经》[①]之指，涉百家之书，纵不能增益德行，敦厉风俗，犹为一艺，得以自资。父兄不可常依，乡国不可常保，一旦流离，无人庇荫，当自求诸身耳。谚曰：“积财千万，不如

薄伎在身。”伎之易习而可贵者，无过读书也。世人不问愚智，皆欲识人之多，见事之广，而不肯读书，是犹求饱而懒营馔，欲暖而惰裁衣也。夫读书之人，自羲、农[2]已来，宇宙之下，凡识几人，凡见几事，生民之成败好恶，固不足论，天地所不能藏，鬼神所不能隐也。

［注释］

①六经：指《诗》《书》《礼》《乐》《易》《春秋》。

②羲、农：羲指伏羲，农即神农，都是古人所谓的上古“三皇”之一。

［译文］

精通《六经》主旨，博览百家群书，即使不能提高道德修养，劝勉世俗，也可以把它当作是一种才艺，可以用来充实自我。父亲兄长是不能长期依靠的，国家也不能永远太平无忧，一旦流离失所，没有可以依靠的东西时，就要自己去想办法了。俗语说：“家财千万，不如薄技在身。”最容易学会的可以安身立命的本领，莫过于读书。不管是聪明或是愚笨之人，都希望自己能认识更多的人，见识更多的事，但又不愿意去读书，就好像是想要美餐一顿又懒于做饭，想要取暖又不愿意去裁衣一样。那些读书人，从伏羲、神农以来，在世上，认识了很多的人，见识了许多的事，对普通人的好恶，能够看得清清楚楚，即使是天地鬼神一类的事，也逃不过他们的眼睛。

四

［原文］

有客难主人曰：“吾见强弩长戟(jǐ)，诛罪安民，以取公侯者有矣；文义习吏，匡时富国，以取卿相者有矣；学备古今，才兼文武，身无禄位，妻子饥寒者，不可胜数，安足贵学乎？”主人对曰：“夫命之穷达，犹金玉木石也；修以学艺，犹磨莹[1]雕刻也。金玉之磨莹，自美其矿璞，木石之段块，自丑其雕刻；安可言木石之雕刻，乃胜金玉之矿璞哉？不得以有学之贫贱，比于无学之富贵也。且负甲为兵，咋笔[2]为吏，身死名灭者如牛毛，角立杰出者如芝草；握素披黄[3]，吟道咏德，苦辛无益者如

日蚀，逸乐名利者如秋荼，岂得同年而语矣。且又闻之：生而知之者上，学而知之者次。所以学者，欲其多知明达耳。必有天才，拔群出类，为将则暗与孙武、吴起④同术，执政则悬得管仲、子产⑤之教，虽未读书，吾亦谓之学矣。今子即不能然，不师古之踪迹，犹蒙被而卧耳。”

孙武吴宫教战

孙武是春秋时期著名的军事家，著有《孙子兵法》一书。孙武吴宫教战斩美姬的故事，反映了他严于治军的军事思想。吴王阖闾看到孙武卓越的军事才能，便任命他为将军。

［注释］

①磨莹：打磨使之光亮。

②咋笔：啃咬。这里指持笔、操笔之义。

③握素披黄：素指绢素，古代常来作为书写之用；黄即黄卷，古人以黄蘖染纸，以防虫蠹。这里泛指书籍。

④孙武、吴起：孙武，字长卿，春秋时著名军事家，著有《孙子兵法》。吴起，战国时军事家，著有《吴起》四十八篇。

⑤管仲、子产：管仲，名夷吾，字仲，春秋初期政治家，曾辅佐齐桓公，使其成为春秋第一位霸主。子产，即公孙侨，春秋时政治家，曾在郑国执政，施行改革，使国力强盛。

［译文］

有位客人曾为难我说：“我看见有的人只是靠着自己的强弓长戟，就前去征战，让民众得到安抚，让自己得到公侯的爵位；有的人却只靠着自己对文史的精通，就前来拯救王朝，让国家变得富强，自己得到卿相的官职。而那些通变古今，文武兼备的人，却最终没有得到官禄爵位，妻子儿女衣食无靠，像这样的事不胜枚举，怎么能说学习是值得褒奖的呢？”我是这样回答的：“人生命运坎坷与顺畅，就像是金玉木石；勤奋好学，锻炼本领，就像是琢磨与雕刻的手艺。琢磨过的金玉之所以光彩夺目，原因在于金玉本身就是美物；一段木头，一块石头之所以不起眼，原因就在于它还没有经过雕刻。但我们怎么能说雕刻过的木石能够比得过尚未琢磨过的宝玉呢？一样的道理，我们不能让那些学识渊博的贫贱之士和那些没有学问的富贵之人相比。再说了，武艺高强的人，去当小兵的也不乏其人；学识渊博的人，去当小吏的不为少数，身死名灭的人多如牛毛，出人头地的人少如芝草。苦读经书，传扬道德文章的人，劳动而无所得的，少得像日蚀；追名逐利，安于享乐的人，多得像秋草。二者难道能相提并论吗？此外，我还听说：天生不学就会的人，是天才；通过学习才会的人，与之相比就差了一等。所以说，学习让人增长知识，明白道理。出类拔萃的人只能是天才，他们当将领就暗合于孙子、吴起的兵法；当宰相时就拥有同于管仲、子产的政治素养，这类人，尽管他们不读书，我也认为他们已经读过了。既然你们现在不能达到如此高的水平，还不及时效仿古人那些勤奋好学的榜样，就会像盖着被子蒙头大睡，什么都不会知道了。”

五

［原文］

人见邻里亲戚有佳快[1]者，使子弟慕而学之，不知使学古人，何其蔽也哉？世人但知跨马被甲，长矟[2]强弓，便云我能为将；不知明乎天道，辨乎地利，比量逆顺，鉴达兴亡之妙也。但知承上接下，积财聚谷，便云我能为相；不知敬鬼事神，移风易俗，调节阴阳[3]，荐举贤圣之至也。但知私财不入，公事夙办，便云我能治民；不知诚己刑物，执辔如组[4]，反风灭火，化鸱（chī）为凤之术也[5]。但知抱令守律，早刑晚舍[6]，便云我能平狱；不知同辕观罪[7]，分剑追财[8]，假言而奸露[9]，不问而情得之察也[10]。爰及农商工贾，厮役奴隶，钓鱼屠肉，饭牛牧羊，皆有先达，可为师表，博学求之，无不利于事也。

［注释］

①佳快：才能优异之士。

②矟：即槊，长矛，古时的一种兵器。《通俗文》：“矛丈八者谓之矟。”

③调节阴阳：阴阳，我国古代的哲学范畴，既独立又统一的两大对立面，大凡宇宙万物，都有阴、阳两个对立面，只有把它们调节好了，才能达到安定、中和。

④“执辔”一句：辔，马缰绳。组，用丝织成的带子。《诗经·邶风·简兮》：“有力如虎，执辔如组。”意谓执政有方，张弛有度。

⑤“化鸱”一句：鸱，即猫头鹰，古代视为一种不祥之鸟。此处化用东汉人仇览劝人为善之事。仇览为亭长时，有个叫陈元的人不孝，仇览亲到其家进行规劝，陈元终于感其言，成为有名的孝子。见《后汉书·循吏传》。

⑥早刑晚舍：早上还宣判有罪，晚上就把人无罪释放了。

⑦同辕观罪：据《左传·成公十七年》：“郤犨与长鱼矫争田，执而梏之，

与其父母妻子同一辕。”杜预注：“系之车辕。”

⑧“分剑”一句：见《太平御览》卷六三九引《风俗通》：“沛郡有富家公，资二千余万。子才数岁，失母，其女不贤。父病，令以财尽属女，但一剑，云：‘儿年十五，以还付之。’其后又不肯与儿，乃讼之。时太守大司空何武也，得其辞，顾谓掾吏曰：‘女性强梁，婿复贪鄙，畏害其儿，且寄之耳。夫剑者所以决断，限年十五者，度其子智力足闻县官，得以见伸展也。’乃悉夺财还子。”

⑨“假言”一句：此句化用北魏李崇断案一事。李崇任扬州刺史时，当地人苟泰三岁小儿被别人诱拐，数年后，苟泰发现其子在同县人赵奉伯家中，即告到官府，两方争执不下，都认为是自己所生，李崇设下一计：把小儿隔离别处，谎称小儿已死，借此察看两人表情，苟泰当即痛苦失声，而赵奉伯仅唏嘘不已，李崇知晓真情，把小儿还给了苟泰。

⑩“不问”一句：借用晋人陆云断案事。陆云为浚仪令时，有人被杀，查问其妻，毫无成效，关押十余日即放出，派人尾随十余里，果然有人与其妻相会，把凶犯捉拿归案。原来此人之妻与凶犯私通，暗中谋害其夫。

李崇清政惠民

北魏李崇，历治八州，五拜都督将军，政绩显赫，为一代名臣。李崇任兖州刺史时，兖地多劫盗，李崇创鼓楼之制，能迅速擒拿盗贼。

[译文]

人们看到邻里之中有特别优秀的榜样，就让自己的子弟去学习，他们却不懂得让自己的子弟去学习古人，怎么会这样糊涂呢？人们只懂得只要会骑马射箭，能用得了长矛短弓，就能当将领，而不懂得要有明察天时，辨别地利，考虑时势人心、审察兴亡之变的能耐。仅仅懂得承上接下，聚敛财物，就称自己能当卿相，而不懂得要尊敬鬼神，移风易俗，调和阴阳，推选贤才。只懂得不谋私财，操办公事，就认为能管理百姓，并不懂得要有正人诚信，严谨治理，救灾灭祸，教化生民的本领。仅仅懂得执行法律，早判晚赦，就认为自己能平狱，并不懂得侦查、取证、审问、判断等环节的各种技巧。古代社会中，不论是务农的、做工的、经商的、做仆的、做奴的，还是捕鱼的、杀猪的、喂牛牧羊的人，他们中间都有贤明的先辈，都可以作为自己学习的榜样，博学并且寻求这些，没有不利于事业成功的啊！

六

[原文]

夫所以读书学问，本欲开心明目，利于行耳。未知养亲者，欲其观古人之先意承颜，怡声下气，不惮劬（qú）劳，以致甘腝[①]，惕然惭惧，起而行之也；未知事君者，欲其观古人之守职无侵，见危授命[②]，不忘诚谏，以利社稷，恻然自念，思欲效之也；素骄奢者，欲其观古人之恭俭节用，卑以自牧，礼为教本，敬者身基，瞿然自失，敛容抑志也；素鄙吝者，欲其观古人之贵义轻财，少私寡欲，忌盈恶满，赒穷恤匮，赧然悔耻，积而能散也[③]；素暴悍者，欲其观古人之小心黜己，齿弊舌存，含垢藏疾，尊贤容众[④]，苶然[⑤]沮丧，若不胜衣也；素怯懦者，欲其观古人之达生委命，强毅正直，立言必信，求福不回，勃然奋厉，不可恐慑也：历兹以往，百行皆然。纵不能淳，去泰去甚。学之所知，施无不达。世人读书者，但能言之，不能行之，忠孝无闻，仁义不足；加以断一条讼，不必得其理；宰千户县，不必理其民；问其造屋，不必知楣横而棁（zhuō）[⑥]竖也；问其为田，不必知稷早而黍迟也；吟啸谈谑，讽咏辞赋，事既优闲，材增迂诞，军国经纶[⑦]，略无施用：故为武人俗吏所共嗤诋，良由是乎！

[注释]

①腝：熟烂、熟练之义。

②“见危”一句：授命，献出生命。语出《论语·宪问》：“见利思义，见危授命，久要不忘平生之言。”

③“积而”一句：语出《礼记·曲礼上》：“积而能散。”谓自己有所积蓄之后能够散己之财以周济穷人。

④“尊贤”一句：语出《论语·子张》：“君子尊贤而容众，嘉善而矜不能。”意指君子能够善于尊敬贤者，容纳不同的观点。

⑤苶然：疲劳的样子。

⑥棁：也作“棳”，梁上的柱子。

⑦经纶：经营、筹划。

[译文]

所以，读书做学问的本意在于让心胸变得开阔，让眼睛变得明亮，在做事情的时候得到益处。对于那些不知道奉养双亲的人，读书能够让他看到古人如何理解父母的心意，观察父母的脸色，顺着父母的脾气，乐于吃苦，经常用甜美软和的东西来伺候，处处谨慎戒惧，按照上面说的样子照办。对于那些不知道如何服侍君主的人，读书能够让他看到古人是如何守职不越权，危难之时勇于牺牲自己，对君主经常忠谏，做对国家有利的事，使他们痛心疾首地对照自己，进而效法古人。对于那些骄傲奢侈惯了的人，读书能够让他看到古人是如何节约勤俭，友善谦恭，礼为教本，敬为身基，从而惊觉自己的不足，逐步改掉自己的习气。对于那些一贯鄙吝的人，读书能够让他看到古人是如何重义轻财，克己奉公，忌盈恶满，关照穷困，从而使他们产生羞愧悔过之心，变得好施乐助。对于那些一贯凶悍的人，读书能够让他看到古人是如何时时检讨自己，懂得坚齿易亡、柔舌常存，宽厚待人，尊重贤达，从而使他觉得沮丧疲倦，恭敬退让。对于那些一贯怯懦的人，读书能让他看到古人是如何的不怕死的，正直坚强，说话有信用，求福而不背道，这样他就会奋力向前，有着用不完的力量。如此一一说下去，各种行为都是一样的，虽然难以做得纯正，至少去掉大的毛病还是可以的，学习中收获的知识，用在哪里都是会见成效的。只是人们读书，仅能说到，不能做到，不懂得忠孝，不理解仁义；判断一件诉讼，不弄清事理缘由；治理千户小县，不去管好百姓；造屋建房，不去知道楣是横而棁是竖；耕田种地，不去知道稷是先种而黍是后种；吟啸谈谑，讽咏辞赋，事情很悠闲，人却越发迂诞，在处理军国大事时候，没有一点用处，因此被武人俗吏们加以讥谤，正是因为上述原因吧。

七

[原文]

夫学者所以求益耳。见人读数十卷书，便自高大，凌忽长者，轻慢同列[①]；人疾之如仇敌，恶之如鸱(chī)枭。如此以学自损，不如无学也。

古之学者为己，以补不足也；今之学者为人，但能说之也[②]。古之学者为人，行道以利世也；今之学者为己，修身以求进也。夫学者犹种树也，春玩其华，秋登其实；讲论文章，春华也，修身利行，秋实也。

［注释］

①同列：同行、同辈。

②“古之”四句：见《论语·宪问》：“古之学者为己，今之学者为人。”

［译文］

人们不断地学习，就是为了能够获得好处。我见过有人读了几十卷书，就变得高傲自大了，不尊敬长者，轻视同辈。大家对他像仇敌、鸱枭一样厌恶。这种人自己把自己毁了，还不如不去学习。

古代求学的人都是想要充实自己，弥补自己的不足，现在求学的人则多半是为了向别人炫耀，作为夸夸其谈的资本；古代求学的人，是为了推行自己的主张来为社会造福，现在求学的人，则是为了自己的需求，培养德性、谋得官职。学习就好比是种果树一样，春天可以欣赏它的花朵，秋天可以收获它的果实。谈论文章，如同欣赏花朵；修身治国，如同收获果实。

八

［原文］

人生小幼，精神专利，长成已后，思虑散逸，固须早教，勿失机也。吾七岁时，诵《灵光殿赋》①，至于今日，十年一理，犹不遗忘；二十之外，所诵经书，一月废置，便至荒芜矣。然人有坎壈②，失于盛年，犹当晚学，不可自弃。孔子云：“五十以学《易》，可以无大过矣③。”魏武、袁遗④，老而弥笃，此皆少学而至老不倦也。曾子七十乃学⑤，名闻天下；荀卿五十，始来游学⑥，犹为硕儒；公孙弘四十余，方读《春秋》⑦，以此遂登丞相；朱云亦四十，始学《易》《论语》⑧；皇甫谧(mì)二十，始受《孝经》《论语》⑨：皆终成大儒，此并早迷而晚寤也。世人婚冠未学，便称迟暮，因循面墙⑩，亦为愚耳。幼而学者，如日出之光，老而学者，如秉烛夜行，犹贤乎瞑目而无见者也。

［注释］

①《灵光殿赋》：此赋为东汉王逸所作，并收入《文选》。灵光殿，西汉鲁恭王所建，在今山东曲阜。

②坎壈：坎坷、困顿不得志。

③“五十”二句：见《论语·述而》：“子曰：‘加我数年，五十以学《易》，可以无大过矣。’”言年虽已老，为学尚不失为晚。

④袁遗：字伯业，三国时人，为袁绍的堂兄。

⑤“曾子”一句：曾子小孔子四十六岁，此处七十改作十七为宜，在当时，十七岁始学，为时已经很晚了。译文从之。

⑥“荀卿”二句：荀卿，名况，战国时思想家。《史记·孟子荀卿列传》：“荀卿，赵人，年五十，始来游学于齐。”

⑦“公孙弘”二句：公孙弘，字季，西汉大臣。年四十才学《春秋公羊传》，被武帝任命为丞相。

⑧“朱云”二句：朱云，字游，西汉人。少时好游侠，年四十始学《易》《论语》，最后成为一代学者。

⑨“皇甫谧”二句：皇甫谧，字士安，魏晋人。少时不学无术，年满二十，方始醒悟，开始为学，诵读百家之书，终于有所成就。

⑩面墙：出《书·周官》：“不学墙面。”孔安国传：“人而不学，其犹正墙面而立。”后来即以“面墙”比喻不爱好学习。

公孙弘胆识绝伦

汉代公孙弘，年轻时为狱吏，年四十岁才开始学《春秋》，以贤良被召为博士，后又成为丞相，封平津侯。

［译文］

人在幼小的时候，思想比较专一，长大成人后，思想逐渐分散，因此要提早教育，不要错过机会。我在七岁时，就诵读《灵光殿赋》，直至今日，坚持十年温习一次，所以还记忆深刻。二十岁以后，我诵读的经书，只要搁置一个月，就觉得生疏了，人会有困顿不得志的时候，在盛年时缺乏了学业，后来应该补上，不能自己放弃。孔子就说过：“五十岁再来学《易经》就可以没有大过失了。”曹操、袁遗，到了老年，学习更加专心致志；他们都是从小开始学习到老年仍不觉得厌倦。曾参十七岁才开始学习，美名传天下；荀卿五十岁才开始游学，最终还是成为了儒家大师；公孙弘四十多岁才开始读《春秋》，最终因此还做上丞相；朱云也到四十岁才学《易经》《论语》，皇甫谧二十岁才学《孝经》《论语》，后来都成为了儒学大师；这些人都是早年没意识到而晚年清醒了的。世间之人到二三十岁婚冠之年还没有学习，会觉得太晚了，继续荒废下去不去学习，这就太愚蠢了。幼年学习的人，就像日出时的光芒；老年学习的人，虽然像夜行路上的蜡烛，即使这样，也总比闭上眼睛什么也看不见要好。

九

［原文］

学之兴废，随世轻重。汉时贤俊，皆以一经弘圣人之道，上明天时，下该人事，用此致卿相者多矣。末俗已来不复尔，空守章句，但诵师言，施之世务，殆无一可。故士大夫子弟，皆以博涉为贵，不肯专儒。梁朝皇孙以下，总丱之年①，必先入学，观其志尚，出身已后，便从文史，略无卒业者。冠冕为此者，则有何胤、刘瓛、明山宾、周舍、朱异、周弘正、贺琛、贺革、萧子政、刘绍②等，兼通文史，不徒讲说也。洛阳亦闻崔浩、张伟、刘芳③，邺下又见邢子才④：此四儒者，虽好经术，亦以才博擅名。如此诸贤，故为上品，以外率多田野间人，音辞鄙陋，风操蚩（chī）拙⑤，相与专固，无所堪能，问一言辄酬数百，责其指归，或无要会。邺下谚云："博士买驴，书券三纸，未有驴字。"使汝以此为师，令人气塞。孔子曰："学也禄在其中矣。"⑥今勤无益之事，恐非业也。夫圣人之书，所以设教，但明练经文，粗通注义，常使言行有得，亦足为人；何必"仲尼居"⑦即须两纸疏义，燕寝讲堂⑧，亦复何在？以此得胜，宁有益乎？光阴可惜，譬诸逝水。当博览机要，以济功业；必能兼美，吾无间焉。

［注释］

①总丱之年：语出《诗·齐风·甫田》："婉兮娈兮，总角丱兮。"毛亨传："总角，聚两髦也；丱，幼稚也。"此处指童年时代。

②何胤：字子季，梁朝学者。曾注《周易》，著有《毛诗隐义》《礼记隐义》等。刘瓛：字子珪，南齐学者。见兄弟第三第五则注①。明山宾：字孝若，梁朝学者。少时即博通经传，著有《吉礼仪注》《礼仪》等书。周舍：字昇逸，南朝梁人，博学，尤通义理，为梁武帝所赏识。《梁书》有传。朱异：字彦和，梁朝人，平生好涉猎文史杂记，尤通《礼》《易》，撰有《礼、易讲疏》《仪注》等。周弘正：字思行，南朝梁、陈时人，少时即通《老子》《周易》，为当时硕学名流，著有《周易讲疏》《论语疏》等。贺琛：字国宝，梁朝人，幼时从伯父贺玚受学，以精通《三礼》闻名，著《三礼讲疏》等。贺革：字文明，贺玚

之子，梁朝人，少时即通《三礼》，后于《孝经》《论语》等皆有造诣，《梁书》有传。萧子政：南朝梁人，亦为一时文豪。著有《周易义疏》《系辞义疏》等。刘绍：字言明，精通《三礼》。

③崔浩：字伯渊，北魏人，少时即好学，博览经史，精研义理，多所造诣。一时颇受明元帝、太武帝看重，《魏书》有传。张伟：字仲业，北魏人，为学通诸家，授业乡里，受其业者众多。刘芳：字伯文，北魏学者，才思敏捷，博闻强记，尤通音律，撰有《后汉书音》《毛诗笺音义证》等。

④邢子才：名邵，字子才，北齐学者，少时即好纵游，但凡文章，过目不忘。其为文典丽工雅，独步当时文坛。老而专力于《五经》，亦有卓见，有文集三十卷，《北齐书》中有传存焉。

⑤蚩拙：愚昧无知。

⑥“学也”一句：语见《论语·卫灵公》。

⑦仲尼居：《孝经·开宗明义》第一章首语。

⑧燕寝讲堂：燕寝，闲居之处；讲堂，讲经场所。诸家解经莫衷一是，有的解为休闲之所，有的解为讲经之处。

教子务学

汉高帝刘邦告诫太子说，自己生于秦朝焚书时，没有认识到学习的重要性，登基后才发现知识贫乏，要太子以当时的名人萧何、张良等为师，才能更好地治理国家。

[译文]

学习的风气是不是浓厚，这和社会是否重视学习有很大的关系。汉代的贤能之士，各自都能凭一种经术来宣扬圣人之道，天文人事，上下皆通，凭着这些得到卿相官职的人有很多。自末世清谈之风盛行以来，读书人限于对章句的斟酌，师长的言论是他们唯一诵读的东西，在实际运用过程中，不能发挥任何的功效。所以那些士大夫的子弟，都强调要多读书，不能专攻章句。梁朝的贵族子弟，一进入童年时代，家人就要让他们入学，考察他们的志向与喜好，进入仕途后，就做文吏之类的事，完成学业的人很少。历代当官同时又从事经学的，有何胤、刘瓛、明山宾、周舍、朱异、周弘正、贺琛、贺革、萧子政、刘绍等人，他们不单单会讲解经术，而且还都文史兼通。我曾听说在洛阳有崔浩、张伟、刘芳，在邺下还遇到过邢子才，他们这四位儒者，除对经学很有研究外，同时又以博学而闻名，这样的贤士，当然是上等之人。除此之外，大部分都是些田野间人，言语粗俗，举止随意，同时还大都专断保守，没有忍耐力，问一答百，言辞与意义不相吻合，主旨不够明确，邺下有俗语说：“博士要买驴，写下的三张契约中，一个‘驴’字都没有。”假如你拜这样的人为老师，一定会被气死的。孔子说过："好好学习，俸禄自然就在里面。"现在的人只是着眼于那些无益的事，应该不算是什么正业吧！圣人的典籍，是有教化之功的，只要对经文熟悉，传注大义能够粗通，经常督促自己的言行尽量得当，以立身做人就足够了。为什么非要给"仲尼居"三个字加上两张纸的注释，去细致地研究"居"究竟是在闲居的内室还是在讲习经术的厅堂，即使说对了，又能有什么意义呢？分出高低优劣，又能有什么益处呢？光阴匆匆而逝，应该倍加珍惜，不然就会似流水般一去不复还。我们要博览经典著作的精要之处，用它来成就此生的事业，假使能够得博览与专精双美，那我自然就没必要再赘述了。

十

[原文]

俗间儒士，不涉群书，经纬[①]之外，义疏而已。吾初入邺，与博陵崔文彦[②]交游，尝说《王粲集》中难郑玄《尚书》事[③]。崔转为诸儒道之，始将发口，悬见排蹙(cù)[④]，云："文集只有诗赋铭诔(lěi)，岂当论经书事乎？且先儒之中，未闻有王粲也。"崔笑而退，竟不以《粲集》示之。魏收[⑤]之在议曹，与诸博士议宗庙事，引据《汉书》，博士笑曰："未闻《汉书》得证经术。"收便忿怒，都不复言，取《韦玄成传》[⑥]，掷之而起。博士一夜共披寻[⑦]之，达明，乃来谢曰："不谓玄成如此学也。"

[注释]

①经纬：即经书和纬书，这里泛指各种儒家经典著作。

②博陵崔文彦：博陵，郡名，治所在今河北境内。崔氏为当时名门望族。

③王粲：字仲宣，东汉末年文学家，博学多才，以文章称名，"建安七子"之一。《三国志》中有传记存世。郑玄：东汉经学家。

④排蹙：排挤、压制。

⑤魏收：字伯起，北齐学者，曾编撰过《魏书》，监修过国史，《北齐书》中有传。

⑥《韦玄成传》：韦玄成，字少翁，少时即好学而多礼，位至丞相。事迹见于《汉书·韦贤传附子玄成传》。

⑦披寻：阅读、查找之意。

[译文]

世俗中的儒生，不去博览群书，在研读经书、纬书之外，只读一些注解儒家经术的著作而已。我刚到邺下时，和博陵的崔文彦有所往来，曾和他谈起《王粲集》里有驳难郑玄所注《尚书》的地方。崔文彦之后就对儒生们讲述这个问题，刚一论及，便被凭空驳斥道："文集中只有诗、赋、铭、诔，怎么会有讲论经书的问题呢？在先儒中，也从来没听说王粲这个人啊！"崔文彦含着笑意离开了，王粲的集子至始至终也没有给他们看。魏收在议曹时，曾和几位博士讨论起宗庙的事，他引述了《汉书》中的观点来作论据，博士们却笑道："《汉书》可以用来论证经学，着实没有听说过啊！"魏收特别不满，没有争辩什么，只是拿出《韦玄成传》，丢在他们面前就起身离开了。博士们一晚上翻阅完了《韦玄成传》，天亮之后，纷纷前来向魏收道歉说："真是不知道韦玄成还有这样的学问啊！"

十一

[原文]

夫老、庄之书，盖全真养性，不肯以物累己也。故藏名柱史，终蹈流沙①；匿迹漆园，卒辞楚相②，此任纵之徒耳。何晏、王弼③，祖述玄宗④，递相夸尚，景附草靡，皆以农、黄之化，在乎己身，周、孔之业，弃之度外。而平叔以党曹爽见诛，触死权之网也⑤；辅嗣以多笑人被疾，陷好胜之阱也⑥；山巨源以蓄积取讥，背多藏厚亡之文也⑦；夏侯玄以才望被戮，无支离臃肿之鉴也⑧；荀奉倩丧妻，神伤而卒，非鼓缶之情也⑨；王夷甫悼子，悲不自胜，异东门之达也⑩；嵇叔夜排俗取祸，岂和光同尘之流也⑪；郭子玄以倾动专势，宁后身外己之风也⑫；阮嗣宗沉酒荒迷，乖畏途相诫之譬也⑬；谢幼舆赃贿黜削，违弃其余鱼之旨也⑭：彼诸人者，并其领袖，玄宗所归。其余桎(zhì)梏(gù)尘滓之中，颠仆名利之下者，岂可备言乎！直取其清谈雅论，剖玄析微，宾主往复，娱心悦耳，非济世成俗之要也。洎于梁世，兹风复阐，《庄》《老》《周易》，总谓《三玄》⑮。武皇、简文，躬自讲论。周弘正奉赞大猷(yóu)⑯，化行都邑，学徒千余，实为盛美。元帝在江、荆间，复所爱习，召置学生，亲为教授，废寝忘食，以

嵇 康

嵇康，字叔夜，三国时魏末著名的诗人，“竹林七贤”的领袖人物。嵇康做过中散大夫，后因不与司马昭合作而被害死。

夜继朝，至乃倦剧愁愤，辄以讲自释。吾时颇预末筵，亲承音旨，性既顽鲁，亦所不好云。

[注释]

①“故藏名”二句：柱史，即柱下史，周秦时官名。据《列仙传》所载，老子西游，为关令尹著书，后俱西游流沙，莫人知其所终。

②“匿迹”二句：漆园，地名，庄子曾为漆园吏。楚威王闻其贤，派使者厚迎之，并许以为相，最后均遭到庄周的拒绝。

③何晏：字平叔，曹魏时玄学家，好清谈，喜老庄之言。平生著有《道德论》《无名论》等，事迹见《三国志·魏书》。王弼：字辅嗣，曹魏时玄学家。笃好老、庄之学，与何晏、夏侯玄开玄学清谈之风气。著有《周易注》《周易略例》《老子注》等。

④玄宗：深微的旨意。

⑤“而平叔”二句：曹爽，字昭伯，曹魏宗室。魏明帝临终托孤，他受诏辅佐幼主，与司马懿争权，事不成，与何晏等同党均遭惨祸。事迹详见《三国志·魏书·曹真传》。

⑥“辅嗣”二句：王弼，字辅嗣。晋何劭《王弼传》：“弼论道，傅会文辞，不如何晏自然，有所拔得多晏也。颇以所长笑人，故时为士君子所疾。”

⑦“山巨源”二句：山涛，字巨源，西晋人，好老庄之学，与阮籍、嵇康同为“竹林七贤”之一。司马氏家族与曹氏争权，山涛害怕受牵连，遂隐身世外，后司马氏夺权，他又重出，并担任朝廷官职，于名节有失，故为士人所讥。

⑧“夏侯玄”二句：夏侯玄，字太初，曹魏人，喜老庄，尚清谈，为当时士人所望。他原本为曹氏亲戚，曹爽被杀后，因参与与司马氏夺权之事，事泄被杀。支离，即支离疏，《庄子·人间世》中的人物，此人因肢体残缺不全，故免除劳役以保全身。臃肿，指树木不平直，无可用之处。见于《庄子·逍遥游》。此句指意谓夏侯玄空有研究老庄的才气，却不能利用老庄之学来保全自己的生命。

⑨“荀奉倩”三句：荀奉倩，名粲，字奉倩，曹魏人，也崇尚老、庄之学，骠骑将军曹洪之女有美色，他娶以为妻，数年，妻病亡，荀粲非常凄伤，不久也跟着死去了。鼓缶之情，见《庄子·至乐论》：“庄子妻死，惠子吊之，方箕踞鼓盆而歌。”

⑩“王夷甫”三句：王夷甫，即王衍，字夷甫，出身士族，好谈老庄，曾

丧幼子，山简往吊之，王衍情不能禁，悲不自胜。东门之达，见《列子·力命》："魏人有东门吴者，其子死而不忧。其相室曰：'公之爱子，天下无有。今子死而不忧，何也？'东门吴曰：'吾尝无子，无子之时不忧。今子死，乃与向无子同，臣奚忧焉？'"

⑪"嵇叔夜"二句：嵇康，字叔夜，曹魏玄学家，与阮籍等同为"竹林七贤"之一。先与魏室通婚，后司马氏执政，因非汤武而薄周孔，为钟会所诬陷，终遭残害。和光同尘，见《老子》："和其光，同其尘。"

⑫"郭子玄"二句：郭象，字子玄，晋代玄学家，好老庄，喜清谈，为东海王司马越引为太傅主簿，遂权倾内外，为舆论所非。后身外己，语出《老子》七章："后其身而身先，外其身而身存。"

⑬"阮嗣宗"二句：阮籍，字嗣宗，与嵇康齐名，"竹林七贤"之一。本有济世之志，当魏、晋争权之际，终日酣饮，欲求置身物外，心灵超脱。时率意独驾，不由径路，车迹所穷，辄恸哭而返。

⑭"谢幼舆"二句：谢鲲，字幼舆，晋代玄学家，好《老》《易》，曾为司马越引用为掾，后因家僮贪赃而被丢官。弃其余鱼，见《淮南子·齐俗》："惠子从车百乘，以过孟诸，庄子见之，弃其余鱼。"

⑮《三玄》：《老子》《庄子》《周易》的总称。此三书在魏晋时期曾作为谈论玄学的经典，常为玄学家所引用。

⑯大猷：治国的道理。

[译文]

老子、庄子的书，告诉人们怎样保持本真、修养性情，不要用外物来伤害自己。正是由于这个原因，老子用柱下史的职务为自己掩盖名声，最后隐匿于沙漠之中；庄子隐居漆园做一名小吏，拒绝了楚威王召他为相的邀请，这些都是任性自由，无拘无束的人啊。后来又出现何晏、王弼，他们到处教授教义，个个夸夸其谈，如影子附在形体之上、像草木顺着风向前一样，常常用神农、黄帝的教化来伪装自己，不去研读周公、孔子的学业。最后何晏因为党附曹爽而被诛杀，这是他碰到贪权的罗网上了；王弼用自己的所长讥笑别人，经常遭来怨恨，他这是掉到争胜逞强的陷阱里了；山涛则是因为过于贪恋积聚而遭世人议论，他是违背了聚敛越多、损失越大的规律；夏侯玄由于自己的名声而遭到杀害，原因在于他没有从庄子所说的无用之材能自保的寓言中体味主旨；荀粲在丧妻之后，伤心过度而死，这和庄子在丧妻之后鼓盆而歌的超脱境界相背离了；王衍对死去的儿子哀伤不已，这和《列子》中的东门吴面对丧子之痛所抱的达观态度相去甚远；嵇康因为厌恶俗流而导致身亡，这显然和老子所说的"和其光，同其尘"是不同的态度；郭象以显赫的声望走上权势之路，这显然与老子所提倡的"后其身而身先，外其身而身存"的作风不相吻合；阮籍迷乱纵酒，和庄子关于"畏途相诫"的譬喻绝对矛盾；谢鲲因家僮贪污而失掉官位，这是和不贪得无厌、节俭的宗旨相违背的。所有的这些人物，都是道家中人们认同的领袖人物。对于那些在尘世中陷于名缰利锁之徒，在名利场中你争我夺之辈，就不再一一列举了，他们读书选取的不过是老、庄那些清谈雅论，对其中的玄妙细策进行剖析，宾主之间相互问答，用来悦耳目而已，这些并不是拯救社会风气所急需的东西。到了梁朝，这种崇尚道教的风气又开始盛行起来，《庄子》《老子》《周易》在当时被总称为《三玄》。武帝和简文帝都加入到了讲论的队伍中。周弘正奉君主之命讲述以道教治国的道理，这种时风一直流传到大小城镇，各地学徒达到千人以上，规模前所未有。后来元帝在江陵、荆州时，对此道也十分爱好，甚至他在十分疲倦忧愁的时候，也用讲授道教玄学的方法来自我排遣。当时我也在最后坐着，亲耳听过元帝的教诲，但我是一个天生愚笨的人，对这些没有任何兴趣。

十二

[原文]

齐孝昭帝侍娄太后①疾，容色憔悴，服膳减损。徐之才②为灸两穴，帝握拳代痛，爪入掌心，血流满手。后既痊愈，帝寻疾崩，遗诏恨不见太后山陵之事③。其天性至孝如彼，不识忌讳如此，良由无学所为。若见古人之讥欲母早死而悲哭之④，则不发此言也。孝为百行之首，犹须学以修饰之，况余事乎！

[注释]

①娄太后：孝昭帝高演之母，名昭君，司徒娄内干之女。

②徐之才：北齐医学家，因其医术高明，为高洋、高演所重用。

③山陵之事：古代帝王或王后死后的陵墓。郦道元《水经注·渭水三》："秦名天子曰山，汉曰陵，故通曰山陵矣。"

④"若见"一句：《淮南子·说山训》："东家母死，其子哭而不哀。西家子见之，归谓其母曰：'社何爱速死，吾必悲哭社。'夫欲其母之死者，虽死亦不能悲哭矣。"

[译文]

北齐的孝昭帝在照顾病中的娄太后时，脸色黯淡憔悴，饭量因此减少。徐之才用艾柱灸烤太后的两个穴位，孝昭帝紧握双拳来代母受痛，指甲刺入了掌心，孝昭帝满手流血。太后病愈后，孝昭帝却暴病辞世，临终的遗诏上说，他感到最为遗憾的是不能亲自为太后操办后事。他有着如此孝顺的天性，但同时又如此不知忌讳，着实是没有学问造成的。假如他曾经从书中看过古人讽刺那盼母早死来痛哭尽孝的记载，就不会那样说话了。孝为百行之首，这种品行的习得都须要通过学习来完善，何况对于其他的事呢！

十三

［原文］

梁元帝尝为吾说："昔在会稽，年始十二，便已好学。时又患疥（jiè），手不得拳，膝不得屈。闲斋张葛帏①避蝇独坐，银瓯（ōu）②贮山阴甜酒，时复进之，以自宽痛。率意自读史书，一日二十卷，既未师受，或不识一字，或不解一语，要自重之，不知厌倦。"帝子之尊，童稚之逸，尚能如此，况其庶士，冀以自达者哉？

［注释］

①葛帏：用细葛布做成的帘帐。葛，一种植物，其皮可用来织成葛布。
②瓯：一种瓦器，可用来盛酒或水。

［译文］

梁元帝曾对我说："从前我在会稽郡的时候，才十二岁，就已经喜欢学习了。当时我身上得了疥疮，手不能握拳，膝盖不能弯曲。我在闲斋中挂上用葛布制成的帐子避挡苍蝇，独自在那里坐着，身边的小银盆内有山阴甜酒，我不断地喝几口，这样可以减轻疼痛。我这时随意地去读一些史书，一天读二十卷，因为没有老师教授，当遇到不认识的字和不理解的句子时，要自己一遍一遍地去思考，从来不知疲倦。"元帝有着帝王之子的尊贵，加上孩童的悠闲，都能够这样用功，何况那些盼望着能够飞黄腾达的普通读书人呢？

十四

［原文］

古人勤学，有握锥投斧①，照雪聚萤②，锄则带经③，牧则编简④，亦为勤笃。梁世彭城刘绮，交州刺史勃之孙，早孤家贫，灯烛难办，常买荻尺寸折之，然明夜读。孝元初出会稽，精选寮（liǎo）寀⑤，绮以才华，为国常侍兼记室，殊蒙礼遇，终于金紫光禄⑥。义阳朱詹，世居江陵，后出扬都⑦，好学，家贫无资，累日不爨（cuàn）⑧，乃时吞纸以实腹。寒无毡被，抱犬而卧。犬亦饥虚，起行盗食，呼之不至，哀声动邻，犹不废业，卒成学士，官至

镇南录事参军，为孝元所礼。此乃不可为之事，亦是勤学之一人。东莞臧逢世，年二十余，欲读班固《汉书》，苦假借不久，乃就姊夫刘缓乞丐客刺⑨书翰纸末，手写一本，军府服其志尚，卒以《汉书》闻。

[注释]

①握锥：战国苏秦读书以锥刺股之事。《战国策·秦策》："苏秦读书欲睡，引锥自刺其股，血流至足。"投斧：文党投斧受学事。《庐江七贤传》："文党，字仲翁，未学之时，与人俱入山取木，谓侣人曰：'吾欲远学，先试投我斧高木上，斧当挂。'仰而投之，斧果上挂，因之长安受经。"

②照雪：《初学记》引《宋齐语》："孙康家贫，常映雪读书，清淡，交游不杂。"聚萤：《晋书·车胤传》："博学多通。家贫，不常得油，夏月则练囊盛数十萤火以照书，以夜继日焉。"

③"锄则"一句：《汉书·兒宽传》："时行赁作，带经而锄，休息辄读诵。"

④"牧则"一句：《汉书·路温舒传》："路温舒，字长君，钜鹿东里人也。父为里监门，使温舒牧羊，温舒取泽中蒲，截以为牒，编用写书。"

⑤寮寀：本指官舍，后来引申为僚属的代称。

⑥金紫光禄：即金紫光禄大夫。

⑦扬都：指建业。

⑧爨：烧火做饭。

⑨客刺：名片。

[译文]

古代勤学的人很多，苏秦曾用锥子刺大腿以免瞌睡；文党曾投斧于高树，下决心要到长安求学；孙康雪天借亮勤读；车胤用袋子收集萤火虫照亮来读书；汉代的兒宽、常林种地的时候也不忘把经书带上；还有路温舒，放羊的时候就摘蒲草，截成小段，在地上写字。他们也同样可以算做是勤奋学习的人。梁朝彭城的刘绮，是交州刺史刘勃的孙子，小的时候就死了父亲，家里穷到买不起油灯，刘绮就买来荻草，把它的茎折成一尺左右长短，点燃后照亮读书。梁元帝在任会稽太守时，特别慎重地选用官员，刘绮凭借他的才华做了太子府中的国常侍兼记室参军，特别受人

映雪读书

晋代孙康家很穷，没有钱买灯油，冬天，他就借着月光照映下的雪光来读书，后来他终于成为有学问的人。

尊敬，后来一直做到金紫光禄大夫的职位。义阳的朱詹，祖籍是江陵，后来他来到了建业。他也十分勤学，但是家境贫寒，有时几天都不能生火做饭，总是忍饥挨饿，经常用废纸充饥。冬天没有盖的被子，就抱着狗取暖睡觉。狗由于饥饿，跑到外面去偷吃东西，朱詹大声呼唤都不见回来，哭声惊动了邻里。即使是这样，他依然坚持研读学业，最终成为了学士，一直做到镇南录事参军的职位，受到元帝的尊重。他的经历是常人所不能比拟的，同时更树立了一个勤学的典型。东莞人臧逢世，在他二十岁时，想要读班固的《汉书》，因为借来的书不能让他长久地阅读，便从姐夫刘缓那里要来名片、书札的边角纸片，亲自抄了一本。军府中没有人不佩服他的志气，之后，他终于因研究《汉书》而闻名于世。

十五

［原文］

齐有宦者内参[①]田鹏鸾，本蛮人也。年十四五，初为阍寺，便知好学，怀袖握书，晓夕讽诵。所居卑末，使彼苦辛，时伺闲隙，周章[②]询请。每至文林馆[③]，气喘汗流，问书之外，不暇他语。及睹古人节义之事，未尝不感激沉吟久之。吾甚怜爱，倍加开奖。后被赏遇，赐名敬宣，位至侍中开府。后主之奔青州，遣其西出，参伺[④]动静，为周军所获。问齐主何在，绐云："已去，计当出境。"疑其不信，欧捶服之，每折一支，辞色愈厉，竟断四体而卒。蛮夷童丱[⑤]，犹能以学成忠，齐之将相，比敬宣之奴不若也。

［注释］

①内参：指太监。

②周章：游览、观看。

③文林馆：官署名，北齐后主时所制，招纳文士入馆，或校典籍，或授学之用。

④参伺：窥探，暗中察看。

⑤童丱：幼年之时，与"总丱"义同，见本章第九则注①。

［译文］

北齐时候有位太监叫田鹏鸾，他是少数民族人。他大概有十四五岁，当初在皇宫当守门人时，就懂得学习，身上经常带着书，早晚拿出来诵读，他地位低下，学习很辛苦，尽管如此，还是经常在自己休息的时候，四处向人请教。他每次到文林馆，都是一副气喘吁吁、汗流满面的样子，除了询问书中不明白的地方，其他的话什么都不讲。每当他读到古人讲气节、重义气的事时，就激动不已，连声赞叹，心情很难恢复平静。我特别喜欢他，经常开导勉励他。后来他终于得到了皇帝的赏识，赐名为敬宣，官位坐到了侍中开府的位置。齐后主逃往青州时，派他到西边去探听动静，他被北周军队俘获。周军问他后主所在之处，田鹏鸾欺骗道："已经走了，应该已经出境了。"周军不信，施以暴刑，想让他屈服；当他的四肢每被打断一条时，声音和神色显得越发地严肃，最后被打断四肢而身亡。这位少数民族的少年，都能够通过学习变得如此的忠诚，我们北齐的将相们，真是连敬宣这类的奴才都不如。

十六

［原文］

邺平之后[①]，见徙入关。思鲁尝谓吾曰："朝无禄位，家无积财，当肆筋力，以申供养。每被课笃[②]，勤劳经史，未知为子，可得安乎？"吾命之曰："子当以养为心，父当以学为教。使汝弃学徇[③]财，丰吾衣食，食之安得甘？衣之安得暖？若务先王之道，绍家世之业，藜（lí）羹（yùn）缊褐[④]，我自欲之。"

［注释］

①"邺平"一句：指北齐武平七年（公元576年），北周大举进攻北齐，次年，周军灭掉北齐，进入邺都。

②课笃：监察、视察。

③徇：通"殉"。

④藜羹缊褐：藜，一种草本植物，叶子可以食用。藜羹，指用藜叶煮成的羹。缊褐：用麻做成的短衣。

［译文］

邺下平定之后，我被迁送到了关中。大儿思鲁曾对我说："朝廷上没有了俸禄，家里面没有了积蓄的钱财，我要多出气力，来尽供养之责。但我经常被您督促检查学习，花大力气在经史上，做儿子的能心中安稳吗？"我教训他说："作为儿子，要以养为心，作为父亲，要以学为教。假使现在让你放弃学业去求得钱财，供养我衣食，即使吃下去怎么会觉得甘美，穿在身上怎么能感到暖和呢？假如说，能从事先王之道，继承家业，即使是粗茶淡饭、破衣烂衫，我也愿意。"

十七

［原文］

《书》曰："好问则裕。"《礼》云："独学而无友，则孤陋而寡闻。"盖须切磋相起明也。见有闭门读书，师心自是，稠人广坐，谬误差失者多矣。《穀梁传》称公子友与莒(jǔ)挐相搏，左右呼曰"孟劳"。"孟劳"者，鲁之宝刀名，亦见《广雅》①。近在齐时，有姜仲岳谓："'孟劳'者，公子左右，姓孟名劳，多力之人，为国所宝。"与吾苦诤。时清河郡守邢峙②，当世硕儒，助吾证之，赧然而伏。又《三辅决录》③云："灵帝殿柱题曰：'堂堂乎张，京兆田郎。'"盖引《论语》，偶以四言，目京兆人田凤也。有一才士，乃言："时张京兆及田郎二人皆堂堂耳。"闻吾此说，初大惊骇，其后寻愧悔焉。江南有一权贵，读误本《蜀都赋》④注，解"蹲鸱(chī)，芋也"，乃为"羊"字；人馈羊肉，答书云："损惠蹲鸱。"举朝惊骇，不解事义，久后寻迹，方知如此。元氏⑤之世，在洛京时，有一才学重臣，新得《史记音》⑥，而颇纰缪，误反"颛(zhuān)顼(xū)"字，顼当为许录反，错作许缘反，遂谓朝士言："从来谬音'专旭'，当音'专翾'耳。"此人先有高名，翕然信行；期年之后，更有硕儒，苦相究讨，方知误焉。《汉书·王莽赞》云："紫色蛙声，余分闰位。"谓以伪乱真耳。昔吾尝共人谈书，言乃王莽形状，有一俊士，自诩史学，名价甚高，乃云："王莽非直鸱目虎吻，亦紫色蛙声⑦。"又《礼乐志》云："给太官挏马酒。"李奇注："以马乳为酒也，揰挏乃成。"二字并从手。揰挏，此谓撞捣挺挏之，今为酪酒亦然。向学士又以为种桐时，太官酿马酒乃熟。其孤陋遂至于此。太山羊肃，亦称学问，读潘岳赋："周文弱枝之枣"，为杖策之杖；《世本》："容成造历。"以历为碓磨之磨。

崇师问道

唐太宗之子魏王泰向老师王珪问忠孝，王珪说，当今皇帝是您的君主，做事要尊奉君主；君主又是您的父亲，做事要符合孝道，忠孝可以立身和成名。

［注释］

①《广雅》：三国魏人张揖撰，是一部训诂方面的书，因其依据《乐雅》并扩充之，故名之曰《广雅》。

②邢峙：字士峻，北齐人，博学，通《三礼》，曾担任清河太守，有清名。

③《三辅决录》：汉人赵岐撰，晋挚虞注。一部有关地理交通方面的书籍。

④《蜀都赋》：晋代左思撰《三都赋》(《魏都赋》《吴都赋》《蜀都赋》)，此《蜀都赋》为刘逵所注。

⑤元氏：北魏。因自北魏孝文帝迁都洛阳，改拓拔为元。

⑥《史记音》：南朝梁人邹诞生撰，一部音韵训诂方面的书籍。

⑦“王莽”二句：见《汉书·王莽传》：“莽为人侈口蹷颐，露眼赤精，大声而嘶……反膺高视，瞰临左右……待诏曰：‘莽，所谓鸱目虎吻豺狼之声者矣。’”

［译文］

《尚书》上说：“爱问问题的人，会获得许多的知识。”《礼记》上又说：“一个人单独学习，不和朋友们去商议，就会变得孤陋寡闻。”所以说，学习必须共同商量，互相促进，这一点是很明白的了。我见过许多闭门读书的人，自以为很了不起，在众人面前经常说出一些谬言。《穀梁传》中讲了公子友和莒挐两人相斗，公子友左右的人都呼喊“孟劳”。孟劳是鲁国宝刀的意思，《广雅》也是这样解释的。最近我在齐国时，一个叫姜仲岳的人说：“孟劳是公子友左右的人，姓孟，名劳，力大无比，在鲁国很是受人重视。”因为这一点，他和我不停地争辩。当时清河郡守邢峙也在场，他是当今很有名气的学者，帮助我证实了孟劳的真实涵义，姜仲岳才红着脸，知道是自己错了。除此之外，《三辅决录》上讲“汉灵帝在宫殿的柱子上题字：‘堂堂乎张，京兆田郎。’”这里引用的是《论语》中的话，用四言的句式，来对京兆人田凤加以评论。有一位很有才气的人，把它说成是：“当时的张京兆和田郎两个人，都相貌堂堂。”他听了我上述的解释后，起初还觉得有点吃惊，但后来还是感到惭愧了。江南有一个有权有势之人，读了误本《蜀都赋》的注，其中解释“蹲鸱，芋也”，“芋”字错写成“羊”字。当时有人馈赠给他羊肉，他在回信里说：“谢谢您赐我蹲鸱。”官员们都觉得十分的诧异，不知道这个典故从何而来，经过很长时间，才在典籍中查到了。魏元氏在位时，有一位博学而且高居要职的大臣，他新得到一本《史记音》，其中有很多错误，其中对“颛顼”注音错误，项字的注音应该是许录反，却注成了许缘反，这位大臣于是对着朝中百官说：“以前我们一直把颛顼读成‘专旭’，实际上应该读成‘专翾’。”因为这位大臣的地位和名声，他的意见大家很自然地就接受了。一年后，又有一位学者对这个词的发音认真地进行研究，发现了那位大臣的说法是错误的。《汉书·王莽赞》中说：“紫色蛙声，余分闰位。”这是在说王莽以假乱真。在这个问题上，过去我在和别人谈论书籍时，谈到王莽的长相，有一位聪明强干的人，自称通晓所有史学，有很高的威望，他说：“王莽长得不但是鹰目虎嘴，就连皮肤都是紫色的，嗓音像青蛙一样。”在这之外还有，《礼乐志》中说：“给太官挏马酒。”李奇的注解是：“以马乳为酒也，揰挏乃成。”两个字的偏旁都是手。所谓揰挏，说的就是将马奶上下捣击，和现在制作奶酒的方法是一样的。那位聪明人在这里又认为李奇注解的意思是：必须要等到种桐树的时候，太官造的马酒才会熟。他的学识简直是太过于浅薄了。太山的羊肃，也可以算作是个有学识的人，他在读潘岳赋中“周文弱枝之枣”一句，竟然把“枝”字读作“杖”字；他读《世本》中“容成造成历”一句，把“历”字认成是“磨”字。

十八

［原文］

谈说制文，援引古昔，必须眼学，勿信耳受。江南闾里间，士大夫或不学问，羞为鄙朴，道听途说，强事饰辞：呼徵质为周、郑[①]，谓霍乱为博陆[②]，上荆州必称陕西，下扬都言去海郡，言食则餬口，道钱则孔方，问移则楚丘[③]，论婚则宴尔[④]，及王则无不仲宣[⑤]，语刘则无不公干[⑥]。凡有一二百件，传相祖述，寻问莫知原由，施安时复失所。庄生有乘时鹊起之说，故谢朓[⑦]诗曰：“鹊起登吴台。”吾有一亲表，作《七夕》诗云：“今夜吴台鹊，亦共往填河。”《罗浮山记》云：“望平地树如荠。”故戴暠诗云：“长安树如荠。”[⑧]又邺下有一人《咏树》诗云：“遥望长安荠。”又尝见谓矜诞为夸毗，呼高年为富有春秋，皆耳学之过也。

［注释］

①周、郑：《左传·隐公三年》：“周、郑交质，王子狐为质于郑，郑公子为质于周。”

②霍乱：一种急性肠胃疾病。博陆：汉代大臣霍光曾受封为博陆侯，其事详见《汉书·霍光传》。

③楚丘：曾为春秋时卫国都邑，在今河南滑县。

④宴尔：语出《诗经·邶风·谷风》："宴尔新婚，如兄如弟。"

⑤仲宣：王粲字，见本章第十则注③。

⑥公干：刘桢，字公干，"建安七子"之一，其诗甚有骨气，钟嵘《诗品》把他置于上品之中。

⑦谢朓：字玄晖，南朝齐人，其五言诗清丽拔俗，对后世影响很大。

⑧"故戴暠"一句：戴暠，大致生活在南朝梁、陈之际。其《度关山》诗云："昔听《陇头吟》，平居已流涕。今上关山望，长安树如荠。"

谈说制文，必须眼学

[译文]

说话写文章，引用古代的事物时，必须是自己的亲眼看到的，而不是耳朵听到的。江南乡村中，有一些士大夫不愿意读书，又不愿意被人看作是没有学问，就经常把一些听来的东西拿来充门面。比如说：把索要抵押叫成周、郑，把霍乱叫成博陆，上荆州必须说成上陕西，下扬都要称为去海郡，把吃饭说成糊口，把钱叫作孔方，把迁徙之处说成楚丘，把婚姻讲成宴尔，说到姓王的人都叫仲宣，说到姓刘的人都叫公干。类似的"典故"不少于一二百个，士大夫们相互继承，一个接一个模仿。如果谁要是谈起这些"典故"的缘由，谁都回答不上来；这些用来论文，经常显得不入门道。庄子曾有乘时鹊起的说法，因此谢朓诗中有："鹊起登吴台"一句，我的一位表亲，他在作《七夕》诗说："今夜吴台鹊，亦共往填河。"《罗浮山记》中曾说："望平地树如荠。"因此戴暠的诗说："长安树如荠。"而邺下人有一《咏树》诗说："遥望长安荠。"我曾经亲眼见过有人把矜诞解释为夸毗，称年老为富有春秋之意，所有这些都是道听途说之过。

十九

[原文]

夫文字者，坟籍①根本。世之学徒，多不晓字：读《五经》者，是徐邈而非许慎②；习赋诵者，信褚(chǔ)诠而忽吕忱③；明《史记》者，专徐、邹而废篆籀(zhòu)④；学《汉书》者，悦应、苏而略《苍》《雅》⑤。不知书音是其枝叶，小学乃其宗系。至见服虔、

张揖[6]音义则贵之，得《通俗》《广雅》而不屑。一手之中，向背如此，况异代各人乎？

[注释]

①坟籍：坟，即“三坟”的简称。合在一起泛指书籍。

②徐邈：晋代学者，生性儒雅，博学多闻，曾撰《五经音训》，后世学者多宗其说。许慎：字叔重，东汉经学大师，博涉经籍，曾撰有《说文解字》十四篇，集古文字学之大成，为后世所推重。

③褚诠：即褚诠之，南朝宋、齐时人，于诗赋颇有造诣。吕忱：字伯雍，晋代学者，撰有《字林》七卷。

④“徐、邹”一句：徐即徐广，南朝宋人，撰《史记音义》十二卷。邹即邹诞生，南朝梁人，撰《史记音》三卷。篆籀：即上篆和大篆，战国时期曾通行很久。

⑤“应、苏”一句：即应劭、苏林。他们都曾经注过《汉书》，应劭撰有《汉书集解音义》二十四卷。《苍》《雅》：《苍》即《苍颉篇》，《雅》指《尔雅》。

⑥服虔：字子慎，东汉经学家和文字学家，善著文章，著有《春秋左氏传解谊》。张揖：字雅让，三国时曹魏时人，撰有《埤苍》三卷，《古今字诂》三卷等。

[译文]

文字是书籍的根本所在。人世间好多求学的人，读书时在字义上都不通：通读《五经》的人，一般都肯定徐邈而非议许慎；研读赋诵的人，大多信奉褚诠而忽视吕忱；喜欢《史记》的人，也只是对徐广、邹诞生的《史记音义》之类的书有兴趣，很少有人去研究篆文字义；学习《汉书》的人，大多关注的是应劭、苏林的注解，而对《三苍》《尔雅》则关注较少。他们不懂得语音是语义的附加物，文字的根本应该是字义。以致人们见了服虔、张揖有关音义的书，读起来就十分认真，而对他们写的《通俗文》《广雅》却很少去品读。对同出一人之手的不同著作，竟然重视程度如此不同，更何况那些不同时代、不同人的著作呢？

二十

[原文]

夫学者贵能博闻也。郡国山川，官位姓族，衣服饮食，器皿制度，皆欲根寻，得其原本；至于文字，忽不经怀，己身姓名，或多乖舛，纵得不误，亦未知所由。近世有人为子制名：兄弟皆山傍立字，而有名峙者；兄弟皆手傍立字，而有名机者；兄弟皆水傍立字，而有名凝者。名儒硕学，此例甚多。若有知吾钟之不调[1]，一何可笑。

［注释］

①“若有”一句：《淮南子·修务》：“昔晋平公令官为钟，钟成而示师旷，师旷曰：‘钟音不调。’平公曰：‘寡人以示工，工皆以为调，而以为不调，何也？’师旷曰：‘使后世无知音者则已，若有知音者，必知钟之不调。’”此以钟之不调来讽刺硕学名流们空有其名，也常常犯一些很低级的错误。

［译文］

求学的人都认为博学是最为珍贵的。他们对郡国山川、官位族姓、穿着吃食、制度器皿，都一一涉足，找到源头；相反对于文字，却表现出一副漫不经心的态度，即使是自家的姓名，也有出错的时候，就算不出错，对它的由来也不甚了解。近代一些人给孩子起名是这样的：如果说弟兄几个的名字都是“山”字旁，就会有取名为“峙”的；如果都是“手”字旁，就会有取名为“机”的；如果都是“水”字旁，就会有取名为“凝”的。即使那些知名的大学者，这类例子也不在少数。假如说他们懂得了这与晋平公的乐工听不出钟里不协调的乐音是一样的话，就知道这是多么的可笑。

二十一

［原文］

吾尝从齐主幸并州，自井陉关[1]入上艾县，东数十里，有猎闾村，后百官受马粮在晋阳东百余里亢仇城侧。并不识二所本是何地，博求古今，皆未能晓。及检《字林》[2]《韵集》[3]，乃知猎闾是旧䜌余聚，亢仇旧是禐䜪亭，悉属上艾。时太原王劭欲撰乡邑记注，因此二名闻之，大喜。

［注释］

①井陉关：井陉口。井陉，山名，太行山支脉。

②《字林》：古代字书，《隋书·经籍志》记载为晋弦令吕忱撰，共七卷，已佚。

③《韵集》：我国早期韵书，晋代吕静编著，已佚。

［译文］

我曾经跟着北齐文宣帝来到并州，从井陉关进入上艾县，在县的东面几十里，有一个猎闾村，后来百官又在晋阳以东一百多里的地方接纳马匹粮草。没人知道这两个地方本来的名字，翻阅古今典籍，均未能知晓。后来翻检《字林》《韵集》，才知道猎闾是过去的䜌余聚，亢仇是过去的禐䜪亭，均隶属于上艾县。当时太原人王劭想要撰写乡邑记注，我将这两个名字告诉他，他很高兴。

［原文］

吾初读《庄子》“螝二首”，《韩非子》[1]曰：“虫有螝者，一身两口，争食相龁（hé），遂相杀也。”[2]茫然不识此字何音，逢人辄问，了无解者。案：《尔雅》诸书，蚕蛹名螝，又非二首两口贪害之物。后见《古今字诂》[3]，此亦古之虺（huǐ）字，积年凝滞，豁然雾解。

［注释］

①《韩非子》：书名，为战国末期韩国人韩非所著，是一部法家著作，主张“以法治国”，充满了辩证思想。

②“虫有”四句：出自《韩非子·说林》下篇。龁，撕咬的意思。

③《古今字诂》：三国魏人张揖撰，共三卷，是一部文字学著作。

［译文］

我刚读《庄子》时，看到“螝二首”这句，《韩非子》中说：“虫中有螝，一个身子两张嘴，为争食互相撕咬，因而互相残杀。”对“螝”字的读音，我茫然无所知，遇到人就上前去问，根本没人认得这个字，据我考证：《尔雅》之类的字书中讲，蚕蛹叫“螝”，但它没有长两张嘴，也不是为抢食而互相残杀的虫子。后来在读《古今字诂》时，书中讲：“螝”字就是古代的“虺”字。顿时觉得茅塞顿开，解开了多年的疑惑。

二十二

［原文］

尝游赵州，见柏人城北有一小水，土人亦不知名。后读城西门徐整[1]碑云：“洦[2]流东指。”众皆不识。吾案《说文》，此字古魄字也，洦，浅水貌。此水汉来本无名矣，直以浅貌目之，或当即以洦为名乎？

［注释］

①徐整：字文操，三国时东吴的太常卿。

②洦：水浅的样子。

［译文］

我曾经游览赵州，看见柏人城北有一条小河，当地人也不知道它的名字。后来我读到城西门处徐整的碑文："洦流东指。"大家都不知道是什么意思。我查阅《说文》，里面说这个字是古代的"魄"字，形容水浅的样子。这条小河从汉代以来就没有名字，只是被视为一条清浅的小河，或许恰好可以给它起名为"洦"？

［原文］

世中书翰，多称勿勿，相承如此，不知所由，或有妄言此忽忽之残缺耳。案：《说文》："勿者，州里所建之旗也，象其柄及三斿[1]之形，所以趣民事。故悤遽[2]者称为勿勿。"

［注释］

①斿：同"旒"，古时旌旗的边缘或下方悬垂的装饰品。

②悤遽：匆忙、急促。

［译文］

世人的书信里，经常出现"勿勿"，历来如此，不知其中原因，有人乱说这是"忽忽"的残缺字。经考证：《说文》："勿，是州里所竖立的旗，这个字像旗杆与旗帜末端三条装饰物的形状，用来督促农事。所以才把匆忙、急促称为'勿勿'。"

［原文］

吾在益州，与数人同坐，初晴日晃，见地上小光，问左右："此是何物？"有一蜀竖[1]就视，答云："是豆逼耳。"相顾愕然，不知所谓。命取将来，乃小豆也。穷访蜀士，呼粒为逼，时莫之解。吾云："《三苍》[2]《说文》，此字白下为匕，皆训粒，《通俗文》[3]音方力反。"众皆欢悟。

［注释］

①竖：未成年的童仆。

②《三苍》：指李斯《苍颉》七章、赵高《爰历》六章、胡毋敬《博学》七章，《三苍》是秦代统一文字后，介绍小篆楷范的字书，汉代合三书为一。

③《通俗文》：我国第一部俗语词辞书，东汉经学家服虔所撰，

［译文］

我在益州的时候，跟人一起闲聊，天刚放晴、阳光强烈，我看见地上有

发光的小点，就问身边的人说："这是什么？"有一位蜀地的童仆看了看，回答说："是豆逼。"众人面面相觑，不明白他说的是什么意思。我让他取来，原来是个小豆。后来我遍访蜀地之人，他们都称"粒"为"逼"，当时的人都不知道是什么缘故。我说："《三苍》《说文》里，这个字就是'白'下面加个'匕'字，都解释为"粒"，《通俗文》里的注音是方力反。"大家醒悟后十分高兴。

[原文]

愍(mǐn)楚友婿窦如同从河州来[1]，得一青鸟，驯养爱玩，举俗呼之为鹖。吾曰："鹖出上党[2]，数曾见之，色并黄黑，无驳杂也。故陈思王《鹖赋》云：'扬玄黄之劲羽。'"试检《说文》："鴧雀似鹖而青，出羌中[3]。"《韵集》音介。此疑顿释。

曹植赋诗

[注释]

①愍楚：颜之推次子。友婿：即今天所称的连襟。河州：州名，治所在今甘肃境内。

②上党：州郡名，治所在今山西长治。

③羌中：古时羌族所聚居之地，在今甘肃境内。

[译文]

愍楚的连襟窦如同从河州来，在那边他得到了一只青色的鸟，随即就把它养了起来，喜爱得终日玩赏，人们都叫这只鸟为鹖。我说："鹖出在上党，我见过好多次，它的羽毛全都是黄黑色的，没有杂色。所以曹植《鹖赋》中说：'鹖张开它那黄黑色有力的翅膀。'"我试着翻看《说文》，上面说："鴧雀像鹖而毛色是青的，出产于羌中。"《韵集》中给它的注音是"介"。这样我的疑惑就解开了。

二十三

[原文]

梁世有蔡朗者讳纯，既不涉学，遂呼莼为露葵[1]。面墙[2]之徒，递相仿效。承圣[3]中，遣一士大夫聘齐，齐主客郎李

恕[4]问梁使曰："江南有露葵否？"答曰："露葵是莼，水乡所出。卿今食者绿葵菜耳。"李亦学问，但不测彼之深浅，乍闻无以核究。

［注释］

①莼：莼菜，一种水草，嫩叶可以食用。露葵：一种葵菜，可以食用。《本草纲目·草五·葵》："古人采葵，必待露解，故曰露葵。今人曰滑菜。"

②面墙：见本章第八则注⑩。

③承圣：南朝梁元帝年号。

④主客郎：官职名，北齐时所置，掌管与各蕃交往事务。李恕：恕，亦作"庶"，以清辩知名，位仕尚书郎。

［译文］

梁朝曾有一位叫蔡郎的人，他避讳"纯"字，不爱学习，把莼菜叫作露葵。那些没有学问的人，就相互模仿。承圣年间，朝廷里派了一位士大夫出使齐国，齐国的主客郎李恕在席中问这位使者说："江南有露葵吗？"使者说："露葵就是莼菜，它生产于水中。您今天吃的是绿葵菜。"李恕同样是一个有学识的人，因为不了解对方学问的深浅，突然听见这话也没有办法去核实推究。

二十四

［原文］

思鲁等姨夫彭城刘灵，尝与吾坐，诸子侍焉。吾问儒行、敏行[1]曰："凡字与谘(zī)议[2]名同音者，其数多少，能尽识乎？"答曰："未之究也，请导示之。"吾曰："凡如此例，不预研检，忽见不识，误以问人，反为无赖所欺，不容易也。"因为说之，得五十许字。诸刘叹曰："不意乃尔！"若遂不知，亦为异事。

校定书籍，亦何容易，自扬雄、刘向[3]，方称此职耳。观天下书未遍，不得妄下雌黄[4]。或彼以为非，此以为是；或本同末异；或两文皆欠，不可偏信一隅也。

［注释］

①儒行、敏行：二人都是刘灵的儿子。

②谘议：官职名，即谘议参军，刘灵曾经担任谘议参军一职。

③扬雄：字子云，西汉人，生性口吃，但文章却博冠古今，当世甚有名望。著有《方言》等文字方面的书籍。刘向：字子政，西汉人，曾校阅群书，撰成《别录》，另有《列女传》《新序》等。

④雌黄：本指一种矿物，可以制成颜料，用以书写文字，后来引申为随意窜改文字的称呼。

扬雄梦吐凤凰

扬雄著《太玄经》，梦吐凤凰，聚集在书上，一会儿就消失了。

［译文］

思鲁他们的姨夫是彭城的刘灵，曾经与我一起坐着闲聊，他的几个孩子在一旁陪伴着。我问儒行、敏行说："和你们父亲名字同音的字有多少个，你们都认识吗？"他们回答说："没有深入探讨过这个问题，请您指导。"我说："像这一类的字，假如说平时不预先做一番研究，临时见到而不认识时，又去问错了人，反而会受到欺骗，不能不在意这个问题啊。"之后我给他们解释了这个问题，一共说出了五十多个字。刘灵的几个孩子感到很是惊讶，说道："竟然有这么多！"他们竟一点也不了解，还真是一件怪事。

校对书籍，是件很不容易的事情，只有当年的扬雄、刘向才能称得上是合格的。假使没有把所有的典籍都读过的话，就千万不能随意地去修改校订。有的在一个本子中认为是错的，另外的一个本子却认为是对的；有的本子观点出入不大，有的两个本子中都有缺失的文字，因此要周全考虑，不能偏信于某一方面。

卷第四

文章第九

一

［原文］

夫文章者，原出《五经》[1]：诏命策檄，生于《书》者也；序述论议，生于《易》者也；歌咏赋颂，生于《诗》者也；祭祀哀诔(lěi)，生于《礼》者也；书奏箴铭，生于《春秋》者也。朝廷宪章，军旅誓诰，敷显仁义，发明功德，牧民建国，施用多途。至于陶冶性灵，从容讽谏，入其滋味，亦乐事也。行有余力，则可习之。然而自古文人，多陷轻薄：屈原露才扬己，显暴君过[2]；宋玉体貌容冶，见遇俳优[3]；东方曼倩，滑稽不雅[4]；司马长卿，窃赀(zī)无操[5]；王褒过章《僮约》[6]；扬雄德败《美新》[7]；李陵降辱夷虏[8]；刘歆反复莽世[9]；傅毅党附权门[10]；班固盗窃父史[11]；赵元叔抗竦过度[12]；冯敬通浮华摈压[13]；马季长佞媚获诮[14]；蔡伯喈(jiē)同恶受诛[15]；吴质诋忤乡里[16]；曹植悖慢犯法[17]；杜笃乞假无厌[18]；路粹隘狭已甚[19]；陈琳实号粗疏[20]；繁钦性无检格[21]；刘桢屈强输作[22]；王粲率躁见嫌[23]；孔融、祢衡，诞傲致殒[24]；杨修、丁廙(yì)，扇动取毙[25]；阮籍无礼败俗[26]；嵇康凌物凶终[27]；傅玄忿斗免官[28]；孙楚矜夸凌上[29]；陆机犯顺履险[30]；潘岳干没取危[31]；颜延年负气摧黜[32]；谢灵运空疏乱纪[33]；王元长凶贼自诒[34]；谢玄晖侮慢见及[35]。凡此诸人，皆其翘秀[36]者，不能悉纪，大较如此。至于帝王，亦或未免。自昔天子而有才华者，唯汉武、魏太祖、文帝、明帝、宋孝武帝，皆负世议，非懿德之君也。自子游、

子夏[37]、荀况、孟轲、枚乘、贾谊、苏武、张衡、左思之俦(chóu)，有盛名而免过患者，时复闻之，但其损败居多耳。每尝思之，原其所积，文章之体，标举兴会，发引性灵，使人矜伐[38]，故忽于持操，果于进取。今世文士，此患弥切，一事惬当，一句清巧，神厉九霄，志凌千载，自吟自赏，不觉更有傍人。加以砂砾所伤，惨于矛戟，讽刺之祸，速乎风尘，深宜防虑，以保元吉。

屈原

[注释]

①“夫文章”二句：刘勰《文心雕龙·宗经》：“故论、说、辞、序，则《易》统其首；诏、策、章、奏，则《书》发其源；赋、颂、词、赞，则《诗》立其本；铭、诔、箴、祝，则《礼》总其端；纪、传、盟、檄，则《春秋》为根。”

②“屈原”二句：屈原，战国楚人，博闻强志，曾见信于怀王，由于受小人离间，信而见疑，忠而被谤，最后放流放。他的《离骚》等作品，对楚王的不明多有所讽，所以自班固以来，对于他的这种性格多有微辞。

③“宋玉”二句：宋玉，战国楚国人，宋玉“为人身体容冶”，但不为楚王所赏识，只是以倡优之士畜之，才华不能施展。

④“东方”二句：东方朔，字曼倩，曾侍奉汉武帝左右，能辞赋，以滑稽诙谐为人所非，而无温文尔雅之风度。

⑤“司马”二句：司马相如在成名之前，曾与卓王孙之女卓文君相爱，并一同私奔，所以后人认为他不明礼教，无个人之操守。

⑥“王褒”一句：王褒，字子渊，善辞赋，在《僮约》一文中，说他到寡妇杨惠家去过，遭到后人诟污，认为他行为不检点。

⑦“扬雄”一句：扬雄曾作《剧秦美新》一文，文章非难秦朝而美化王莽新王朝，后人认为他这是不明事理的举动。

⑧“李陵”一句：李陵，字少卿，李广之后，曾率兵出击匈奴，战败投降，并在匈奴任职，后病死大漠，终生未能归汉。后人批评他有失国家的尊严，是叛国行为。

⑨“刘歆”一句：刘歆，字子骏，刘向之子，精通天文和目录学，起初支持王莽，后来又反对王莽，以其反复无常的举动，受到世人的厚非。

⑩“傅毅”一句：傅毅，字武仲，东汉人，曾依附大将军窦宪，并出任官职。

⑪“班固”一句：班固因续写其父《史记后传》，为人告发篡改国史，子承父业，是古代修史的习惯，但后世一些人却无端给他扣上了剽窃的罪名。

⑫“赵元叔”一句：赵壹，字元叔，写有《刺世疾邪赋》，因无情揭露和鞭挞社会的黑暗，被人认为是狂狷之徒。

⑬“冯敬通”一句：冯衍，字敬通，东汉人。为文多夸张，好铺排，以文辞取胜，人多以为他文过其实，不加重用。

⑭“马季长”一句：马融，字季长，东汉经学大师，因为曾攀附外戚梁翼，为世人所诟。

⑮“蔡伯喈”一句：蔡邕，字伯喈，曾在董卓手下为事，到董卓被杀之时，蔡邕为之叹息，被人治罪，死于狱中。

⑯“吴质”一句：吴质，字季重，三国时魏人，以文才受到曹丕礼遇，得升高位，后在其乡里恃威横行，为乡人所不齿。

⑰“曹植”一句：曹植本为曹操所看重，欲立为太子，但饮酒无度，且沉湎于酒乐，不足以威慑天下，终被贬为安乡侯。

⑱“杜笃”一句：杜笃，字季雅，东汉人，博学而不修小节，为乡人所不满。

⑲“路粹”一句：路粹，字少蔚，其笔才卓异，但气量很小，人嘉其才而畏其笔，后以违背律条而被杀。

⑳“陈琳”一句：陈琳，字孔璋，东汉末年人，起初侍奉袁绍，后归于曹操，因此后人多认为他过于轻率，不能与之长久。

㉑“繁钦”一句：繁钦，字休伯，东汉末人，因其行为有失检点，行事没有一定的程序，任性而为，被人所讥。

㉒“刘桢”一句：曹丕“命夫人甄氏出拜，坐中众人咸伏，而桢独平视。太祖闻之，乃收桢减死收作。”见《三国志·魏书》。因其过于倔强、疏狂，最后还是被罚做苦役。

㉓“王粲”一句：王粲虽文辞兼擅，为“建安七子”之一，但“性躁竞”，过于急躁，遭人嫌疑。

㉔“孔融”二句：孔融，字文举，东汉末人，为人恃才傲物，谈论过于偏激，终为曹操所杀。祢衡，字正平，东汉末人，因其傲慢无礼，为黄祖所害。

㉕“杨修”二句：杨修，字德祖，东汉末人，才思敏捷，有智谋，曾辅佐曹植，曹植失宠，曹操恐有后患，借故把他除掉。丁廙，字敬礼，三国魏人，曾劝说曹操立曹植为太子，在曹丕即位后被杀害。

㉖“阮籍”一句：阮籍常饮酒纵乐，做出一些无视礼节的怪异举动，遭到当时包括钟会在内的一些士人的嘲笑。

㉗“嵇康”一句：嵇康“非汤武而薄周孔”，受到当时一些士大夫的不满，终为司马氏所杀害。

㉘“傅玄”一句：傅玄，字休奕，西晋人，曾与皇甫陶共事，与陶发生争执，被人所奏，二人同时免官。

㉙“孙楚”一句：孙楚，字子荆，西晋人，有才华，为人却甚凌傲，从不屈从于别人。最后终于遭到诬陷。

㉚“陆机”一句：赵王司马伦谋权，陆机却不识时务，仍然担任他的僚属，事败，终于为人所杀。

㉛“潘岳”一句：潘岳性情轻慢急躁，好趋利，他的母亲劝说他：“尔不知足，而干没不已乎？”最终为赵王伦杀害。

㉜“颜延年”一句：颜延之，字颜年，南朝宋人，为文冠绝当世，而不能容忍于人，出为永嘉太守，延年恨之，作《五君咏》，终被罢弃不用达七年之久。

㉝“谢灵运”一句：谢灵运，南朝宋人，好学，辞赋见长，但性情急躁鲁莽，不拘礼节，最终被文帝以谋反罪所杀。

㉞“王元长”一句：王融，字元长，南朝齐人，文思敏锐，与竟陵王萧子良为善，并支持其夺位，及郁林王继位，下狱赐死。

㉟“谢玄晖”一句：谢朓，字玄晖，南朝齐人，因轻视当权者江祏的为人，并对其不满，后为江祏所害。

㊱翘秀：高出一般人。

㊲子游、子夏：言偃，字子游；卜商，字子夏，他们都是孔子的弟子，且以文采见长。

㊳矜伐：夸耀。

祢衡击鼓骂曹

祢衡是三国时名士，被推荐到曹操门下，曹操对祢衡轻慢，让他去做鼓吏，以此来羞辱他。祢衡当着满朝文武大骂曹操，借击鼓来发泄。

[译文]

所有的文章都是源于《五经》：诏、命、策、檄，是从《书》中来的；序、述、论、议，是从《易》中来的；歌、咏、赋、颂，是从《诗》中来的；祭、祀、哀、诔，是从《礼》中来的；书、奏、箴、铭，是从《春秋》中来的。朝廷中所用的典章制度，军队中的誓、诰之辞，用来彰显仁义，显示功德，统治百姓，整治国家，文章的用途是很多的。至于说用文章来陶冶情操，用文章来劝谏别人，体会那种独特的审美感受，也是很快乐的事。人们在奉行仁义忠孝时还有余力的情况下，也可以学学这些文章。但自古以来，文人都多迷失于轻薄之中：屈原展露自己的才华，宣扬自我，暴露国君的错误之处；宋玉则相貌艳丽，被当作优人对待；东方朔则是言行幽默，缺乏典雅；司马相如攫取卓王孙的钱财，节操不够；王褒偷偷进入寡妇之门，还在《僮约》一文中暴露自我；扬雄作《剧秦美新》来歌颂王莽，他的人品由此遭到非议；李陵俯首向外族投降；刘歆反复于王莽的新朝；傅毅依靠权贵；班固剽窃父亲的《史记后传》；赵壹与人相处过于傲慢；冯衍因秉性浮躁总是遭到压抑；马融侍奉权贵受到讥讽；蔡邕和恶人一起受到惩罚；吴质依仗权势、横行乡里；曹植桀骜不驯，触犯刑律；杜笃向人借贷，不知满足；路粹心胸狭隘过度；陈琳过于粗枝大叶；繁钦从来不会约束自己；刘桢性格倔强，最终被罚做苦工；王粲轻率过激，让人嫌弃；孔融、祢衡倨傲放诞，最终招来杀身之祸；杨修、丁廙劝说曹操立曹植为太子，反而自灭；阮籍的放任性情败坏了风俗；嵇康盛气凌人，未得善终；傅玄因为过于愤怒而被免官；孙楚由于夸耀而欺瞒皇上；陆机因作乱而冒了风险；潘岳由于侥幸取利而使自己陷入危机；颜延年因气盛而被免去职务；谢灵运由于空疏而作乱；王元长由于凶残叛逆而被杀；谢玄晖由于侮慢而遇害。所有这些人物，都是文人中优秀之人，大致是这样的，其他就不一一列举。至于有些帝王，也不可避免地带有这类毛病。自古以来，当上天子并有才华的，只有汉武帝、魏太祖、魏文帝、魏明帝、宋孝武帝，他们又都被世人讥议，不能算做是有美德的君主。从孔子的学生子游、子夏到荀况、孟轲、枚乘、贾谊、苏武、张衡、左思等一流人物，名声很大而免于过失的，也有听说，但是其中受损失败的还是占多数。我常常思索这个问题，寻找原因，或许是由于文章只要高超精妙，触发性灵，才能就会被人称赞，以致于忽视了操守，一个个变得追求名利。现在的文士身上，这种毛病也是很多的，当一个典故用得精彩，一个句子写得绝妙，就会盛气凌人，意气奋发，自己吟咏玩味，完全忘记了身边还有别人。用沙砾一样的东西伤人，比用矛戟之类的器物伤人更狠毒；讽刺别人而招来祸患，比刮风还要迅速。我们对于这一点必须认真思考，来保存天福。

二

[原文]

学问有利钝，文章有巧拙。钝学累功，不妨精熟；拙文研思，终归蚩鄙。但成学士，自足为人。必乏天才，勿强操笔。吾见世人，至无才思，自谓清华，流布丑拙，亦以众矣，江南号为诊痴符[①]。近在并州，有一士族，好为可笑诗赋，誂擎邢、魏[②]诸公，众共嘲弄，虚相赞说，便击牛酾(shāi)酒[③]，招延声誉。其妻，明鉴妇人也，泣而谏之。此人叹曰："才华不为妻子所容，何况行路！"至死不觉。自见之谓明，此诚难也。

[注释]

①诊痴符：比喻那些无真才实学却妄自夸耀的人。

②邢、魏：邢指邢邵，字子才，北朝魏人，少即能文，雅有才思，文章典丽，晚年遍览群籍，为一时文士之冠。魏即魏收，字伯起，北齐人，曾任太学

博士，后修国史，编撰《魏书》。与温子升、邢邵合称“北地三才”。

③酾酒：斟酒。

[译文]

学问有利钝之分，文章有巧拙之别，做学问迟钝的人如果善于积累功夫，也会到达精熟的地步；写文章拙劣的人即使刻苦钻研，最终难免陋劣。实际上只要有了学问，自立做人，如果天生的资质着实缺乏，就不必勉强去写文章。我见到世人们，有很多的人是才思极其缺乏的，却还自命不凡，让自己拙劣的文章在外流传，在江南这被称为“诊痴符”。最近在并州一带，一位士族出身的人，喜欢写些让人夸奖的诗赋，还和邢邵、魏收诸公开玩笑，人家都很看不起他，故意称赞他几句，他就兴致勃勃，让人家帮他扬名。他的妻子是个明是非的女人，哭着劝他，他却伤心地说：“我的才华连我的妻子都不赞赏，何况外人呢！”到死都不觉悟。自己能看清自己才叫明智，做到这一点是很不容易的。

三

[原文]

学为文章，先谋亲友，得其评裁，知可施行，然后出手；慎勿师心自任[①]，取笑旁人也。自古执笔为文者，何可胜言。然至于宏丽精华，不过数十篇耳。但使不失体裁，辞意可观，便称才士；要须动俗盖世，亦俟河之清乎！

[注释]

①师心自任：自以为是。

[译文]

学做文章时，先要和亲友商讨，在他们评判之后，知道怎样写了，再动手；千万不要只是闭门造车，自我认可，以致遭到旁人的取笑。从古到今执笔写文的人，多如繁星，但真能称得上宏伟壮丽的文章，也不过几十篇罢了。体裁方面不出问题，辞意还行的话，就能被称为才士。但要做到压倒群芳，就会像澄清黄河那样难了。

四

[原文]

不屈二姓，夷、齐之节也[①]；何事非君，伊、箕之义也[②]。

伊尹

伊尹是商朝汤武王的宰相，他辅佐汤武王灭了夏桀，建立了商王朝。他治国有方，是著名的贤相。

自春秋已来，家有奔亡，国有吞灭，君臣固无常分矣；然而君子之交绝无恶声，一旦屈膝而事人，岂以存亡而改虑？陈孔璋居袁裁书，则呼操为豺狼；在魏制檄，则目绍为蛇虺（huǐ）[3]。在时君所命，不得自专，然亦文人之巨患也，当务从容消息之。

[注释]

①“不屈”二句：夷、齐即伯夷、叔齐，商末孤竹君之子，周武王灭商后，他们逃到首阳山，因不食周粟，最后饿死于山上。

②“何事”二句：伊、箕指伊尹、箕子。伊尹一度曾在夏朝谋事，后又出任商朝职位，帮助商汤灭掉了夏朝。箕子为商纣王的诸父，数次讽谏纣王，王不听，最后发佯狂而为奴。

③蛇虺：喻极其恶毒的人。

[译文]

不屈身于两个朝廷，这是伯夷、叔齐的气节；侍奉任何君主都可以，这是伊尹、箕子的品德。自从春秋以来，士大夫家眷流离失所，国家消亡殆尽，君臣间固定的名分本来就是不存在的；但是当君子之间交往断绝后，相互之间不应该产生辱骂之声，一旦委身侍奉他人，自己的初衷怎么能因为故主的存亡而改变呢？陈孔璋在袁绍手下写文章，就把曹操称为是豺狼；在魏国那里写檄文，就把袁绍当成是蛇蝎。虽然这是受君主之命，不能自己作主，但这也不能不说是名人的大毛病，应该从容地斟酌一下。

五

[原文]

或问扬雄曰：“吾子少而好赋？”雄曰：“然。童子雕虫篆刻[1]，壮夫不为也。”余窃非之曰：虞舜歌《南风》之诗[2]，周公作《鸱鸮（chī xiāo）》之咏[3]，吉甫、史克《雅》《颂》之美者[4]，未闻皆

在幼年累德也。孔子曰："不学《诗》，无以言。"[5]"自卫返鲁，乐正，《雅》《颂》各得其所。"[6]大明孝道，引《诗》证之。扬雄安敢忽之也？若论"诗人之赋丽以则，辞人之赋丽以淫"[7]，但知变之而已，又未知雄自为壮夫何如也？著《剧秦美新》，妄投于阁，周章[8]怖慑，不达天命，童子之为耳。桓谭[9]以胜老子，葛洪[10]以方仲尼，使人叹息。此人直以晓算术，解阴阳，故著《太玄经》，数子为所惑耳；其遗言余行，孙卿、屈原之不及，安敢望大圣之清尘？且《太玄》今竟何用乎？不啻覆酱瓿(bù)而已。

［注释］

①雕虫篆刻：虫即虫书，刻即刻符，为秦书八体中的两种，八体中以虫书、刻符最难工，费力很多但实用起来却很少。

②《南风》：乐曲名，相传为虞舜所作。

③《鸱鸮》：出自《诗经·豳风》，诗中借鸟的处境，来衬托人生存的艰难。

④"吉甫"一句：尹吉甫，周宣王的大臣。史克，鲁国史官。《雅》《颂》许多篇都是二人美刺的说法。

⑤"不学"二句：出自《论语·季氏》。

⑥"自卫"三句：见《论语·子罕》。

⑦"诗人"二句：见扬雄《法言·吾子》。则，平和，适中。淫，过分。

⑧周章：惊恐的样子。

⑨桓谭：字君山，东汉经学家，著《新论》二十九篇。

⑩葛洪：字稚川，自号抱朴子，东晋人，信奉道家之说，会炼丹之术。著有《抱朴子》《神仙传》等。

［译文］

有人曾问扬雄："你从小就喜欢作辞赋吗？"扬雄说："是这样的。这不过是小孩子的小把戏罢了，成年人是不屑于做这些事的。"我不同意这种意见；虞舜作的《南风》，周公作的《鸱鸮》，尹吉甫、史克作的《雅》《颂》这些美文，没听说都是在他们小时候写的，而且联系着自己的德行。孔子说："不学《诗》就不能从容地使用辞令。"又说："我从卫国回到鲁国，就开始整理乐章的工作，将《雅》《颂》的诗篇细致地分类，各归其位。"孔子宣扬的是孝道，可以他引用的《诗经》为证，扬雄怎么能不在乎这样的诗赋呢？如果说"诗赋美丽而可供效法，那么辞赋就显得华艳而有些荒唐"，这只是说出了古代诗赋与现代诗赋的差别，那扬雄在成年后又写了些什么呢？他写的那本向王莽讨好的

《剧秦美新》，把自己害得整日惊惶失措，恐惧不安，一个人不知天命，不识去留，这才正是小孩子的真实行为啊！桓谭认为扬雄胜过老子，葛洪认为扬雄可以与孔子相提并论，这种见解实在是让人费解。扬雄只不过通晓术数，对阴阳稍有研究，撰写了《太玄经》，就把某些人给迷惑了。他一生所取得的成就，连荀子、屈原都比不上，怎么步大圣人的后尘呢？话又说回来，《太玄经》拿到现在来看，它的价值又在哪里呢？也仅仅是能用来盖在酱缸上而已。

六

松树不凋

席毗自比为千丈松树，即使遇到风霜也不会凋零。

［原文］

齐世有席毗（pí）①者，清干之士，官至行台尚书，嗤鄙文学，嘲刘逖②云："君辈辞藻，譬若荣华，须臾之玩，非宏才也；岂比吾徒千丈松树，常有风霜，不可凋悴矣！"刘应之曰："既有寒木，又发春华，何如也？"席笑曰："可哉！"

［注释］

①席毗：北齐将领，事迹见《北史·序传》。

②刘逖：字子长，北齐人，好读书，于诗文颇有佳作。事迹见《北齐书·文苑传》。

［译文］

齐朝有位叫席毗的人，是清明能干之士，做官直到行台堂书。他十分鄙视文学，嘲讽刘逖说："你们那些辞藻，像是草木的花一样，只能赏玩片刻，不能称之为栋梁之才，和我们这样的千丈松树，是没法相提并论的，即使是常有风霜侵袭，松树也不会零落！"刘逖回答："如果既是耐寒的树木，又能开放春花，怎么样呢？"席毗笑着说："那样的话还可以啦！"

七

［原文］

凡为文章，犹人乘骐骥，虽有逸气，当以衔勒①制之，勿使

流乱轨躅[②]，放意填坑岸也。

文章当以理致[③]为心肾，气调[④]为筋骨，事义[⑤]为皮肤，华丽为冠冕。今世相承，趋本弃末，率多浮艳。辞与理竞，辞胜而理伏；事与才争，事繁而才损。放逸者流宕而忘归，穿凿者补缀而不足。时俗如此，安能独违？但务去泰去甚[⑥]耳。必有盛才重誉，改革体裁者，实吾所希。

［注释］

①衔勒：本指驾驭马的工具，这里比喻为文当有所节制，不可自由放任。

②轨躅：踪迹。

③理致：义理格致，就是文章中心思想。

④气调：气韵格调。

⑤事义：文章的用事、用典。

⑥去泰去甚：不要做得过火。

［译文］

做文章，就好比是人骑千里马，虽然奔放潇洒，终究还是需要衔勒来控制它，不要让它奔跑出杂乱的轨迹，时不时地就跌进坑沟之中。

文章的核心是义理意气，筋骨指的是气韵和格调，皮肤指的是用典贴切，冠冕则是华丽的辞藻。现在相互效仿的文章，大都弃本逐末，浮艳过度，辞藻和义理相互比对，辞藻过多而义理不明，用典和才思相争，用典繁复而才思缺乏，过度的放任而忘记了归宿，牵强的补缀而不能填补真正的缺失。如今的世风就是这样，也不好独自标新立异，只要求不太过头。真正出现一些旷世奇才，对这种文章体制进行改革，才是我最大的愿望。

八

［原文］

古人之文，宏才逸气，体度风格，去今实远；但缉缀疏朴[①]，未为密致耳。今世音律谐靡，章句偶对，讳避精详，贤于往昔多矣。宜以古之制裁为本，今之辞调为末，并须两存，不可偏弃也。

［注释］

①缉缀疏朴：比喻古文与今文相比，还显得古朴、粗疏，不够细腻。

[译文]

古人写的文章，气势宏大，潇洒飘逸，其体势风格，比现在人们写的文章要好了很多。只是古人在结集编著时，遣词造句、钩连过渡方面还不够精致，使得文章显得不够细致周密。现在的文章，音律调和华美，辞句工整对仗，避讳考虑得很是周到，这些方面比古人的要高超许多。应该以古文的体制和格调为基础，以现在文人的文辞音调作补充，两部分内容都要考虑，并存不能废其一。

九

[原文]

吾家世文章，甚为典正，不从流俗；梁孝元在蕃邸[①]时，撰《西府新文》，讫(qì)无一篇见录者，亦以不偶于世，无郑、卫之音[②]故也。有诗、赋、铭、诔(lěi)、书、表、启、疏二十卷，吾兄弟始在草土[③]，并未得编次，便遭火荡尽，竟不传于世。衔酷茹恨，彻于心髓！操行见于《梁史·文士传》及孝元《怀旧志》。

[注释]

①蕃邸：蕃，通“藩”，梁元帝曾被封为湘东王，地处南藩之地，故称。

②郑、卫之音：春秋时郑、卫的音乐，其音淫，听之令人心浮。此处比喻浮靡的文风。

③草土：居丧之时。

[译文]

我先父所写的文章，非常典雅纯正，不盲从不流俗。梁孝元帝为湘东王时，编写成的《西府新文》，其中竟然找不到一篇先父的文章，原因在于他的文章和世俗的品味不同，缺乏靡丽的辞句。他留下了诗、赋、铭、诔、书、表、启、疏等各类文章共二十卷，由于我们兄弟几个当时正在守孝，文章还都没有来得及整理编排，就被大火给烧光了，没有能够流传给后世。对此我一直心怀怨恨，真是痛彻心髓！先父的行操记录在《梁史·文士传》和孝元帝的《怀旧志》中。

十

[原文]

沈隐侯[①]曰：“文章当从三易：易见事，一也；易识字，二也；易读诵，三也。”邢子才[②]常曰：“沈侯文章，用事不使人觉，

若胸臆语也。”深以此服之。祖孝徵[③]亦尝谓吾曰：“沈诗云：‘崖倾护石髓。’此岂似用事邪？”

［注释］

①沈隐侯：即沈约，南朝梁时文学家，官至尚书令，死后谥曰隐，故称。

②邢子才：即邢邵。见本章第二则注②。

③祖孝徵：即祖珽。见风操第六第八则注④。

［译文］

沈隐侯曾说：“写文章要依照‘三易’的原则：典故容易了解，这是第一；文字容易识别，这是第二；文章容易诵读，这是第三。”邢子才经常说：“沈约的文章，用典使人觉察不出来，像是在直抒胸臆一样。”因此我很佩服他。祖孝徵也曾经对我说：“沈约的诗：‘崖倾护石髓’难道像是在用典吗？”

十一

［原文］

邢子才、魏收俱有重名，时俗准的[①]，以为师匠。邢赏服沈约而轻任昉(fǎng)[②]，魏爱慕任昉而毁沈约，每于谈宴，辞色以之。邺下纷纭，各有朋党。祖孝徵尝谓吾曰：“任、沈之是非，乃邢、魏之优劣也。”

［注释］

①准的：评价标准。

②任昉：字彦升，南朝梁人，有才思，善作文，沈约以诗著称，时人号曰“任笔沈诗”。

［译文］

邢子才和魏收两个人都很有名气，当下的人都习惯于把他们当作标准，称为宗师。邢子才赞赏沈约而忽视任昉，魏收则赞赏任昉而忽视沈约，两个人喝酒谈论，争得面红耳赤的。邺下的人对此众说纷纭，二人各有自己的朋党。祖孝徵曾对我说：“任昉、沈

刻烛赋诗

齐竟陵王萧子良常夜集学士刻烛为诗。有一大群文士集合于竟陵王萧子良左右，形成了一个文学群体“竟陵八友。”其中包括沈约、谢朓、王融、任昉等人。

约他们的是非功过，就意味着邢子才、魏收他们俩的优劣高下。”

十二

［原文］

《吴均集》有《破镜赋》[①]。昔者，邑号朝歌，颜渊[②]不舍；里名胜母，曾子[③]敛襟：盖忌夫恶名之伤实也。破镜[④]乃凶逆之兽，事见《汉书》，为文幸避此名也。比世往往见有和人诗者，题云敬同，《孝经》云：“资于事父以事君而敬同。”不可轻言也。梁世费旭[⑤]诗云：“不知是耶非。”殷沄[⑥]诗云：“飘飏云母舟。”简文曰：“旭既不识其父，沄又飘飏其母。”此虽悉古事，不可用也。世人或有文章引《诗》“伐鼓渊渊”[⑦]者，《宋书》已有屡游之诮；如此流比，幸须避之。北面事亲，别舅摛《渭阳》之咏[⑧]；堂上养老，送兄赋桓山之悲[⑨]，皆大失也。举此一隅，触涂宜慎。

［注释］

①《吴均集》：吴均，字叔庠，南朝梁人，其文清新，长于写景，时人号为“吴均体”。《吴均集》在《隋书·经籍志》著录二十卷，今不传。

②颜渊：即颜回，安贫乐道，有孝行，孔子的得意弟子。

③曾子：孔子的弟子曾参。

④破镜：古时的一种凶兽。

⑤费旭：其人不详，疑为南朝时人。

⑥殷沄：字灌蔬，南朝梁人，勤学好读书，曾任昭明太子侍读。

⑦伐鼓渊渊：出自《诗经·小雅·采芑》。

⑧“别舅”一句：此引康公送别舅舅文公之事。《渭阳》，康公念其母也，言丧者见到舅舅，仿佛见到了母亲，而母亲还健在，与舅舅分别再咏此诗，则大为不妥了。

⑨“送兄”一句：桓山之悲，谓家人离散的悲痛。

［译文］

《吴均集》里面有《破镜赋》一文。古代，有座名叫朝歌的城邑，因为这个名字的缘故，颜渊就不在那里停留；有条名叫胜母的里弄，曾子每到这里就整理自己的衣着容貌来表示恭敬：大概他们是怕这些名称有损于事物的本质吧。“破镜”是一种凶恶无比的猛兽，这个典故在《汉书》中收录着，假如你们写文章，应尽量避开这个词。近代经常能够看见奉和别人诗歌的人，在和诗的题目中加上“敬同”二字，《孝经》上说：“资于事父以事君而敬同。”其实这两个字是不能轻易地说或用的，梁朝费旭的诗说：“不知是耶非。”殷沄的诗说：“飖飏云母舟。”简文帝就曾对他们两个讥讽道：“费旭不认识自己的父亲，殷沄还让他的母亲流离失所。”尽管这些都是过去的事，用起来还是需要很慎重的。有人在文章中用《诗经》中“伐鼓渊渊”的诗句。《宋书》对这些随便乱用诗词的人给予嘲讽，由此推之，希望你们注意不要发生这样的事情。还有人自己母亲在世时，与舅舅分别就吟唱《渭阳》这种思念亡母的诗歌；或是自己父亲尚健在，送别兄长时却用“桓山之鸟”来表达家人离散的悲伤，这种过错都是不应该犯的。举以上几个例子，就是希望你们写文章要慎重。

十三

［原文］

江南文制，欲人弹射，知有病累，随即改之，陈王得之于丁廙(yì)也[①]。山东风俗，不通击难。吾初入邺，遂尝以此忤人，至今为悔；汝曹必无轻议也。

［注释］

①“陈王”一句：陈王，指曹植。其《与杨德祖书》云：“仆尝好人讥弹其文，有不善者，应时改定。昔丁敬礼尝作小文，使仆润饰之。仆自以才不能过若人，辞不为也。敬礼云：‘卿何所疑难乎？文之佳丽，吾自得之，后世谁相知定吾文者耶？’吾常叹此达言，以为美谈。”

［译文］

江南人写了文章后，希望能够得到他人的批评指正，明白自己的缺点，便于改正，曹植就是从丁廙那里体会到这一点的。山东一带的人，不会主动请人来评论自己的文章。我刚到邺城的时候，就是在这上面冒犯了别人，至今还觉得很是悔恨，你们一定不要轻易地谈论别人的文章。

十四

［原文］

凡代人为文，皆作彼语，理宜然矣。至于哀伤凶祸之辞，不可辄代。蔡邕为胡金盈作《母灵表颂》曰：“悲母氏之不永，然委我而夙丧。”[①]又为胡颢作其父铭曰：“葬我考议郎君。”[②]《袁

三公颂》曰："猗(yī)欤[3]我祖，出自有妫(guī)。"王粲为潘文则《思亲诗》云："躬此劳悴，鞠予小人；庶我显妣(bǐ)，克保遐年。"[4]而并载乎邕、粲之集，此例甚众。古人之所行，今世以为讳。陈思王《武帝诔(lěi)》，遂深永蛰(zhé)[5]之思；潘岳《悼亡赋》，乃怆手泽[6]之遗：是方父于虫，匹妇于考也。蔡邕《杨秉碑》云："统大麓[7]之重。"潘尼《赠卢景宣诗》云："九五思飞龙。"孙楚[8]《王骠骑诔》云："奄忽登遐[9]。"陆机《父诔》云："亿兆宅心，敦叙百揆。"《姊诔》云："伣天之和。"今为此言，则朝廷之罪人也。王粲《赠杨德祖诗》云："我君饯之，其乐泄泄。"不可妄施人子，况储君[10]乎？

［注释］

①"蔡邕"三句：胡金盈，汉代胡广的女儿。灵表，文体名，指一种墓表。

②"又为"二句：胡颢，胡广之孙。议郎，官职名，一般由贤良方正的人担任。

③猗欤：感叹词，表示赞赏。

④"躬此"四句：显妣，对死去母亲的称呼。遐年，长寿。此句谓我的母亲啊，您是这样的操劳，把我养大，希望您能够在地下得到安息！

蔡 邕

蔡邕是东汉末年的文学家和书法家，他除通经史、善辞赋外，书法造诣也很深。

⑤永蛰：用昆虫冬眠比喻父亲在地下长眠。

⑥手泽：手出汗。

⑦大麓：总统、总领之意。

⑧孙楚：字子荆，东晋人，好清言，曾任冯翊太守。

⑨奄忽：飘忽，急速。

⑩储君：太子。

［译文］

替别人写文章，就是要用他人的口气说话，这一点是很正常的，假如是表现悲哀祸患的文章，就不能很随便地给别人代笔。蔡邕当时为胡金盈作《母灵表颂》，文章中写道："经常哀伤的母亲不能长寿，丢下我早早地就离开人世。"蔡邕又代笔给胡颢的父亲写墓志铭说："埋葬我死去的父亲议郎君。"又给人代笔《袁三公颂》，文章中说："颂扬我的祖先，他们出自有妫。"王粲替潘文写的

《思亲诗》中说："你极尽辛劳，努力抚养我长大，但愿我的父母能将灵魂永远的守护，获得安宁。"这些文章都收录在蔡邕、王粲的文集里，和上面类似的例子实在是太多了，古人都是这样做的，现在的人觉得是犯了忌讳。陈思王曹植的《武帝诔》，表达对亡父的思念哀悼之情，却用了"永蛰"一词，潘岳的《悼亡赋》表达对亡妻的怀念，却用了"手泽"一词。"永蛰"一词是把自己的父亲比作了一直冬眠的虫子，"手泽"一词是用来悼念双亲的，他却用来悼念自己的亡妻。所有的这些都是不妥当的。蔡邕的《杨秉碑》中说："负担着总管天下事的重任。"潘尼的《赠卢景宣诗》中说："九五思飞龙。"孙楚的《王骠骑诔》中说："奄忽登遐。"陆机的《父诔》中有"亿兆宅心，敦叙百揆"的话语，《姊诔》中有"伣天之和。"这些话只能用在君主身上，放到现在的话，就是犯了大的忌讳，立刻成了朝廷的大罪人了。王粲的《赠杨德祖诗》中说："我君饯之，其乐泄泄。"这句话的意思是母子重归于好，对一般人是不能轻易说的，对太子怎么能随便就说出来呢？

十五

［原文］

挽歌辞者，或云古者《虞殡》①之歌，或云出自田横②之客，皆为生者悼往告哀之意。陆平原③多为死人自叹之言，诗格既无此例，又乖制作本意。

凡诗人之作，刺箴美颂，各有源流，未尝混杂，善恶同篇也。陆机为《齐讴篇》，前叙山川物产风教之盛，后章忽鄙山川之情，殊失厥体。其为《吴趋行》，何不陈子光、夫差④乎？《京洛行》，胡不述赧王、灵帝⑤乎？

［注释］

①《虞殡》：古时送葬的挽歌。

②田横：本为秦末齐人，刘邦建汉后，率众五百逃往海岛，因不愿对汉称臣，与部下自杀身亡。田横自杀，门人非常伤心，故作挽歌以颂之。

③陆平原：即陆机，因曾任平原内史，故称。

④子光：春秋时吴王阖闾，名光，在位时，曾攻破楚国，后为越王勾践打败受伤而死。夫差：阖闾之子，曾起兵打败越国，又北上大败齐国，一度称霸，后来为越王勾践击败，羞愧自杀而死。

⑤赧王：周赧王，周代最后一个君主。灵帝：东汉灵帝刘宏。在位之时，宦官专权，外戚参政，加之党锢之祸，最后导致黄巾起义爆发。

[译文]

说起挽歌，有人认为它产生于古代的《虞殡》，有人认为它出自田横的门客，表达的都是生者对死者的哀悼之情。陆机常常以死者的口吻来作挽歌，挽歌的样式里没有这样的说法，同时也背离了写作原有的意思。

但凡是诗人所做的文章，斥责、规劝、赞扬、歌颂，各自都有不同的源起，没有同时并用的，不能让善和恶同在一篇文章中出现。陆机写的《齐讴行》，前面讲的是山川、物产、风俗、教化的繁荣之貌，后面又开始贬斥山川等物，和诗歌的样式是不一样的。他写的《吴趋行》，为何又不叙述阖闾、夫差的事呢？他写的《京洛行》，为何不讲述周赧王、汉灵帝的事情呢？

十六

[原文]

自古宏才博学，用事误者有矣；百家杂说，或有不同，书傥湮灭，后人不见，故未敢轻议之。今指知决纰缪者，略举一两端以为诫。《诗》云："鷕①雉鸣。"又曰："雉鸣求其牡。"《毛传》亦曰："鷕，雌雉声。"又云："雉之朝雊②，尚求其雌。"郑玄注《月令》亦云："雊，雄雉鸣。"潘岳赋曰："雉鷕鷕以朝雊。"是则混杂其雄雌矣。《诗》云："孔怀兄弟。"孔，甚也；怀，思也，言甚可思也。陆机《与长沙顾母书》，述从祖弟士璜死，乃言："痛心拔脑，有如孔怀。"心既痛矣，即为甚思，何故方言有如也？观其此意，当谓亲兄弟为孔怀。《诗》云："父母孔迩。"而呼二亲为孔迩，于义通乎？《异物志》云："拥剑③状如蟹，但一螯偏大尔。"何逊④诗云："跃鱼如拥剑。"是不分鱼蟹也。《汉书》："御史府中列柏树，常有野鸟数千，栖宿其上，晨去暮来，号朝夕鸟。"而文士往往误作乌鸢用之。《抱朴子》说项曼都诈称得仙，自云："仙人以流霞一杯与我饮之，辄不饥渴。"而简文诗云："霞流抱朴碗。"亦犹郭象以惠施⑤之辨为庄周言也。《后汉书》："囚司徒崔烈以锒铛锁。"锒铛，大锁也；世间多误

作金银字。武烈太子[6]亦是数千卷学士，尝作诗云："银锁三公脚，刀撞仆射头。"为俗所误。

[注释]

①鷕：雌雉的鸣叫声。

②雊：雄雉的叫声。

③拥剑：一种海蟹。见崔豹《古今注》："蟚蚏，小蟹也，生海边，食土，一名长卿。其有一螯偏大，谓之拥剑。"

④何逊：字仲言，南朝梁代诗人，善五言诗，长于写景，为后代诗人所称许。

⑤惠施：战国人，以好辩著称，与庄子为友，是名家代表人物。

⑥武烈太子：梁元帝的长子，名方等，字实相，死于侯景之乱，萧绎称帝后，追谥为武烈太子。

[译文]

从古到今，那些学识渊博，笔力深厚的人，在用典故时产生失误的事也出现过；诸子百家的各式学说，不同之处自然存在，假如说原书已经失传，后人没有办法见到，所以我也不敢妄加评论。在这里我就讲一下那些绝对错误的例子，举出几个让你们引以为诫。《诗经》上说："有鷕雉鸣。"还说："雉鸣求其牡。"《毛诗》中说："鷕，是雌雉的鸣叫声。"《诗经》上又说："雉之朝雊，尚求其雌。"郑玄注解的《月令》也讲道："雊，雄雉鸣。"潘岳却在赋中说："雉鷕鷕以朝雊。"这样一来就混淆了雌雄二者的区别。《诗经》上说："孔怀兄弟。"孔，很的意思；怀，思念的意思，孔怀，意思是十分思念。陆机的《与长沙顾母书》，在讲述到从祖弟士璜之死时，却说："痛心拔脑，有如孔怀。"既然十分伤心，就是十分思念之意，为何还要加上一个"有如"呢？以他写的意思，应该是讲亲兄弟就是"孔怀"。《诗经》中说："父母孔迩"，按上面的方法推说，把父母亲叫成"孔迩"，能够通达文义吗？《异物志》中说："拥剑状如蟹，但一螯偏大尔。"何逊的诗中说："跃鱼如拥剑。"出现这种错误的原因在于没有分清鱼和螃蟹的区别。《汉书》中说："御史府中列柏树，常有野鸟数千，栖宿其上，晨去暮来，号朝夕鸟。"而文人们常常误做"乌鸢"来使用。《抱朴子》中说项曼都诈称碰到了仙人，说："仙人以流霞一杯与我饮之，辄不饥渴。"而梁简文帝的诗说："霞流抱朴碗。"这就好像是郭象把惠施辩论时说的话当成是庄周说的了。《后汉书》中说："因司徒崔烈以锒铛锁。"锒铛，指的是大铁锁链，人们经常把它误写成金银的银字。武烈太子同样是一位很有学识的才子，他在曾作的诗中说："银锁三公脚，刀撞仆射头。"这显然是被世人错误的写法影响了。

十七

[原文]

文章地理，必须惬当。梁简文《雁门太守行》乃云：“鹅军攻日逐[①]，燕骑荡康居[②]，大宛[③]归善马，小月[④]送降书。”萧子晖[⑤]《陇头水》云：“天寒陇水急，散漫俱分泻，北注徂黄龙[⑥]，东流会白马[⑦]。”此亦明珠之颣，美玉之瑕，宜慎之。

[注释]

①鹅军：古代打仗时的阵名。日逐：匈奴官职名，地位比左贤王稍低。
②康居：古代西域国名，大约在今天的巴尔喀什湖和咸海之间。
③大宛：古西域国名，大约在中亚地区，产汗血宝马闻名。
④小月：即小月氏，也是古代西域的一个部族。
⑤萧子晖：字景光，南朝梁人，于诗文兼善，尤工于诗。
⑥黄龙：黄龙城，在今辽宁境内。
⑦白马：疑指今天河南境内的白马津。

[译文]

文章涉及地理方面的内容时，一定要准确适当。梁简文帝在《雁门太守行》中却说：“鹅军攻日逐，燕骑荡康居，大宛归善马，小月送降书。”萧子晖在《陇头水》中说：“天寒陇水急，散漫俱分泻，北注徂黄龙，东流会白马。”这可以算是明珠上的污渍，美玉中的瑕疵，要引起一定的重视了。

十八

[原文]

王籍[①]《入若耶溪》诗云：“蝉噪林逾静，鸟鸣山更幽。”江南以为文外断绝，物无异议。简文吟咏，不能忘之，孝元讽味，以为不可复得，至《怀旧志》载于《籍传》。范阳卢询祖[②]，邺下才俊，乃言：“此不成语，何事于能？”魏收亦然其论。《诗》云：“萧萧马鸣，悠悠旆（pèi）旌。”《毛传》曰：“言不喧哗也。”吾每叹此解有情致，籍诗生于此耳。

[注释]

①王籍：字文海，南朝梁代诗人，博学，有才思，《梁书》有传。

②卢询祖：北齐诗人，文章清丽，辞采华美。

[译文]

王籍的《入若耶溪》诗中说："蝉噪林逾静，鸟鸣山更幽。"江南文人一直将其推举为诗中最上品，没有人提出任何的异议。梁简文帝在吟诵这两句诗后，久久不能释怀；梁孝元帝玩味之后，觉得这是无人能比的佳句，以至在《怀旧志》中把它记录到了《王籍传》中。范阳人卢询祖，是邺下颇有学识的文士，他说："这两句诗不成体统，才华之词怎么能用在他身上呢？"魏收也同意这种观点。《诗经》中说："萧萧马鸣，悠悠旆旌。"《毛传》中说："指的是安静没有嘈杂声。"我们赞赏这个解释有情致，王籍的诗句就由此而来。

蝉噪林逾静，鸟鸣山更幽

十九

[原文]

兰陵萧悫(què)，梁室上黄侯之子[①]，工于篇什。尝有《秋》诗云："芙蓉露下落，杨柳月中疏。"时人未之赏也。吾爱其萧散，宛然在目。颍川荀仲举[②]、琅邪诸葛汉[③]，亦以为尔。而卢思道[④]之徒，雅所不惬。

[注释]

①兰陵二句：《北齐书·文苑传》："萧悫，字仁祖，梁上黄侯晔之子。……曾秋夜赋诗，其两句云'芙蓉露下落，杨柳月中疏'，为知音所赏。"

②荀仲举：字士高，先后仕梁、北齐，能诗善文，事迹见《北齐书·文苑传》。

③诸葛汉：即诸葛颍，字汉，琅邪当指其郡望。

④卢思道：字子行，历仕北齐、北周和隋，诗文兼擅，其诗文不胜辞，流于纤弱。

[译文]

兰陵的萧悫，是梁朝上黄侯萧晔的儿子，擅长作诗。他曾经写过一首《秋诗》，其中两句是："芙蓉露下落，杨柳月中疏。"人们并不理解其中的意思。我喜欢这两句诗的悠远闲适的感觉，情境像是在眼前。颍川荀仲举、琅邪诸葛汉也是这样认为的。但是卢思道那些人，却对这两句诗颇为不满。

二十

[原文]

何逊诗实为清巧，多形似之言；扬都[①]论者，恨其每病苦辛，饶贫寒气，不及刘孝绰之雍容也[②]。虽然，刘甚忌之，平生诵何诗，常云："'蘧（qú）车响北阙'[③]，愐愐不道车。"又撰《诗苑》，止取何两篇，时人讥其不广。刘孝绰当时既有重名，无所与让；唯服谢朓，常以谢诗置几案间，动静辄讽味。简文爱陶渊明文，亦复如此。江南语曰："梁有三何，子朗最多。"[④]三何者，逊及思澄、子朗也。子朗信饶清巧。思澄游庐山，每有佳篇，亦为冠绝。

[注释]

①扬都：即建康。

渊明采菊

东晋诗人陶渊明，辞官还乡后，隐居耕田，远离世俗，过着清闲的日子。他素爱菊与酒，田园生活是陶诗的重要题材。

②刘孝绰：南朝梁代诗人，见风操第六第二十则注⑤。雍容，从容，华贵。

③"蘧车"一句：蘧车，刘向《列女传·卫灵夫人》："卫灵公与夫人夜坐，闻车声辚辚，至阙而止。过阙复有声。公问夫人：'知此谓谁？'夫人曰：'此蘧伯玉也。'公曰：'何以知之？'夫人曰：'妾闻礼，下公门，式路马，所以广敬也。蘧伯玉贤大夫也，仁而有智，敬于事上，此其人必不以暗昧废礼，是以知之。'"此句引典故讥讽何逊无礼，过北阙的时候，还在响着声音。

④"梁有"二句：见《梁书·文学传下》："初，思澄与宗人逊及子朗俱擅文名，时人语曰：'东海三何，子

朗最多。’思澄闻之曰：‘此言误耳。如其不然，故当归逊。’思澄意谓宜在己也。”

[译文]

何逊的诗歌的确清新秀美，生动形象的语句比比皆是，扬都那些论诗的人，对他的诗往往怀有不满的态度，说他诗中有苦辛的弊病，贫寒之气过于明显，比不上刘孝绰的诗歌那样典雅华贵。即使如此，刘孝绰还是很忌妒何逊的诗，平日诵读何逊的诗，经常讽刺说：“‘蘧车响北阙’，愐愐不道车。”他同时还写了《诗苑》一书，其中只有两篇文章是何逊的，人们都讥讽他不大度。刘孝绰当时名声很大，没有任何谦让之词，只是对谢朓很佩服，经常把谢朓的诗放在几案上，起居时，不时地吟诵玩味。简文帝喜欢陶渊明的诗文，和刘孝绰一样。江南俗话说：“梁朝有三何，子朗诗最好。”三何，说的是何逊、何思澄及何子朗三个人。何子朗的诗歌确实是让人觉得清奇纤巧。何思澄游历庐山时，经常会写作美文，在当时也是常人难及的。

名实第十

一

[原文]

名之与实，犹形之与影也。德艺周厚[①]，则名必善焉；容色姝丽，则影必美焉。今不修身而求令名于世者，犹貌甚恶而责妍影于镜也。上士忘名，中士立名，下士窃名。忘名者，体道合德，享鬼神之福佑，非所以求名也；立名者，修身慎行，惧荣观[②]之不显，非所以让名也；窃名者，厚貌深奸，干浮华之虚称[③]，非所以得名也。

[注释]

①周厚：周全敦厚。

②荣观：虚荣，名誉。

③干：追逐。虚称：虚名。

[译文]

名和实的关系，就好像是形和影的关系。品德才艺精到，那就一定会有好名声；容颜美丽，那就一定会有美丽的影子。现在的人不注意培养自己的德行，却想要在世上留下好的名声，这就好比是容貌很丑却想要在镜子中找到美丽的影子一样。上等的士人忘名，中等的士人立名，下等的士人窃名。忘名，指的就是行道合德，享受神灵的保佑，并不是用它来求名；立名，指的就是谨慎修行，担心自己的荣誉会被埋没掉，并不是为了让名；窃名，指的就是外表忠厚，心怀奸诈，谋求浮华的虚名，并不能说成是真正得到好名声。

二

[原文]

人足所履，不过数寸，然而咫尺之途，必颠蹶(jué)于崖岸，拱把之梁[①]，每沈溺于川谷者，何哉？为其旁无余地故也。君子之立己，抑亦如之。至诚之言，人未能信，至洁之行，物或致疑，皆由言行声名，无余地也。吾每为人所毁，常以此自责。若能开方轨之路[②]，广造舟之航，则仲由之言信，重于登坛之盟[③]，赵熹之降城，贤于折冲之将矣[④]。

子路为亲负米

仲由，字子路，春秋时期鲁国人，孔子的弟子。子路十分孝顺，自己常常采野菜做饭食，却从百里之外负米回家侍奉双亲。

[注释]

①拱把之梁：两手合围拱，一只所握为把，这里指非常小的桥梁。

②方轨之路：方轨，指车辆并行，此指开阔的道路。

③“则仲由”二句：仲由，即子路，孔子的弟子。诸侯大国可以违背自己的盟约，但是相信子路的话。见《左传·哀公十四年》。

④“赵熹”二句：见《后汉书·赵熹传》：“舞阴大姓李氏拥城不下，更始遣柱天将军李宝降之，不肯，云：‘闻宛之赵氏有孤孙熹，信义著名，愿得降之。’……使诣舞阴，而李氏遂降。”

[译文]

人走路所踏踩过的地方，也就仅仅是几寸大小的地方，但是，当在咫尺宽的山路上行走时，一定会从山崖上摔下来；当从碗口粗的独木桥上过河时，常会掉到河中被淹死，其中的原因是什么呢？就是因为脚的旁边没有空余的地方。君子在社会上立足的道理，也是这样的。最真诚的话语，别人往往不会完全相信；最高洁的品行，人们又常常会怀疑，这都是因为人的言论、行动、声望、名誉没有余地的缘故。当我受到人们的诋毁时，常常会以此来自责。假如说一个人为人处事就像开辟出一条坦途，加宽过河的小桥那样留有余地，那么这个人说出的话就会像子路说的话那样真诚可信，胜过诸侯结盟所发的誓约；就像将对方城池招降的赵熹，比冲锋陷阵的将军所立的功劳还要大。

三

[原文]

吾见世人，清名登而金贝[①]入，信誉显而然诺亏，不知后之矛戟，毁前之干橹[②]也。虙子贱[③]云：“诚于此者形于彼。”人之虚实真伪在乎心，无不见乎迹，但察之未熟耳。一为察之所鉴，巧伪不如拙诚，承之以羞大矣。伯石让卿[④]，王莽辞政[⑤]，当于尔时，自以巧密；后人书之，留传万代，可为骨寒毛竖也。近有大贵，以孝著声，前后居丧，哀毁[⑥]逾制，亦足以高于人矣。而尝于苫(shān)块[⑦]之中，以巴豆涂脸，遂使成疮，表哭泣之过。左右僮竖，不能掩之，益使外人谓其居处饮食，皆为不信。以一伪丧百诚者，乃贪名不已故也。

[注释]

①金贝：钱币。

②干橹：小与大的盾牌。

③虙子贱：名不齐，春秋时鲁国人，孔子的弟子。

④“伯石”一句：伯石，春秋郑国人，曾推辞太史对自己的任命。事迹见《左传·襄公三十年》。

⑤“王莽”一句：王莽曾假意辞去担任大司马一职。详见《汉书·本传》。

⑥哀毁：哀伤过度，使自己的身体受到损害。

⑦苫块：苫，草垫；块，土块。古代在服丧之时，以草垫为席，土块为枕，这里引申为居丧。

[译文]

我所见到的世人，都是清名宣扬而金钱暗入，信誉显赫而许诺失实，不知道是不是后面的矛戟，在将前面的盾牌不断地摧毁啊！虙子贱说：“一件事如果能够真诚以待，就会给其他的事情树立榜样。”人的虚实、真伪，自然是藏在心间的，但都是能在行动上表现出来的，只在于旁人是否观察得仔细而已。观察得如果很真切的话，那故意作假就真不如诚实以对，接着还会招来更大的羞辱。伯石推让自己的卿位，王莽辞去政权，那时候自己认为做得十分巧妙，但是被后人记录下来，传给后代，看了就让人觉得寒气袭人。最近有位大贵人，以孝闻名，前后居丧，哀伤的程度非同常人，显得已经是高于一般人了；但是他在草土之中，还找那些有大毒的巴豆涂在自己的脸上，让自己的脸上长出疮，让人们知道他哭泣得多么厉害，这种行为难以逃过身旁僮仆的眼睛，这件事之后，反而让别人觉得他服丧时的居住饮食等行为都是假装出来的。伪装一件事情，却毁掉了诸多真实的事情，这些都是过于贪求名利之心的结果啊！

四

［原文］

有一士族，读书不过二三百卷，天才钝拙，而家世殷厚，雅自矜持，多以酒犊珍玩，交诸名士，甘其饵者，递共吹嘘。朝廷以为文华，亦尝出境聘。东莱王韩晋明①笃好文学，疑彼制作，多非机杼(zhù)②，遂设宴言，面相讨试。竟日欢谐，辞人满席，属音赋韵，命笔为诗，彼造次即成，了非向韵。众客各自沉吟，遂无觉者。韩退叹曰：“果如所量！”韩又尝问曰：“玉珽(tǐng)杼上终葵首③，当作何形？”乃答云：“珽头曲圜(yuán)，势如葵叶耳。”韩既有学，忍笑为吾说之。

［注释］

①韩晋明：北齐韩轨之子，《北齐书·韩轨传》：“子晋明嗣。天统中，改封东莱王。晋明有侠气，诸勋贵子孙中最留心学问。”

②机杼：比喻文章的构思和布局。

③“玉珽”一句：玉珽，即玉笏，古代天子王公手持的手板。终葵，一种草，其叶子呈椎形，与玉笏形状相似。

［译文］

曾有一位士族，读书最多二三百卷，天生很是愚笨，可家里很是富足，他自诩甚高，经常会用美酒珍宝等好玩之物来结交当时的名士。名士对他相赠的器物很是喜欢，都不断地吹捧他，朝廷一时间也觉得他才华过人，曾令他出去做官。齐东莱王韩晋明对文学特别喜爱，对他写的文章觉得很是困惑，怀疑不是他本人构思写成的，于是亲自设宴交谈，当面进行测试。那时的气氛很是和谐，诗人很多，音韵赋诗，提笔作诗，这个士族很轻率地就写成了，和之前的文章出入很大。客人们由于各自思考诗句，没太察觉。韩晋明宴会之后惋惜道：

"果然不出我所料啊。"韩还问他"玉珽杼上终葵首，是什么样子？"他的回答却是："玉珽的头部蜿蜒曲折，样子和葵叶一样。"韩晋明这样一个有学问的人，忍着笑给我讲了这件事。

五

[原文]

治点[1]子弟文章，以为声价，大弊事也。一则不可常继，终露其情；二则学者有凭，益不精励。

邺下有一少年，出为襄国[2]令，颇自勉笃。公事经怀，每加抚恤，以求声誉。凡遣兵役，握手送离，或赍梨枣饼饵，人人赠别，云："上命相烦，情所不忍；道路饥渴，以此见思。"民庶称之，不容于口。及迁为泗州别驾，此费日广，不可常周，一有伪情，触涂难继，功绩遂损败矣。

[注释]

①治点：修改、修饰。

②襄国：地名，约在今河北境内。

[译文]

修饰子弟的文章，来抬高其声价，是件错之又错的事情。第一，不能一直这样做，直相终究会被暴露；第二，会让那些正值学习时期的子弟产生依赖，不能很好地努力用功。

邺下有个年少的人，出任襄国县令，自律勤勉，认真办理公事，对下属关怀体贴，以此求得了声誉。每有兵差被派遣，他都要握手和他们相别，有时还会给他们分发梨枣糕饼，作为送别的礼物，还说："上边有命令下达，有事烦劳各位，我着实地不忍，路上饥渴之时，用这些来表达思念。"人们对他的做法赞不绝口。到他迁任泗州别驾官时，此项费用一天天增多，赠送物品的事情就不经常出现了。不难看出，虚假一旦出现，就难以照原样维持了，原先的功绩也会逐渐消散。

六

[原文]

或问曰："夫神灭形消，遗声余价，亦犹蝉壳蛇皮，兽迒[1]

鸟迹耳，何预于死者，而圣人以为名教乎？”对曰：“劝也，劝其立名，则获其实。且劝一伯夷[2]，而千万人立清风矣；劝一季札[3]，而千万人立仁风矣；劝一柳下惠[4]，而千万人立贞风矣；劝一史鱼[5]，而千万人立直风矣。故圣人欲其鱼鳞凤翼，杂沓参差，不绝于世，岂不弘哉？四海悠悠，皆慕名者，盖因其情而致其善耳。抑又论之，祖考之嘉名美誉，亦子孙之冕服[6]墙宇也，自古及今，获其庇荫者亦众矣。夫修善立名者，亦犹筑室树果，生则获其利，死则遗其泽。世之汲汲者，不达此意，若其与魂爽俱升，松柏偕茂者，惑矣哉！”

［注释］

①远：兽迹。

②伯夷：传说伯夷目不视恶色，耳不听恶声，品行清正，凡闻伯夷之风者，无不为之服膺。

公子季札

季札是春秋时吴国人，他是吴王寿梦的几个儿子里面最有德行的，但他不肯接受王位，坚持把王位让给哥哥，自己退隐于山水之间。

③季札：即公子札，春秋吴王诸樊之弟，多次推辞君位，事迹见《史记·吴太伯世家》。

④柳下惠：即展禽，春秋时鲁国大夫，因其食邑在柳下，谥曰惠，故称。以善于礼节而闻名当时。见《孟子·万章下》。

⑤史鱼：也作史鳍，春秋时卫国大夫，以正直敢于进谏而著称。

⑥冕服：古代王侯将相们所穿戴的礼服。

［译文］

有人曾经这样问：“当一个人的灵魂不存在，肉体消失以后，在世上留存着的名声，也就会像蝉蜕下的壳，蛇蜕掉的皮，还有鸟兽走后留下的足迹一样了，和死去的人又没有什么关系，但是圣人却把它作为教化的内容来看待，原因是什么呢？”我说：“这样做的原因是为了勉励大家啊，鼓励人们去树立好的名声，从而能够收获向善的果实。我们鼓励世人向伯夷学习，许多人就能树立起清廉之气了；勉励世人向季札学习，许多人就能够树立起仁爱之气了；勉励世人向柳下惠学习，许多人就能够树立起坚贞的风气；勉励世人向史鱼学习，许多人就可以树立起刚直之气了。所以圣人对世上的每一个人，不论其天资如何，都希望他们能够仿效伯夷这些人，让世间良好的风气不断产生，难道这不是一件行善的大事吗？所有生存着的人，爱慕名声是他们的共性，既然他们有这种愿望，就应该引导他们去实现。或者还可以这样说，祖辈留下的好名声，也像是子孙们的冠冕服饰和高墙大厦，古往今来，得到这种庇护的人实在是太多了。对那些积善修行来树立好名声的人来说，就像是建造房子栽种树木一样，生时自己能得到好处，死后还可以恩惠子孙。而那些追名逐利的人，根本不懂得这些道理。在他们死后，假如说他们的名声能和自己的灵魂一起升天，并且能像松柏一样长青不老的话，那就太不可思议了！”

涉务第十一

一

[原文]

士君子之处世，贵能有益于物耳，不徒高谈虚论，左琴右书，以费人君禄位也。国之用材，大较不过六事：一则朝廷之臣，取其鉴达治体①，经纶博雅；二则文史之臣，取其著述宪章，不忘前古；三则军旅之臣，取其断决有谋，强干习事；四则藩屏之臣②，取其明练风俗，清白爱民；五则使命之臣，取其识变从宜，不辱君命；六则兴造之臣③，取其程功节费，开略有术，此则皆勤学守行者所能辨也。人性有长短，岂责具美于六涂哉？但当皆晓指趣，能守一职，便无愧耳。

[注释]

①治体：国家的体制、法度。
②藩屏之臣：指地方上的长官和首脑，如刺史、太守等。
③兴造之臣：指负责土木建筑的官员。

[译文]

士人君子为人处世，可贵之处在于有益于事物，不能光是高谈阔论，左琴右书，君主给他俸禄官位啊！国家任用人材，基本上看重六个方面：一是朝廷的臣子，必须通晓治理国家的体制纲要，而且还要博雅经纶；二是文史的臣子，要能撰写典章，不忘前代典制；三是军旅的臣子，要能决断有谋，还要善于军事防御；四是藩屏的臣子，要能熟悉风俗，而且廉洁爱民；五是出使的臣子，必须会随机应变，不辱君命；六是管理兴造的臣子，要能考核工程节省费用，有独特的想法。这些只有勤奋学习、认真工作的人才能办到。可是人的秉性各有短长，怎能要求人们一定要达到这六个方面的标准呢？只要对这些大体上能知道就可以了，而做好其中的一个方面，那也就没什么好指责的了。

二

［原文］

吾见世中文学之士，品藻①古今，若指诸掌，及有试用，多无所堪。居承平之世，不知有丧乱之祸；处庙堂②之下，不知有战陈之急；保俸禄之资，不知有耕稼之苦；肆吏民之上，不知有劳役之勤，故难可以应世经务③也。晋朝南渡，优借士族；故江南冠带④，有才干者，擢为令仆已下尚书郎中书舍人已上，典掌机要。其余文义之士，多迂诞浮华，不涉世务；纤微过失，又惜行捶楚⑤，所以处于清高，盖护其短也。至于台阁令史，主书监帅，诸王签省，并晓习吏用，济办时须，纵有小人之态，皆可鞭杖肃督，故多见委使，盖用其长也。人每不自量，举世怨梁武帝父子爱小人而疏士大夫，此亦眼不能见其睫耳。

［注释］

①品藻：品评、评价。
②庙堂：本指宗庙明堂，因其常为议事之所，逐渐引申为朝廷。
③应世经务：应付、处理各种事务。
④冠带：士族、贵族的称呼。
⑤捶楚：即杖责，古代的一种刑罚。

［译文］

我见到世上的文学人士，都喜欢评议古今，好像他们都掌握得非常熟悉一样，等让他们去做实事时，多数不能胜任。处在长期太平之世，不知有什么丧乱之祸；身处于朝廷之上，不知道有战争之急发生；只知道保持俸禄供给，不知道还有耕稼之苦；只知道对吏民头上暴虐，不知道有劳役之勤，对时世和政务却不知道怎么处理了。晋朝南渡，宽待士族，所以江南冠带中只要有才干的人，就被提拔到尚书令，尚书仆射以下，尚书郎、中书舍人以上，执掌机要官职。其余只懂得点文墨的官员多数只知道沉迷于浮华，不知道如何处理世务，犯了点小过错，又舍不得杖责，所以把他们供奉在高位上，来给他们护短。至于那些台阁令史、主办监帅、诸王签省，因为他们熟悉他们的本职工作，能按需要完成任务，所以纵使他们身上流露出小人的情态，被鞭打监督，还是会被委任使用，这是因为他们在处理政务上有长处。人往往不能自量，大家都在抱怨梁武帝父子喜欢小人而疏远士大夫，这样的看法就好比眼睛往往看不到眼睫毛一样。

三

［原文］

梁世士大夫，皆尚褒衣博带[①]，大冠高履，出则车舆，入则扶侍，郊郭之内，无乘马者。周弘正为宣城王[②]所爱，给一果下马[③]，常服御之，举朝以为放达。至乃尚书郎乘马，则纠劾之。及侯景之乱[④]，肤脆骨柔，不堪行步，体羸气弱，不耐寒暑，坐死仓猝者，往往而然。建康令王复性既儒雅，未尝乘骑，见马嘶喷陆梁[⑤]，莫不震慑，乃谓人曰："正是虎，何故名为马乎？"其风俗至此。

［注释］

①褒衣博带：宽大的袍子和衣带。

②周弘正：字思行，南朝梁代官员。见勉学第八第九则注②。宣城王：指梁简文帝长子萧大器，曾受封为宣城郡王，后死于侯景之乱，谥哀太子。

③果下马：一种体形短小的马，因其能在果树下走，故称。

④侯景之乱：侯景自西魏降梁，封为河南王，与梁宗室萧正德勾结，发动政变，东下攻破建康，长达数年之久，史称之为"侯景之乱"。

⑤陆梁：上下跳跃不已。

［译文］

梁朝的士大夫，都喜欢穿宽衣，系阔腰带，戴大帽子，穿高跟木屐，只要出门就乘车基本不走，只要进门就有人伺候，不管在城里城外，根本没有士大夫骑马的现象。宣城王萧大器很喜欢南朝学者周弘正，送给他一匹果下马，他于是经常骑着这匹马。朝廷上下都认为他放纵旷达，不拘礼俗。如果是尚书郎骑马，就会立即遭到别人的弹劾。到了侯景之乱的时候，士大夫们娇生惯养时间太长了，不能吃步行的辛苦，个个体质虚弱，还不能忍受寒冷或酷热。只好在变乱中坐着等死，往往就是由于这个原因造成的。建康令王复，性情温文尔雅，但是他从未骑过马，一看见马嘶鸣跳跃，就非常慌张，他对人说道："这是老虎，为什么还被叫成马呢？"当时的风气竟然衰落到这种程度。

四

［原文］

古人欲知稼穑之艰难，斯盖贵谷务本之道也。夫食为民天，民非食不生矣，三日不粒，父子不能相存。耕种之，茠鉏[1]之，刈(yì)获之，载积之，打拂之，簸扬之，凡几涉手，而入仓廪，安可轻农事而贵末业哉？江南朝士，因晋中兴，南渡江，卒为羁旅，至今八九世，未有力田，悉资俸禄而食耳。假令有者，皆信僮仆为之，未尝目观起一坺[2]土，耘一株苗；不知几月当下，几月当收，安识世间余务乎？故治官则不了，营家则不办，皆优闲之过也。

稼穑艰辛

［注释］

①茠鉏：茠，同"薅"，除草；鉏，锄去。

②坺：耕地时翻起的土块。《国语·周语上》："王耕一坺。"韦昭注："一坺，一耦之发也。耜广五寸，二耜为耦。一耦之发，广尺深尺。"

［译文］

古人对务农都有艰辛、深刻的体验，因为这种体验能使人珍惜粮食，重视农业劳动。古语说："民以食为天"，要是没有食物，人们就无法生存，要是三天不吃饭的话，父子之间连互相问候的力气也没有了。粮食生产需要经过耕种、锄草、收割、储存、舂打、扬场等好几道工序，才可以将粮食收到粮仓，怎么可以重视商业而轻视农业呢？江南朝廷里的官员，大多都是随着晋朝的复兴，向南渡过长江，流落他乡，到现在也长达八九代了。这些官员中没有人从事农业生产，他们完全是依靠俸禄供养来生活的。即使他们有田产，也是随意交给年轻的仆役耕种，至今还没有看见过仆役们挖一次地，插一次秧，更别说什么时候播种，何时收获，又怎能懂得其他事务呢？因此，他们做官就不识世务，不知道治家也不知道置办产业，这都是养尊处优带来的危害啊！

卷第五

省事第十二

一

［原文］

铭金人云："无多言，多言多败；无多事，多事多患。"至哉斯戒也！能走者夺其翼，善飞者减其指，有角者无上齿，丰后者无前足，盖天道不使物有兼焉也。古人云："多为少善，不如执一；鼫(shí)鼠[①]五能，不成伎术。"近世有两人，朗悟士也，性多营综[②]，略无成名，经不足以待问，史不足以讨论，文章无可传于集录，书迹未堪以留爱玩，卜筮(shì)[③]射六得三，医药治十差五，音乐在数十人下，弓矢在千百人中，天文、画绘、棋博，鲜卑语、胡书，煎胡桃油，炼锡为银，如此之类，略得梗概，皆不通熟。惜乎，以彼神明，若省其异端，当精妙也。

［注释］

①鼫鼠：也称"五伎鼠"，据说它能飞、能爬、能游、能躲、能跑，但是多而不精，反为其所牵制。

②营综：经营、整理。

③卜筮：古人经常进行占卜，用龟甲占称卜，用蓍草来占称筮，合称卜筮。

［译文］

铭刻在金人身上的文字说："不要多话，多话就不会成功；不要多事，多事会惹来祸患。"这个训诫真是很正确啊！会走的动物就不会生翅膀，善飞的指头就少，长了双角的基本没有上齿，后肢丰硕的就缺少前足，大概是天道不叫生物兼有各种长处吧！古人说："做得多往往做不好，还不如专心做好一件；鼫鼠有五种本事，可是没有一样是精通的。"近代有两位特别聪明的人，他们喜欢多种经营，可没有一样可以成名的，经学禁不起人家提问，史学还不能和人家讨论，文章不足以选进集录流传，书法字迹也不值得存留把玩，卜筮六次只能猜对三次，医治十人只能治好五人，音乐水平在几十人之下，弓箭技能在千百人之中，成绩平平，天文、绘画、棋博、鲜卑语、鲜卑文字、煎胡桃油、炼锡为银，这些东西只知道皮毛而已，都不怎么精通。可惜啊！凭这两位的灵气，要不是一味追求异端，应该都能达到精妙了。

二

［原文］

上书陈事[1]，起自战国，逮于两汉，风流[2]弥广。原其体度：攻人主之长短，谏诤之徒也；讦群臣之得失，讼诉之类也；陈国家之利害，对策之伍也；带私情之与夺，游说之俦也。总此四涂，贾诚[3]以求位，鬻(yù)言以干禄。或无丝毫之益，而有不省之困，幸而感悟人主，为时所纳，初获不赀之赏[4]，终陷不测之诛，则严助、朱买臣、吾丘寿王、主父偃之类甚众[5]。良史所书，盖取其狂狷一介[6]，论政得失耳，非士君子守法度者所为也。今世所睹，怀瑾瑜而握兰桂者[7]，悉耻为之。守门诣阙，献书言计，率多空薄，高自矜夸，无经略之大体，咸秕(bǐ)糠[8]之微事，十条之中，一不足采，纵合时务，已漏先觉，非谓不知，但患知而不行耳。或被发奸私，面相酬证，事途回穴，翻惧愆尤[9]；人主外护声教，脱加含养[10]，此乃侥幸之徒，不足与比肩也。

［注释］

①陈事：陈述事情。

②风流：遗风。

③贾诚：假作忠心。

④不赀之赏：《汉书·盖宽饶传》：“不赀者，言无赀量可以比之，贵重之极也。”此处指极其贵重的赏赐。

⑤严助：西汉人，武帝时举贤良，终迁会稽太守，因参与淮南王刘安谋反事被杀。朱买臣：西汉人，少时家贫，靠卖薪为生，后经举荐，做会稽太守，因张汤一事被杀。吾丘寿王：字子赣，西汉人，曾上书北击匈奴，后因坐事诛。主父偃：西汉人，曾上疏削藩，为武帝所采纳，后为齐相，迫齐王自杀而遭诛。

⑥一介：耿介、狷狂。

⑦瑾瑜：一种美玉。兰桂：兰和桂花，古人常以此喻怀才之人。

⑧秕糠：琐碎、微小之事。

朱买臣

汉代朱买臣出身贫寒，常上山打柴，靠卖薪度日。妻子因忍不住贫困而离开了他。后经人推荐，朱买臣做了会稽太守。

⑨愆尤：罪过、过错。

⑩含养：涵养，宽容。

［译文］

向君主上书陈述意见，这种做法从战国时代就开始了，到了两汉，这种风气更加流行了。仔细推究它的体度；无非是指责国君长短的，应该归于谏诤一类；评议群臣得失的，应该属于讼诉一类；用于陈述国家利害的，归于对策一类；抓住对方私人情感来打动他们的，属于游说一类。对这四类情况进行总结，都是靠出卖忠心来谋求地位，靠出卖言论来取得利禄。他们陈述的意见国君可能不会理解，即使有幸让国君明白，被及时采纳，就算刚开始的时候得到丰厚的奖赏，但终究还是避免不了遭致无法预测的诛杀，比如严助、朱买臣、吾丘寿王、主父偃这些人，真是多不胜数。那些被优秀的史官载入史册的，只不过是他们选取了其中那些性情狂狷耿介，敢于评论时政得失的人罢了，但这些都不是世家君子、谨守法度的人干得出来的，现在我们所看到的，都是德才兼备的人所耻于干的。守候在国君出入的门户旁边，或小步跑向朝廷的殿堂，向国君献书陈述计策，那些东西基本上流于空疏浅薄，自吹自擂，其中没有治理国家的纲领，都是不足挂齿的事情，值得采纳的意见不及十分之一，即使是合乎实际情况的意见，也往往是别人早就认识到的，这些情况并不是大家不知道，值得担忧的是人们知道了却不去实行。有时上书者被人揭发做出以权谋私的丑事，还要当面和人应答对证，事情的发展反复无常，当事人此时却是十分担惊受怕，纵然国君出于对外维朝廷声誉教化的考虑，还能够对他们加以包涵，他们只能成为侥幸获免之辈，正人君子是不值得与他们为伍的。

三

［原文］

谏诤之徒，以正人君之失尔，必在得言之地，当尽匡赞之规，不容苟免偷安，垂头塞耳；至于就养[①]有方，思不出位，干非其任，斯则罪人。故《表记》云：“事君，远而谏，则谄也；

近而不谏，则尸利[②]也。”《论语》曰：“未信而谏，人以为谤己也。”

［注释］

①就养：奉养、侍奉。
②尸利：尸居，尸位素餐。

［译文］

处于谏诤之位的人，他们的责任在于纠正国君的过失，要是处在能够讲话的位置，一定要尽他们匡正辅佐的责任，至于苟且偷安、装聋作哑是不容许的。至于那些侍奉国君的人，应尽他们的职责，考虑问题不要超出自己的职务范围，如果超越自己的职位去冒犯国君，那就会成为朝廷的罪人。所以《礼记·表记》上说：“侍奉国君，关系不亲近却前去进谏，那就和谄媚没什么区别了；关系密切然而不进谏，那就等于无功受禄。”《论语·子张》上说：“没有取得国君的信任就去进谏，国君往往认为这是诽谤他。”

［原文］

君子当守道崇德，蓄价[①]待时，爵禄不登，信由天命。须求趋竞，不顾羞惭，比较材能，斟量功伐[②]，厉色扬声，东怨西怒；或有劫持宰相瑕疵，而获酬谢；或有谊聒(xuān guō)[③]时人视听，求见发遣；以此得官，谓为才力，何异盗食致饱，窃衣取温哉！世见躁竞得官者，便谓“弗索何获”；不知时运之来，不求亦至也。见静退未遇者，便谓“弗为胡成”；不知风云不与，徒求无益也。凡不求而自得，求而不得者，焉可胜算乎！

［注释］

①蓄价：蓄养名声身价。
②功伐：功勋，功绩。
③谊聒：谊，同“喧”。喧闹刺耳。

［译文］

君子应该遵守正道，推崇德行修养，蓄养自身名声身价，等候恰当的机会，就算没能获得高官厚禄，也是上天注定的。若是积极奔走求取名望，毫不知羞，于他人攀比才能，评功论绩，怒气满面而大声吵嚷，四处抱怨；或者以缺点不足要挟宰相，进而获取报酬；或者在众人面前高声喧哗而扰人视听，以此求得安排官职；凭借以上手段获得官职的，认为很有能力，这和盗取食物充饥，偷盗衣物取暖有什么区别！世人见到那些四处奔走急切寻求官职的人，就会说“不主动索取怎么能够得到”；不清楚若是一个人的时运到了，就算不去索求也会到来。看到那些恬静淡泊却没有被委以重任的人，于是就说“没有争取如何能够得到”；却不清楚若是时势不准，再多的追求也是徒劳。凡是没有索取就得到的，努力索取却一无所获的人，怎么能够数得清楚呢！

四

[原文]

齐之季世①，多以财货托附外家，喧动女谒②。拜守宰者，印组③光华，车骑辉赫，荣兼九族，取贵一时。而为执政所患，随而伺察，既以利得，必以利殆，微染风尘，便乖肃正，坑阱殊深，疮痏④未复，纵得免死，莫不破家，然后噬(shì)脐⑤，亦复何及。吾自南及北，未尝一言与时人论身分也，不能通达，亦无尤焉。

[注释]

①季世：末世，晚期。
②女谒：通过女性来进行干谒，谋求名利。
③印组：印即官印，组指绶带，用来系印。
④疮痏：创伤，伤痕。
⑤噬脐：咬自己的脐，这是无法办到的。此处形容后悔、追悔的意思。

[译文]

北齐的末年，那些谋求官职的人，大多把钱财托附给外家，通过那些得宠女子去拜托请求。被任命为地方官的人，就授予官印绶带，整个人光艳华丽，乘坐高车大马，辉煌显赫，荣耀波及九族，取得一时的富贵。但一旦遭到执政者的怨恨，执政者就会立即侦探调查他们，至于那些因利而来的好处，都必然会因利而导致危难，只要稍微沾染上世俗的不良风气，就背离了为官必须具备的严肃正直，那陷阱很深，那创痛很难平复，即使能够躲过一死，却难逃家庭的破败，到时候再后悔也没有用了。我从南到北，从来没有和别人谈过一句有关自己身份地位的话，即使一辈子不能富贵显达，更不可以因此而怨天尤人。

五

［原文］

王子晋[①]云：“佐饔(yōng)得尝，佐斗得伤。”此言为善则预，为恶则去，不欲党人[②]非义之事也。凡损于物，皆无与焉。然而穷鸟入怀[③]，仁人所悯；况死士归我，当弃之乎？伍员之托渔舟[④]，季布之入广柳[⑤]，孔融之藏张俭[⑥]，孙嵩之匿赵岐[⑦]，前代之所贵，而吾之所行也，以此得罪，甘心瞑目。至如郭解之代人报仇[⑧]，灌夫之横怒求地[⑨]，游侠之徒，非君子之所为也。如有逆乱之行，得罪于君亲者，又不足恤焉。亲友之迫危难也，家财己力，当无所吝；若横生图计，无理请谒，非吾教也。墨翟(dí)之徒，世谓热腹[⑩]，杨朱之侣，世谓冷肠[⑪]；肠不可冷，腹不可热，当以仁义为节文尔。

伍员剑赠渔父

伍员是春秋末期吴国大夫，他本为楚国人，父、兄为楚平王所杀，被迫出逃吴国。在逃往吴国时，有渔翁相救，伍员解剑赠渔父，是为了报答渔翁急难中渡他过江的恩情。

［注释］

①王子晋：周灵王太子。

②党人：伙同、结伙。

③穷鸟入怀：比喻走投无路之时被迫投靠他人。

④“伍员”一句：伍员，字子胥，原为楚国人，其父伍奢被杀，遂逃往吴国，帮助吴王阖闾确立王位，后率吴军打败楚国。子胥逃往吴国之时，“追者在后，至江，江上有一渔翁乘船，知伍胥之急，乃渡伍胥”。

⑤“季布”一句：季布，秦末楚国人，曾为项羽部将，数困刘邦，后刘邦追杀，不得已，藏在濮阳周氏家中，衣褐布，被置之广柳车中，才得以幸免。事迹见《汉书·季布传》。广柳，一种丧车。

⑥“孔融”一句：张俭，字元节，东汉人。俭与融兄褒素有交情，他在遭到官府追捕时，逃往褒家寻求保护，时孔褒不在家，孔融便留他在家中躲藏，事情败露后，遭到官府通缉，兄弟两人争死，竟以全免。事见《后汉书·孔融传》。

⑦“孙嵩”一句：赵岐逃难，被迫卖饼市中，孙嵩看他并非平常人，便邀请他一同乘车回家，藏在自己家中，以免除祸患。

⑧“至如”一句：赵曦明引《史记·游侠列传》曰：“郭解，轵人也，字翁伯，为人短小精悍，以躯借交报仇。”

⑨“灌夫”一句：赵曦明引《史记·魏其武安侯列传》曰：“武安侯田蚡为丞相，使籍福请魏其城南田，不许。灌夫闻，怒骂籍福，福恶两人有郄，乃谩自好，谢丞相。已而武安闻魏其、灌夫实怒不与田，亦怒曰：‘蚡事魏其，无所不可，何爱数顷田？且灌夫何与也？’由此大怨灌夫、魏其。”

⑩“墨翟”二句：春秋时期墨家学派的代表人物，主张“兼爱”“非攻”，怀天下，毫无私利之心，被后世称为热肠中人。

⑪“杨朱”二句：战国初哲学家，他反对墨家所谓的“兼爱”，主张“重己”“贵生”，重视个体生命，“拔一毛利天下而不为”。

[译文]

王子晋曾经说：“帮助别人做菜，可以品尝美味，帮助别人争斗，却不免被别人殴伤。”这话是说做好事可以参加，做坏事最好还是避开的好，不要拉帮结伙而去干不义的事情。凡是对人不好的事，都不可以参加，但是一只走投无路的小鸟如果投入人的怀抱，仁慈的人自然会去可怜它；更何况前来投靠的是敢死的勇士，难道可以抛弃他吗？伍员托渔夫摆渡得以解救，季布被藏在广柳车中得救，孔融掩救张俭，孙嵩藏匿赵岐，这些事例历代都被人看重，这也正是我所奉行的。就算因此得罪权贵，我也没有什么可以怨恨的，至于郭解帮别人报仇，灌夫为朋友愤怒地责备丞相田蚡还帮着索取田地，那是游侠之徒的行为，是君子所不齿的，如果出现大逆不道，犯上作乱的行为，因此而得罪君主与父母，就更没必要同情他们了。亲友正处于危难之中，自家要是有钱财和精力，是不可以吝借的；如果有人不怀好意，无理请求，那就根本不值得我们同情。墨子的门徒，大家都认为他们太热心，杨朱的同道，大家都说他们太刻薄，没有人情味，情不可太薄，心也不可太热，应该用仁义来节制修饰自己的言行。

[原文]

前在修文令曹[①]，有山东学士与关中太史竟历[②]，凡十余人，纷纭累岁，内史牒付议官平之。吾执论曰：“大抵诸儒所争，四分[③]并减分两家尔。历象[④]之要，可以晷景[⑤]测之；今验其分至[⑥]薄蚀[⑦]，则四分疏而减分密。疏者则称政令有宽猛，运行致盈缩，

非算之失也；密者则云日月有迟速，以术求之，预知其度，无灾祥也。用疏则藏奸而不信，用密则任数而违经。且议官所知，不能精于讼者，以浅裁深，安有肯服？既非格令所司，幸勿当也。”举曹贵贱，咸以为然。有一礼官，耻为此让，苦欲留连，强加考核。机杼（zhù）[8]既薄，无以测量，还复采访讼人，窥望长短，朝夕聚议，寒暑烦劳，背春涉冬，竟无予夺，怨诮滋生，赧然而退，终为内史所迫：此好名之辱也。

[注释]

①前在修文令曹：据《北齐书·文苑传》载颜之推“河清末，被举为赵州功曹参军，寻待诏文林馆，除司徒录事参军”。

②竞历：辩论历法。

③四分：四分历。

④历象：观测日月星辰等天象的运行和变化。

⑤晷景：日晷的影子。

⑥分至：春分、秋分，夏至、冬至。

⑦薄蚀：日食、月食。

⑧机杼：心中所想。

[译文]

之前我在修文令曹的时候，曾经有山东学士和关中太史辩论历法，一共有十多人参与辩论，连续几年纷争不休，内史都发布公文交由议官处理来平定这件事。我提出的观点是：“诸多儒生争论的焦点是，四分历和减分历两家观点。观察星月星辰等天象的运行和变化的关键，可以通过日晷的影子来测算；如今依照春分、秋分，夏至、冬至以及日食、月食来验证，那么四分历过于疏漏而减分历过于严密。主张四分历的一方认为政令存在宽猛之处，天体运行也会导致盈缩之别，并非是历法测算的过失；主张减分历的一方宣称日月的运行存在不同程度的快慢差别，用固定的方法推算，就能够提前知道日月运行的度次，不存在灾祸吉祥的说法。采用相对宽疏的四分历就会隐藏奸邪而不能确定，采用相对严密的减分历虽然可以顺应天数但是却背离经义。并且议官所掌握的天文知识，不能比辩论的双方更加精准，凭借浅显的知识却去为知识渊博的人做裁判，怎么能够让众人信服？既然这并非属于律令的事，那么也最好不要让他们插手接管。”令曹的所有人，都觉得我说的很对。有一个礼官，对于做出这样的让步而感到耻辱，苦苦相劝，强加挽留，竭尽所能进行验证。既然心中所想的本就很浅，不能够进行测算，因此不停地对辩论的双方求访询问，窥探辩论双方的优劣长短，不分昼夜地聚在一起辩论商议，不顾寒暑的辛劳，从春天一直到冬天，竟然毫无定论，众人纷纷抱怨讥讽，他只得惭愧地退出，最后被内史斥责：这就是追名逐利所带来的耻辱。

止足第十三

一

［原文］

《礼》云："欲不可纵，志不可满。"宇宙可臻其极，情性不知其穷，唯在少欲知足，为立涯限尔。先祖靖侯戒子侄曰："汝家书生门户，世无富贵；自今仕宦不可过二千石[1]，婚姻勿贪势家。"吾终身服膺(yīng)，以为名言也。

［注释］

①二千石：指俸禄为二千石的高官。汉代的郡守职位俸禄为二千石粮食。

［译文］

《礼记》上说："欲不能随意放纵，志不能满盈。"宇宙还可以看到它的边缘，情性却没有个尽头。只有减少欲望，知道适可而止，有个限度。先祖靖侯教诫子侄说："你家是书生门户，很多代都没有出现过大富大贵，从今以后，如果做官绝对不可以超过二千石，婚姻也不要贪图权势之家。"我衷心信服而且牢牢记住，认为这是名言。

二

［原文］

天地鬼神之道，皆恶满盈。谦虚冲损，可以免害。人生衣趣[1]以覆寒露，食趣以塞饥乏耳。形骸之内，尚不得奢靡，己身之外，而欲穷骄泰邪？周穆王[2]、秦始皇、汉武帝，富有四海，贵为天子，不知纪极，犹自败累，况士庶乎？常以二十口家，奴婢盛多，不可出二十人，良田十顷，堂室才蔽风雨，车马仅代杖策，蓄财数万，以拟吉凶[3]急速，不啻此者，以义散之；不

至此者，勿非道求之。

[注释]

①趣：卢文弨曰："趣者，仅足之意，与《孟子》'杨子取为我'之义同。"

②周穆王：姓姬，名满，西周国王，在位时曾周游国内，纵情为乐，引起东方徐戎的背叛。

③吉凶：婚丧之事。

周穆王八骏巡游

周穆王命造父驾车向西至西王母处，乐而忘返。东方徐偃王乘机发动叛乱，在这危急时刻，造父驾车，日行千里，迅速回归，使穆王得以平息叛乱。

[译文]

天地鬼神的道义，都厌恶满盈，只要做到谦虚淡泊，就可以免除祸害。人生在世，穿衣服的目的无非是覆盖身体免除寒冷受冻，吃东西的目的无非是填饱肚子免除饥饿乏力罢了。形体之内，尚且不能够奢侈浪费，自身之外，难道还可以极尽骄傲放肆吗？周穆王、秦始皇、汉武帝富贵遍及四海，虽然贵为天子，但是却不懂得适可而止，还导致自己败坏受害，更何况士庶呢？我经常认为二十口之家，奴婢最多不可超出二十人，良田十顷，堂室只求遮挡风雨，车马仅以能够代替步行。积蓄也只不过几万钱财，用来准备婚丧急用。如果作用不止这些，要用合乎道理的方法散掉钱财；要是财富还不到这些，也千万不要用不正当的办法来求取。

三

[原文]

仕宦称泰，不过处在中品，前望五十人，后顾五十人，足以免耻辱，无倾危也。高此者，便当罢谢，偃仰私庭。吾近为黄门郎[①]，已可收退；当时羁旅，惧罹谤讟，思为此计，仅未暇尔。自丧乱已来，见因托风云，徼幸富贵，旦执机权，夜填坑谷，朔欢卓、郑[②]，晦泣颜、原[③]者，非十人五人也。慎之哉！慎之哉！

[注释]

①黄门郎：即给事黄门侍郎。负责侍从皇帝，执掌机密，传达诏令之事，官职虽小，但权势却很大。

②卓、郑：卓，卓氏，战国时商人，郑，即程郑，汉代大商人。他们都富比王侯，过着奢侈的生活。

③颜、原：颜指颜回，原即原思，都是孔子的弟子，以安贫乐道自居。

［译文］

做官做得最稳妥的是中等品级，向前看看差不多有五十人，往后望差不多还有五十人，这样的位置就足以免去耻辱，还不必承担风险了。只要高于中品的官职就应该婉言谢绝，可以闭门安居。我近来被任命为黄门侍郎，现在已经辞官还乡了，只是客居异乡，之所以这样做是怕遭人攻击诽谤，虽然这个打算很好，还是没找到合适的时机。自从丧乱出现之后，我看见那些乘时而起，侥幸获得富贵的人，白天他们还在执掌大权，晚上就落得尸填坑谷的下场，月初还像卓氏、程郑这些富豪一样寻欢作乐，月底就成为颜回、原思这样的贫士悲痛不已，像这种人，还不止十个五个。做官一定要当心啊！要当心啊！

诫兵第十四

一

［原文］

颜氏之先，本乎邹、鲁[①]，或分入齐，世以儒雅为业，遍在书记。仲尼门徒，升堂者七十有二，颜氏居八人焉。秦、汉、魏、晋，下逮齐、梁，未有用兵以取达者。春秋世，颜高、颜鸣、颜息、颜羽之徒[②]，皆一斗夫耳。齐有颜涿聚[③]，赵有颜冣[④]，汉末有颜良[⑤]，宋有颜延之[⑥]，并处将军之任，竟以颠覆。汉郎颜驷(sì)[⑦]，自称好武，更无事迹。颜忠以党楚王受诛，颜俊以据武威见杀，得姓已来，无清操者，唯此二人，皆罹祸败。顷世乱离，衣冠之士，虽无身手，或聚徒众，违弃素业，徼幸战功。吾既羸薄，仰惟前代，故置心于此，子孙志之。孔子力翘门关，不以力闻，此圣证也。吾见今世士大夫，才有气干，便倚赖之，不能被甲执兵，以卫社稷；但微行险服[⑧]，逞弄拳腕，大则陷危亡，小则贻耻辱，遂无免者。

［注释］

①邹、鲁：春秋战国时期的诸侯国，在今山东东南一带。

②颜高、颜鸣、颜息、颜羽：四人均为鲁国人，好武，以文学为耻。

③颜涿聚：春秋时齐国人，有勇力，抗战而死。

④颜冣：战国时赵国将领，赵亡，为秦所虏。

⑤颜良：东汉末年袁绍所部将领，后在交战中死去。

⑥颜延之：南朝宋人，文章独步当时，与谢灵运并称，史称“颜谢”。

⑦颜驷：西汉人，有武力，经过文、景、武三世而不遇，在老年之时，武帝擢为会稽都尉。

⑧险服：武士所穿的服装。

［译文］

颜氏的祖先，本来生活在邹国、鲁国，后来有一分支迁到齐国，世代所从事的事业都是儒雅的事业，这些在古书上面都有记载的。孔子的学生，学问已经入门的有七十二人，但是光姓颜的就占了八个。秦汉、魏晋，直到齐梁年间，颜氏家族中没有人靠带兵打仗来获取富贵的。春秋时代，至于颜高、颜鸣、颜息、颜羽之流，他们只不过是武夫而已。齐国有颜涿聚，赵国有颜冣，东汉末年有颜良，东晋有颜延，虽然他们都担任过将军的职务，可是还是落得个悲惨的结局。西汉时担任侍郎的颜驷，好功自大，自吹自擂，却没有见他干什么功绩。颜忠因结党攀附楚王而被杀，颜俊因谋反占据武威遭到连诛，颜氏家族到目前为止，只有这两个人节操是不清白的，他们都遭到不好的下场。近代天下大乱，有些士大夫和贵族子弟，即使没有勇力习武，却一心想着聚集众人，放弃清高儒雅的事业，想侥幸获取战功。我自身瘦弱单薄，又时刻牢记以前姓颜的人好兵致祸的教训，所以仍旧把心思放在读书做官上面，子孙们也一定要牢记这个训诫。孔子力气大得能推开沉重的国门，但是他始终不肯以“大力士”闻名于世，这是圣人给我们留下的榜样。我看到当今的士大夫，他们才有点气力，就把这作为资本，没有能力披铠甲执兵器来保卫国家，只不过行踪神秘，穿着奇装异服，卖弄一点英武罢了。他们这样做的后果重则陷于危亡，轻则留下耻辱，竟没有谁能幸免。

二

［原文］

国之兴亡，兵之胜败，博学所至，幸讨论之。入帷幄之中，参庙堂之上，不能为主尽规以谋社稷，君子所耻也。然而每见文士，颇读兵书，微有经略。若居承平之世，睥睨(pì nì)宫阃(kǔn)①，幸灾乐祸，首为逆乱，诖(guà)误②善良；如在兵革之时，构扇反复，纵横说诱，不

识存亡，强相扶戴：此皆陷身灭族之本也。诫之哉！诫之哉！

［注释］

①宫闱：宫殿，帝王所居之处。
②诖误：牵涉、连及。

［译文］

对于国家的兴亡，战争的胜败这类问题，我只希望你们在学问达到渊博的时候再仔细加以研究。要是你们能够在军队中参与决策，在朝廷里参与议政，而不尽力为君主出谋献策，商议国家大事，竭尽忠诚的话，就会为君子所不耻。然而我见到当今的一些文人，只粗略读过几本兵书，略微懂得一些谋略，要是他们生活在太平盛世，就无视宫廷，幸灾乐祸，首先起来叛乱的是他们，甚至还牵连祸害忠良；如果让他们生活在兵荒马乱的时代，他们就勾结煽动众人叛乱，无所顾忌，四处游说，拉拢诱骗别人，蛊惑别人的视听，他们不懂得存亡之机，只不过盲目地拼命相互扶植拥戴：这些都是招致杀身灭族的祸根。子孙们一定要引以为戒啊！一定要引以为戒啊！

三

［原文］

习五兵[①]，便乘骑，正可称武夫尔。今世士大夫，但不读书，即称武夫儿，乃饭囊酒瓮也。

［注释］

①五兵：泛指各种兵器。

［译文］

熟练五种兵器，擅长骑马，做到这些才足以称得上是武夫。现在的士大夫，他们只要不肯读书，就称自己是武夫，实际上只不过是一群酒囊饭袋罢了。

养生第十五

一

［原文］

神仙之事，未可全诬；但性命在天，或难钟值[①]。人生居

世，触途牵絷（zhí），幼少之日，既有供养之勤；成立之年，便增妻孥之累。衣食资须，公私驱役；而望遁迹山林，超然尘滓，千万不遇一尔。加以金玉之费，炉器所须，益非贫士所办。学如牛毛，成如麟角。华山之下，白骨如莽②，何有可遂之理？考之内教③，纵使得仙，终当有死，不能出世，不愿汝曹专精于此。若其爱养神明，调护气息，慎节起卧，均适寒暄，禁忌食饮，将饵药物，遂其所禀，不为夭折者，吾无间然。诸药饵法，不废世务也。庾肩吾常服槐实④，年七十余，目看细字，须发犹黑。邺中朝士，有单服杏仁、枸杞、黄精、术、车前得益者甚多，不能一一说尔。吾尝患齿，摇动欲落，饮食热冷，皆苦疼痛。见《抱朴子》牢齿之法，早朝叩齿三百下为良；行之数日，即便平愈，今恒持之。此辈小术，无损于事，亦可修也。凡欲饵药，陶隐居《太清方》⑤中总录甚备，但须精审，不可轻脱。近有王爱州在邺学服松脂⑥，不得节度，肠塞而死，为药所误者甚多。

[注释]

①钟值：碰巧、恰好。

②“华山”二句：华山，传说为仙人所居之地，很多人为了成仙，纷纷来到华山之上，修炼成仙，但因不得法，至修炼而死者不可数。

③内教：佛教。佛教徒以儒学为外学，佛学为内学，儒教为外教，佛教为内教。

④庾肩吾：字子慎，南朝梁人，善诗文，深受简文帝萧纲的赏识。

⑤陶隐居：即陶弘景，字通明，初入仕途，后归隐山林。《太清方》：《隋书·经籍志》云：“《太清草木集要》二卷，陶隐居撰。”

⑥松脂：《本草纲目》：“松脂，一名松膏，久服，轻身，不老延年。”

陶弘景

陶弘景因长期隐居，自号华阳陶隐居，他是南朝齐梁时期的道士和医药学家。

[译文]

得道成仙的事情，我们不可以说全是虚假的，只是人的性命长短在于上天，很难说会碰上好运还是遇到厄运。人在世一辈子，到处都有牵挂羁绊，在少年的时候，要尽供养侍奉父母的职责，成年以后，又添上了养育妻子儿女的拖累。还有衣食供给的需求，为公事、私事操劳奔波，多么希望做一个隐居于山林，超脱于尘世的人，可是这样的人千万人中还遇不到一个。加上所谓的得道成仙之术，要耗资黄金宝玉，还需要炉鼎器具，更不是一般的贫士所能办到的。学道的人比比皆是，成功的人却是凤毛麟角。华山之下，白骨多如野草，有几个人能够顺心如愿呢？再认真考查内教，即使能成仙，最后还是不免于死亡，无法摆脱人世间的羁绊得到长生。我不愿意让你们专心致力于这样的事情。如果是出于爱惜保养精神，调理护养气息的目的，只要做到起居有规律，穿衣冷暖适当，饮食有节制，再吃些补药滋养也就差不多了，只要顺着本来的天赋，保住元气，就不会短命的，这样，我也就没有什么可以值得批判的了。服用补药一定要得法，不要贻误了大事。庾肩吾常服用槐树的果实，一直到了七十多岁，眼睛尚且还能看清小字，胡须头发还是黑色的。邺城的朝廷官员有人专门服用杏仁、枸杞、黄精、白术、车前，也因此得到了很多的好处，这样的例子不能在这里一一列举。我曾经经常牙痛，牙齿松动快掉了，无论吃冷吃热的东西，都疼痛难忍。看了《抱朴子》里固齿的方法，我早上起来就叩碰牙齿三百次，我按照这样的方法坚持了几天，牙就好了，现在还一直坚持这么做。这一类的小技巧，并不对别的事情有损害，也可以学学。至于要服用补药，陶隐居的《太清方》中收录的就很完备，但是还需要精心挑选，不能轻率，一定不可以盲目。最近有个叫王爱州的邺城人，效仿别人服用松脂，不知道有所节制，结果肠子被堵塞而死。被药物伤害的人真的是多如牛毛，一定要小心。

二

[原文]

夫养生者先须虑祸，全身保性，有此生然后养之，勿徒养其无生也。单豹养于内而丧外，张毅养于外而丧内①，前贤所戒也。嵇康著《养生》之论，而以傲物受刑②；石崇冀服饵之征，而以贪溺取祸③，往世之所迷也。

[注释]

①“单豹”二句:《庄子·达生》:“鲁有单豹者，岩居而水饮，不与民共利，行年七十而犹有婴儿之色，不幸遇饿虎，饿虎杀而食之。有张毅者，高门县簿，

无不走也，行年四十而有内热之病以死。豹养其内而虎食其外，毅养其外而病攻其内。此二子者，皆不鞭其后者也。”

②“嵇康”二句：字叔夜，三国时魏人，详见勉学第八第十一则注⑪。

③“石崇”二句：石崇，字季伦，西晋人，以劫掠客商致富，曾与贵戚王恺斗富，夸侈奢靡，后为赵王伦所杀。事迹见《晋书·石崇传》。

石王斗富

西晋上层社会以豪华奢侈为荣，权臣石崇与贵戚王恺斗富，二人争为侈靡。

[译文]

养生者首先考虑的应该是避免祸患，一定要先保住自己的性命，在这个基础上，然后再开始保养它，不要费尽心力去追求一些和生命无关紧要的东西。单豹所注重的只是保养身心，却忽视了外部的因素最终丧失了生命，张毅善于防备外部的因素，却因身体内部发病导致死亡，这些前车之鉴一定要引以为戒啊。嵇康写了一部《养生论》，可是他却由于傲慢无礼而遭到刑戮；石崇希望借服药达到延年益寿，却因为贪恋钱财和美色招来了杀身之祸，这都是过去糊涂人的事例啊。

三

[原文]

夫生不可不惜，不可苟惜。涉险畏之途，干祸难之事，贪欲以伤生，谗慝而致死，此君子之所惜哉；行诚孝而见贼，履仁义而得罪，丧身以全家，泯躯而济国，君子不咎也。自乱离已来，吾见名臣贤士，临难求生，终为不救，徒取窘辱，令人愤懑。侯景之乱，王公将相，多被戮辱，妃主姬妾，略无全者。唯吴郡太守张嵊(shèng)①，建义不捷，为贼所害，辞色不挠；及鄱阳王世子谢夫人②，登屋诟怒，见射而毙。夫人，谢遵女也。何贤智操行若此之难？婢妾引决若此之易？悲夫！

[注释]

①张嵊：字四山，南朝梁人。《梁书·张嵊传》：武帝太清二年，侯景攻入建

康。嵊招集士卒，修筑城垒，积极抵抗。及为刘神茂所败，嵊“乃释戎服，坐于听事，贼临之以刃，终不为屈。乃执嵊以送景，景刑之于都市，子弟同遇害者十余人。”

②“及鄱”一句：鄱阳王世子，指萧嗣，为鄱阳王萧恢的孙子。侯景之乱时，萧嗣组织反抗，但敌众我寡，不敌，为流矢所伤而死。谢夫人，指萧嗣的妻子。

[译文]

生命一定要珍惜，也不能苟且偷生。一不小心人就会走上邪恶危险的道路，不知不觉卷入祸难的事情，追求欲望的满足导致丧身，进谗言、藏恶念招来杀身之祸，君子应该珍惜自己的生命，这些事是不应该做的。要是干忠孝的事而被害，做仁义的事而获罪，但是能够丧一身而使全家保全，丧一身而使国家获利，这些都是君子不应该受到责备的。自从梁朝发生战乱，百姓颠沛流离以来，我看到一些有名望的官吏和贤能的文士，他们在面临危难的时候，选择苟且求生，终于还是不能求得生存，还白白地遭受窘迫和污辱，真叫人愤懑。侯景之乱时，王公将相，大都受辱被杀，妃主姬妾，没有一人能够保全自己。只有吴郡太守张嵊，兴师讨贼虽然没有取得胜利，被叛贼杀害，但是他在临终之时，言辞神色没有半点屈服的表现；还有鄱阳王世子萧嗣之妻谢夫人，她勇敢地登上房屋怒骂群贼，最后被乱箭射死。谢夫人是谢遵的女儿。为什么贤德智慧的官绅们坚守操行是如此困难，至于那些婢女妻妾成仁却是如此容易做到？难道不可悲吗？

归心第十六

一

[原文]

三世[①]之事，信而有征，家世归心，勿轻慢也。其间妙旨，具诸经论[②]，不复于此，少能赞述；但惧汝曹犹未牢固，略重劝诱尔。

[注释]

①三世：佛教之说谓人生有过去世、现在世和将来世。

②经论：指各种各样的佛教典籍。

[译文]

佛家所说的过去、现在、未来“三世”的事情，是有一定根据的，是可以相信的，我们家世代都信佛教，所以对于佛事千万不可轻忽怠慢。佛教中的精妙内容在佛教的经、论中都有讲述，我在这里就不再转述赞美了；但是又担心你们记不住，所以再对你们稍加劝勉诱导一下。

二

[原文]

原夫四尘五荫，剖析形有；六舟三驾①，运载群生：万行归空，千门入善，辩才智惠，岂徒“七经”、百氏之博哉？明非尧、舜、周、孔所及也。内外两教，本为一体，渐积为异，深浅不同。内典初门，设五种禁②；外典仁义礼智信，皆与之符。仁者，不杀之禁也；义者，不盗之禁也；礼者，不邪之禁也；智者，不酒之禁也；信者，不妄之禁也。至如畋(tián)狩军旅，燕享刑罚，因民之性，不可卒除，就为之节，使不淫滥尔。归周、孔而背释宗③，何其迷也！

观音莲花

[注释]

①六舟三驾：六舟，即六度。指由此岸到彼岸的六种途径：布施、持戒、忍、精进、定、智慧。三驾，即三乘，达到超脱的三种方法。

②五种禁：佛教的五戒。即勿杀、盗、淫、妄言、饮酒。

③释宗：佛教。

[译文]

推究四尘（色、香、味、触）和五荫（色、受、想、行、识）的内在原理，剖析世间万物内在的奥秘，借助六舟（布施、持戒、忍辱、精进、静虑、智慧）和三驾（声闻、缘觉、菩萨），去普度众生：让众生通过种种戒行的修炼，归依于“空”；通过种种法门，逐渐达到善。这其中的辩才和智慧，仅仅可以与儒家的“七经”及诸子百家的广博相提并论吗？显然是尧、舜、周公、孔子他们不能到达的。佛学作为内教，儒学作为外教，它们本来是出于一体的。两者教义有分别，只是深浅程度不同罢了。在佛教经典的最初阶段，存在五种禁戒，但是儒家经典所讲的仁、义、礼、智、信，和它们是吻合的。仁就是不杀生的禁戒，义等于不偷盗的禁戒，礼等于不淫乱的禁戒，智等于不酗酒的禁戒，信等于不虚妄的禁戒。至于像狩猎、征战、饮宴、刑罚等行为，要按照老百姓的天性，要想都根除掉是不可能迅速完成的，只能让它们存在而有所节制，不会过分罢了。归依周公、孔子却违背放弃佛教，真是一种糊涂的做法啊！

三

[原文]

俗之谤者，大抵有五：其一，以世界外事及神化无方为迂诞也。其二，以吉凶祸福或未报应为欺诳也。其三，以僧尼行业多不精纯为奸慝(tè)也。其四，以糜费金宝减耗课役[①]为损国也，其五，以纵有因缘如报善恶，安能辛苦今日之甲，利益后世之乙乎？为异人也。今并释之于下云。

[注释]

①课役：课即赋税，役即徭役。泛指各种名目的税收和杂役。

[译文]

世俗对佛教的指责，不外乎以下五种：第一，认为佛教所讲述的都是世间至外的事情，这些事情多是离奇古怪、没有根据的，基本上是迂阔荒诞的。第二，认为人世间的凶吉祸福，并不是都有相应的因果报应的，佛教强调因果报应，这无异于迷惑、欺骗众人。第三，认为出家当和尚、尼姑的人，他们的品行不端正，为人不清白，道行大多不纯熟，寺庵变成了藏污纳垢的地方。第四，认为修建寺庵耗费大量黄金宝物，僧尼不交租、不服役，使国家利益受损；第五，即使世间果真存在因果报应的话，那怎么可以让今天辛苦劳作的甲某，去为来世的乙某谋利益呢？真是太奇怪了啊！现在一并解释如下。

四

[原文]

释一曰：夫遥大之物，宁可度量？今人所知，莫若天地。天为积气，地为积块，日为阳精，月为阴精，星为万物之精，儒家所安也。星有坠落，乃为石矣；精若是石，不得有光，性又质重，何所系属？一星之径，大者百里，一宿[①]首尾，相去数万；百里之物，数万相连，阔狭从斜，常不盈缩。又星与日月，形色同尔，但以大小为其等差；然而日月又当石也？石既牢密，

乌兔焉容？石在气中，岂能独运？日月星辰，若皆是气，气体轻浮，当与天合，往来环转，不得错违，其间迟疾，理宜一等；何故日月五星二十八宿，各有度数，移动不均？宁当气坠，忽变为石？地既滓浊，法应沉厚，凿土得泉，乃浮水上；积水之下，复有何物？江河百谷，从何处生？东流到海，何为不溢？归塘尾闾[2]，渫何所到？沃焦[3]之石，何气所然？潮汐去还，谁所节度？天汉[4]悬指，那不散落？水性就下，何故上腾？天地初开，便有星宿；九州未划，列国未分，翦疆区野，若为躔(chán)次[5]？封建已来，谁所制割？国有增减，星无进退，灾祥祸福，就中不差；乾象之大，列星之伙，何为分野，止系中国？昴(mǎo)[6]为旄(máo)头，匈奴之次；西胡、东越，雕题、交阯[7]，独弃之乎？以此而求，迄无了者，岂得以人事寻常，抑必宇宙外也？

［注释］

①宿：二十八宿。

②归塘：古代传说海中的无底之谷。见《列子·汤问》。尾闾：古代传说中海水所泄之处。见《庄子·秋水篇》。

③沃焦：古代神话中东海南部的大石山。《玄中记》："天下之强者，东海之沃焦焉。沃焦者，山名也，在东海南三万里，海水灌之而即消。"

④天汉：即银河。

⑤躔次：日月星辰运行的规律。

⑥昴：二十八宿之一。《史记·天官书》："昴曰旄头，胡星也。"

⑦雕题、交阯：指南方边远之地。《后汉书·南蛮传》："《礼记》称'南方曰蛮、雕题、交阯'。其俗男女同川而浴，故曰交阯。"

［译文］

第一：所有的极远极大的东西，真的都可以测量吗？现在我们所知道的，没有超过天地。天由云气堆积而成，地由土块堆成，太阳是阳刚之气的精华，月亮代表着阴柔之气，星星是宇宙万物的精华，这是儒家最喜欢的说法。星星有时会坠落下来，于是成了石头。但是，要是万物的精华是石头的话，就不应该发出光亮，而且石头的本质又很沉重，怎么可以挂在天上呢？一颗星星的直径，大的足有一百里，星宿之间从头到尾，彼此的距离相隔数万里，直径长达一百里的物体，在天空数万里相互连接，它们形状的宽窄、排列的纵横，竟然

江河百谷，东流到海

保持着一定的规律而没有盈缩的变化。现在再来讨论星星与太阳、月亮，它们的形状、色泽没什么差异，只是在大小上有差别，既然这样，那么太阳、月亮应该也是石头吗？石头的特性本来就是坚硬的，那三足乌和蟾蜍、玉兔，怎么可以在石头中间存活呢？而且，石头悬浮在大气中，难道它们能自行运转吗？要是太阳、月亮和星星都是气体，那么既然气体没有重量，它们就应当与天空成为一体，它们围绕大地来回环绕转动，不会发生错位现象，这运行的速度，理应保持一致，但为什么太阳、月亮、五星、二十八宿，它们都有各自运行的位置，而且速度各异呢？难道它们是气体，一旦陨落，才突然变成石头了吗？大地既然是由于浊气下降凝固变成的，按理应该是沉重且厚实的，但如果一直往地里挖，居然挖出泉水来，说明大地还是浮在水上的；那么，积水之下，还有什么别的事物吗？长江、大河及众多的山泉，它们的发源地到底在哪里呢？它们向东流入大海，可是海水为什么没有溢出来呢？据说海水是通过归塘、尾闾排泄出去的，可是那些水到底又到了哪里呢？如果说海水是被东海沃焦山的石头烧掉的，那沃焦山的石头到底是谁点燃的呢？那潮夕的涨落，是由谁来调节的呢？那银河悬挂在天空，怎么不掉下来呢？水的特性是往低处流的，怎么可以跑到天空中去？天地刚分化的时候，星宿就有了，至于九州尚未划分，各国还没有分封，人们开始区别疆域、划分原野时，到底是以什么作为分界的呢？自封邦建国以来，又是谁开始分割建立邦国的呢？地上的国家有增减的变化，天上的星宿并没有发生变化，这中间人世的吉凶祸福，一直是不断的。天空如此广大，星宿如此繁多，为什么以天上星宿的位置，划分出的地上州郡的区域只限于中原呢？被称作旄头的昴星是胡人的代表，其位置对应着匈奴的疆域，那么，像西胡、东越、雕题、交阯这些地区，难道是被上天抛弃的吗？对上述种种问题进行探求，没人能明白，难道可以要求人间的寻常事情，一定要合乎宇宙之外的事理吗？

五

[原文]

凡人之信，唯耳与目；耳目之外，咸致疑焉。儒家说天，自有数义：或浑或盖①，乍宣乍安②。斗极所周，管维③所属，若所亲见，不容不同；若所测量，宁足依据？何故信凡人之臆说，

迷大圣之妙旨，而欲必无恒沙世界、微尘数劫也？而邹衍[4]亦有九州之谈。山中人不信有鱼大如木，海上人不信有木大如鱼；汉武不信弦胶[5]，魏文不信火布[6]；胡人见锦，不信有虫食树吐丝所成；昔在江南，不信有千人毡帐，及来河北，不信有二万斛（hú）船：皆实验也。

［注释］

①浑：浑天说，认为天是圆的，天与地的关系如同蛋壳与蛋黄一样，上天为蛋壳，大地为蛋黄。盖：盖天说，天圆地方，天如伞盖，地如棋盘。

②宣：宣夜说，认为天地都是虚空的，与日月星辰一样，是飘浮不定的。安：《安天论》，认为天水相连，了无始终。

③管维：即斗枢。

④邹衍：战国时人，古代百家中阴阳家的代表人物。认为中国居天下八十分之一，名曰赤县神州，下包括九州。

⑤“汉武”一句：事迹出自东方朔《十洲记》。弦胶，一种灵验的粘胶，具有非常强劲的粘性，凡所胶之物，不易分开。西属藩国曾进献灵胶四两，而武帝却不知灵胶之为何用，弃置外库不予使用。

⑥“魏文”一句：火布，火浣之布，置之于火中，也不会燃烧，拿出即光亮如新。西方属国曾献给魏文帝，文帝却认为火性酷烈，凡物放置其中，绝无生还之理，遂弃置不用。

［译文］

一般人只相信自己亲自听闻的事物，只要不是亲自听闻的就不怎么相信。儒家对天的看法很多：有的认为天包含着地，就好像蛋壳包着蛋黄一样；有的认为地被天盖着，就像斗笠盖着盘子那样；有的认为日月众星都是飘浮在空中的，有的认为天际与海水相接，地沉浸在海水之中；此外，还有人认为北斗七星绕着北极星转动，而且那斗枢是转动轴。以上种种说法，要是人们亲眼见的话，就不会出现不同的意见；如果只是人们的推测度量，那怎么可以相信呢？我们为什么偏偏相信这凡人的臆测之说，而怀疑佛门学说的精深教义呢？为什么就认定世上根本不存在佛经中所说的像恒河中的沙粒那么众多的世界，怎么可以对世间一粒微小的尘埃也要经历好几个劫的说法加以虚妄的怀疑呢？邹衍也认为除了作为赤县神州的中国之外，还存在其他的九州。山里的人根本不信世上有像树那般大的鱼，海上的人也不相信世上还有和鱼一样大的树；汉武帝不相信世上有一种叫弦胶的，也不相信它可以粘合断了的弓弦和刀剑；魏文帝也是对世上的一种火浣布可以放在火上烧，这样去掉污垢加以怀疑。胡人看见锦缎，却不认为这就是一种叫蚕的小虫吃了桑叶后所吐的丝造成的。以前我居住江南的时候，不相信世上有能够容纳一千人的毡帐，可是我到了河北，才发现这里居然也有不相信世上有能装载万斛货物的大船的人：这两件事都是我亲身经历的啊。

六

［原文］

世有祝师[①]及诸幻术，犹能履火蹈刃，种瓜移井，倏忽之间，十变五化。人力所为，尚能如此；何况神通感应，不可思量，千里宝幢，百由旬[②]座，化成净土，踊出妙塔乎[③]？

［注释］

①祝师：巫师，能知鬼神之事的人。

②由旬：古代天竺的度量单位，一由旬相当于现在的三十里远。

③“踊出”一句：《妙法莲华经见宝塔品》第十一云：“尔时，佛前有七宝塔，纵广二百五十由旬，从地涌出，住在空中，种种宝物而在校之。”

［译文］

世间还有某些懂得各种法术的巫师，他们可以自由穿行火焰，脚踩刀刃，种下一粒瓜籽可以立刻摘取果实吃，连水井也能搬移，眨眼间的功夫，变化出很多东西。人的力量，尚能做到如此奇异的事情，何况神佛施展他们的本领，其神奇变幻也是很奇特的，那高达千里的幢旗，广达数千里的莲座，演化出极乐世界，变幻出神奇的宝塔，是不是这样呢？

七

［原文］

释二曰：夫信谤之征，有如影响[①]；耳闻目见，其事已多，或乃精诚不深，业缘未感，时傥差阑[②]，终当获报耳。善恶之行，祸福所归。九流百氏[③]，皆同此论，岂独释典为虚妄乎？项橐(tuó)、颜回之短折[④]，伯夷、原宪之冻馁[⑤]，盗跖、庄跻之福寿[⑥]，齐景、桓魋之富强[⑦]，若引之先业，冀以后生，更为通耳。如以行善而偶钟祸报，为恶而傥值福征，便生怨尤，即为欺诡；则亦尧、舜之云虚，周、孔之不实也，又欲安所依信而立身乎？

［注释］

原宪

原宪，字子思，是孔子的弟子。原宪出身贫寒，但安贫乐道，不与世俗合流。

①影响：影子和回声。

②阑：晚。

③九流：即战国时儒、道、法、名、墨、纵横、阴阳、杂、农九个流派。百氏：诸子百家。这里泛指各种学说和流派。

④“项橐”一句：项橐，春秋时人，七岁即为孔子的老师，早亡。颜回：孔子弟子，年轻时就死去了。

⑤“伯夷”一句：伯夷，西周时人，不食周粟，在首阳山采薇而食。原宪，字子思，春秋时人，孔子弟子，平生敝衣粗食，虽常受冻挨饿，不减其乐。

⑥“盗跖”一句：盗跖，春秋时人，据《史记·伯夷列传》：“盗跖日杀不辜，肝人之肉，暴戾恣睢，聚党数千人横行天下，竟以寿终。”庄跻，原为战国时楚将，因率军进入西南，不得回归，遂在滇称王，以寿终。

⑦“齐景”一句：齐景，即齐景公，在位，国家富强，积敛很多财富。桓魋，即向魋，春秋时宋国人，为宋景公宠幸，富比王侯。

［译文］

第二：我之所以相信诽谤因果报应之说，是因为有种种证据，就好像影子和物体，响之应声一样可以得到验证。这类事，我能亲自耳闻目睹的比较多。有时报应并没有发生，或许是当事者的精诚还不够深厚，“业”与“果”还没有做到感应，要是这样的话，那么报应就有早迟的区别，但不管怎么说一定会发生。善与恶的行为，一定会出现福与祸的报应。中国的九流百家，所持的观点基本相同，怎么能单独认为佛经所说是虚妄的呢？像项橐、颜回短命而死，伯夷，原宪挨饿受冻，盗跖、庄跻有福长寿，齐景公、桓魋富足强大，如果我们把这看作是他们前辈的善业或恶业的报应出现在后代身上，也没什么不可以的。如果因为有人行善突然遭到祸患，为恶却意外得福，内心里就出现不平衡，认为因果报应之说只不过是骗人的，这样的观点就好像说尧、舜之事是虚假的，周公、孔子也不可以相信，那你又能相信什么，又怎么可以去立身处世呢？

八

［原文］

释三曰：开辟已来，不善人多而善人少，何由悉责其精洁

乎？见有名僧高行，弃而不说；若睹凡僧流俗，便生非毁。且学者之不勤，岂教者之为过？俗僧之学经律，何异世人之学《诗》《礼》？以《诗》《礼》之教，格[①]朝廷之人，略无全行者；以经律之禁，格出家之辈，而独责无犯哉？且阙行之臣，犹求禄位；毁禁之侣，何惭供养乎？其于戒行，自当有犯。一披法服，已堕僧数，岁中所计，斋讲诵持，比诸白衣[②]，犹不啻山海也。

[注释]

①格：衡量、权衡。

②白衣：指世俗中人。南北朝时佛教徒穿黑衣，而称世俗之人为白衣。

[译文]

第三：开天辟地以后，出现人类以来，就是坏人比好人多，怎么可以苛求每一个僧尼都是清白的好人呢？即使看见名僧高尚的德行，也都只字不提，只要见到了凡俗、庸俗的僧人伤风败俗，就恶意指责辱骂。况且，接受教育的人不勤勉，难道过错在于教育者吗？凡庸僧尼学习佛经，这与士人学习《诗经》《礼记》有什么区别呢？一定要用《诗经》《礼记》中所要求的标准去衡量朝廷中的大官员，符合标准的大概也没有多少吧。用佛经的戒律衡量家人，怎么可以苛求他们一定不能犯戒呢？品德很差的官员，还依旧拥有高官厚禄，那些犯了禁律的僧尼和官员比起来，他们坐享供养又有什么值得惭愧的呢？对于所规定的行为规范，人们难免会偶然违反。出家人一披上法衣，一年到头都要吃斋念佛，他们的修养与世俗之人的修养相比，其高低的程度比高山与深海的差距大多了。

九

[原文]

释四曰：内教多途，出家自是其一法耳。若能诚孝在心，仁惠为本，须达、流水[①]，不必剃落须发；岂令罄井田而起塔庙，穷编户以为僧尼也？皆由为政不能节之，遂使非法之寺，妨民稼穑，无业之僧，空国赋算，非大觉[②]之本旨也。抑又论之：求道者，身计也；惜费者，国谋也。身计国谋，不可两遂。诚臣

徇主而弃亲，孝子安家而忘国，各有行也。儒有不屈王侯高尚其事，隐有让王辞相避世山林；安可计其赋役，以为罪人？若能偕化黔首[3]，悉入道场，如妙乐之世[4]，禳(ráng)佉之国[5]，则有自然稻米，无尽宝藏，安求田蚕之利乎？

须达见佛

舍卫国有一大臣须达，他家中非常富有，平时乐善好施，常常赈济那些贫苦无依的人，人们都称他为给孤独长者。

[注释]

①须达：即舍卫国给孤独长者，祇园精舍的主人。流水：即流水长者。

②大觉：指参透、领悟佛教的真谛，此处指代佛教。

③黔首：平民百姓。

④妙乐：古代印度国名，这里指佛教盛行的极乐世界。

⑤禳佉：即转轮王，印度神话中的国王名。

[译文]

第四：佛教修持的方法很多，出家为僧只是其中的一种。如果一个人时时刻刻把忠、孝放在心上，把仁、惠作为立身之本，像须达、流水两位长者那样去做，也就没必要剃掉头发胡须去当僧人了；难道必须把所有的田地都拿去盖宝塔、寺庙，让在册人口都去当和尚、尼姑吗？之所以出现这样的情况是由于执政者对佛事不能节制，才使得那些不守法的寺院妨碍百姓的耕作，没有正业的僧人使国家的税收虚耗了，这已经和佛教救世的本旨相违背了。再进一步说，谈到追求真理，这只是个人的追求，谈到珍惜费用，那就是国家的谋划，个人的打算与国家的谋划，是不可以兼顾的。作为忠臣，应该殉国，可以放弃奉养双亲的责任，作为孝子，就应该使家庭安宁，可以放弃为国家服务的职责，因为两者各有各的行为准则啊。儒家中就有人不为王公贵族所屈、保持其高尚志节的教义，隐士中有人辞去王侯、丞相的高职，隐居山林、远离尘世，我们又怎么能去攀比他们理应承担的赋税，把他们看作罪人呢？要是能够感化所有的老百姓，让他们都走进佛寺，就像佛经中所讲述的妙乐、禳佉国一样，就会有自然生长的稻米，用不完的宝藏，何必再去计较种田、养蚕的微薄的利益呢？

十

［原文］

释五曰：形体虽死，精神犹存。人生在世，望于后身[1]似不相属；及其殁(mò)后，则与前身似犹老少朝夕耳。世有魂神，示现梦想，或降童妾，或感妻孥，求索饮食，征须福佑，亦为不少矣。今人贫贱疾苦，莫不怨尤前世不修功业；以此而论，安可不为之作地乎？夫有子孙，自是天地间一苍生耳，何预身事？而乃爱护，遗其基址[2]，况于己之神爽，顿欲弃之哉？凡夫蒙蔽，不见未来，故言彼生与今非一体耳；若有天眼[3]，鉴其念念随灭，生生不断，岂可不怖畏邪？又君子处世，贵能克己复礼[4]，济时益物。治家者欲一家之庆，治国者欲一国之良，仆妾臣民，与身竟何亲也，而为勤苦修德乎？亦是尧、舜、周、孔虚失愉乐耳。一人修道，济度几许苍生？免脱几身罪累？幸熟思之！汝曹若观俗计，树立门户，不弃妻子，未能出家；但当兼修戒行，留心诵读，以为来世津梁。人生难得，勿虚过也。

［注释］

①后身：佛教认为生命有轮回，人有今生来生、前世后世之说。

②基址：基业、家业。

③天眼：天趣之眼，能够预见未来不可预测之事。

④克己复礼：语本《论语·颜渊》："克己复礼为仁，一日克己复礼，天下归仁焉。"

［译文］

第五：人的形体虽然死去，依然存在的还有精神。人在这个世界上生活，想想死后遥远的事，似乎生前与死后没有干系，等到死后，你的灵魂与你前身之间的关系，就像老人与小孩、早晨与晚上那样亲密了。世上存在死者的灵魂，他们会出现于活人的梦中，有的托梦给仆童、小妾，还有的给妻子、儿女托梦，向他们要求饮食，乞求福佑，这样的事情得到应验的也不在少数。现在有人看到自己一辈子贫穷困苦，大多怨恨前世没有修好功德。从这一点来说，生前怎么可以不为来世开辟一片安乐的土地呢？至于人有子孙，他们只是天地间的一个平民百姓罢了，跟自身有什么关系呢？即使这样他们尚且还尽心加以爱护，将家业留给他们，更何况是自己的灵魂，怎能轻易置于不顾呢？凡夫俗子本性愚昧，无法预见未来，所以他们说来生和今生不是一体也无可厚非。如果有一双天眼，让这些人能够看见他们自己的生命在一瞬间从生到死，又由死到生，这样生死轮回，连绵不断，他们真不害怕吗？再说，君子活在世上，贵在能够克制私欲，谨守礼仪，做到匡时救世，对人们有益处。管理家庭的人，无非希望家庭幸福美满，治理国家的人，无非希望国家兴旺发达，这些人与自己的仆人、侍妾、臣属、民众有什么关系呢，值得他们如此卖力操劳吗？也不过是像尧、舜、周公、孔子那样，为了别人的幸福把自己的幸福牺牲掉罢了。一个人修身求道，可以让多少苍生得到救助啊？让多少人的罪累免除呢？希望你们一定要仔细斟酌这件事情！你们若是顾及凡尘的责任，要成家立业，对妻子儿女不抛弃，不可以出家为僧，就应该修养品性，恪守戒律，注意诵读佛经，并以此作为通往来世的桥梁。人生是宝贵的，一定不能虚度啊。

十一

[原文]

儒家君子，尚离庖厨，见其生不忍其死，闻其声不食其肉①。高柴、折像②，未知内教，皆能不杀，此乃仁者自然用心。含生之徒，莫不爱命；去杀之事，必勉行之。好杀之人，临死报验，子孙殃祸，其数甚多，不能悉录耳。且示数条于末。

高柴

孔子的弟子高柴，字子羔，又称子高。他有政治才能，品行很好，是孔子的贤徒之一。

[注释]

①“儒家”四句：语本《孟子·梁惠王上》：“君子之于禽兽也，见其生，不忍见其死；闻其声，不忍食其肉。”

②高柴：春秋时人，孔子的弟子。平生有仁爱之心，为后世所尊。折像：字伯式，东汉时人，《后汉书·方术传》：“像幼有仁心，不杀昆虫，不折萌牙。”

[译文]

儒家的君子，他们都不接近厨房，因为要是他们看见那些禽兽活着时的样子，再让他们杀掉这些禽兽就于心不忍了，若是他们听见禽兽的惨叫声，就再也吃不下它们的肉了。像高柴、折像，虽然他们不知道佛教的教义，但是这两个人都不杀生，这就是仁慈的人天生的善心。一切生灵，没有不爱惜自己的生命的，一定要努力做到不杀生。喜欢杀生的人，在他们临死的时候会受到报应，子孙也会因此遭到报应，这类事很多，我不能在这全部记录下来。简单举几个例子附于末尾。

[原文]

梁世有人，常以鸡卵[①]白和沐，云使发光，每沐辄二三十枚。临死，发中但闻啾啾数千鸡雏声。

[注释]

①鸡卵：鸡蛋。

[译文]

梁朝有这么一个人，经常用鸡蛋清洗头发，声称这样能够让头发有光泽，每一次洗头就需要二三十个鸡蛋。这个人临死的时候，头发里传出几千只小鸡的鸣叫声。

[原文]

江陵刘氏，以卖鳝羹为业。后生一儿头是鳝，自颈以下，方为人耳。

[译文]

江陵人刘氏，平时售卖鳝羹。后来他家生了一个孩子，长有鳝鱼的头颅，脖子以下，才是人的身躯。

[原文]

王克为永嘉郡守，有人饷[①]羊，集宾欲醼[②]。而羊绳解，来投一客，先跪两拜，便入衣中。此客竟不言之，固无救请。须臾，宰羊为羹，先行至客。一脔[③]入口，便下皮内，周行遍体，痛楚号叫，方复说之。遂作羊鸣而死。

[注释]

①饷：馈赠。

②醼：同“宴”，举办宴会。

③脔：切成小块的肉。

［译文］

王克担任永嘉郡守的时候，有人送给他一只羊，于是他就邀请众多宾客举办宴会。捆绑那只羊的绳索突然开了，那只羊跑到一位客人面前，先是跪下拜了两拜，然后躲进这位客人的衣服中。但是这位客人始终没有说出这件事情，也没有为解救这只羊而求情。没过多久，主人家就宰杀这只羊做成汤，先奉给这位客人品尝。这位客人刚吃了一块肉，就发觉这块肉进入皮肤下，并且游遍全身，他痛得嚎叫不已，这时才说出刚才那只羊请他相救一事。最后他发出羊的叫声后死去。

［原文］

梁孝元在江州时，有人为望蔡县令，经刘敬躬乱，县廨[①]被焚，寄寺而住。民将牛酒作礼，县令以牛系刹柱[②]，屏除形像，铺设床坐，于堂上接宾。未杀之顷，牛解，径来至阶而拜，县令大笑，命左右宰之。饮啖[③]醉饱，便卧檐下。稍醒而觉体痒，爬搔隐疹[④]，因尔成癞[⑤]，十许年死。

［注释］

①县廨：官吏办公的场所。

②刹柱：寺庙前的旗杆，佛教用语。

③饮啖：吃喝。

④隐疹：一种皮肤病，表现为瘙痒性风团。

⑤癞：疥癣类顽固性皮肤病。

［译文］

梁孝元帝在江州的时候，有个人出任望蔡县县令，遭遇了刘敬躬叛乱一事，县衙被大火烧毁，于是只能寄住在寺庙中。有百姓给他送来牛和酒水当做礼物，县令就将牛栓到了寺庙前的旗杆上，将佛像挪走，安置好坐具，就在佛堂招待客人。就在即将宰牛的时候，牛挣脱了拴住自己的绳子，径直来到台阶下对县令下拜，县令哈哈大笑，命身边随从将牛宰杀。县令吃饱喝足之后，就在屋檐下躺着休息。不久醒来之后，发现浑身发痒，抓挠以后就起了一片片的风团，进而患上了顽固性的疥癣，十多年之后就死去了。

［原文］

杨思达为西阳郡守，值侯景乱，时复旱俭[①]，饥民盗田中

麦。思达遣一部曲[2]守视，所得盗者，辄截手腕，凡戮十余人。部曲后生一男，自然无手。

［注释］

①旱俭：旱灾。
②部曲：家仆，属下。

［译文］

杨思达担任西阳郡守的时候，遭遇侯景之乱，恰逢天下大旱，灾民就盗取官田之中的麦子充饥。杨思达派一名属下看守麦田，抓获偷盗麦子的百姓，就砍断他们的手腕，一共有十几个人被砍了手腕。这名属下后来生了一个儿子，生来就没有手。

［原文］

齐有一奉朝请[1]，家甚豪侈，非手杀牛，啖[2]之不美。年三十许，病笃，大见牛来，举体如被刀刺，叫呼而终。

［注释］

①奉朝请：官名。
②啖：吃。

［译文］

齐有一个奉朝请，家中非常富裕，生活十分奢侈，若非亲自宰杀的牛，就觉得吃起来味道不好。他在三十多岁的时候，一次病入膏肓，见到有牛冲过来，浑身如同刀刺一般，高声嚎叫直到咽气。

［原文］

江陵高伟，随吾入齐，凡数年，向幽州淀[1]中捕鱼。后病，每见群鱼啮之而死。

［注释］

①淀：水浅的湖泊。

［译文］

江陵高伟，跟着我一同到齐朝，先后有好几年，一直都在幽州的湖里捕鱼。后来，高伟生病了，经常见到一群鱼啃噬他的身体，最后因此死去。

[原文]

世有痴人，不识仁义，不知富贵并由天命。为子娶妇，恨其生资[①]不足，倚作舅姑[②]之尊，蛇虺[③]其性，毒口加诬，不识忌讳，骂辱妇之父母，却成教妇不孝己身，不顾他恨。但怜己之子女，不爱己之儿妇。如此之人，阴纪其过，鬼夺其算。慎不可与为邻，何况交结乎！避之哉！

[注释]

①生资：嫁妆。
②舅姑：公婆。
③蛇虺：泛指各种毒蛇，这里指凶狠毒辣的心肠。

[译文]

世间有无知之人，不懂得什么是仁义，不清楚富贵都是上天给予的。给自己儿子娶媳妇的时候，总是抱怨嫁妆不够多，仰仗自己身为公婆的贵重身份，怀有凶很毒辣的心肠，肆意辱骂儿媳，毫不忌讳，甚至羞辱辱骂儿媳的父母，这反倒是教唆儿媳对自己不孝顺，也没有顾忌到儿媳的怨恨。只是怜惜疼爱自己的孩子，并不爱惜自己的儿媳。这样的人，阴司会将他所犯下的罪行记录在案，鬼神也将减少他的寿命。绝对不要与这样的人成为邻居，更不要说与之结交！还是远远避开他们吧！

卷第六

书证第十七

一

[原文]

《诗》云："参差荇（xìng）菜[1]。"《尔雅》云："荇，接余也。"字或为莕。先儒解释皆云：水草，圆叶细茎，随水浅深。今是水悉有之，黄花似莼[2]，江南俗亦呼为猪莼，或呼为荇菜。刘芳[3]具有注释。而河北俗人多不识之，博士皆以参差者是苋菜，呼人苋为人荇，亦可笑之甚。

[注释]

①荇菜：一种水生植物，也称莕菜，其叶子可食用，也可入药。

②莼：一种水生植物。

③刘芳：字伯文，北魏学者，长于音训，著有《毛诗笺音义证》。

[译文]

《诗经》上说："参差荇菜。"《尔雅》解释说："荇菜，也就是接余。"荇字有时也写成"莕"，前代学者们都是这样解释的，他们说荇菜只不过是一种水草，长得圆叶细茎，其高低随水的深浅不同，现在只要是有水的地方都会生长，它开的黄色的花就像莼菜，江南民间把它称为猪莼，有人也把它叫作荇菜。刘芳对此都有注解。而河北地区的人大多数不认识它，博士们都把《诗经》中所说的"参差荇菜"当作了"苋菜"，把"人苋"叫作"人荇"，真是太滑稽了。

二

[原文]

《诗》云："谁谓荼苦？"《尔雅》《毛诗传》并以荼，苦菜也。又《礼》云："苦菜秀。"案：《易统通卦验玄图》[1]曰："苦菜生于寒秋，更冬历春，得夏乃成。"今中原苦菜则如此也。一

名游冬[2]，叶似苦苣（jù）而细，摘断有白汁，花黄似菊。江南别有苦菜，叶似酸浆[3]，其花或紫或白，子大如珠，熟时或赤或黑，此菜可以释劳。案：郭璞注《尔雅》，此乃“蘵，黄蒢”也。今河北谓之龙葵。梁世讲《礼》者，以此当苦菜；既无宿根，至春方生耳，亦大误也。又高诱注《吕氏春秋》曰：“荣而不实曰英。”苦菜当言英，益知非龙葵也。

荼苦菜

[注释]

①《易统通卦验玄图》：《隋书·经籍志》中著有一卷，著者不详。
②游冬：《广雅·释草》：“游冬，苦菜也。”
③酸浆：草名，据《尔雅·释草》：“今酸浆草，江东呼曰苦葴。”

[译文]

《诗经》上说：“谁谓荼苦？”《尔雅》《毛诗传》都把荼当成了苦菜。此外，《礼记》上说：“苦菜秀。”案：《易统通卦验玄图》上说：“苦菜在寒冷的秋天才开始生长，经冬历春，到夏天才长大。”现在中原一带的苦菜就是这样的。它还叫游冬，叶子像苦苣但是比苦苣细小，摘断后流出白色的汁液，黄色的花像菊花那样。江南一带还有一种苦菜，叶子长得像酸浆草，它的花分紫的和白的，结的果实和珠子差不多大，成熟时颜色变成红的或黑的。这种菜可用于消除疲劳。案：郭璞注的《尔雅》中，他认为这是蘵，也就是黄蒢，现在河北一带将其称为龙葵。梁朝讲解《礼记》的人，将其和中原的苦菜混为一谈，它既没有隔年的宿根，又是直到春天才生长，这是一种错误的解释。另外高诱在《吕氏春秋》注文中说：“只开花无果实的叫英。”苦菜的花应该称为英。所以可以肯定地说它不是龙葵。

三

[原文]

《诗云》：“有杕[1]之杜。”江南本并木傍施大，《传》曰：“杕，

独貌也。”徐仙民[2]音徒计反。《说文》曰：“杕，树貌也。”在《木部》。《韵集》音次第之第，而河北本皆为夷狄之狄，读亦如字，此大误也。

［注释］

①杕：树木孤立的样子。

②徐仙民：徐邈，撰有《毛诗音》二卷。

［译文］

《诗经》上有诗句说：“有杕之杜。”江南的版本则是“杕”字是木旁加一个“大”字，《毛诗传》说：“杕，孤立的样子。”徐仙民将其注音为徒计反。《说文》上说：“杕，树木的样子。”字属于木部。《韵集》将其注音为次第的“第”，而河北的版本基本写作夷狄的“狄”字，读音也是“狄”字，这是大错。

［原文］

《诗》云：“駉駉(jiōng)[1]牡马[2]。”江南书皆作“牝(pìn)牡[3]”之“牡”，河北本悉为“放牧”之“牧”。邺下博士见难云：“《駉颂》既美僖公牧于坰(jiōng)野[4]之事，何限騲骘(cǎo zhì)[5]乎？”余答曰：“案：《毛传》云：‘駉駉，良马腹干肥张也。’其下又云：‘诸侯六闲[6]四种：有良马，戎马，田马，驽马。’若作放牧之意，通于牝牡，则不容限在良马独得駉駉之称。良马，天子以驾玉辂，诸侯以充朝聘[7]郊祀，必无騲也。《周礼·圉人职》：‘良马，匹一人。驽马，丽[8]一人。’圉人所养，亦非騲也；颂人举其强骏者言之，于义为得也。《易》曰：‘良马逐逐[9]。’《左传》云：‘以其良马二。’亦精骏之称，非通语也。今以《诗传》良马，通于牧騲，恐失毛生之意，且不见刘芳《义证》乎？”

［注释］

①駉駉：形容马肥壮的样子。

②牡马：公马。

③牝牡：雌雄。

④坰野：郊外。

⑤騲骘：母马和公马。

⑥闲：马厩。

⑦朝聘：诸侯朝见天子。

⑧丽：附着，成对。

⑨逐逐：匆忙奔跑的样子。

［译文］

《诗经》中说："膘肥体壮的公马。"江南一带的书中都写成"牝牡"的"牡"字，河北一带的版本都写成"放牧"的"牧"字。邺下的博士因此而诘难道："《駉颂》这首诗歌既然是歌颂僖公在野外狩猎的事情，为何非要对母马公马作出限制呢？"我回答说："按照考证：《毛诗传》提到：'駉駉，是良马躯体肥壮。'"下面接着说：'诸侯有六个马厩，四种马：良马、战马、狩猎所骑的马、驽马。'要是解释成放牧的话，那么就不限于是公马或母马了，那么就无法限制仅有良马才可以获得'駉駉'的美称。良马，是君主用来驾驶车辆的，是诸侯用来朝拜天子的，肯定没有母马。《周礼·圉人职》提出：'良马，每人饲养一匹；驽马，每人饲养两匹。'圉人饲养的马，也不会是母马；作诗歌颂的人也都列举强壮的骏马来赞颂，从意义角度来说也是相符的。《易经》说：'良马急速奔腾。'《左传》说称：'用两匹良马。'也都是称赞马强壮，并不是泛指所有的马。如今认为《毛诗传》中提到的良马，泛指公马和母马，恐怕也是背离了毛公的本意，难道没有翻阅过刘芳的《毛诗笺音义证》？"

［原文］

《月令》云："荔挺①出。"郑玄注云："荔挺，马薤(xiè)②也。"《说文》云："荔，似蒲而小，根可为刷。"《广雅》云："马薤，荔也。"《通俗文》亦云马蔺。《易统通卦验玄图》云："荔挺不出，则国多火灾。"蔡邕《月令章句》云："荔似挺。"高诱注《吕氏春秋》云："荔草挺出也。"然则《月令注》荔挺为草名，误矣。河北平泽③率生之。江东颇有此物，人或种于阶庭，但呼为"旱蒲"，故不识马薤。讲《礼》者乃以为马苋；马苋堪食，亦名豚耳，俗名马齿。江陵尝有一僧，面形上广下狭；刘缓幼子民誉，年始数岁，俊晤善体物，见此僧云："面似马苋。"其伯父绦(tāo)因呼为荔挺法师。绦亲讲《礼》名儒，尚误如此。

［注释］

①荔挺：草名。

②马薤：草名。

③平泽：湖泊，沼泽。

[译文]

《月令》说：“荔挺发芽。”郑玄作注称：“荔挺，就是马薤。”《说文解字》中说道：“荔，与蒲类似却相对较小，根可以制成刷子。”《广雅》说：“马薤，就是荔。”《通俗文》也称之为马蔺。《易统通卦验玄图》说：“荔挺没有发芽的话，国家就会多发生火灾。”蔡邕的《月令章句》提到：“荔与挺相似。”高诱注本《吕氏春秋》说：“荔草直立生长。”但是《月令注》却将荔挺作为草名，这是错误的。河北一带的湖泽中大多生长这种植物。江南一带也常见此类植物，有的人将它种在阶庭之中，只是称之为“旱蒲”，因此也无法识别马薤。教授《礼》的人则认为就是马苋；马苋是可以食用的，也称之为豚耳，俗称马齿。江陵曾经有一个僧人，脸型上宽下窄狭；刘缓的小儿子刘民誉，当时刚刚几岁，聪明伶俐，擅长描述事物，看到这名僧人，就说：“脸长得象马苋。”他的伯父刘绍因此就将这名僧人称为荔挺法师。刘绍自己就是教授《礼记》的著名儒士，竟然会出现这样的错误。

四

[原文]

《诗》云：“将其来施施。”《毛传》云：“施施，难进之意。”郑《笺》云：“施施，舒行貌也。”《韩诗》①亦重为施施。河北《毛诗》皆云施施。江南旧本，悉单为施，俗遂是之，恐为少误。

《诗》云：“有渰萋萋，兴云祁祁。”《毛传》云：“渰，阴云貌。萋萋，云行貌。祁祁，徐貌也。”《笺》云：“古者，阴阳和，风雨时，其来祁祁然，不暴疾也。”案：渰已是阴云，何劳复云“兴云祁祁”耶？“云”当为“雨”，俗写误耳。班固《灵台诗》云：“三光②宣精，五行布序，习习祥风，祁祁甘雨。”此其证也。

[注释]

①《韩诗》：《诗经》注本，今文学派之一，传为汉人韩婴所著，今不传。

②三光：日、月、星辰。

[译文]

《诗经》说:“将其来施施。”《毛传》说:“施施,是不能向前的意思。”郑玄《笺》说:“施施,行走缓缓的样子。”《韩诗》也是重叠“施施”两字,河北本《毛诗》都写作“施施”。江南的旧本全部写作“施”这一单字。众人都认为是这样的。这恐怕还是个小错误。

习习祥风,祁祁甘雨

《诗经》说:“有渰萋萋,兴云祁祁。”《毛传》解释说:“渰,天空布满阴云的样子。萋萋,阴云行走的样子。祁祁,缓慢的样子。”郑玄的《笺》说:“古时候,阴阳调和,风雨及时,所以云的到来是缓慢的,不暴烈,也不迅速。”案:“渰”本来就是阴云的意思了。为什么还要繁琐地说“兴云祁祁”呢?“云”本来应该是“雨”字,是流行的写法犯了这个错误。班固的《灵台》诗说:“三光宣精,五行布序,习习祥风,祁祁甘雨。”这个就可以作为“云”应当作“雨”的证据。

五

[原文]

《礼》云:“定犹豫,决嫌疑。”《离骚》曰:“心犹豫而狐疑。”先儒未有释者。案:《尸子》①曰:“五尺犬为犹(yóu)。”《说文》云:“陇西谓犬子为犹。”吾以为人将犬行,犬好豫在人前,待人不得,又来迎候,如此往还,至于终日,斯乃豫之所以为未定也,故称犹豫。或以《尔雅》曰:“犹如麂(jǐ)②,善登木。”犹,兽名也,既闻人声,乃豫缘木,如此上下,故称犹豫。狐之为兽,又多猜疑,故听河冰无流水声,然后敢渡。今俗云:“狐疑,虎卜。”则其义也。

[注释]

①《尸子》:传说为先秦尸佼所撰,《隋书·经籍志》有《尸子》二十卷,

已经亡佚，今不传。

②麂：鹿的一种，善于跳跃。

[译文]

《礼经》说："定犹豫，决嫌疑。"《离骚》说："心犹豫而狐疑。"前代学者都没有作任何解释。案：《尸子》说："五尺长的狗称为犹。"《说文解字》说："陇西将小狗称为犹。"我认为人带着狗行走，狗喜欢跑在人的前面。可是等不到主人了，又返回来迎候，这样来来往往，还因为"豫"字本身含有游移不定的意思，所以称为犹豫。还有根据《尔雅》的说法："犹长得像鹿，擅长攀登树木。"犹是一种野兽的名称，只要听到人声，就立刻攀援树木，像这样上上下下，因此称为"犹豫"。狐狸这一种野兽，生性喜欢猜疑，只有听到河面冰层下没有流水声，才敢渡河。今天的俗语说："狐疑，虎卜。"也就是说的这个意思。

[原文]

《左传》曰："齐侯痎（jiē）①，遂痁（shān）②。"《说文》云："痎，二日一发之疟。痁，有热疟也。"案：齐侯之病，本是间日一发，渐加重乎故，为诸侯忧也。今北方犹呼痎疟，音皆。而世间传本多以"痎"为"疥"，杜征南③亦无解释，徐仙民音介，俗儒就为通云："病疥，令人恶寒，变而成疟。"此臆说也。疥癣小疾，何足可论，宁有患疥转作疟乎？

[注释]

①痎：两天一发作的疟疾。

②痁：疟疾。

③杜征南：杜预。

[译文]

《左传》说："齐侯患有两天一发作的疟疾，进而发展成严重的疟疾。"《说文解字》说："痎，两天一发作的疟疾。痁，是伴随着高热的疟疾。"依照考据：齐侯的病，原本是隔一天一发作，渐渐加重之后，诸侯们才开始担心起来。如今北方地区还是称为痎疟，读为皆。但是世间的传本大多认为"痎"应该是"疥"，对此，杜预也并没有给出解释，徐仙民将痎读作介，世间儒生就将它解释为："染上疥病，让人怕冷，进而发展成疟疾。"这是主观臆断的说法。疥癣一类的小病，哪里值得一说呢，怎么可能因为患有疥癣而转化成疟疾呢？

六

［原文］

《尚书》曰："惟影响。"《周礼》云："土圭[1]测影，影朝影夕。"《孟子》曰："图影失形。"《庄子》云："罔两问影。"如此等字，皆当为光景之景。凡阴景者，因光而生，故即谓为景。《淮南子》呼为景柱[2]，《广雅》云："晷(guǐ)柱[3]挂景。"并是也。至晋世葛洪《字苑》，傍始加彡，音于景反。而世间辄改治《尚书》《周礼》《庄》《孟》从葛洪字，甚为失矣。

［注释］

①土圭：古代的一种通过测量日影来划分时间的器具。

②景柱：测量日影来定时的柱子。

③晷柱：日晷上测量日影子的柱子。

［译文］

《尚书》上说："惟影响。"《周礼》上说："土圭测影，影朝影夕。"《孟子》上说："图影失形。"《庄子》上说："罔两问影。"对于此类"影"字，都应该看作是"光景"的"景"。所有的阴影，都只有依托着光才会产生。因此才称为景。《淮南子》称为"景柱"，《广雅》说："晷柱挂景。"所说的都是这样的。到了晋代葛洪的《字苑》出现时，才开始在旁边加"彡"，将其注音为于景反，所以世人将《尚书》《周礼》《庄子》《孟子》中的"景"字都改成了葛洪《字苑》中的"影"子，这样做是很不恰当的。

［原文］

太公《六韬》[1]，有天陈(zhèn)、地陈、人陈、云鸟之陈。《论语》曰："卫灵公问陈于孔子。"《左传》："为鱼丽[2]之陈。"俗本多作"阜"傍"车乘"之"车"。案诸陈队，并作"陈、郑"之陈。夫行陈之义，取于陈列耳，此六书[3]为假借也，苍、雅及近世字书，皆无别字；唯王羲之《小学章》，独"阜"傍作"车"，纵复俗行，不宜追改《六韬》《论语》《左传》也。

[注释]

①《六韬》：古代兵书。

②鱼丽：鱼丽阵，古代著名的阵法。

③六书：六种造字方法，分别为象形、指事、会意、形声、转注、假借。

[译文]

姜太公的《六韬》中提到天阵、地阵、人阵、云鸟之阵。《论语·卫灵公》说："卫灵公向孔子问阵。"《左传·桓公五年》里有："为鱼丽之陈。"世间流传的版本大都是将上述几个"陈"字，写成"阜"字旁加上"车乘"的"车"字就成了"阵"字。据考查，用来表示种种军队列阵的"陈"，全都写成"陈、郑"的"陈"字。因此称之为行陈，也就是从陈列中取义，把"陈"写成"阵"，在六种造字方法里属于假借。《仓颉篇》《尔雅》以及近代的字书中，都没有将"陈"写成其他的字；只有王羲之的《小学章》中，写成了阜字旁加车，就算这样的写法通行于世，也不应该追改《六韬》《论语》《左传》中的字。

[原文]

《诗》云："黄鸟于飞，集于灌木。"《传》云："灌木，丛木也。"此乃《尔雅》之文，故李巡注曰："木丛生曰灌。"尔雅末章又云："木族生为灌。"族亦丛聚也。所以江南《诗》古本皆为"丛聚"之"丛"，而古"丛"字似"冣(zuì)①"字，近世儒生，因改为冣，解云："木之最高长者。"案：众家《尔雅》及解《诗》无言此者，唯周续之《毛诗注》，音为徂会反，刘昌宗《诗注》，音为在公反，又祖会反：皆为穿凿，失《尔雅》训也。

[注释]

①冣：古"最"字。

[译文]

《诗经》说："黄鸟往来飞舞，在灌木上聚集。"《毛诗传》说："灌木，就是丛生在一起的树木。"这是《尔雅》之中的话，因此李巡作注称："丛生的树木称为灌。"族也是丛生聚集的意思。因此江南一带古本《诗经》都写为"丛聚"的"丛"，而古"丛"字与"冣"最为相似，于是近代的学者，就将"丛"字改为"冣"字，并且解释称："树木之中最为高大的。"依据调查，诸家的《尔雅》和解读《诗经》的全都没有这样的说法，只有周续之的《毛诗注》，把这个字的读音注为徂会反，刘昌宗的《诗注》，读音注为在公反，也作祖会反：

这些全都是勉强附会的做法，与《尔雅》的注释相差甚远。

［原文］

“也”是语已[1]及助句[2]之辞，文籍备有之矣。河北经传，悉略此字，其间字有不可得无者，至如“伯也执殳(shū)[3]”，“于旅也语”，“回[4]也屡空”，“风，风也，教也”，及《诗传》云：“不戢(jí)[5]，戢也；不傩(nuó)，傩也。”“不多，多也。”如斯之类，傥削此文，颇成废阙。《诗》言：“青青子衿。”《传》曰：“青衿，青领也，学子之服。”按：古者，斜领下连于衿，故谓领为衿。孙炎、郭璞注《尔雅》，曹大家(gū)[6]注《列女传》，并云：“衿，交领也。”邺下《诗》本，既无“也”字，群儒因谬说云：“青衿、青领，是衣两处之名，皆以青为饰。”用释“青青”二字，其失大矣！又有俗学，闻经传中时须也字，辄以意加之，每不得所，益成可笑。

［注释］

①已：结束。
②助句：语气词。
③殳：古代一种竹制有棱无刃的武器。
④回：颜回。
⑤戢：收敛。
⑥曹大家：东汉史学家班昭。

［译文］

“也”字是用在句子末尾作为语气词或是用在句子中间当作助词的，文章典籍里这个字经常使用。北方的经书传本之中大多将“也”字省略掉，而这其中也有不能将“也”字省略掉的，例如“伯也执殳”，“於旅也语”，“回也屡空”，“风，风也，教也，”以及《毛诗传》中提到的：“不戢，戢也；不傩，傩也。”“不多，多也。”这一类的句子，要是这些句子中的“也”字省略掉的话，那么就变成废文缺文了。《诗经·郑风·子衿》里面有“青青子衿”的句子，被《毛诗传》解释成：“青衿，就是青色的衣领，是学子穿的衣服。”按照考证：在古时候，斜的领子之下连接着衣襟，因此把领子叫做“衿”。孙炎、郭璞作注的《尔雅》、曹大家班昭作注的《列女传》，全说：“衿，就是交领。”邺下的

《诗经》版本，因为没有“也”字，因此很多儒生产生误解说：“青衿，青领，指的是衣服上两个不同的部分，全都用‘青’字作为修饰词。”这么去解释“青青”两个字，事实上错得很离谱！还有一些平庸的儒生，听闻经书的传注中经常补上也字，于是便随心所欲地添加，往往在错误的地方补充，更是可笑。

［原文］

《易》有蜀才注，江南学士，遂不知是何人。王俭[①]《四部目录》，不言姓名，题云：“王弼(bì)[②]后人。”谢炅、夏侯该，并读数千卷书，皆疑是谯周[③]；而《李蜀书》一名《汉之书》，云：“姓范名长生，自称蜀才。”南方以晋家渡江后，北间传记，皆名为伪书，不贵省读[④]，故不见也。

［注释］

①王俭：字仲宝，琅邪人。
②王弼：三国时魏人。
③谯周：三国时蜀人。
④省读：阅读。

［译文］

《易经》有蜀才作的注，江南一带的学士，全都不清楚蜀才是谁。王俭的《四部目录》，没有谈到姓名，只是题写到：“王弼后人”四字。谢炅、夏侯该，全都是读过千卷书的儒士，他们都疑心蜀才就是谯周；但是《李蜀书》也名《汉之书》，提到：“姓范名长生，称自己为蜀才。”南方地区自晋朝渡过长江之后，将北方一带的传记文章，全都称为伪书，不以阅读这些书为重，因此不清楚谁是蜀才。

［原文］

《礼·王制》云：“裸[①]股肱。”郑注云：“谓擐(xuān)[②]衣出其臂胫。”今书皆作“擐[③]甲”之“擐”。国子博士萧该云：“‘擐’当作‘揎’，音宣，‘擐’是穿著之名，非出臂之义。”案《字林》，萧读是，徐爰音患，非也。

［注释］

①裸：露出。

②捋：捋起。
③擐：穿上。

［译文］

《礼记·王制》说："露出大腿和胳膊。"郑玄作注说："指的是将衣袖捋起露出胳膊和大腿。"如今的书籍都写成"擐甲"的'擐'字。国子博士萧该说："'擐'应该写作'揎'，读为宣，擐是穿着的意思，而非露出胳膊的意思。"根据《字林》，萧该的说法是正确的，徐爰读成患，是错误的。

七

［原文］

《汉书》："田肎贺上。"江南本皆作"宵"字。沛国刘显[①]，博览经籍，偏精班《汉》，梁代谓之《汉》圣。显子臻[②]，不坠家业。读班史[③]，呼为田肎。梁元帝尝问之，答曰："此无义可求，但臣家旧本，以雌黄改'宵'为'肎'。"元帝无以难之。吾至江北，见本为"肎"。

《汉书·王莽赞》云："紫色蛙声，余分闰位。"盖谓非玄黄之色，不中律吕[④]之音也。近有学士，名问甚高，遂云："王莽非直鸢髆[⑤]虎视，而复紫色蛙声。"亦为误矣。

［注释］

①刘显：字嗣芳，南朝梁人，博学，以研究《汉书》称名，《梁书》有传。
②臻：刘显之子，继承家学，研究《汉书》为世称道。
③班史：班固所撰《汉书》。
④律吕：古代有十二律，律指六阳律，吕指六阴律。
⑤鸢髆：髆同"膊"，老鹰的臂膀。

［译文］

《汉书》说："田肎贺上。"江南的本子全部将"肎"写作"宵"字。沛国人刘显，通读经籍，尤其擅长班固的《汉书》，梁代把他称为《汉》圣。刘臻是刘显的儿子，他继承家传儒业，在读班固的《汉书》时，把"肎"字读作"田肎"。梁元帝还专门问过他这个问题，他回答说："这没有什么可以推敲的，只是我家里所传的旧本中，用雌黄把'宵'字改成了'肎'字。"梁元帝想难住他，但是没有办法。我到江北后看见那里的版本都是写作"肎"的。

《汉书·王莽赞》说："紫色蛙声，余分闰位。"大意是说（王莽）不是玄黄正色，不是律吕正音。最近有位名声很高的学士，居然这样说："王莽长得肩膀像老鹰、目光像老虎，而且皮肤还是紫色的，嗓音像青蛙。"这就大错特错了。

[原文]

《汉书·王莽赞》云："紫色蛙声，余分[1]闰位[2]。"盖谓非玄黄之色，不中律吕之音也。近有学士，名问甚高，遂云："王莽非直鸢髆(bó)[3]虎视[4]，而复紫色蛙声。"亦为误矣。

[注释]

①余分：非正统。
②闰位：并非正统的皇位。
③髆：肩膀，臂膀。
④虎视：像老虎一样贪婪且凶狠地注视，有打算攫取、占领的意思。

[译文]

《汉书·王莽赞》中说道："紫色蛙声，都非正统。"意思是说紫色并非是黑色和黄色那样的正统之色，蛙声也是不符合律吕的正统之声。近来有学士，声望很高，居然说："王莽并不是仅有鸢鸟一样高耸的肩膀和老虎一般凶残的目光，而且肤色是紫色且有蛙鸣一般的声音。"这实在是弄错了。

[原文]

简"策"字，"竹"下施"朿"，末代[1]隶书，似杞、宋[2]之"宋"，亦有"竹"下遂为"夾"者，犹如"刺"字之傍应为"朿"，今亦作"夾"。徐仙民《春秋》《礼音》，遂以"筴"为正字，以"策"为音，殊为颠倒。《史记》又作"悉"字，误而为"述"，作"妒(dù)"字，误而为"姤(gòu)"[3]，裴、徐、邹[4]皆以"悉"字音"述"，以"妒"字音"姤"。既尔，则亦可以"亥"为"豕"字音，以"帝"为"虎"字音乎？

[注释]

①末代：指秦末。
②杞、宋：春秋时期的两个国家。
③姤：《易》卦名。
④裴、徐、邹：裴骃、徐广、邹诞生。

［译文］

简策的“策”字，在“竹”字下面加上一个“朿”字，这个字在秦末的隶书中，就像杞国、宋国的“宋”字，也有在“竹”字下面加上“夹”字的，就像“刺”字的偏旁应该是“朿”，如今也写成“夹”字。徐仙民作注的《春秋》《礼记音》中，就是用“筴”来当做本字，读为“策”音，实在是将本末颠倒了。《史记》中的“悉”字，误写成“述”字，将“妬”字误写成“姤”字，裴骃亶、徐广、邹诞生全都将“悉”字注为“述”音，将“妬”字注为“姤”音。既然如此，那么也可以将“豕”字注为“亥”音，将“虎”字注为“帝”音。

［原文］

张揖[①]云：“虙（fú）[②]，今伏羲[③]氏也。”孟康[④]《汉书·古文注》亦云：“虙，今伏。”而皇甫谧[⑤]云：“伏羲或谓之宓羲。”按诸经史纬候，遂无“宓羲”之号。“虙”字从“虍（hū）[⑥]”，“宓”字从“宀（mián）[⑦]”，下俱为“必”，末世传写，遂误以“虙”为“宓”，而《帝王世纪》因更立名耳。何以验之？孔子弟子虙子贱为单父宰，即虙羲之后，俗字亦为“宓”，或复加“山”。今兖州永昌郡城，旧单父地也，东门有子贱碑，汉世所立，乃曰：“济南伏生，即子贱之后。”是知“虙”之与“伏”，古来通字，误以为“宓”，较可知矣。

［注释］

①张揖：三国时期文字训诂学家，字稚让。
②虙：姓。
③伏羲：三皇之一。
④孟康：三国时期魏国人。
⑤皇甫谧：三国时期西晋人。
⑥虍：老虎皮肤上的花纹，也用作部首。
⑦宀：覆盖，用作部首。

［译文］

张揖说：“虙，就是当今所说的伏羲氏。”孟康的《汉书·古文注》也说：“虙，就是现在的伏。”但是皇甫谧却说：“伏羲也可以称为宓羲。”依照各类经书以及书籍的记载，并没有“宓羲”的说法。“虙”字从“虍”，“宓”字从

"宀"，下面都是"必"字，后世之人传抄誊写，误将"虙"写成了"宓"，而《帝王世纪》就把伏羲氏改了名字。有什么证据可以证明这样的说法呢？孔子的弟子虙子贱曾经出任过单父地区的地方官，是虙羲的后人，俗字也写成"宓"，或者再添加一个"山"字。如今的兖州永昌郡城，就是原来的单父地区，在城的东门有一座子贱碑，是汉代时所立，上面写道："济南的伏生，就是虙子贱的后人。"因此就可以知道"虙"字和"伏"字，是自古以来的通用字，所以"虙"字误用作"宓"字，也就能够理解了。

［原文］

《太史公记》[①]曰："宁为鸡口，无为牛后[②]。"此是删《战国策》耳。案：延笃[③]《战国策音义》曰："尸，鸡中之王。从，牛子。"然则，"口"当为"尸"，"后"当为"从"，俗写误也。

［注释］

①《太史公记》：《史记》。

②宁为鸡口，无为牛后：这句话的意思是，宁可成为弱小者的王者，也不愿成为强大者的末流。

③延笃：字叔坚，东汉人。精通经传史籍，以擅长做文章而为人所知。

［译文］

《史记》上说："宁为鸡口，无为牛后。"这句话是从《战国策》中删减出来的。依照考据：延笃的《战国策音义》中提到："尸，是鸡中的王者。从，指的是小牛犊。"这样的话，《史记》中的"口"字应该是"尸"字，"后"字应该为"从"字，大多数人都写错了。

［原文］

应劭[①]《风俗通》云："《太史公记》：'高渐离[②]变名易姓，为人庸保[③]，匿作于宋子，久之作苦，闻其家堂上有客击筑，伎痒，不能无出言。'"案：伎痒者，怀其伎而腹痒也。是以潘岳《射雉赋》亦云："徒心烦而伎痒。"今《史记》并作"徘徊"，或作"彷徨不能无出言"，是为俗传写误耳。

［注释］

①应劭：东汉学者。

②高渐离：战国末期燕人，是荆轲的好友，擅长击筑，后被秦王召去击筑，高渐离为完成好友荆轲刺杀秦王的计划，在秦王听筑的时候刺杀秦王，但是失败被杀。

③庸保：被人雇佣去做酒保、杂役等低贱的工作。

［译文］

应劭的《风俗通》说："《史记》中提到：'高渐离改名易姓，受雇于人做些低贱的工作，藏匿在宋子县，时间一长觉得十分辛劳，听见主人家堂上有客人在敲击筑，一时技痒，无法不发一言。'"依照考据：身怀技艺却因无法表现出来而心里难以忍耐。所以潘岳的《射雉赋》也说："自白地心烦而技痒难耐。"如今的《史记》一并写成"徘徊"，或是"彷徨而不能说出话来"，这就是在传抄的过程中誊写的错误。

［原文］

太史公[①]论英布曰："祸之兴自爱姬，生于妒媢[②]，以至灭国。"又《汉书·外戚传》亦云："成结宠妾妒媢之诛。"此二"媢"并当作"媢(mào)"，媢亦妒也，义见《礼记》《三苍》。且《五宗世家》亦云："常山宪王[③]后妒媢。"王充《论衡》云："妒夫媢妇生，则忿怒斗讼。"益知媢是妒之别名。原英布之诛为意贲(bēn)赫[④]耳，不得言媚。

［注释］

①太史公：司马迁。
②妒媢：嫉妒、讨好谄媚。
③常山宪王：刘舜，汉景帝的儿子。
④贲赫：淮南王中大夫。

［译文］

太史公司马迁对英布这样评价："灾难因他宠爱的姬妾而兴起，从嫉妒谄媚中生成，最终导致国家被灭。"此外《汉书·外戚传》中也提到："宠妾的嫉妒讨好之心招致杀身之祸。"这两个"媚"字应该都是"媢"字，媢就是嫉妒，媢的意义可以在《礼记》《三苍》之中找到。并且《五宗世家》也提到："常山宪王刘舜的王后为人嫉妒。"王充的《论衡》说："妒夫媢妇的存在，就会导致愤怒争吵进而发展成诉讼。"这也更能证明媢是妒的另一个说法。探究英布被杀的根源，应该指的是贲赫，而不能说是媚。

［原文］

《史记·始皇本纪》："二十八年，丞相隗(wěi)林、丞相王绾等，议于海上[1]。"诸本皆作山林之"林"。开皇[2]二年五月，长安民掘得秦时铁称权[3]，旁有铜涂(dù)镌铭二所。其一所曰："廿(niàn)六年，皇帝尽并兼天下诸侯，黔首[4]大安，立号为皇帝，乃诏丞相状、绾，法度量则不壹、歉疑者，皆明壹之。"凡四十字。其一所曰："元年，制诏丞相斯、去疾，法度量，尽始皇帝为之，皆有刻辞焉。今袭号而刻辞不称始皇帝，其于久远也，如后嗣为之者，不称成功盛德，刻此诏，故刻左，使毋疑。"凡五十八字，一字磨灭，见有五十七字，了了分明。其书兼为古隶。余被敕写读(dòu)[5]之，与内史令李德林对，见此称权，今在官库；其"丞相状"字，乃为状貌之"状"，"爿"旁作"犬"；则知俗作"隗林"，非也，当为"隗状"耳。

［注释］

①海上：东海之畔。

②开皇：隋文帝。

③铁称权：铁制的秤砣。

④黔首：百姓。

⑤句读：语句中的停顿。

［译文］

《史记·秦始皇本纪》记载："二十八年，丞相隗林、丞相王绾等人，在东海之畔商议事情。"诸多版本都写成是山林的"林"字。隋文帝二年五月，长安百姓挖出秦时的铁秤砣，秤砣上还有两处镀铜的铭文。其中一处是："二十六年，皇帝兼并天下所有诸侯，百姓安居乐业，因此立号为皇帝，于是召集丞相隗状、王绾，将长度、容量不统一的、有疏漏疑问的地方，全都确定和统一。"一共四十个字。另外一处铭文是："元年，制书诏见丞相李斯、冯去疾，统一明确长度和容量，全都是始皇帝的作为，全都刻下来。如今承袭封号但是刻辞却没有称始皇帝，时间一久，就像是后代子孙所为，无法显示丰功伟绩，所以将此刻下来，这样就不会让人生疑了。"一共五十八个字，有一个字磨掉了，现存五十七个字，字字清楚分明。铭文采用的是古隶书。我奉旨誊抄并为之标出句读，和内史令李德林校对，看到了这个秤砣，现在就在官库中存放；秤砣上的“丞相状”，就是状貌的“状”字，在“爿”旁边加上“犬”字；这就知道世人写成“隗林”是不对的，应该是“隗状”。

［原文］

《汉书》云：“中外禔[①]福。”字当从“示”。禔，安也，音“匙匕”之“匙”，义见《苍》《雅》《方言》[②]。河北学士皆云如此。而江南书本，多误从“手”，属文者对耦，并为“提挈”之意，恐为误也。

［注释］

①禔：安享。
②《苍》《雅》《方言》：指《三苍》《尔雅》《方言》。
③对耦：对偶。一种字句两两相对的修辞手法。

［译文］

《汉书》中说：“中外禔福。”“禔”字应该从“示”，禔，是安的意思，读音是“匙匕”的“匙”音，意义在《三苍》《尔雅》《方言》中能够看到。河北的儒士都是这样说的。但是江南的书本，大多误认为从“手”字，作文章的人为了采用对偶这样的修辞手法，就将它解释成“提挈”的意思，这大概是弄错了。

［原文］

或问：“《汉书注》：‘为元后[①]父名禁，故禁中为省中。’何故以‘省’代‘禁’？”答曰：“案：《周礼·宫正》：‘掌王宫之戒令纠[②]禁。’郑注云：‘纠，犹割也，察也。’李登云：‘省，察也。’张揖云：‘省，今省詧[③]也。’然则小井、所领二反，并得训‘察’。其处既常有禁卫省察，故以‘省’代‘禁’。詧，古察字也。”

［注释］

①元后：汉元帝的皇后。
②纠：同“纠”，纠察。
③詧：同“察”，省察。

［译文］

有人问："《汉书注》说：'因为汉元帝的皇后的父亲名禁，所以将禁中改为省中。'为什么用'省'代替'禁'呢？"回答说："依照考据：《周礼·宫正》说：'掌管王宫的纠察禁令。'郑玄作注说：'纠，相当于割，察。'李登说：'省，就是察。'张揖称：'省，就是今天的省詧。'既然这样小井反和所领凡，都是解释'察'的。既然宫中常设禁卫主管省察一事，因此就用'省'字来代替'禁'字。詧，就是古察字。"

［原文］

《汉·明帝纪》："为四姓小侯①立学②。"按：桓帝加元服，又赐四姓及梁、邓小侯帛，是知皆外戚也。明帝时，外戚有樊氏、郭氏、阴氏、马氏为四姓。谓之小侯者，或以年小获封，故须立学耳。或以侍祠③猥朝④，侯非列侯，故曰小侯，《礼》云："庶方小侯⑤。"则其义也。

［注释］

①小侯：古时候将功臣的后人或是封侯的外戚子弟称为小侯。
②立学：设立学校。
③侍祠：陪同祭祀。
④猥朝：猥朝侯，汉代的异姓侯。
⑤庶方小侯：边远地区的异姓小侯。

［译文］

《后汉书·明帝纪》中说："给四姓小侯设立学校。"按：汉桓帝举行加冠礼，还赏赐四姓和梁、邓小侯丝织品，通过这可以知道他们全是外戚。汉明帝时期，外戚有樊氏、郭氏、阴氏、马氏四大姓。之所以将他们称之为小侯，可能是由于年龄还小就得到封爵，因此还要继续设立学校让他们学习。有人认为他们是陪同祭祀的或是异姓侯，这些侯并非是封在王子之列的上等侯，因此称为小侯，《礼记》中说："边远地区的异姓小侯"。就是这个意思。

［原文］

《后汉书》云："鹳(guàn)①雀衔三鳝②鱼。"多假借为"鳣鲔(zhāng wěi)③"之"鳣"。俗之学士，因谓之为"鳣鱼"。案：魏武《四时食制》："鳣鱼大如五斗奁(lián)④，长一丈。"郭璞注《尔雅》："鳣长二三丈。"

安有鹳雀能胜一者，况三乎？鳣又纯灰色，无文章也。鳝鱼长者不过三尺，大者不过三指，黄地黑文；故都讲云："蛇鳝，卿大夫服之象也。"《续汉书》及《搜神记》亦说此事，皆作"鳝"字。孙卿云："鱼鳖鰌（qiū）[5]鳣。"及《韩非》《说苑》皆曰："鳣似蛇，蚕似蠋（zhú）[6]。"并作"鳣"字。假"鳣"为"鳝"，其来久矣。

［注释］

①鹳：一种水鸟。
②鳝：黄鳝。
③鳣鲔：鲟鱼和鳇鱼。
④奁：古时候用来盛放梳妆用具的小盒子。
⑤鰌：同"鳅"。
⑥蠋：昆虫的幼虫。

［译文］

《后汉书》说："鹳雀口中衔着三条鳝鱼。"这个"鳝"字大都是假借成"鳣、鲔"的"鳣"字。世间的学者，也因而将它称呼为鳣鱼。依照考据：魏武的《四时食制》中提到："鳣鱼有五斗奁那么大，约有一丈长。"郭璞给《尔雅》作注说："鳣鱼约有两三丈长。"怎么能有那么大的鹳雀能够口衔一条鳣鱼呢，更何况是三条鳣鱼呢？并且鳣鱼的颜色是纯灰的，身体上也没有任何花纹。鳝鱼长的也不超过三尺，大的也不会超过三指粗，且鳝鱼是黄底带有黑色的花纹，因此弟子中有成绩优秀的说："蛇鳝，象征着卿大夫的服饰。"《续汉书》和《搜神记》也谈及此事，全都写成了"鳝"字。荀子说："鱼鳖鰌鳣。"《韩非子》和《说苑》都说："鳣似蛇，蚕似蠋。"并且都写成"鳣"字。将"鳣"假借为"鳝"，已经很长时间了。

［原文］

《后汉书》："酷吏[1]樊晔为天水郡守，凉州为之歌曰：'宁见乳虎穴，不入冀府寺[2]。'"而江南书本"穴"皆误作"六"。学士因循，迷而不寤。夫虎豹穴居，事之较者。所以班超云："不探虎穴，安得虎子？"宁当论其六七耶？

［注释］

①酷吏：采用残酷刑法统治百姓的官吏。
②冀府寺：天水太守官衙。

［译文］

《后汉书》说："酷吏樊晔担任天水郡守，凉州地区百姓给他编了首歌，唱道：'宁见乳虎穴，不入冀府寺。'"而江南地区的书籍误将"穴"字写成了"六"字。儒士们就沿袭下来，没有人发觉自己受到迷惑。虎豹在洞穴之中居住，这是显而易见的事情。因此班超说："不进入老虎的洞穴，怎么能够抓到小老虎？"哪能去计较洞穴中是六只还是七只小虎呢？

［原文］

《后汉书·杨由传》云："风吹削肺。"此是削札牍(dú)[①]之柹(fèi)[②]耳。古者，书误则削之，故《左传》云"削而投之"是也。或即谓札为削，王褒《童约》曰："书削代牍。"苏竟[③]书云："昔以摩研编削之才。"皆其证也。《诗》云："伐木浒浒[④]。"毛《传》云："浒浒，柹貌也。"史家假借为肝肺字，俗本因是悉作"脯腊"之"脯"，或为"反哺"之"哺"。学士因解云："削哺，是屏障之名。"既无证据，亦为妄矣！此是风角[⑤]占候[⑥]耳。风角书曰："庶人风者，拂地扬尘转削。"若是屏障，何由可转也？

［注释］

①札牍：古时候用来书写的又小又薄小的木片。
②柹：削下的碎木片。
③苏竟：字伯况，东汉人。
④浒浒：伐木的声音。
⑤风角：古时候的一种占卜之术。用五音来占卜四方之风。
⑥占候：依照天象的变化来判断灾异。

［译文］

《后汉书·杨由传》说："风吹削肺。"这个"肺"字指的是削札牍的时候削下的碎木屑。古代时候，写错了字只能将它从札牍上削掉，因此《左传》中说"削而投之"，正是这个意思。也有将"札"称作"削"的，王褒的《童约》中提到："书削代牍。"苏竟的信里提到："昔以摩研编削之才。"这些全是将"札"用作"削"的明证。《诗经》中说："伐木浒浒。"毛《传》对此解释道："浒浒，就是碎木屑纷纷扬扬的样子。"史官们采用假借将"柹"字改写成肝肺的"肺"字，世间通行的版本又以此为依据全部写作了脯腊的"脯"字，有的写成了反哺的"哺"字。儒士们因此对《后汉书》里"削哺"一词解释为："削哺，是一种屏障的名字。”这样的解释毫无根据，只能是主观臆断。“风吹削哺”是说利用风角来占卜。《风角书》上也说：“卑劣的风，扬起地面上的尘土，吹起地上的碎木屑。”要是“削”指的是屏障的话，那么又如何转动呢？

［原文］

《三辅决录》云：“前队（suì）大夫①范仲公，盐豉（chǐ）蒜果②共一筒。”“果”当作“魏颗”之“颗”。北土通呼物一块，改为一颗，“蒜颗”是俗间常语耳。故陈思王《鹞雀赋》曰：“头如果蒜，目似擘（bāi）椒③。”又《道经》云：“合口诵经声璅（suǒ）璅④，眼中泪出珠子碨（kē）⑤。”其字虽异，其音与义颇同。江南但呼为“蒜符”，不知谓为颗。学士相承，读为“裹结”之“裹”，言盐与蒜共一苞裹，内筒中耳。《正史削繁音义》又音“蒜颗”为苦戈反，皆失也。

［注释］

①前队大夫：南阳郡太守。
②蒜果：也做下文的“蒜颗”，蒜头。
③擘椒：掰开的辣椒。擘，同“掰”。
④璅璅：细小、零碎的声音。璅，同“琐”。
⑤碨：同“颗”。

［译文］

《三辅决录》说：“南阳郡太守范仲公，盐豉蒜果共有一筒。”“果”应该是“魏颗”的“颗”字。北方地区习惯将一块东西，说成是一颗东西，“蒜颗”是民间经常使用的词。所以陈思王曹植所作的《鹞雀赋》中说道：“头如果蒜，目似擘椒。”此外《道德经》中说道：“合口诵经声璅璅，眼中泪出珠子碨。”其用字虽然不同，但是发音和字义很是相近。江南一带只说“蒜符”，不懂得什么是颗。儒士们沿袭下来，读成“裹结”的“裹”字，说是将盐和蒜存放在同一个包裹之中，装到了筒里。《正史削繁音义》又将“蒜颗”的读音注为苦戈反，这都是不对的。

［原文］

有人访吾曰：“《魏志》蒋济上书云‘弊攰（guì）①之民’，是何字也？”余应之曰：“意为攰即是攱（guǐ）②倦之攱耳。张揖、吕忱并云：

‘支傍作刀剑之刀，亦是剞(jī)字。’不知蒋氏自造‘支’傍作‘筋力’之‘力’，或借‘剞’字，终当音九伪反。”

［注释］

①弊攰：疲惫不堪、筋疲力尽。
②攰：疲惫。

［译文］

有人访问我问道：“《魏志》中记录蒋济上书朝廷称‘弊攰之民’，这个字是什么字？”我回答说：“我猜测攰就是‘攰倦’的‘攰’字。张揖、吕忱都说：‘支字旁加上刀剑的刀字，同样是剞字’。不知道蒋济是自己创制了‘支’字旁加上‘筋力’的‘力’字造成了‘攰’字，还是假借了‘剞’字，这个字不管是哪一种情况造出来的，始终应该读为九伪反。”

［原文］

《晋中兴书》①：“太山②羊曼③，常颓纵任侠，饮酒诞节④，兖州号为‘⿰重沓(tà)伯’⑤。”此字皆无音训。梁孝元帝常谓吾曰：“由来不识。唯张简宪见教，呼为‘嚃(tà)⑥羹’之‘嚃’。自尔便遵承之，亦不知所出。”简宪是湘州刺史张缵谥也，江南号为硕学⑦。案：法盛世代殊近，当是耆老相传。俗间又有“⿰重沓⿰重沓”语，盖无所不施，无所不容之意也。顾野王⑧《玉篇》误为“黑”傍“沓”。顾虽博物，犹出简宪、孝元之下，而二人皆云“重”边。吾所见数本，并无作“黑”者。“重沓”是多饶积厚之意，从“黑”更无义旨。

［注释］

①《晋中兴书》：南朝宋何法盛所撰，全书共七十八卷。
②太山：泰山。
③羊曼：字祖延，晋代人。为人不受礼法拘束。
④诞节：随心所欲，不拘小节。
⑤⿰重沓伯：放纵豁达、不拘小节的人。
⑥嚃：囫囵吞下，不咀嚼。
⑦硕学：博学。
⑧顾野王：南朝陈人，著有《玉篇》三十卷。

［译文］

《晋中兴书》中说道："泰山的羊曼，为人往往意志消沉、疏慢放纵、行侠仗义，嗜酒如命、不懂节制，兖州地区的人都将他称为䵫伯。"这个"䵫"字在各种典籍中既无注音也无释义。梁孝元帝曾经对我说："我一直都不认识这个字。只有张简宪以前教过我，将它读为'嚃羹'的'嚃'字。从那之后，我便一直遵照这个读音了，但是还不清楚它的出处。"简宪是湘州刺史张缵的谥号，江南一带的百姓将他称为博学之人。依照考据：著有《晋中兴书》的何法盛与我们的年代十分接近，因此那个"䵫"字应该是老一辈传下来的。世间还有"䵫䵫"这个词的存在，大概是没有什么是不能施与的、没有什么是不能包容的意思。顾野王的《玉篇》将这个字误写"黑"字旁加"沓"字。虽然顾野王博学多闻，但是他的学识还是不如张缵、梁孝元帝，而这二人恰都说是"重"字边。我所翻阅过的几个本子，也都没有写作"黑"字旁的。"重沓"是富足丰盈的意思，要是从"黑"的话就完全没有意义了。

［原文］

《古乐府》歌词，先述三子，次及三妇，妇是对舅姑之称。其末章云："丈人且安坐，调弦未遽央①。"古者，子妇供事舅姑，旦夕在侧，与儿女无异，故有此言。丈人亦长老之目，今世俗犹呼其祖考②为先亡丈人。又疑"丈"当作"大"，北间风俗，妇呼舅为大人公。"丈"之与"大"，易为误耳。近代文士，颇作《三妇诗》，乃为匹嫡并耦(ǒu)己之群妻之意，又加郑、卫之辞③，大雅君子④，何其谬乎？

［注释］

①未遽央：仓促匆忙还没有完成。
②祖考：指已经去世的祖辈、父辈。
③郑、卫之辞：春秋时期郑国、卫国的歌辞。多用来指代靡靡之音。
④大雅君子：德才兼备的人。

［译文］

《古乐府》的歌词里，先讲述三个儿子，然后才谈及三个儿媳。儿媳是相对公婆来说的称呼。这首歌的最后一章说："丈人且安坐，调弦未遽央。"古代，儿媳照顾奉养公婆，从早到晚都在公婆的身旁，和亲生儿女没有差别，因此才有诗中这样的说法。丈人也可以用来称呼老年人，如今民间依旧习惯将已经去世的祖辈、父辈称为先亡丈人。又怀疑"丈"字应该是"大"字，按照北方一带的习俗，儿媳将公公称为大人公。“丈”字和“大”字，很容易就会混淆。近代的士人，写了很多《三妇诗》，但是其内容大多是把妇人当作结为婚姻关系并且与自己诸多妻妾相匹配的意思，还在诗中加入很多颓废、安于享乐的词，那些德才兼备的人，怎么能够如此荒谬呢？

［原文］

《古乐府》歌百里奚[1]词曰：“百里奚，五羊皮。忆别时，烹伏雌[2]，吹扊扅（yǎn yí）[3]；今日富贵忘我为！”“吹”当作炊煮之“炊”。案：蔡邕《月令章句》曰：“键，关牡[4]也，所以止扉，或谓之剡（yǎn）移。”然则当时贫困，并以门牡木作薪炊耳。《声类》作“扊”，又或作“扂（diàn）[5]”。

［注释］

①百里奚：春秋时期秦国贤相。
②伏雌：孵蛋的母鸡。
③扊扅：门闩。
④关牡：门闩。
⑤扂：门闩。

［译文］

《古乐府》中歌颂百里奚的词这样说到：“百里奚，五羊皮，忆别时，烹伏雌，吹扊扅；今日富贵忘我为！”“吹”字应该是炊煮的“炊”字。依照考据：蔡邕的《月令章句》中说：“键，就是门闩，是用来闩门的，也有人将之称为剡移。”这么看来，百里奚当时的生活非常艰苦贫困，将门闩都拆下来当柴烧火了。这个字在《声类》中被写作“扊”，也有写成“扂”字的。

［原文］

《通俗文》，世间题云“河南服虔字子慎造”。虔既是汉人，其叙乃引苏林、张揖；苏、张皆是魏人。且郑玄以前，全不解反语[1]，《通俗》反音，甚会[2]近俗。阮孝绪又云“李虔所造”。河北此书，家藏一本，遂无作李虔者。《晋中经簿》及《七志》，并无其目，竟不得知谁制。然其文义允惬[3]，实是高才。殷仲堪《常用字训》，亦引服虔《俗说》，今复无此书，未知即是《通俗文》，为当有异？或更有服虔乎？不能明也。

[注释]

①反语：反切。
②会：符合，相符。
③允惬：妥当，恰当。

[译文]

《通俗文》，民间都署名“河南服虔字子慎造”。服虔是汉人，但《通俗文》的叙却采用了苏林、张揖的说法；苏林、张揖二人是三国时魏人。并且在郑玄之前，人们根本不知道什么是反切。《通俗文》里用反切注音，与近代的习惯十分吻合。阮孝绪又说“李虔著书”。河北一带通行的版本，我也收藏了一本，并没有说是李虔所著。《晋中经簿》和《七志》，也没有与这本书有关的条目，始终不知道这本书的作者是谁。但是这本书用词十分恰当，可见作者是才华满腹之人。殷仲堪的《常用字训》，也引用了服虔的《俗说》，如今这本书也找不到了，不清楚到底是不是《通俗文》，也许还有不同？也许还有另外一个服虔？实在是弄不清楚了。

[原文]

或问：“《山海经》，夏禹及益所记，而有长沙、零陵、桂阳、诸暨，如此郡县不少，以为何也？”答曰：“史之阙文，为日久矣；加复秦人灭学①，董卓焚书②，典籍错乱，非止于此。譬犹《本草》神农所述，而有豫章、朱崖、赵国、常山、奉高、真定、临淄、冯翊等郡县名，出诸药物；《尔雅》周公所作，而云‘张仲孝友’；仲尼修《春秋》，而《经》书孔丘卒；《世本》③左丘明所书，而有燕王喜、汉高祖；《汲冢琐语》④，乃载《秦望碑》⑤；《苍颉篇》李斯所造，而云‘汉兼天下，海内并厕，豨(xī)⑥黥(qíng)⑦韩⑧覆，畔讨灭残’；《列仙传》刘向所造，而《赞》云七十四人出佛经；《列女传》亦向所造，其子歆又作《颂》，终于赵悼后⑨，而传有更始韩夫人、明德马后及梁夫人嫕(yì)。皆由后人所羼(chàn)⑩，非本文也。”

[注释]

①秦人灭学：秦始皇“焚书坑儒”一事。
②董卓焚书：东汉末年董卓起兵作乱的时候，放火焚烧概观阁，将经典烧

毁一事。

③《世本》：书名。书中主要记载了从黄帝以来直到春秋时期列国诸侯大夫的氏姓、世系等情况。

④《汲冢琐语》：书的主要内容是战国时期各国占梦、妖怪等事情，具有浓烈的虚幻色彩。

⑤《秦望碑》：秦始皇向东巡游秦望山的时候所立的碑。

⑥豨：陈豨。

⑦黥：黥刑，在人的脸上刺字，并涂上墨。

⑧韩：韩信。

⑨赵悼后：战国时赵悼襄王赵偃的王后。

⑩羼：本意是群羊杂居在一起，后引申为杂乱混杂。

［译文］

有人询问："《山海经》这本书，是夏禹及伯益记载的，但是书中却出现了长沙、零陵、桂阳、诸暨等地方，这一类的地名在书中很常见，这是为什么呢？"我回答说："史籍上文章残缺不全，已经很长时间了，再加上秦始皇焚书坑儒，董卓烧毁书籍，典籍杂乱无章，所带来的问题远远不止您说的这些。例如《本草》是神农所记录的，但是书中却有豫章、朱崖、赵国、常山、奉高、真定、临淄、冯翊等郡县的名称，以及在这些地区出产的种种药材；《尔雅》是周公编撰的，但是书中却提到了'张仲孝顺父亲，友爱亲朋'的话；孔子修订《春秋》，但是《春秋左氏传》却记载了孔子去世的事情；《世本》是左丘明所写，可书里却谈到了燕王喜、汉高祖；《汲冢琐语》成书于战国时代，但是书中却记载了《秦望碑》的碑文。《苍颉篇》是秦丞相李斯所写的，文章里却有'汉朝统一兼并天下，四海英雄争先参与，陈稀被处以黥刑，韩信失败灭亡，叛臣遭到征讨被灭'的话语；《列仙传》是西汉人刘向所写，但是书中的《赞》却谈到有七十四个人是出自佛经的；《列女传》同样是刘向所写的，他的儿子刘歆还为这本书写了《颂》，记事记录到赵悼后为止，但是传中却有记录更始帝的韩夫人、明德马皇后以及梁夫人嫕。这些都是被后人混杂进去的，并非原文。"

［原文］

或问曰："《东宫旧事》①何以呼'鸱(chī)尾'为'祠尾'？"答曰："张敞者，吴人，不甚稽古②，随宜记注，逐乡俗讹谬，造作书字耳。吴人呼'祠祀'为'鸱祀'，故以'祠'代'鸱'字；呼'绀(gàn)'为'禁'，故以'系'傍作'禁'代'绀'字；呼'盏'为竹简反，故以'木'傍作'展'代'盏'字；呼'镬(huò)'字为'霍'字，故以'金'傍作'霍'代'镬'字；又'金'傍作

‘患’为‘镮’字，‘木’傍作‘鬼’为‘魁’字，‘火’傍作‘庶’为‘炙’字，‘既’下作‘毛’为‘髻’字；金花则‘金’傍作‘华’，窗扇则‘木’傍作‘扇’诸如此类，专辄不少。”

［注释］

①《东宫旧事》：十卷，张敞所著。
②稽古：考察、考究古事。

［译文］

有人询问：“《东宫旧事》中为何要将‘鸱尾’称为‘祠尾’呢？”我回答说：“作者张敞是吴地人，不看重考究古事，只是随手记录作注记，顺从民间时俗的谬误，于是造就了这一类字。吴地人将‘祠祀’叫做‘鸱祀’，因此就用‘祠’字代替‘鸱’字；将‘绀’读为‘禁’，于是就用‘系’字旁加上‘禁’字代替‘绀’字；将‘盏’的字音注为‘竹简反’，于是就用‘木’旁加上‘展’字代替‘盏’字；将‘镬’字当作‘霍’字，因此就用‘金’字旁加上‘霍’字来代替‘镬’字；还用‘金’字旁加‘患’字代替‘镮’字，‘木’字旁加上‘鬼’字来代替‘魁’字，‘火’字旁加上‘庶’字来代替‘炙’字，‘既’字下面加上‘毛’字来代替‘髻’字；金花就用‘金’字旁加‘华’字来表示，窗扇就用‘木’字旁加上‘扇’字来表示。类似这样的情况，主观臆断的字实在不少。”

［原文］

又问：“《东宫旧事》‘六色罽(jì)①緵’，是何等物？当作何音？”答曰：“案：《说文》云：‘莙(jūn)②，牛藻也，读若威。’《音隐》：‘坞(wù)瑰(guī)反。’即陆机所谓‘聚藻，叶如蓬’者也。又郭璞注《三苍》亦云：‘蕴，藻之类也，细叶蓬茸生。’然今水中有此物，一节长数寸，细茸如丝，圆绕可爱，长者二三十节，犹呼为‘莙’。又寸断五色丝，横着线股间绳之，以象莙草，用以饰物，即名为莙；于时当绀(gān)六色罽，作此莙以饰绲(gǔn)③带，张敞因造‘糸’旁‘畏’耳，宜作‘隈’。”

［注释］

①罽：毛织的毯子。

②著：水藻。

③緦：织成的带子。

[译文]

又有人问“《东宫旧事》中说到的‘六色罽緦’是什么东西，又读作什么？”我回答说：“依照考据：《说文解字》称：‘莙，就是牛藻，读成威。’《音隐》说：读为‘坞瑰反’。也就是陆机所说的‘聚藻，就是叶子和蓬草很像’的那种藻类。此外郭璞为《三苍》作注也称：‘蕴，是一类水藻，叶子细长且长有蓬松的绒毛。’但是今天水中的这种藻类，一节仅有几寸长，绒毛细得像丝一样，随着水流摆动，十分可爱，长的约有二三十节，还是称之为‘莙’。此外，将五色丝线剪成一寸长短，横着加入线中变为绳索，做成类似莙草的样子，用作装饰品，就是莙；当时应该是编成了六种颜色的丝线，做成莙来装饰丝带，所以张敞就造了‘糸’字旁加上‘畏’字，但事实上应该是‘隈’字。”

[原文]

柏人城[①]东北有一孤山，古书无载者。唯阚(kàn)骃[②]《十三州志》以为舜纳于大麓，即谓此山，其上今犹有尧祠焉。世俗或呼为宣务山，或呼为虚无山，莫知所出。赵郡士族有李穆叔、季节[③]兄弟、李普济，亦为学问，并不能定乡邑此山。余尝为赵州佐，共太原王邵读柏人城西门内碑。碑是汉桓帝时柏人县民为县令徐整所立，铭曰：“山有巏嵍(quán wù)[④]，王乔[⑤]所仙。”方知此巏嵍山也。“巏”字遂无所出。“嵍”字依诸字书，即“旄丘[⑥]”之“旄”也。“旄”字，《字林》一音亡付反，今依附俗名，当音“权务”耳。入邺，为魏收说之，收大嘉叹。值其为《赵州庄严寺碑铭》，因云“权务之精”。即用此也。

[注释]

①柏人城：古地名。今河北省唐山市附近。

②阚骃：字玄阴。北魏人。

③李穆叔、季节：李公绪、李概兄弟。

④巏嵍：尧山，位于今河北省隆尧西。

⑤王乔：传说中的仙人王子乔。

⑥旄丘：前面高后面低的山丘。

[译文]

柏人城的东北有一座孤山，在古书中没有找到关于它的记录。只有阚骃的《十三州志》中提到尧曾在大麓接纳禹，指的就是这座山，山上至今还留有尧的祠庙。世间有人将它称为宣务山，有人将它称为虚无山，但是没有人能够说出这些称呼到底是怎么来的。赵郡的士族中有李公绪、李概两兄弟以及李普济，这几人算得上是学识渊博的人，但是同样无法判定位于他们家乡的这座山的名称的来历。我曾经做过赵州佐，和太原的王邵一同读过立于柏人城西门之内石碑的碑文。石碑是汉桓帝时期柏人县的百姓为县令徐整所立的，上面的碑文说道："境内有一座巏嵍山，是王子乔成仙之处。"我这才知道这座山正是巏嵍山。却不清楚"巏"字的出处。"嵍"字根据诸多字书所载，正是"旄丘"的"旄"字。《字林》给"旄"字的注音标为亡付反，如今仍旧依从通俗的名称，应该读成"权务"。我来到邺城之后，就对魏收提了此事，魏收对此十分赞许。正好当时他正在撰写《赵州庄严寺碑铭》，于是便写下"权务之精"这句话。就是采用了我提到的这个典故。

[原文]

或问："一夜何故五更？'更'何所训？"答曰："汉、魏以来，谓为甲夜、乙夜、丙夜、丁夜、戊夜，又云'鼓'，一鼓、二鼓、三鼓、四鼓、五鼓，亦云一更、二更、三更、四更、五更，皆以五为节。《西都赋》亦云：'卫以严更①之署。'所以尔者，假令正月建寅②，斗柄③夕则指寅，晓则指午矣；自寅至午，凡历五辰。冬夏之月，虽复长短参差，然辰间辽阔，盈不过六，缩不至四，进退常在五者之间。更，历也，经也，故曰五更尔。"

[注释]

①严更：更鼓。
②建寅：夏历将寅月作为一年之首，因此称为"建寅"。
③斗柄：北斗柄，指玉衡、开阳、摇光三星。

[译文]

有人询问："为什么一夜有五更？又如何解释'更'字？"我回答道："汉、魏以来，称作甲夜、乙夜、丙夜、丁夜、戊夜，也称为'鼓'，一鼓、二鼓、三鼓、四鼓、五鼓，也叫做一更、二更、三更、四更、五更，全都是用五来将时间划分开的。《西都赋》中也说：'卫以严更之署。'之所以如此，是因为要是将正月当作一年之首的话，北斗星的斗柄在黄昏时分就指向寅星，在拂晓时分就指向午星。自寅时至午时，一共经历了五个区间。冬天与夏天的月份，虽然白天夜晚的时间又长短不一，但是对于时辰之间的长短差别而言，长的不会超过六个时辰，短的不会少于四个时辰，长短变化就在五个时辰之内。更，就是历经、经过，因此称为五更。”

［原文］

《尔雅》云：“术（zhú），山蓟也。”郭璞注云：“今术[①]似蓟而生山中。”案：术叶其体似蓟，近世文士，遂读‘蓟’为‘筋肉’之‘筋’，以耦‘地骨[②]’用之，恐失其义。

［注释］

①术：一种草药。
②地骨：枸杞。

［译文］

《尔雅》说：“术，就是山蓟。”郭璞作注称：“术看上去和蓟很像，在山中生长。”依照考据：术的叶子形状和蓟十分相像，近代的文人，于是就将‘蓟’读作‘筋肉’的‘筋’，以此与“地骨”相对应来使用，怕是丧失了它的真正意义。

［原文］

或问：“俗名‘傀儡子[①]’为‘郭秃’，有故实[②]乎？”答曰：“《风俗通》云：‘诸郭皆讳秃。’当是前代人有姓郭而病秃者，滑稽戏调[③]，故后人为其象，呼为‘郭秃’，犹《文康》[④]象庾亮耳。”

［注释］

①傀儡子：木偶戏。
②故实：典故。
③戏调：调侃，开玩笑。
④《文康》：乐舞名。别名《礼毕》。由于舞中的舞者扮演晋太尉庾亮，庾亮的谥号是文康，因此得名。

［译文］

有人询问：“俗称‘木偶戏’为‘郭秃’，有什么出处吗？”我回答道：“《风俗通》上说：‘所有郭姓的人都对秃字十分忌讳。’应该是前代有姓郭的人患有秃头病，且擅长调侃，因此后人就依照他的形象做了木偶，并称之为‘郭秃’，就像《文康》乐舞里有模仿庾亮的形象一样。”

［原文］

或问曰：“何故名‘治狱参军’为‘长流’乎？”答曰：“《帝王世纪》云：‘帝少昊(hào)崩，其神降于长流之山，于祀主秋。’案：《周礼·秋官》，司寇主刑罚、长流之职，汉、魏捕贼掾(yuàn)①耳。晋、宋以来，始为参军，上属司寇，故取秋帝所居为嘉名②焉。”

［注释］

①掾：原义是辅佐，后泛指副官、属员。

②嘉名：美好的名字。

［译文］

有人询问说：“为什么要将‘治狱参军’称为‘长流’？”我回答说：“《帝王世纪》上提到：‘少昊驾崩的时候，他的神灵就降落在长流山上，负责秋季的祭祀。’依照考据：《周礼·秋官》上记载，司寇负责刑罚、长流的职务，就是汉、魏时期的捕贼掾。从晋、宋开始，朝廷才设置参军一职，上属于司寇管辖，所以就取秋帝的居所作为它的美称。”

［原文］

客有难主人曰：“今之经典，子皆谓非，《说文》所言，子皆云是，然则许慎胜孔子乎？”主人拊(fǔ)掌①大笑，应之曰：“今之经典，皆孔子手迹耶？”客曰：“今之《说文》，皆许慎手迹乎？”答曰：“许慎检以六文②，贯以部分③，使不得误，误则觉之。孔子存其义而不论其文也。先儒尚得改文从意，何况书写流传耶？必如《左传》‘止戈’为‘武’，‘反正’为‘乏’，‘皿虫’为‘蛊’，‘亥’有‘二首六身’之类，后人自不得辄改也，安敢以《说文》校其是非哉？且余亦不专以说文为是也，其有援引经传，与今乖者，未之敢从。又相如《封禅书》曰：‘导一茎六穗于庖(páo)④，牺⑤双觡(gé)⑥共抵之兽。’此‘导’训‘择’，光武诏

云：‘非徒有豫养导择之劳’是也。而《说文》云：‘导是禾名。’引《封禅书》为证；无妨自当有禾名䆃（dǎo），非相如所用也。‘禾一茎六穗于庖’，岂成文乎？纵使相如天才鄙拙，强为此语；则下句当云‘麟双觡共抵之兽’，不得云‘牺’也。吾尝笑许纯儒，不达文章之体，如此之流，不足凭信。大抵服其为书，隐括[⑦]有条例，剖析穷根源，郑玄注书，往往引以为证；若不信其说，则冥冥[⑧]不知一点一画，有何意焉？”

[注释]

①拊掌：鼓掌，拍手。
②六文：指六书，造字的六种方法。
③贯以部分：按照部首划分类别。
④庖：厨房。
⑤牺：祭祀时用来作为祭品的牲畜。
⑥觡：骨角。
⑦隐括：修订，修改。
⑧冥冥：稀里糊涂的样子。

[译文]

有位客人非难我道：“如今的经典中的文字问题，你说全都不对，《说文解字》中提到的，你却说全都对，这样看来，难道许慎要比孔子更为高明吗？”我拍手大笑，回答客人说：“如今的典籍，就全是孔子亲笔所写的吗？”客人说：“今天的《说文解字》，难道就全是许慎亲笔所书吗？”我回答道：“许慎用六种造字方法来解析字形、分析字义，按照部首将文字划分类别，让它们不会出现差错，一旦出现错误就可以察觉到问题所在。孔子将经书上字句的意义保存下来却没有对文字本字进行深究。前代的儒士尚且对典籍的文字进行改动来顺应字句的意义，更何况是经由书写而流传下来的呢？肯定是像《左传》中提到的‘止戈’为‘武’，‘反正’为‘乏’，‘皿虫’为‘蛊’，‘亥’有‘二首六身’这样将字的结构说出的情况，后人自是不敢轻易改动，怎么能用《说文解字》来校对修订它们的对错呢？何况我也不只是奉《说文解字》为没有错误的经典，《说文解字》中有引用经传的字句，和如今通行的典籍有矛盾之处，我就不敢轻易顺从。又比如司马相如的《封禅书》中有这样的句子：‘导一茎六穗于庖，牺双觡共抵之兽。’这个‘导’字就被解释成‘择’，汉光武帝的诏书中说‘非徒有豫养导择之劳’句中的‘导’字，也是这个意思。但是《说文解字》却有另外的说法：‘导是一种禾名。’同时引用《封禅书》来作为证据。我们不妨说原本就是一种名为檠的禾，但是却并非司马相如在《封禅书》中所用的。要是按照许慎的说法，‘禾一茎六穗于庖’，这个句子还能称之为文句吗？就算是司马相如天资粗鄙低下，勉勉强强将这句话写出来；那么下一句也应该说成‘麟双觡各共抵之兽’，而不会说出‘牺’。我曾经讥讽许慎是一个专注于文字的纯粹的学者，根本不懂得什么是文章的体例风格，类似这样的情况，就不值得相信。但是总体来说我对于许慎撰写的这本书十分信服，书里对于文字的分类有确切的标准，分析文字的含义能够做到探究它的根本，郑玄给经书作注，常常引用《说文解字》来做参考。要是我们不能相信《说文解字》中的解释，就会稀里糊涂地弄不清文字的结构，这样的话，读书还有什么意义呢？”

[原文]

世间小学者，不通古今，必依小篆，是正[①]书记。凡《尔雅》《三苍》《说文》，岂能悉得苍颉本指[②]哉？亦是随代损益，互有同异。西晋已往字书，何可全非？但令体例成就，不为专辄耳。考校是非，特须消息。至如“仲尼居”，三字之中，两字非体。《三苍》“尼”旁益“丘”，《说文》“尸”下施“几”：如此之类，何由可从？古无二字，又多假借，以“中”为“仲”，以“说”为“悦”，以“召”为“邵”，以“閒”为“闲”：如此之徒，亦不劳改。自有讹谬，过成鄙俗，“乱”旁为“舌”，“揖”下无“耳”，“鼋(yuán)[③]”、“鼍(tuó)[④]”从“龟”，“奋”、“夺”从“雚(guàn)[⑤]”，“席”中加“带”，“恶”上安“西”，“鼓”外设“皮”，“鑿(záo)”头生“毁”，“离”则配“禹”，“壑”乃施“豁”，“巫”混“经”旁，“皋”分“泽”片，“猎”化为“獵(liè)[⑥]”，“宠”变成“寵(lǒng)[⑦]”，“业”左益“片”，“灵”底着“器”，“率”字自有“律”音，强改为别；“单”字自有“善”音，辄析成异：如此之类，不可不治。吾昔初看《说文》，蚩(chī)薄[⑧]世字，从正则惧人不识，随俗则意嫌其非，略是不得下笔也。所见渐广，更知通变，救前之执，将欲半焉。若文章著述，犹择微相影响者行之，官曹文书，世间尺牍(dú)[⑨]，幸不违俗也。

[注释]

①是正：修订，订正。
②本指：本意，原意。
③鼋：大鳖。
④鼍：一种身体覆有鳞甲的爬行动物，它的皮可以用来做鼓。
⑤藋：同“鹳”，白鹳。
⑥獵：同“猎”，狩猎。
⑦竉：孔穴。
⑧蚩薄：讥讽鄙视。
⑨尺牍：书信。

[译文]

世间研究文字学的儒士，不懂得字体从古到今的演变规律，只是一味地按照小篆字体来校对如今的文字。《尔雅》《三苍》《说文解字》，难道就都能掌握仓颉造字的本意吗？这些书籍也都是随着朝代而变化发展，彼此之间存在差异。在西晋之前的字书，难道就可以尽数否定吗？只要它们的体列完整，有自己的系统，不是任人随意判断就足够了。校对考证文字的正误，要特别仔细慎重。例如“仲尼居”这三个字中，有两个字不符正体。《三苍》中“尼”字旁加了个“丘”字，《说文解字》中是在“尸”字下面加上“几”字：类似这样的情况，又如何可以盲从呢？古代并没有一个字却同时存在两种字体的情况，但是却存在很多假借的现象，将“中”字作为“仲”字，将“说”字当作“悦”字，把“召”字当成“邵”字，把“閒”用作“闲”字：类似这种情况的字，也无需改动。当然也有出现差错谬误的字，这些字就造成了鄙陋的风俗，如将“乱”字的偏旁写成“舌”，将“揖”字下面的“耳”字去掉，把“鼋”字、“鼍”字写作“龟”字旁，将“奋”、“夺”写为“藋”字旁，在“席”字中加上“带”字，在“恶”字上安上“西”字，在“鼓”字外面安设“皮”字，把“鑿”字上部写成“毁”字，把“离”字配上“禹”字，“壑”字加上“豁”字，“巫”字与“经”字偏旁相混淆，把“皋”字写成“泽”字的一部分，“猎”字改成了“獵”字，“猎”改为“獵”字，“宠”被改为“竉”字，“业”字左边加上“片”字，“灵”字的下部加上“器”字，“率”字原本就有“律”的读音，非要强行改成其他字；“单”字原本就有“善”的读音，却常常被分析成另外的读音：类似这样的情况，不可以不改正。我过去最初读《说文解字》的时候，对于这一类通行的字非常鄙视，依照正体写的话担心别人不认识，要是从俗去写心中却又对于错字十分厌恶，要是不用这些字的话又无从下笔。慢慢见识越来越广，才知道要跟着时俗而变通，对于之前过于拘泥于用字的做法也随之改动，择中选取。要是写文章，就选取类似的字，若是官府公文，以及书信的话，那么就不背离时俗的习惯。

［原文］

案：“弥亙（gèn）”字从“二”间“舟”，《诗》云“亙之秬（jù）[①]秠（pī）[②]”是也。今之隶书，转“舟”为“日”；而何法盛《中兴书》乃以“舟”在“二”间为舟“航”字，谬也。《春秋说》以“人十四心”为“德”，《诗说》以“二在天下”为“酉”，《汉书》以“货泉[③]”为“白水真人”，《新论》以“金昆[④]”为“银”，《国志》以“天上有口”为“吴”，《晋书》以“黄头小人”为“恭”，《宋书》以“召刀”为“邵”，《参同契》以“人负告”为“造”：如此之例，盖数术谬语，假借依附，杂以戏笑耳。如犹转“贡”字为“项”，以“叱”为“七”，安可用此定文字音读乎？潘、陆诸子《离合诗》《赋》《栻（shì）卜》《破字经》，及鲍照《谜字》，皆取会流俗，不足以形声论之也。

［注释］

①秬：黑黍。
②秠：一壳两米的黑黍。
③货泉：汉代的一种钱币。
④金昆：银子。

［译文］

依照考据：“弥亙”的“亙”字从“二”字中间加上“舟”字，正是《诗经》中说的“亙之秬秠”的“亙”字。如今的隶书，将“舟”字改写为“日”字；但是何法盛的《中兴书》中将“二”字中间加上“舟”字当作“航”字，实在是大错特错呀。《春秋说》把“人十四心”当作“德”字，《诗说》将“二在天下”当作“酉”字，《汉书》把“货泉”说成“白水真人”，《新论》将“金昆”作为“银”字，《国志》把“天上有口”当成“吴”字，《晋书》用“黄头小人”作为“恭”字，《宋书》把“召刀”说成“邵”字，《参同契》将“人负告”作为“造”字：类似上述的例子，全都是术数牵强附会导致的错误，假借别的字，混合混杂在一起取乐而已。例如将“贡”字转化成“项”字，将“叱”转化为“七”字，怎么能够以此说法确定文字的读音呢？潘岳、陆机等的《离合诗》《赋》《栻卜》《破字经》，以及鲍照的《迷字》，全是与世俗相符的文章，是不足以用形声之法来评论的。

[原文]

河间邢芳语吾云：“《贾谊传》云：‘日中必熭（wèi）①。’注：‘熭，暴也。’曾见人解云：‘此是暴疾②之意，正言日中不须臾，卒然便昃（zè）③耳。’此释为当乎？”吾谓邢曰：“此语本出太公《六韬》，案字书，古者‘暴（pù）晒’字与‘暴（bào）④疾’字相似，唯下少异，后人专辄加傍‘日’耳。言日中时，必须曝晒，不尔者，失其时也。晋灼已有详释。”芳笑服而退。

[注释]

①熭：暴晒。
②暴疾：突然发作且来势汹汹。
③昃：太阳西斜。
④暴：同“暴”。

[译文]

河间人邢芳对我说：“《汉书·贾谊传》上提到：‘日中必熭。’其注解为：‘熭，就是暴。’我曾经听见有人解释称：‘这就是突然爆发且来势汹汹的意思，也就是说太阳在头顶正上方的时间很短，很快就夕阳西下了。’这个解释合理吗？”我对邢芳说：“这句话原本是太公《六韬》中的话，按照字书的说法，古时候‘暴晒’的‘暴’字和‘暴疾’的‘暴’字十分相近，也只有文字的下半部稍有差别，后人就主观地在‘暴’字旁边添上一个‘日’旁。这句话的意思是说太阳在头顶正上方的时候，一定要曝晒物品，否则，就会错失时机。对此晋灼已经进行了详细的说明。”邢芳心服口服地笑着离开了。

卷第七

音辞第十八

［原文］

夫九州之人，言语不同，生民已来，固常然矣。自《春秋》标齐言[①]之传，《离骚》目楚词之经，此盖其较明之初也。后有扬雄著《方言》，其言大备。然皆考名物之同异，不显声读之是非也。逮郑玄注《六经》，高诱解《吕览》《淮南》[②]，许慎造《说文》，刘熹[③]制《释名》，始有譬况[④]假借以证音字耳。而古语与今殊别，其间轻重清浊，犹未可晓；加以内言外言、急言徐言、读若之类，益使人疑。孙叔言创《尔雅音义》，是汉末人独知反语[⑤]。至于魏世，此事大行。高贵乡公[⑥]不解反语，以为怪异。自兹厥后，音韵锋出，各有土风，递相非笑，指马之谕[⑦]，未知孰是。共以帝王都邑，参校方俗，考核古今，为之折衷。榷而量之，独金陵与洛下[⑧]耳。南方水土和柔，其音清举而切诣，失在浮浅，其辞多鄙俗。北方山川深厚，其音沉浊而铫钝[⑨]，得其质直，其辞多古语。然冠冕君子，南方为优；闾里小人，北方为愈。易服而与之谈，南方士庶，数言可辩；隔垣而听其语，北方朝野，终日难分。而南染吴、越，北杂夷虏，皆有深弊，不可具论。其谬失轻微者，则南人以钱为涎，以石为射，以贱为羡，以是为舐；北人以庶为戍，以如为儒，以紫为姊，以洽为狎。如此之例，两失甚多。至邺已来，唯见崔子约、崔瞻[⑩]叔侄，李祖仁、李蔚[⑪]兄弟，颇事言词，少为切正。李季节[⑫]著《音韵决疑》，时有错失；阳休之[⑬]造《切韵》，殊为疏野。吾家儿女，虽在孩稚，便渐督正之；一言讹替，以为己罪矣。

云为品物，未考书记者，不敢辄名，汝曹所知也。

［注释］

①齐言：古代齐地的方言俗语。

②《吕览》：即《吕氏春秋》。《淮南》：《淮南子》。

③刘熹：字成国，东汉经学家，长于训诂，撰《释名》，共二十七篇，八卷，有非常重要的参考价值，今传。

④譬况：古代文字训诂来注音的方法。

⑤反语：反切。

⑥高贵乡公：曹髦，曹丕之孙，曾封为高贵乡公，后立为帝，因不满司马氏专权，曾率众攻打司马氏，没能成功，被杀。

⑦指马：战国名家公孙龙子提出“物莫非指”“白马非马”的命题，也就是名与实之间的关系。

⑧洛下：洛阳。

⑨钝钝：浑厚而低沉。

⑩崔子约、崔瞻：北齐人，崔子约曾官司空祭酒，其侄崔瞻，字彦通，曾官吏部郎中，好学博记，著名于当时。

⑪李祖仁、李蔚：为曹魏李谐之子，李祖仁，名岳，官至中散大夫，李蔚，官至秘书丞，俱有名望。

⑫李季节：名概，北齐人，博学，恃才傲气，撰《音韵》四卷等书。

⑬阳休之：字子烈，北齐人，齐亡入仕北周，撰《韵略》，今佚。

公孙龙

战国时期名家的主要代表人物。公孙龙善于辩论，他与孔穿在平原君家相会，谈辩公孙龙的“白马非马”。

［译文］

九州的人，言语是不一样的，自从人类产生以来，情况都是这样的，《春秋》用齐国的俗语记载历史，《离骚》被看作楚地语词的经典，这大概是关于方言最初的明确说法。后来出现了扬雄著的《方言》，是关于方言最完备的论著。然而重点是考证名物的异同，缺少显示读音的正确与否。直到郑玄注释《六经》，高诱注释《吕氏春秋》《淮南子》，许慎著《说文解字》，刘熙著《释名》，才开始采用音同或音近的字来标明音读的方法。但是古音与今音是不一致的，其中语音的轻重，清浊，至今我们还是不知道；再加上内方、外方、急言、徐言这些方法，更让人不解了。孙叔然著《尔雅音义》，说明汉末已懂得使用反切法。到了魏朝，反切法十分盛行。

高贵乡公曹髦不懂这种注音法，觉得这种注音很奇怪。从此以后，韵书不断出现，这些书各自记录各地的方言，而且相互讥笑其他方言，不明白到底谁是谁非。后来韵书全部以帝王之都的语音作为标准音，还参照各自的方言，考核古今语音，调和二者，取其中最恰当的。总而言之，北方人基本以洛阳音为主，南方人基本以建康音为主。南方水土柔和，语音清亮高昂而发音急切，不好的地方在于发音浅而浮，言辞显得浅陋粗俗；北方地形山高水深，所以语音低沉浊重显得圆钝，好处在于北方人朴实直率，言辞还保存着许多古语。就士大夫的言谈水平而论，南方人比北方人高；就平民百姓的说话水平而言，北方人胜过南方人。让南方的士大夫换上平民的衣服，只须说上几句话，就可以识别出他们的身份；要是隔着墙交谈，北方的士大夫与平民言谈水平几乎没什么差别，听一天也不知道他们的身份。可是南方话沾染吴语、越语的音调，北方话夹杂外族的语言，都有自己的缺点，这里不能详细论述。就它们小的缺点而言，南方人把“钱”读为“涎”，把“石”读为“射”，把“贱”读为“羡”，把“是”读为“舐”；北方人把“庶”读为“戍”，把“如”读为“儒”，把“紫”读为“姊”，把“洽”读为“狎”。这样的例子，两边的人（读音）错误不少。我到邺都以来，只见过崔子约、崔瞻叔侄，李祖仁、李蔚兄弟专心研究言辞。李季节所写的《音韵决疑》，也不免有错误的地方；阳休之写的《切韵》，水平更是粗糙。我家的儿女，当他们还是孩子的时候，一定要督导校正他们的读音；一句话说错了，那就是他们的过错了。一事一物，不经过考查，不能妄称，这都是你们所知道的。

杂艺第十九

一

［原文］

真草①书迹，微须留意。江南谚云：“尺牍②书疏，千里面目也。”承晋、宋余俗，相与事之，故无顿狼狈者。吾幼承门业，加性爱重，所见法书③亦多，而玩习功夫颇至，遂不能佳者，良由无分故也。然而此艺不须过精。夫巧者劳而智者忧，常为人所役使，更觉为累；韦仲将④遗戒，深有以也。

［注释］

①真草：真即楷书，草为草书。

②尺牍：泛指书信。
③法书：可以当作范本的字书。
④韦仲将：韦诞，字仲将，三国曹魏书法家。

[译文]

对于真书、草书这些书法技艺，一定要加以留意。江南有句俗谚说："一尺书信，千里相见；一手好字，人的脸面。"现在的人都承袭了东晋刘宋以来的习俗，都在用功学习书法，因此没人在匆忙中把字写得狼狈不堪。我从小受家庭影响，而且我本身也很爱好书法，所见到的书法字帖很多，而且喜欢临帖摹写，可是造诣不是很高，主要是由于我缺少天分。不过这门技艺不必学得太精深。否则就会能者多劳，智者多忧，受到别人的役使，因而感到疲惫不堪。魏代书法家韦仲将还给儿孙留下"不要学书法"的训诫，是有一定道理的。

二

[原文]

王逸少[1]风流才士，萧散名人，举世惟知其书，翻以能自蔽也。萧子云每叹曰："吾著《齐书》，勒成一典，文章弘义，自谓可观；唯以笔迹得名，亦异事也。"王褒[2]地胄清华，才学优敏，后虽入关[3]，亦被礼遇。犹以书工，崎岖碑碣[4]之间，辛苦笔砚之役，尝悔恨曰："假使吾不知书，可不至今日邪？"以此观之，慎勿以书自命。虽然，厮猥之人，以能书拔擢者多矣。故道不同不相为谋也。

竹书竞市

王羲之为我国古代书圣，他的字在当时就值千金。据载，王羲之见一老妇卖扇，就在她的扇头各写了五个字。老妇人刚开始很生气，王羲之对他说，只要说这是王右军所书，就可以卖到百钱。老妇人就按他说的做，果然十几把扇子销售一空。

[注释]

①王逸少：王羲之，字逸少。见风操第六第六则注⑤。

②王褒：北周人，工诗能文，见文章第九第一则注⑥。

③入关：王褒前在南朝梁为官，梁为北周攻破，被送往长安，在北周任职。

④碑碣：古人将方形的刻石称为碑，圆形的刻石称为碣，这里泛指各种碑刻文字。

[译文]

王羲之是位风流才子，他生性潇洒不喜欢受到任何束缚，他的书法为大家所熟知，而其他方面特长基本上被掩盖了。萧子云常常感叹说："我撰写了《齐书》，还把它刻印成一部典籍，书中的文章弘扬大义，我觉得很值得一看，可是到头来只是由于抄写得精妙，我靠书法出了名，可谓是怪事。"王褒出身于高贵门第，此人才华横溢，文思敏捷，后来即使去了北周，也还是受到了礼遇。因为此人擅长书法，常常不得不代人书写，在碑碣之间感到困顿，辛苦于笔砚之役，他曾后悔说："要是我不会书法，就不会像现在这样劳碌了吧？"由此看来，一定不要以精通书法引以为豪。即使这样说，地位低下的人，由于能写一手好字得到提拔的事例也不少。所以说：道业不同的人，是不可以相互为谋的。

[原文]

梁氏秘阁①散逸以来，吾见二王②真草多矣，家中尝得十卷。方知陶隐居③、阮交州④、萧祭酒诸书，莫不得羲之之体，故是书之渊源。萧晚节所变，乃右军⑤年少时法也。

[注释]

①秘阁：指皇宫中收藏图书的场所。

②二王：王羲之、王献之父子。

③陶隐居：陶弘景。

④阮交州：阮研。

⑤右军：王羲之。

[译文]

梁朝秘阁所收藏的图书佚失以来，我看到许多王羲之、王献之的真迹，草书，家中曾经收藏了十卷。见到这些作品我才知道陶弘景、阮研、萧子云三人的书法，无一不是受到了王羲之书法的影响，因此王羲之的字体是书法的源头。萧子云晚年书写的字体发生变化，正是因为学习了王羲之年轻时的笔法。

［原文］

晋、宋以来，多能书者。故其时俗，递相染尚，所有部帙(zhì)①，楷正可观，不无俗字，非为大损。至梁天监之间，斯风未变；大同之末，讹替滋生。萧子云改易字体，邵陵王②颇行伪字。朝野翕(xī)然③，以为楷式，画虎不成，多所伤败。至为一字，唯见数点，或妄斟酌，逐便转移。尔后坟籍，略不可看。北朝丧乱之余，书迹鄙陋，加以专辄造字，猥拙甚于江南。乃以“百念”为“忧”，“言反”为“变”，“不用”为“罢”，“追来”为“归”，“更生”为“苏”，“先人”为“老”，如此非一，遍满经传。唯有姚元标工于楷隶，留心小学，后生师之者众。洎(jì)于齐末，秘书缮写④，贤于往日多矣。

［注释］

①部帙：书籍。
②邵陵王：梁武帝的儿子萧纶。
③翕然：一致的样子。
④缮写：抄写。

［译文］

晋、宋以来，出现了很多擅长写书法的人。所以一时之间书法蔚然成风，人们彼此产生影响，所有的书籍，抄写得十分端庄，没有多少俗体字，即使有个别俗体字，也不会有什么大的影响。等到了梁武帝天监年间，这样的风气也没什么大的改变；等到大同末年，错字和替代俗字越来越多。萧子云对字体形状做了更改，邵陵王也常常使用伪字。朝野上下全都效仿，并将他们视为模仿对象，结果效仿失真，反倒什么都不像，带来很大的不良影响。甚至一个字，简化之后只剩下几个点，或者随意更改字体，随便更改偏旁的位置。在这之后的书籍，更是没法看。北朝历经丧乱，字迹更是丑陋无比，再加上主观造字，其拙劣情况更甚于江南一带。甚至有将“百念”二字合起来作为“忧”字，将“言反”二字合起来当作“变”字，将“不用”二字合起来当作“罢”字，将“追来”二字合起来作为“归”字，将“更生”二字作为“苏”字，将“先人”二字作为“老”字，类似这样的情况数不胜数，遍布各种书籍。只有姚元标擅长楷书、隶书，在文字学上用心钻研，跟他学习的年轻人很多。到了北齐末年，秘书阁对书籍的抄写与之前相比强了很多。

[原文]

江南闾里间有《画书赋》，乃陶隐居[①]弟子杜道士所为。其人未甚识字，轻为轨则[②]，托名贵师，世俗传信，后生颇为所误也。

[注释]

①陶隐居：陶弘景。
②轨则：准则。

[译文]

江南一带民间流传《画书赋》，这是陶隐居的徒弟杜道士所著。这个人并不认得多少字，但是却草率制定字体的规则，还假托名师，世人也就轻易地相信并流传，有很多年轻人被他误导。

三

[原文]

画绘之工，亦为妙矣；自古名士，多或能之。吾家尝有梁元帝手画蝉雀白团扇及马图，亦难及也。武烈太子偏能写真[①]，坐上宾客，随宜点染，即成数人，以问童孺，皆知姓名矣。萧贲、刘孝先、刘灵[②]，并文学已外，复佳此法。玩阅古今，特可宝爱。若官未通显，每被公私使令，亦为猥役。吴县顾士端出身湘东王国侍郎[③]，后为镇南府刑狱参军，有子曰庭，西朝中书舍人[④]，父子并有琴书之艺，尤妙丹青，常被元帝所使，每怀羞恨。彭城刘岳，橐之子也，仕为骠骑府[⑤]管记、平氏县令，才学快士，而画绝伦。后随武陵王[⑥]入蜀，下牢[⑦]之败，遂为陆护军[⑧]画支江寺壁，与诸工巧杂处。向使三贤都不晓画，直运素业，岂见此耻乎？

[注释]

①“武烈”一句：武烈太子，即萧方等。写真：绘人物画。
②“萧贲”一句：萧贲，南齐竟陵王萧子良之孙，字文奂，善书画。刘孝先，

南朝梁人，善诗能画，传见《梁书·刘潜传》。刘灵，南朝梁人，善画名噪一时。

③王国侍郎：梁时王国中所设的官职。《隋书·百官志》：“王国置中尉侍郎，执事中尉。”

④西朝：也叫“西台”，指江陵，后梁建都于此。中书舍人，中书省长官。

⑤骠骑府：骠骑将军府的省称。

⑥武陵王：即萧纪，字世询，梁武帝之子，曾封武陵王，后任为益州刺史，入蜀。

⑦下牢：即下牢关，今湖北宜昌长江三峡附近。

⑧陆护军：指陆法和，信奉佛教，故有刘岳为他画寺院壁画之事。

［译文］

擅长绘画，自然是件好事，从古以来很多名士都有这本领。我家曾收藏着梁元帝亲手画的蝉、雀白团扇和马图，技艺无人能比。梁元帝的长子萧方等擅长画人物肖像，画在座的宾客，他只随便画上几笔，几位逼真的人物形象就会跃然纸上。拿了画像问小孩，小孩都能说出画中人物的姓名。还有萧贲、刘孝先、刘灵，除了文章学术精通之外，还擅长绘画。赏玩古今名画，有时让人舍不得放下。但如果善于作画的人官位还很卑微，那么这人就会因善于绘画而经常被公家或私人使唤，结果反而成了一件卑微的差事了。吴县顾士端担任湘东王国的侍郎，后来被任命为镇南府刑狱参军，他的儿子叫顾庭，属于梁元帝的中书舍人，父子俩都擅长琴棋书画，常被梁元帝使唤，他们感到很羞愧，后悔会这些技艺。彭城有位刘岳，是刘橐的儿子，他做过骠骑府管记、平氏县令，此人很有学问，为人爽快，绘画技艺无人能比，后来他随着武陵王到蜀地，下牢关战败，就被陆护军调到支江的寺院里去画壁画，和那些工匠没什么区别。如果这三位贤能的人开始不会绘画，一直努力从事清高德雅的事业，怎么会受到这样的耻辱呢？

［原文］

弧矢[①]之利，以威天下，先王所以观德择贤，亦济身之急务也。江南谓世之常射，以为兵射，冠冕儒生，多不习此；别有博射[②]，弱弓长箭，施于准的(dì)[③]，揖让升降，以行礼焉。防御寇难，了无所益。乱离之后，此术遂亡。河北文士，率晓兵射，非直葛洪一箭，已解追兵，三九宴集，常縻(mí)[④]荣赐。虽然要轻禽，截狡兽，不愿汝辈为之。

［注释］

①弧矢：弓箭。

②博射：古时候一种游戏性的习射。

③准的：剑靶。
④縻：获取。

[译文]

弓箭的锋利，可以震慑天下，前代君主凭借射箭来考核人的德行，选取贤才，同时这也是能够保全自身的重要事情。江南一带将社会上一般的习射称为兵射，官宦士人，大多不会学习它；另有一种博射，是使用软弓长箭，设有箭靶，讲究的是揖让进退，按照固定的礼仪程序执行。但是对于抵御敌寇，却不起丝毫作用。战乱之后，这样的射法销声匿迹。河北地区的文人，大部分都懂得兵射，不但能够像葛洪那样一箭射杀敌人，更能够在三公九卿聚集的宴会上，因精于射箭获得奖赏。尽管这样，类似用射箭猎取飞禽走兽的事，我还是不希望你们参与其中。

[原文]

卜筮[①]者，圣人之业也。但近世无复佳师，多不能中。古者，卜以决疑，今人生疑于卜；何者？守道信谋，欲行一事，卜得恶卦，反令恜恜（chì）[②]，此之谓乎！且十中六七，以为上手[③]，粗知大意，又不委曲[④]。凡射奇偶，自然半收，何足赖也。世传云："解阴阳者，为鬼所嫉，坎壈贫穷，多不称泰。"吾观近古以来，尤精妙者，唯京房、管辂、郭璞耳，皆无官位，多或罹灾，此言令人益信。傥值世网[⑤]严密，强负此名，便有诖（guà）误[⑥]，亦祸源也。及星文风气，率不劳为之。吾尝学《六壬式》[⑦]，亦值世闲好匠，聚得《龙首》《金匮》《玉軨（líng）变》《玉历》十许种书，讨求无验，寻亦悔罢。凡阴阳之术，与天地俱生，亦吉凶德刑，不可不信；但去圣既远，世传术书，皆出流俗，言辞鄙浅，验少妄多。至如反支[⑧]不行，竟以遇害；归忌[⑨]寄宿，不免凶终。拘而多忌，亦无益也。

[注释]

①卜筮：占卜。
②恜恜：担忧恐惧。
③上手：上等手艺。
④委曲：详尽。
⑤世网：世间礼法、伦理对人的束缚。

⑥诖误：由于受到蒙蔽而犯错误。
⑦《六壬式》：采用阴阳五行之说来进行占卜。
⑧反支：古时候依照术数星名的说法，反支日是禁忌之日。
⑨归忌：不适合回家的日子。

［译文］

卜筮，是圣人从事的事业。但是近代并没有巫术高的巫师，因此占卜的结果大都无法应验。古时候，利用占卜来解决疑难问题，但是如今的人却由于占卜而生成不解，这是为什么？一个人恪守道德礼仪，对自己的谋划深信不疑，想要去做一件事，占卜的结果却是不好的，反倒让心中担忧恐惧，说的就是这个意思！何况现在的巫师若是十次占卜能有六七次应验，就会被认为是占卜高手，但事实上他们对于占卜术也只是粗略了解，并不知道全部要义。凡是猜测正负奇偶，自然会猜对一半，但是这样的结果怎么能够信赖呢？民间流传说："懂得阴阳之术的人，被鬼神所嫉妒，他们的命运大都坎坷不平，很少能够善终。"我查看近古以来，对于占卜十分精通的人，只有京房、管辂、郭璞，他们都没有获得官位，又多遭灾，因此这句话也更让人信服了。若是遇到法制严格，勉强背负擅长占卜的名声，就会招来灾祸，这同样是祸患的根源。至于观测天象以预测吉凶的事情，你们全都不要去做。我曾经学习过《六壬式》，也曾与世间的好术士相遇，搜集到《龙首》《金匮》《玉铃变》《玉历》等十几种书籍，也深入研究了这些书籍，但是却没什么结果，我就因此而感到后悔。凡是阴阳之术，和天地共同产生，它所预示的吉凶祸福、施加恩泽和惩罚的手段，不能够不相信；但是我们与圣人生存的时代相距很远，世间流传的关于阴阳术数的书，都是平凡人所作，言语粗浅，少有应验，大多虚妄。至于像反支日不适合出门，但是反倒遇害；归忌日应该寄宿在外，但是还是有人难逃一死。由于拘泥于这类说法而有很多禁忌，也是没有任何好处的。

［原文］

算术亦是六艺要事；自古儒士论天道，定律历者，皆学通之。然可以兼明，不可以专业。江南此学殊少，唯范阳祖暅(xuǎn)精之，位至南康太守。河北多晓此术。

医方之事，取妙极难，不劝汝曹以自命也。微解药性，小小①和合②，居家得以救急，亦为胜事。皇甫谧、殷仲堪则其人也。

［注释］

①小小：稍微。
②和合：调合，这里指配药方。

[译文]

算术也是六艺中十分重要的一项，从古至今，学者们讨论天文，制定律历，都要精通算术。但是你们可以在学习其他学科的时候同时研究它，不必要刻意去学习它。江南一带精通算术的人很少，只有范阳的祖暅对它十分精通，祖暅官至南康太守。河北一带的人大都通晓这门学问。

看病开方这类事情，想要达到精妙的地步非常难，我不鼓励你们将这件事当作目标。只要稍稍懂得一点药性，能够简单配一点药方，能够在家中救急，就是一件好事了。皇甫谧、殷仲堪就是这样的人。

四

[原文]

《礼》曰："君子无故不彻琴瑟。"古来名士，多所爱好。洎于梁初，衣冠子孙，不知琴者，号有所阙；大同以末，斯风顿尽。然而此乐愔愔（yīn）[①]雅致，有深味哉！今世曲解，虽变于古，犹足以畅神情也。唯不可令有称誉，见役勋贵，处之下坐，以取残杯冷炙之辱。戴安道[②]犹遭之，况尔曹乎！

[注释]

①愔愔：安闲貌。

②戴安道：戴逵，字安道，《晋书·隐逸传》载："少博学，好谈论，善属文，能鼓琴。"

[译文]

《礼记·典礼》说："君子无故不撤去琴瑟。"名士从古到今大多都爱好音乐。到了梁朝初期，要是贵族子弟不懂弹琴鼓瑟，就会认为这人不是完美的，大同末年以来，这种风气就衰落了。既然这乐曲是从古代演变过来的，那么肯定会让人听了之后精神愉悦。只要不是以擅长音乐闻名，一旦出名就会被达官贵人所支使，成了为人演奏音乐的下等人，只能吃残羹剩饭，备受屈辱。戴安道还碰见过这样的事情，更何况你们呢？

[原文]

《家语》曰："君子不博[①]，为其兼行恶道故也。"《论语》云："不有博弈者乎？为之，犹贤乎已。"然则圣人不用博弈为教；

但以学者不可常精，有时疲倦，则傥为之，犹胜饱食昏睡，兀然端坐耳。至如吴太子以为无益，命韦昭论之；王肃、葛洪、陶侃之徒，不许目观手执，此并勤笃之志也。能尔为佳。古为大博则六箸[②]，小博则二琼(qióng)[③]，今无晓者。比世所行，一琼十二棋，数术浅短，不足可玩。围棋有手谈、坐隐[④]之目，颇为雅戏；但令人耽愦，废丧实多，不可常也。

[注释]

①博：博戏。

②箸：博戏的时候所使用的竹棍。

③琼：博戏的时候所使用的骰子。

④手谈、坐隐：均为下围棋的别称。

[译文]

《孔子家语》说："君子不玩博戏，那是由于玩博戏也会让人误入邪道。"《论语》说："不是有玩博弈下围棋的游戏吗？玩这些的话，强过无所事事。"但是圣人并不会用博戏、围棋当作教学手段。只是读书人不能一直专心于学习，有时难免疲倦，偶尔为之，总比一吃饱就昏昏欲睡，或是坐着发呆要强得多。至于像吴太子觉得下围棋没有好处，于是命韦昭写文章谈及它的害处；王肃、葛洪、陶侃的徒弟，不许围观别人或是参与下棋，这些全是勤奋专心的表现。能够做到这样固然很好。古时候玩大博要用六根竹棍，小博要用两个骰子，如今已经没有人掌握这样的玩法了。如今流行的玩法，是用一个骰子、十二枚棋子，路数简单，不值得一玩。围棋有手谈、坐隐等说法，是一种十分高雅的游戏；但是会让人沉溺其中，进而荒废丧失很多事，所以不能经常玩。

[原文]

投壶[①]之礼，近世愈精。古者，实以小豆，为其矢之跃也。今则唯欲其骁，益多益喜，乃有倚竿、带剑、狼壶、豹尾、龙首之名。其尤妙者，有莲花骁。汝南周璝(guī)，弘正之子，会稽贺徽，贺革之子，并能一箭四十余骁。贺又尝为小障，置壶其外，隔障投之，无所失也。至邺以来，亦见广宁、兰陵诸王，有此校具，举国遂无投得一骁者。弹棋亦近世雅戏，消愁释愦，时可为之。

［注释］

①投壶：古时候宴会上的一种娱乐活动。

［译文］

投壶的规定，到现在越来越精妙了。古时候，要在壶里填满小豆子，为的是避免箭从壶中跳出来。现在的人则希望箭能够从壶中跳出来，越多越好，于是就产生了倚竿、带剑、狼壶、豹尾、龙首等名称。这其中最为精妙的要数莲花骁了。汝南的周璝，是周弘正的儿子，会稽的贺徽，是贺革的儿子。这二人能够让一支箭连续投跃四十余次。贺徽曾经设置了一个小的屏风，将壶放在屏风的外面，他隔着屏风投射，也没有投不进去的。自从我来到邺城，也见到广宁王、兰陵王等人，设置投壶的器具，但是全国上下并没有人能够投一骁。弹棋也是近代的一种高雅的游戏，可以消除烦闷，可以偶尔玩上一玩。

终制第二十

一

［原文］

死者，人之常分，不可免也。吾年十九，值梁家[1]丧乱，其间与白刃为伍者，亦常数辈；幸承余福，得至于今。古人云："五十不为夭。"吾已六十余，故心坦然，不以残年为念。先有风气[2]之疾，常疑奄然[3]，聊书素怀，以为汝诫。

［注释］

①梁家：梁朝。
②风气：一种疾病。
③奄然：忽然死去。

［译文］

死亡，这是人都会遇到的，是难以避免的。我十九岁的时候，正好赶上梁朝动荡不安，其间在刀光剑影中出没，幸亏有祖上的福荫保佑，我才能活到现在。古人说："活到五十岁就已经不是短命了。"我现在已经年过花甲，六十多岁了，所以心里很平静坦然，不再为以后的日子顾虑了。我以前患有风气病，常担心自己会突然死去，所以姑且记下自己平时的想法，希望以此作为对你们的嘱咐训诫。

二

［原文］

先君先夫人皆未还建邺旧山[①]，旅葬江陵东郭。承圣[②]末，已启求扬都[③]，欲营迁厝(cuò)[④]。蒙诏赐银百两，已于扬州小郊北地烧砖，便值本朝沦没，流离如此，数十年间，绝于还望。今虽混一[⑤]，家道罄穷，何由办此奉营资费？且扬都污毁，无复孑遗，还被下湿，未为得计。自咎自责，贯心刻髓。计吾兄弟，不当仕进；但以门衰，骨肉单弱，五服[⑥]之内，傍无一人，播越[⑦]他乡，无复资荫；使汝等沉沦厮役，以为先世之耻；故腼冒人间，不敢坠失。兼以北方政教严切，全无隐退者故也。

［注释］

①旧山：家乡，故土。
②承圣：梁元帝萧绎年号，公元 552 年～公元 554 年。
③扬都：建康。
④厝：待葬。
⑤混一：隋朝统一全国。
⑥五服：古时一种丧服，即斩衰、齐衰、大功、小功、缌麻。
⑦播越：流离、飘泊不定。

［译文］

我已经亡故的双亲的灵柩还没有送回建邺祖坟处，只好暂时把他们葬在江陵城的东郊。承圣末年，我已启奏要求回扬都，着手准备迁葬的事情，承蒙元帝下诏赐银百两，我已在扬州近郊北边烧制墓砖。可是正好赶上了梁朝灭亡，我流离失所到了现在的地方，几十年来，对迁葬扬都已经没有什么希望了。现在虽然实现了天下统一，可是正好赶上家道衰落，哪里有能力财力支付这奉还营葬造墓的费用？况且扬都也遭受战争的破坏，老家没有一个幸存的亲人了。加上坟地被淹，土地低洼潮湿，即使想迁葬也没办法。只有自己责备自己，铭心刻骨地感到愧对父母罢了。本来我觉得我和几个兄弟，不应该进身为官，只是因为家境败落，兄弟单弱，亲戚之中，没有一个可以依靠的人，况且是漂泊流离到他乡异域，要是再没有门第的荫庇，担心你们沦落为仆役，使祖先蒙受耻辱，所以才惭愧冒昧地出仕为官，不敢使家门坠落；此外，也有北方政令严厉，没有人引退的缘故。

附录 朱子家训

朱子家训

［原文］

黎明即起，洒扫庭除，要内外整洁。

［译文］

黎明的时候就要起床，要清扫院落，保持内外整洁。

［原文］

既昏便息，关锁门户，必亲自检点。

［译文］

到了太阳落山的时候便要歇息，把门窗都关好，一定要亲自检查。

［原文］

一粥一饭，当思来处不易；半丝半缕，恒念物力维艰。

［译文］

一碗粥一碗饭，应当考虑它们是来之不易的；（衣服，布料上的）半段丝、半缕线，一定要常想到把它们造出来是很困难的。

一粥一饭，当思来之不易

［原文］

宜未雨而绸缪，毋临渴而掘井。

［译文］

最好是未下雨的时候就先准备一下，不要到口渴了才想起来掘井，为时已晚。

［原文］

自奉必须俭约，宴客切勿流连。

[译文]

对于自己的生活一定要勤俭节约，不要沉迷于宴请朋友中，以致过于挥霍。

[原文]

器具质而洁，瓦缶(fǒu)胜金玉；饭食约而精，园蔬愈珍馐。

[译文]

如果使用的器具结实耐用并且干净，即使是瓦罐也比金玉制的奢侈器皿要好；如果日常饮食虽简单但精心烹饪，即使是普通的蔬菜也胜过珍馐美味。

[原文]

勿营华屋，勿谋良田。

[译文]

不要建造奢华的房屋，不要谋取肥沃的田地。

[原文]

三姑六婆，实淫盗之媒；婢美妾娇，非闺房之福。

[译文]

三姑六婆那种爱搬弄是非的不正派女人，她们容易使人学坏；美丽的婢女和漂亮的小妾，她们并不是家中的福气。

[原文]

童仆勿用俊美，妻妾切忌艳妆。

[译文]

家童和仆人不要用相貌俊美的，妻妾们一定不要过分打扮。

[原文]

宗祖虽远，祭祀不可不诚；子孙虽愚，经书不可不读。

[译文]

祖宗虽然离我们很遥远了，但是祭祀不可不诚心；子孙即使是愚钝之辈，圣贤的经书也不能不读。

[原文]

居身务期质朴，教子要有义方。

［译文］

日常为人处世一定要纯朴老实，教育子弟一定要有好的方法。

［原文］

莫贪意外之财，莫饮过量之酒。

［译文］

不要贪图那些意外得来的财富，不要喝太多酒。

与肩挑贸易，毋占便宜

［原文］

与肩挑贸易，毋占便宜；见穷苦亲邻，须加温恤。

［译文］

向那些肩挑货物走街串巷的小贩买东西，不要占人家的便宜；见到贫苦的亲戚或者乡邻，要多给予一些帮助。

［原文］

刻薄成家，理无久享；伦常乖舛(chuǎn)，立见消亡。

［译文］

平时为人刻薄，即便发家致富，天理也不会让你长久地享有福气；如果违背伦理，性情乖戾的话，马上就会消亡，没有好下场。

［原文］

兄弟叔侄，须分多润寡；长幼内外，宜法肃辞严。

［译文］

兄弟和叔侄之间，富裕的必须拿出一部分财物来帮助困难的；无论长幼尊卑，应当严肃家规，犯错误应严厉批评。

［原文］

听妇言，乖骨肉，岂是丈夫？重资财，薄父母，不成人子。

［译文］

听从妇人的话，溺爱孩子，这哪里是大丈夫的作为？看重钱财，不孝顺父母，也不是作为人子的行为。

［原文］

嫁女择佳婿，毋索重聘；娶媳求淑女，勿计厚奁(lián)。

［译文］

嫁女儿要选择人品好的女婿，不要索取贵重的聘礼；娶儿媳要求端庄的淑女，不要贪图对方丰厚的陪嫁。

［原文］

见富贵而生谄容者，最可耻；遇贫穷而作骄态者，贱莫甚。

［译文］

看见富人就逢迎、巴结的人，是最可耻的；遇到穷人故意做出骄横姿态的人，是最卑贱的。

［原文］

居家戒争讼，讼则终凶；处世戒多言，言多必失。

［译文］

持家一定要防止争吵打官司一类的事，打官司会带来祸患；为人处世切忌多说话，因为言多必失。

［原文］

勿恃势力而凌逼孤寡，毋贪口腹而恣杀牲禽。

［译文］

不要依仗财势去欺侮那些孤儿寡母，不要贪口腹之欲就任意屠杀牲畜。

［原文］

乖僻自是，悔误必多；颓惰自甘，家道难成。

［译文］

性格乖僻自以为是，后悔的事情肯定会多；颓废懒惰满于现状，家道是很难有所发展的。

［原文］

狎(xiá)昵恶少，久必受其累；屈志老成，急则可相依。

［译文］

平时与游手好闲的恶少们交往，久而久之一定受到他们的牵累；与老成稳重的人交往，碰到危急的事情可以向他们求助。

［原文］

轻听发言，安知非人之谮(zèn)诉，当忍耐三思；因事相争，焉知非我之不是，须平心再想。

［译文］

不要轻信别人的话，谁知道对方是不是在有意污蔑他人，搬弄是非呢？应当耐下心来多多思考；因为事情互相争吵，这是不是自己的不是呢？要平心静气再三想想。

［原文］

施惠无念，受恩莫忘。

［译文］

帮助他人的事情别整天记在心上，受到他人的恩惠则千万不要忘记。

［原文］

凡事当留余地，得意不宜再往。

［译文］

无论做什么事都要留有余地，碰上得意的事也要做到适可而止。

［原文］

人有喜庆，不可生妒忌心；人有祸患，不可生喜幸心。

［译文］

碰见人家有喜庆的事情，不可产生妒嫉的心理；得知人家有祸患的时候，不要有幸灾乐祸的情绪。

［原文］

善欲人见，不是真善，恶恐人知，便是大恶。

［译文］

做善事一定要让别人知道，这不是真正的做善事；做坏事唯恐别人知道，这就是大坏事。

［原文］

见色而起淫心，报在妻女；匿怨而用暗箭，祸延子孙。

［译文］

见到美色就起淫心，报应就会发生在妻子和女儿身上；心怀怨恨而暗箭伤人，祸患就会延及到子孙头上。

［原文］

家门和顺，虽饔飧（yōng sūn）不济，亦有余欢；国课早完，即囊橐（náng tuó）无余，自得至乐。

［译文］

如果家庭和睦，即使是吃不饱饭，也会感到快乐；早早交纳了国家的赋税，即使家里没剩下什么钱财和粮食，也会感到无上的快乐。

家门和顺，即有余欢

［原文］

读书志在圣贤，非徒科第；为官心存君国，岂计身家。

［译文］

读书志在学习圣贤为人处世的道理，并不仅仅为了科举考试；做官要心里装有国君和国家，哪里能只考虑自己的家庭。

［原文］

守分安命，顺时听天。为人若此，庶乎近焉。

［译文］

谨守住做人的本分，安于命运，顺应时势听从天意。如果做人是这样的话，可以说很接近于圣贤了。

图书在版编目(CIP)数据

图解孔子家语·颜氏家训 / 王肃,颜之推编著. 崇贤书院释译.—合肥:黄山书社,2015.11

(经典传家系列丛书)

ISBN 978-7-5461-5346-9

Ⅰ.①图… Ⅱ.①王… ②颜… ③崇… Ⅲ.①孔丘(前551~前479)-生平事迹 ②家庭道德-中国-南北朝时代 ③《孔子家语》-通俗读物 ④《颜氏家训》-通俗读物 Ⅳ.①B222.2-49 ②B823.1-49

中国版本图书馆CIP数据核字(2015)第286517号

出 品 人　任耕耘
总 策 划　任耕耘　李　克
选题策划　汤吟菲　白剑峰
项目统筹　刘　春
责任编辑　程　景
装帧设计　未　氓
责任印制　戚　帅
出版发行　时代出版传媒股份有限公司(http://www.press-mart.com)
　　　　　黄山书社(http://www.hspress.cn)
地址邮编　合肥市政务文化新区翡翠路1118号出版传媒广场7层　230071
印　　刷　安徽联众印刷有限公司
版　　次　2016年3月第1版
印　　次　2016年3月第1次印刷
开　　本　700mm×1000mm　1/16
字　　数　460千
印　　张　29.5
书　　号　ISBN 978-7-5461-5346-9
定　　价　29.80元

服务热线　0551-63533706

销售热线　0551-63533761

官方直营书店(http://hsssbook.taobao.com)